O cru e o cozido

Claude Lévi-Strauss

O cru e o cozido
Mitológicas 1

Tradução:
Beatriz Perrone-Moisés

Copyright © 1964 by Éditions Plon

Grafia atualizada segundo o Acordo Ortográfico da Língua Portuguesa de 1990, que entrou em vigor no Brasil em 2009.

Título original
Mythologiques 1: Le Cru et le cuit

Capa
Bloco Gráfico

Imagem de capa
Jaider Esbell, *Conheça a ti próprio*, 2013, acrílica sobre tela, 100 × 150 cm. Acervo do artista.

Índice remissivo
Probo Poletti

Revisão
Clara Diament
Camila Saraiva

Dados Internacionais de Catalogação na Publicação (CIP)
(Câmara Brasileira do Livro, SP, Brasil)

Lévi-Strauss, Claude, 1908-2009
    O cru e o cozido : mitológicas 1 / Claude Lévi-Strauss ; tradução Beatriz Perrone-Moisés. — 1ª ed. — Rio de Janeiro : Zahar, 2021. — (Mitológicas ; 1)

    Título original: Mythologiques 1: Le Cru et le cuit.
    Bibliografia
    ISBN 978-85-378-1902-9

    1. Antropologia estrutural – Brasil 2. Folclore indígena 3. Indígenas da América do Sul – Lendas – Brasil 4. Sociedades primitivas I. Título. II. Série.

20-52754   CDD-398.20981

Índice para catálogo sistemático:
1. Brasil : Índios : Lendas : Folclore 398.20981

Cibele Maria Dias — Bibliotecária — CRB-8/9427

[2021]
Todos os direitos desta edição reservados à
EDITORA SCHWARCZ S.A.
Praça Floriano, 19, sala 3001 — Cinelândia
20031-050 — Rio de Janeiro — RJ
Telefone: (21) 3993-7510
www.companhiadasletras.com.br
www.blogdacompanhia.com.br
www.zahar.com.br
facebook.com/editorazahar
instagram.com/editorazahar
twitter.com/editorazahar

Sumário

Para embarcar nas Mitológicas, *Beatriz Perrone-Moisés*   7

ABERTURA   25

PARTE I   **Tema e variações**   67

1. Canto bororo   71

2. Variações jê   109

PARTE II   125

1. Sonata das boas maneiras   127

2. Sinfonia breve   191

PARTE III   203

1. Fuga dos cinco sentidos   205

2. Cantata do sariguê   227

PARTE IV   **A astronomia bem temperada**   265

1. Invenções a três vozes   267

2. Duplo cânon invertido   289

3. Tocata e fuga   319

4. Peça cromática   339

PARTE V **Sinfonia rústica em três movimentos**   371

1. Divertimento sobre um tema popular   373

2. Concerto de pássaros   391

3. Bodas   413

Nota da tradutora:
Traduzir as Mitológicas, *Beatriz Perrone-Moisés*   443

Bibliografia   455

Tabela de símbolos   467

Bestiário   469

Índice de mitos   477

Índice de figuras   485

Índice remissivo   487

Sobre o autor   495

Para embarcar nas *Mitológicas*

As *Mitológicas* são um projeto extraordinário e revolucionário. Uma experiência de pensamento em que o pensador deixa-se pensar, executando pensamentos alheios. Em que o cientista é laboratório. O antropólogo faz-se passador/emissor de vozes outras.[1] E as faz soar, movendo à transformação coisas pensadas na e pela cultura que compartilha com suas leitoras e leitores.[2] Lévi-Strauss certa vez comentou que sua afirmação de que os homens não pensam os mitos e sim os mitos é que são pensados nos homens (e pensam uns aos outros), tão criticada por alguns, descrevia para ele a experiência vivida no decorrer das décadas consagradas às *Mitológicas*: "Minha obra foi pensada em mim à minha revelia".[3]

Nos quatro volumes das "grandes" *Mitológicas*,[4] Lévi-Strauss descreve e comenta a experiência de aplicar a análise estrutural a um material específico: mitos dos índios das Américas, coletados por ele no trabalho de campo, no Brasil, e sobretudo nas ricas bibliotecas norte-americanas

---

1. Marcel Hénaff fala em "passador de sentido(s)" em *Claude Lévi-Strauss, le passeur de sens* (Paris: Librairie Académique Perrin, Coll. Tempus, 2008). O "passador" é personagem destacado em mitos que serão analisados no volume 3 das *Mitológicas*.

2. Vincent Debaene fala em "tradução do choque infligido às categorias do pensamento ocidental pelas sociocosmologias ameríndias" em "Claude Lévi-Strauss aujourd'hui" (*Europe* 1005-1006, jan-fev 2013, p. 30).

3. Claude Lévi-Strauss, *Myth and meaning* (Nova York: Schocken Books, 1979, p. 3).

4. O próprio Lévi-Strauss chamava de "grandes" *Mitológicas* os quatro volumes publicados entre 1964 e 1971: *O cru e o cozido, Do mel às cinzas, A origem dos modos à mesa* e *O homem nu*. Entre 1975 e 1991 seriam publicadas as três "pequenas" *Mitológicas* (*A oleira ciumenta, A via das máscaras* e *História de Lince*), que desenvolvem reflexões esboçadas no percurso das grandes *Mitológicas*, muitas vezes em notas de rodapé. Entre as duas séries, há diferenças de escopo e de estilo, mantendo-se os princípios da análise estrutural de mitos. Lévi-Strauss dedicou ainda vários artigos e passagens a análises de mitologia ameríndia.

que frequentou durante a Segunda Guerra. Embora tenha se tornado um pensador conhecido e reconhecido, não são poucas as análises sobre seu "estruturalismo" que desconsideram esta que é sua maior obra, aquela em que suas propostas são extensamente postas em prática e à prova. Em entrevista na década de 1980, Lévi-Strauss disse que "a moda do estruturalismo teve todos os tipos de consequências desagradáveis; o termo foi aviltado, foi aplicado ilegitimamente, às vezes até de modo ridículo; não posso fazer nada". Quando o entrevistador, Didier Eribon, evocou um "estruturalismo como fenômeno global", que o associava a Foucault, Lacan e Barthes, Lévi-Strauss respondeu: "É um amálgama infundado: sinto-me membro de outra família intelectual, a de Benveniste e Dumézil".[5]

Lévi-Strauss não propõe e aplica um esquema interpretativo, que teria sucedido no tempo outras "escolas teóricas", ainda que sempre dialogue com propostas analíticas anteriores e contemporâneas. Propõe um método, apoiado "numa atenção extremamente escrupulosa aos conteúdos etnográficos", como faz notar Debaene,[6] lembrando a "deferência quase maníaca em relação aos fatos", reconhecida pelo próprio Lévi-Strauss. Aplicado, testado e refinado ao longo dos anos e dos volumes das *Mitológicas*, o método de análise estrutural praticado por ele só pode ser avaliado em operação.[7]

Lévi-Strauss afirma que os mitos têm várias camadas, como massa folhada. As *Mitológicas*, que qualifica de "mito dos mitos", também são multifolhadas, como seria de esperar. Dessa obra mestra pode-se dizer muita coisa — e sempre haverá mais.[8] O fato é que só pode ser apreciada

---

5. Claude Lévi-Strauss e Didier Eribon, *De près et de loin* (Paris: Odile Jacob, 1988, pp. 101, 105). A respeito dos múltiplos sentidos em que o termo foi empregado, ver Mauro W. B. de Almeida, "Structuralism" (in James D. Wright (Org.), *International Encyclopedia of the Social & Behavioral Sciences*, 2ª ed., V. 23. Oxford: Elsevier, 2015, pp. 626-31).
6. Debaene, op. cit, p. 17-8.
7. Entre os artigos que Lévi-Strauss dedicou aos mitos de povos nativos das Américas, destaca-se "A gesta de Asdiwal" (in École Pratique des Hautes Études, Section des Sciences Religieuses. *Annuaire 1958-1959*, 1958, pp. 3-43), que é como um modelo reduzido das *Mitológicas*.
8. A fórmula "Isto não é tudo", recorrente nas *Mitológicas*, é analisada por Eduardo Viveiros de Castro em livro ainda inédito e aguardado sobre a tetralogia: "Na verdade, o movimento assinalado pela pequena frase ocorre muito mais frequentemente que ela; ela é opcional, mas o movimento, ao contrário, parece-nos necessário, intrínseco ao procedimento lévi-straussiano

Para embarcar nas Mitológicas

e fazer sentido na execução — como música. É preciso que cada leitora e leitor execute com Lévi-Strauss cada passagem do texto, tendo como instrumento sua mente, feita "lugar vazio onde algo acontece", como diria ele no majestoso "Finale" do quarto volume das grandes *Mitológicas*.

É preciso acatar os pressupostos de que o pensamento daqueles que chamamos humanos opera segundo regras compartilhadas e de que o que muda na enorme diversidade de culturas humanas é a matéria do que é pensado (todos pensam do mesmo modo, mas não pensam as mesmas coisas)[9] — para então concordar em deixar que sua mente ("espírito") pense com os índios o que os mitos propõem à reflexão. Para ser proveitosa, a leitura das *Mitológicas* requer uma disciplina que permita atingir o vazio de pensamentos, algo como a meditação zen, mas neste caso para deixar-se tomar por pensamentos de outrem. Daniel Barenboim, pianista, maestro e mestre de música, dá um conselho tão simples quanto perfeito em "Como escutar música", que vale para quem se dispuser a ler as *Mitológicas*. Primeiro, diz ele, é preciso fazer silêncio, para se preparar. Então,

pendure-se na primeira nota que escutar, não desvie pensando em outras coisas […], agarre a primeira nota e voe com a música até a última nota […]. Não é preciso ser especialista […], mas é preciso ter a vontade de se deixar levar.[10]

[…]. 'Isto não é tudo' supõe um conceito de estrutura e de análise que não privilegia uma vontade de fechamento, compleção, compacidade, a determinação de uma combinatória exaustivamente definida a priori." (<https://blogs.oglobo.globo.com/prosa/post/eduardo-viveiros-de-castro--sobre-levi-strauss-237929.html>, acesso em 25 nov. 2020). Sobre o caráter de abertura expresso na fórmula canônica, além de outras observações fundamentais sobre a obra e a proposta de Lévi-Strauss, ver também Mauro W. B. de Almeida, "A fórmula canônica do mito" (in Queiroz e Nobre (Orgs.), *Lévi-Strauss: leituras brasileiras*. Belo Horizonte, Ed. da UFMG, 2008, pp. 147-82).
9. E todos pensam igualmente bem. Como se sabe, Lévi-Strauss deu contribuições importantíssimas à crítica de teorias que afirmam a inferioridade intelectual (ou outra) de povos não ocidentais — de onde a saudação de Clastres à análise estrutural, por levar realmente a sério o que os "selvagens" contam e mostrar que mitos são pensamento. Pierre Clastres, "De quoi rient les indiens" (*Les Temps modernes*, n. 253, 1967, pp. 2179-98; incluído em *A sociedade contra o Estado*, cap. 6).
10. Daniel Barenboim, "How to Listen to Music" (disponível em <https://www.youtube.com/watch?v=LCKZDSIHV80>, acesso em 26 nov. 2020). Tradução livre. Agradeço a Erick Vidal por essa preciosa indicação e por lembranças e sugestões igualmente oportunas no processo de reformulação deste texto.

Barenboim diz que com a música se "voa"; as *Mitológicas* fazem antes pensar em viagens de canoa. Em ambos os casos, a concentração é tão fundamental quanto a disposição de se deixar levar. Não é fácil nem banal fazer-se instrumento de ideias outras.

O método impõe ainda outros desafios a ideias correntes a respeito dos mitos e de sua análise: é preciso aceitar que os mitos são pensamento, e não fabulação desvairada ou técnica mnemônica; que são reflexão sobre todos os temas possíveis, e não reflexo das formas culturais em que circulam; que só podem ser compreendidos quando nenhuma versão é privilegiada porque supostamente mais "completa", "correta", livre de influências externas ou qualquer outro pressuposto igualmente infundado; que não se pode proceder à análise de um mito isolado; que conjuntos de variantes devem ser tomados em suas diferenças; que narrativas aparentemente diferentes (e distantes no tempo e no espaço) estão conectadas por relações de transformação e constituem conjuntos (chamados "grupos de transformação"); que tais grupos não correspondem às classificações "temáticas" comumente aplicadas por mitólogos; que nenhum detalhe de narrativa mítica é acessório ou aleatório; que não há símbolos universais.

O cru e o cozido, livro que abre as *Mitológicas*, é o primeiro relato da grande experiência. Lévi-Strauss deixa claro para o leitor, desde o começo, que as *Mitológicas* são uma "exposição sintética" de procedimentos analíticos previamente realizados. Nem tudo o que ocorreu no que ele qualifica (no prólogo de *História de Lince*) como um "jogo do analista contra os mitos" é compartilhado com o leitor, inclusive para poupá-lo, como afirma em outras passagens, de acompanhar procedimentos que não produziram esclarecimentos. Não obstante, a formulação e a organização da exposição constantemente convidam o leitor a participar dos suspenses, dúvidas e emoções do analista, como que em plena experiência. Este primeiro volume é de longe o mais conhecido, o mais comentado e o mais lido de todos, sobretudo sua "Abertura", na qual o projeto é apresentado.

Diz a primeira frase das *Mitológicas*:

Para embarcar nas Mitológicas

O objetivo deste livro é mostrar de que modo categorias empíricas, tais como cru e cozido, fresco e podre, molhado e queimado, que a mera observação etnográfica basta para definir com precisão, sempre a partir do ponto de vista de uma cultura particular, podem servir como ferramentas conceituais para isolar noções abstratas e encadeá-las em proposições.

A afirmação é claríssima — clareza é, por sinal, ao lado da elegância e da força (poética inclusive) de suas formulações, uma das qualidades desse pensador reconhecido por suas excepcionais qualidades de escritor. O que ela diz, no entanto, não é simples ou fácil. A reflexão que embasa o projeto já havia sido desenvolvida por Lévi-Strauss no primeiro capítulo de *O pensamento selvagem* (1962): os "selvagens" não pensam menos bem, nem menos abstratamente, mas o fazem usando coisas concretas como operadores. Num breve resumo, diríamos que os mitos operam com "categorias empíricas" onde o pensamento científico opera com conceitos. Para entender as operações que essas "categorias" efetuam nos mitos, é portanto indispensável conhecer as "coisas concretas" que as informam, para depois reconhecer entre elas conjuntos de operações lógicas solidárias, próprios a conjunto de variantes — as estruturas (matrizes) dos mitos.

Em entrevista no ano do lançamento deste primeiro volume das *Mitológicas*,[11] Lévi-Strauss disse que os mitos são como uma superlinguagem que, a partir de frases, compõe superfrases ou frases de segundo grau.[12] Estas, por sua vez, operam com conhecimentos, costumes, tradições, técnicas que o leitor desconhece. Para realizar a proposta que abre as *Mitológicas*, é preciso portanto dispor de um enorme conjunto de informações, que Lévi-Strauss vai fornecendo ao leitor, conforme vão se sucedendo os povos narradores dos mitos, e no caminho da análise de conjuntos de variantes. Trata-se de recuperar, em cada caso, um tesouro de conhecimentos a respeito do mundo (a tal "ciência do concreto" a que se dedica o mencionado

---

11. No programa de televisão *Lectures pour Tous*, 14 out. 1964 (disponível em \<https://www.ina.fr/video/I05312383\>, acesso em 26 nov. 2020).

12. O que reelabora um ponto que já está em "A estrutura dos mitos" (in *Antropologia estrutural*. São Paulo: CosacNaify, 2008, p. 224).

primeiro capítulo de *O pensamento selvagem*), tributário de uma apurada, dedicada e rica apreensão intelectual feita pelos sentidos. Para que se possa entender, por exemplo, que a enumeração de três animais em ordem decrescente de tamanho evoque aos ouvintes nativos ideias como diminuição ou enfraquecimento, ou que dois tipos de árvores permitam tecer reflexões sobre a passagem do tempo e a mortalidade, é preciso apresentar esses animais e árvores a quem não os conhece. As operações míticas, que produzem sentidos abstratos com operadores concretos, são inconscientes no sentido que o termo tem na obra de Lévi-Strauss: não deliberadas, não refletidas.[13] Por isso é preciso suspender os próprios pensamentos e deixar-se pensar. *O cru e o cozido* vai introduzindo o leitor nesse procedimento, começando por operações relativamente mais simples, a que vão se acrescentando outras, conforme avançamos nos volumes seguintes.

A exposição da análise estrutural de mitos segue, nas *Mitológicas,* um roteiro: uma versão é apresentada e, para começar a munir leitoras e leitores de informações essenciais para a execução da análise, somos informados sobre línguas, localização geográfica, habitat da população em questão. As *Mitológicas* são feitas de mitos tanto quanto de mapas e conhecimentos que classificamos como geológicos, zoológicos, botânicos, astronômicos etc. Lévi-Strauss constantemente apresenta os conhecimentos de povos indígenas lado a lado com descrições científicas ocidentais — o que em si já é digno de nota.[14] Outros insumos de análise são fornecidos, para serem posterior-

---

13. Lévi-Strauss chama de inconsciente as operações que "acontecem" na mente (*esprit*). À diferença da acepção psicanalítica do termo, como lugar em que se depositam ideias, em Lévi-Strauss é uma atividade, um modo de operar, que independe da deliberação do sujeito. Agradeço a Marcio Silva pelas longas conversas das quais guardo, entre muitas outras, essa observação.

14. Diante da precisão e da minúcia de classificações nativas, comenta Lévi-Strauss, "somos levados a lamentar que todo etnólogo não seja também mineralogista, botanista, zoólogo ou mesmo astrônomo...", inclusive porque "todos ou quase todos os povos indígenas" possuem conhecimentos detalhados dos entes do mundo e classificações naturais refinadas (in *O pensamento selvagem,* cap. 2). Lévi-Strauss, nota Vidal, ao falar de conhecimentos dos Tewa (no capítulo 1 dessa mesma obra), cita a afirmação feita por seus etnógrafos de que "nada impediria traduzir um tratado de botânica em tewa". Os conhecimentos de povos nativos, prossegue Vidal, contribuem, como os conhecimentos científicos ocidentais, para "a riqueza do inventário" feito nas *Mitológicas*. Cf. Erick Nascimento Vidal, "Introdução ao problema

mente desenvolvidos: sobre os modos de vida daquela população naquele determinado meio, sobre sua organização social, sobre práticas características (costumes distintivos). Tais informações são essenciais porque os mitos também operam com categorias concretas que não são da ordem de uma ciência que diríamos natural. Se, por um lado, a passagem do tempo pode ser indicada pela menção a frutos sazonais ou a determinadas constelações visíveis apenas em parte do ano, e se a conjunção temporal, na narrativa, de produtos de diferentes épocas ou quaisquer duas "coisas" que nunca estão juntas no mundo vivido coloca os ouvintes (inconscientemente, despercebidamente) num mundo invertido, por outro lado, a mesma operação pode ser realizada pela descrição de uma forma de residência pós-nupcial que inverte a prática dos ouvintes do mito.[15] Do mesmo modo pode operar a menção a uma relação entre determinadas pessoas que contraria a etiqueta respeitada, como incestos ou bate-bocas entre gente que se deve silencioso respeito. A reviravolta lógica de uma narrativa pode ser produzida, em povos canoeiros, por uma viagem de canoa em que o rio que conhecem tem a corrente invertida, ou se os remadores trocarem de lugar. Noções bem "concretas", da vida, da experiência, dos conhecimentos, das práticas do povo que contou a história da qual executamos uma variação com Lévi-Strauss.[16]

Se o mito quiser refletir *a contrario*, pensando um mundo "às avessas", operadores como esses serão centrais nas narrativas. Os dados etnográficos

---

semiológico na etnologia sul-americana escrita e tradução intersemiótica" (dissertação de Mestrado. Antropologia Social, FFLCH-USP, 2020, p. 63).

15. Exemplo da característica dos mitos mencionada acima: não refletem a organização social do povo que os conta, nem há razão para supor que correspondam a fases pretéritas de organização desse mesmo povo. Não são registro ou reflexo, são reflexão. Lembro-me de ter ouvido isso pela primeira vez ensinado por Manuela Carneiro da Cunha, numa sala de aula. Presto-lhe aqui homenagem, por muitas lições valiosas.

16. Lévi-Strauss apresenta os mitos que analisa na forma de resumos, por sua vez produzidos a partir de fontes de todos os tipos. Certas críticas às *Mitológicas* questionam consequentemente a fidelidade, a autenticidade ou a integridade das narrativas, sugerindo que Lévi-Strauss teria "editado" seus resumos na medida de suas intenções. Quem estiver mesmo disposto a embarcar irá lembrar-se de que Lévi-Strauss diz desde o começo que essa obra é algo como um "mito dos mitos", o que significa que, como as narrativas analisadas, é variação, não citação. Ele diz também que qualquer versão interessa, mesmo porque as estruturas dos mitos podem ser percebidas até nas piores traduções.

vão se adensando conforme avança a análise, como tudo mais. Associações simbólicas — que, em cada caso, podem ser acionadas pelos mitos para pensar — percebidas em ritos, em seres do mundo, em nomes próprios, em adornos, em receitas culinárias. Sempre "do ponto de vista de uma cultura particular", pois nada tem significado universal. Lévi-Strauss vai assim mostrando o sentido de códigos astronômicos, botânicos, zoológicos, sociológicos... que se conjugam nas narrativas para compor mensagens.

As *Mitológicas* têm de ser executadas pelo leitor como instrumentista, sob a regência de Lévi-Strauss. A execução leva o leitor de mito em mito, de povo em povo, atravessando o continente americano em todos os sentidos, com velocidade e densidade aumentadas conforme avança. As conexões são dadas, sugeridas, iluminadas, por personagens, por cenas, por nomes, por seres. Talvez "voar" seja, afinal, uma boa imagem. Seria uma viagem de canoa quando Lévi-Strauss procede "em rosácea"[17] como diz: de povo em povo, acompanhando vizinhanças e continuidades; mas quando a passagem de um mito contado na América do Sul é conectada a uma transformação norte-americana que a ilumina, por exemplo, voo parece ser mais adequado.

Ao longo do trajeto, Lévi-Strauss vai revisitando mitos já parcialmente analisados para se dedicar a um detalhe que não tinha sido considerado anteriormente. E que deve sê-lo, uma vez que a análise estrutural propõe elucidar cada detalhe de cada variante de mito, embora saibamos que, como a variação mítica, ela é interminável. Como escreve Viveiros de Castro:

> Há sempre mais um eixo, sempre "um outro eixo" de transformação, disposto de través, em diagonal aos vários eixos que vinham até ali guiando a comparação; a produção em finta ou pirueta de uma torção suplementar completamente imprevista, que abre subitamente uma progressão que tudo encaminhava para o fechamento; a revelação de um vínculo extra, impli-

---

17. Leitoras e leitores franceses carregam na memória imagens de rosáceas, vistas nas grandes catedrais góticas e matéria escolar. Os de outros lugares compreenderão melhor a analogia se buscarem tais imagens — tarefa felizmente fácil em nossos tempos.

cado, obscuro, compactado no texto sob análise que subitamente se explica e esclarece, e ao mesmo tempo se multiplica e difrata em perspectivas que, literalmente, perdem-se de vista no horizonte.[18]

O primeiro mito apresentado, M_1,[19] será retomado em todos os volumes. Na "Abertura", Lévi-Strauss esclarece que esse mito, contado pelos Bororo, não foi escolhido como ponto de partida, como "referência", porque se o considere mais antigo, mais complexo ou mais simples do que outros: afirma que este "se impôs" ao analista por razões "largamente contingentes". Afirma mais adiante que a "posição irregular"[20] desse mito coloca problemas de interpretação que o tornam "especialmente apropriado ao exercício da reflexão". O mito de referência é presença marcante em *O homem nu*, último volume das *Mitológicas,* conectado por motivos, sequências e conjuntos de operações lógicas a mitos de todo o continente, até sermos levados a compreender "por que foi ele, dentre todos os mitos americanos disponíveis, que se impôs a nós antes mesmo de sabermos o porquê disso".[21] Como se espera de uma experiência bem-sucedida, o conhecimento resulta do processo. Note-se que, no último volume, a expressão "mito de referência" é aplicada ao conjunto $\{M_1, M_7\text{-}M_{12}\}$.[22] De fato, o passo inicial da análise — o primeiro movimento da tetralogia — é a passagem de M_1 para o conjunto de variantes jê ($M_7\text{-}M_{12}$). Não é possível analisar um mito isolado.

---

18. "Eduardo Viveiros de Castro sobre Lévi-Strauss", *O Globo*, 4 nov. 2009 (disponível em <https://blogs.oglobo.globo.com/prosa/post/eduardo-viveiros-de-castro-sobre-levi-strauss-237929.html>, acesso em 26 nov. 2020).

19. As narrativas analisadas são numeradas sequencialmente nas quatro grandes *Mitológicas*. Chegaremos a M_{813} em *O homem nu*. Muitos mitos numerados têm variantes indicadas por letras: neste volume, por exemplo, M_{169a}, b e c. Há ainda variantes que são apenas mencionadas e não numeradas, de modo que se pode calcular algo como um milhar de narrativas consideradas nos quatro volumes. Nas pequenas *Mitológicas*, compostas em outro estilo, os mitos não são numerados.

20. A "posição irregular" a que Lévi-Strauss se refere diz respeito a características da combinatória efetuada em M_1, consideradas em comparação com outras variantes de um dos grupos de transformação a que o mito bororo está ligado.

21. Claude Lévi-Strauss, *O homem nu* (São Paulo: CosacNaify, 2011, p. 494).

22. Ibid., p. 25.

Ao longo do trajeto, Lévi-Strauss vai também comentando e ilustrando as diferenças entre as contribuições possíveis da análise estrutural e de outras tentativas de apreensão dos mesmos fatos, no terreno americanista e para além dele. Comenta teorias antropológicas, arqueológicas, linguísticas, históricas, filosóficas. Conforme vai sendo revelado um pensamento próprio aos povos das Américas, o texto cede às vezes lugar a pensamentos compostos com a bagagem do europeu culto, que repensa "suas próprias coisas" inspirado pela reflexão desenvolvida pelos índios. Assim, em um dado momento (no terceiro volume), Lévi-Strauss propõe, por exemplo, uma interpretação do processo histórico que, na tradição ocidental, viu morrerem os mitos e nascerem a literatura, herdeira de sua matéria, e a música clássica ocidental, que guarda suas estruturas. Literatura e música estão sempre presentes nas *Mitológicas*, evocadas como tema de reflexão ou conformando a narrativa da experiência, nos títulos de partes e capítulos, em epígrafes, no modo de composição.[23]

A experiência de análise estrutural de mitos dos povos nativos das Américas conduzirá, no último capítulo do último volume das pequenas *Mitológicas*, à caracterização da "mola mestra" compartilhada do pensamento desses povos como um "dualismo em perpétuo desequilíbrio". Antes de chegarmos a isso, o trajeto das *Mitológicas* terá atravessado o continente diversas vezes em todos os sentidos, conduzido pelos mitos analisados, que se pensam no

---

23. As *Mitológicas* são uma tetralogia, composta por um autor que se dizia "criado no altar de Wagner" e incapaz de compor música. A produção a respeito das relações entre Lévi-Strauss e a música é vastíssima. Para um panorama geral, num livro classificado pelo próprio autor como "iconoclasta", ver Jean-Jacques Nattiez, *Lévi-Strauss musicien: essai sur la tentation homologique* (Paris: Actes Sud, Coll. Musique Livres, 2008). Nattiez, músico estudioso de etnomusicologia, nota que a música de povos "tradicionais" exibe exatamente o mesmo fenômeno que Lévi-Strauss evidencia nos mitos: cada execução combina elementos que podem ser destacados, não há "versão certa", tudo é sempre variação. Nota ainda que Constantin Brailoiu teria mostrado tudo isso na música antes de Lévi-Strauss mostrá-lo nos mitos. O autor assume uma postura crítica em relação a Lévi-Strauss, embora muitas vezes seus argumentos possam ser usados para reforçar o que lemos nas *Mitológicas*, ou desmontados por considerações nelas presentes. Nattiez critica Lévi-Strauss sobretudo por seu "inacreditável etnocentrismo musical", que só reconhece como música um pedaço da música clássica europeia. Cf. Jean-Jacques Nattiez, "Livre 9. [...] Constantin Brailoiu et critique de Claude Lévi-Strauss" (disponível em <https://www.youtube.com/watch?v=zCIKs9jaiIM>. Acesso em 8 dez. 2020).

Para embarcar nas Mitológicas

analista. Nesse percurso que começa no Brasil Central e a ele retorna, o método de análise estrutural é executado e posto à prova.

No *gran* "Finale" de *O homem nu*, Lévi-Strauss retomará os pontos principais do experimento. Entre dezenas de outras questões e desenvolvimentos, é aí que estão uma análise do "Bolero" de Ravel e a discussão da classificação de peixes feita pelo biólogo D'Arcy Thompson, demonstrando que sob formas aparentes muito diversas podem-se perceber estruturas compartilhadas. Das transformações geométricas de peixes, Lévi-Strauss passa para as línguas e em seguida para o DNA: nos três casos, códigos definidos geram uma quantidade aparentemente infinita de variações, em combinações. O "espírito" está no corpo e, para além dele, no mundo: "O espírito só pode compreender o mundo porque é produto e parte dele".[24] O "pensamento estruturalista" praticado por Lévi-Strauss não é uma teoria acerca dos humanos ou do mundo; é um método que acompanha — esse é o postulado — o próprio modo de operação do mundo, e nele os humanos e seus pensamentos. É uma chave de leitura de matrizes compartilhadas por conjuntos de variantes, grupos de transformação — e não apenas nos mitos. Como lembra no "Finale",

> na verdade, a análise estrutural, que alguns reduzem a um jogo gratuito e decadente, só pode emergir no espírito porque seu modelo já está no corpo [...]. Seguindo caminhos censurados por serem única e exclusivamente intelectuais, o pensamento estruturalista recobra e traz à superfície da consciência verdades profundas e orgânicas. Apenas quem o pratica conhece, por experiência íntima, a sensação de plenitude que seu exercício propicia, fazendo com que o espírito sinta que se comunica realmente com o corpo.[25]

Em suas lições de como ouvir música, Barenboim enfatiza que "quanto mais se dá", em termos de dedicação e entrega, "mais se tira" da experiência. A leitura das *Mitológicas* pode ser, como uma audição musical,

---

24. Claude Lévi-Strauss, *Le Regard eloigné* (Paris: Plon, 1983, p. 163).
25. Claude Lévi-Strauss, *O homem nu* (São Paulo: CosacNaify, 2011, p. 668).

uma experiência enriquecedora, iluminadora e prazerosa. Como resume Catherine Clément, numa precisa e bela introdução à obra do mestre:

> Para além das ciências humanas, a leitura de Claude Lévi-Strauss oferece uma infinita compreensão a quem quiser se dar ao trabalho de observar o mundo. Cada um de seus livros é um manual de pensamento, que obriga a inteligência a abrir-se; e uma espécie de evangelho laico, que ajuda a como-ver-se diante da vida.[26]

O experimento não tem paralelo. De fato, as qualidades de escritor, a erudição alimentada pela curiosidade por tudo e a elegância da reflexão não podem ser emuladas. Nas palavras de Philippe Descola:

> Porque a análise estrutural de mitos exige um conjunto de qualidades rara-mente reunidas numa única pessoa: uma intuição aguçada das propriedades contrastivas apresentadas pelos personagens, os eventos e tudo o mais que as narrativas colocam em cena; um saber imenso a respeito não apenas de milhares de mitos originários de regiões muito diversas, como também das características da cultura e do meio dos povos que os produziram; e ainda a capacidade de saltar de mito em mito seguindo o fino fio de um motivo não substantivo, como nos estudos tradicionais de mitologia, mas lógico, opera-tório e em perpétua transformação, devido às mutações do pensamento que o analista percebe neles conforme se desloca no espaço.[27]

Mas não há razão para refazer o experimento, uma vez que está feito. Tivemos, nós americanistas, a sorte de ter conosco o grande mestre, por um acaso.[28] Vale notar que, se vários especialistas têm mostrado o quanto

---

26. Catherine Clément, *Lévi-Strauss* (Paris: Presses Universitaires de France, Collection Que Sais-Je. 2002).

27. Philippe Descola (Org.), *Claude Lévi-Strauss, un parcours dans le siècle* (Paris: Odile Jacob/ Collège de France, 2012, p. 12).

28. Lévi-Strauss veio para o Brasil, para a América do Sul, mas poderia ter ido para qualquer outra região do mundo que lhe tivesse sido proposta naquele momento de sua vida. Falo desse acaso em "Os Brasis em Lévi-Strauss" (*Diacrítica* 23. Braga, 2009, p. 57-73).

Lévi-Strauss "deve" aos índios, isso demonstra que a experiência deu certo, e por isso sua obra pode aparecer como repercussão de ontologias de povos nativos das Américas no pensamento ocidental.[29] Em sua Aula Inaugural no Collège de France, o próprio Lévi-Strauss já registrava

> a dívida [contraída com os índios dos trópicos e seus semelhantes] que jamais poderei quitar, ainda que pudesse [...] fazer justiça à ternura que me inspiram e meu reconhecimento para com eles, continuando a mostrar-me, aqui como entre eles, o que não desejo deixar de ser: seu aprendiz e sua testemunha.[30]

Num plano mais amplo, o alcance da experiência ainda não foi devidamente explorado. Como observou Descola no centenário de Lévi-Strauss,

> oitenta anos de reflexões sobre a natureza da vida social, sobre o destino dos povos, sobre o processo de conhecimento, sobre a emoção estética; reflexões que mal começamos a aproveitar, a que alguns filósofos têm se dedicado, buscando examinar suas consequências para um remanejamento dos conceitos que utilizamos para compreender o mundo e sua móvel diversidade.[31]

No momento em que escrevo, porém, não é a revolucionária e fascinante experiência de pensamento que sobressai entre as lições das *Mitoló-*

---

29. Ver a respeito Eduardo Viveiros de Castro, *Metafísicas canibais. Elementos para uma antropologia pós-estrutural* (São Paulo: Ubu / n-1 edições, 2018). O autor fala em ontologias "amazônicas", mas o que diz vale também para povos nativos de outras regiões das Américas. Debaene retoma essa reflexão de Viveiros de Castro e comenta que Lévi-Strauss ficaria encantado em ver "a antropologia estrutural qualificada como 'mera transformação' das formas de pensamento que tomara como objeto" ("Claude Lévi-Strauss aujourd'hui", *Europe* 1005-1006, jan-fev 2013, p. 31). Como ocorre frequentemente, onde aqui se fala em "antropologia estrutural" deveria estar algo como "uma obra dedicada a análises estruturais de material ameríndio". Esta, realizando o projeto, é transformação do pensamento específico a que se dedicou. "Se a análise estrutural possui alto rendimento heurístico, é porque acompanha de perto os arcanos, ou ainda os mecanismos profundos do próprio pensamento ameríndio", como observa Emmanuel Desveaux ("Lévi-Strauss et les deux Amériques", *Europe* 1005-1006, jan-fev 2013, p. 107).
30. Claude Lévi-Strauss, *Anthropologie structurale deux* (Paris: Plon, 1973, p. 44).
31. Philippe Descola (Org.), *Claude Lévi-Strauss, un parcours dans le siècle* (Paris: Odile Jacob/ Collège de France, 2012, p. 8).

gicas, mas a lição de respeito para com tudo o que há no mundo, extraída por Lévi-Strauss do pensamento ameríndio expresso em mitos e com a qual conclui o terceiro volume. Uma "puxada de orelha" que faz coro com Sitting Bull, Davi Kopenawa, Raoni e tantos outros sábios índios conhecedores dos brancos e de seus costumeiros comportamentos em relação a outros entes. Que logo se deram conta do caráter assassino e suicida da falta de respeito característica dos "modos civilizados".[32] Neste primeiro volume, mitos que evocam desastres capazes de acabar com o mundo em que vivemos — em chave de fogo (grande incêndio) ou em chave de água (grande dilúvio) — ilustram a reflexão dos índios a respeito das condições da vida, em suas múltiplas variações e conexões. No final do terceiro volume, que é um manual de boas maneiras cósmicas, somos postos diante de uma "lição de modéstia" dos índios quanto à posição dos "humanos" no mundo:

> Neste século em que o homem teima em destruir inumeráveis formas de vida, depois de ter destruído tantas sociedades cuja riqueza e diversidade constituíam desde tempos imemoriais seu maior patrimônio, nunca foi mais necessário dizer, como o fazem os mitos, que um humanismo bem ordenado não começa por si mesmo. Coloca o mundo antes da vida, a vida antes do homem, o respeito pelos outros seres antes do amor-próprio. E que mesmo uma estadia de um ou dois milhões de anos nesta terra — já que de todo modo há um dia de acabar — não pode servir de desculpa para qualquer espécie que seja, nem a nossa, dela se apropriar como coisa e se comportar sem pudor ou moderação.[33]

---

32. "Os brancos não têm netos?", indagam sempre — quem ama os próprios netos não destrói o mundo que recebeu dos avós, não é? Raoni chamou recentemente a atenção para o fato de que, antes de os brancos atravessarem o mar, quando aqui viviam suas avós e avôs, não "tinha tanto estrago". Os "civilizados" não parecem ter entendido que se destruírem todas as formas de vida que não a sua vão acabar morrendo também. Por mais evidente que seja. "Terá sido o óbvio", alerta Caetano Veloso em "Um índio". Tomara possamos cada vez mais escutar o que há séculos os povos nativos das Américas têm procurado nos dizer.

33. Claude Lévi-Strauss, *A origem dos modos à mesa* (São Paulo: CosacNaify, 2006, p. 460).

Lévi-Strauss escrevia isso em 1968, enquanto as barricadas pegavam fogo em Paris, e foi acusado de reacionário, alienado.[34] Por essa e outras conclusões, foi muitas vezes qualificado de pessimista. No século seguinte, num mundo devastado pela assim chamada "ação humana",[35] com florestas destruídas pelo fogo, rios mortos, vendavais e inundações, extinções massivas de formas de vida, é o respeito para com o mundo que se apresenta hoje como causa comum e mais urgente. O "humanismo bem ordenado", sem o "humano" no centro, é uma das muitas lições valiosas que a filosofia dos índios tem a nos dar. Executar seus mitos na composição de Lévi-Strauss é um modo de ouvi-los.

BEATRIZ PERRONE-MOISÉS
Vale da Esperança, dezembro de 2020

BEATRIZ PERRONE-MOISÉS é professora do Departamento de Antropologia da Universidade de São Paulo e pesquisadora do Centro de Estudos Ameríndios (CEstA-USP). É tradutora da série Mitológicas, de Claude Lévi-Strauss.

---

34. "[O] único verdadeiro pensador ecológico na França se chama Claude Lévi-Strauss", diz Catherine Clément, em seu *Lévi-Strauss* (Paris: Presses Universitaires de France, Collection Que Sais-Je. 2002, p. 12).

35. Expressão injusta, diga-se de passagem: substitui o sujeito real, que seria "moderno" ou "civilizado", por "humano", e assim atribui a responsabilidade pelo "estrago", como diz Raoni, em conjunto e indistintamente a todos os povos da terra, qualquer que seja seu modo de "ação" sobre o mundo. Ailton Krenak fala em "clube da humanidade", refletindo sobre a concepção de humano dos brancos e o que significa ser membro desse clube. Ailton Krenak, *Ideias para adiar o fim do mundo* (São Paulo: Companhia das Letras, 2019, p. 13).

À música

À MÚSICA. Coro para vozes femininas com solo (para inaugurar a casa de um amigo). *Letra de Edmond Rostand. Música de Emmanuel Chabrier.*

ABERTURA

I

O objetivo deste livro é mostrar de que modo categorias empíricas, como as de cru e cozido, fresco e podre, molhado e queimado etc., que a observação etnográfica basta para definir com precisão, sempre a partir do ponto de vista de uma cultura particular, podem servir como ferramentas conceituais para isolar noções abstratas e encadeá-las em proposições.

A hipótese inicial requer, pois, que nos situemos de imediato no nível mais concreto, isto é, no seio de uma população, ou de um grupo de populações suficientemente próximas pelo habitat, pela história e pela cultura. Contudo, essa é uma precaução metodológica, certamente imperativa, mas que de modo algum dissimula ou restringe o nosso projeto. Utilizando alguns poucos mitos tomados de sociedades indígenas que irão servir-nos de laboratório, faremos uma experiência que, se bem-sucedida, terá um alcance geral, já que esperamos que demonstre a existência de uma lógica das qualidades sensíveis, elucide seus procedimentos e manifeste suas leis.

Partiremos de *um* mito, proveniente de *uma* sociedade, e o analisaremos recorrendo inicialmente ao contexto etnográfico e em seguida a outros mitos da mesma sociedade. Ampliando progressivamente o âmbito da investigação, passaremos a mitos provenientes de sociedades vizinhas, situando-os igualmente em seu contexto etnográfico particular. Pouco a pouco, chegaremos a sociedades mais afastadas, mas sempre com a condição de que ligações reais de ordem histórica ou geográfica possam ser verificadas ou justificadamente postuladas entre elas. Serão descritas, nesta obra, apenas as etapas iniciais dessa longa excursão através das mitologias indígenas do Novo Mundo, que começa no coração da América tropical e — podemos prevê-lo desde já — nos conduzirá até as regiões setentrionais da América do Norte. Do início ao fim, o fio condutor será fornecido por um mito dos índios bororo do Brasil Central, mas a razão desse procedimento não deve ser procurada nem na hipótese de que esse mito seja mais arcaico do que outros, que estudaremos depois dele, nem na suposição de que o consideremos mais simples ou mais completo. As causas que o impuseram de início à nossa atenção são largamente contingentes. E, se desejamos que a exposição sintética reproduzisse tanto quanto possível o procedimento analítico, isso se deveu ao fato de que, desse modo, a estreita ligação que cremos existir nessas questões entre os aspectos empírico e sistemático haveria de ser ainda mais evidenciada se o método empregado começasse por atestá-la.

De fato, o mito bororo, doravante designado pela expressão *mito de referência*, não é — como tentaremos demonstrar — senão uma transformação mais ou menos elaborada de outros mitos, provenientes da mesma sociedade ou de sociedades próximas ou afastadas. Teria sido legítimo, portanto, escolher como ponto de partida qualquer representante do grupo. O interesse do mito de referência não reside, nesse sentido, em seu caráter típico, mas, antes, em sua posição irregular no seio de um grupo. Pelos problemas de interpretação que coloca, ela é, com efeito, especialmente apropriada ao exercício da reflexão.

É DE ESPERAR QUE nossa empresa, mesmo tendo sido assim definida, esbarre em objeções prejudiciais por parte de mitógrafos e especialistas da América tropical. De fato, ela não se deixa restringir a limites territoriais ou a classificações. Como quer que a encaremos, ela se desenvolve como uma nebulosa, sem jamais reunir de modo durável ou sistemático a soma total dos elementos de onde tira cegamente a sua substância, certa de que o real lhe servirá de guia e lhe mostrará um caminho mais seguro do que aqueles que poderia ter inventado. A partir de um mito escolhido, senão arbitrariamente, mas em virtude do sentimento intuitivo de sua riqueza e fecundidade, e em seguida analisado de acordo com as regras estabelecidas em trabalhos anteriores (Lévi-Strauss 1958a, 1958b, 1960, 1962a), configuramos o grupo de transformações de cada sequência, seja no interior do próprio mito, seja elucidando as relações de isomorfismo entre sequências extraídas de vários mitos provenientes da mesma população. Desse modo, passamos da consideração de mitos particulares para a de certos esquemas condutores que se ordenam sobre um mesmo eixo. Em cada ponto desse eixo assinalado por um esquema, traçamos na vertical, digamos assim, outros eixos resultantes da mesma operação, e agora não mais efetuada por meio de mitos aparentemente diferentes de uma única população e sim de mitos que, embora pertencentes a populações vizinhas, apresentam certas analogias com os primeiros. Desse modo, os esquemas condutores se simplificam, se enriquecem ou se transformam. Cada um deles se torna origem de novos eixos, perpendiculares aos precedentes em outros planos, aos quais logo irão conectar-se, por um duplo movimento prospectivo e retrospectivo, sequências extraídas de mitos provenientes de populações mais remotas ou de mitos inicialmente descartados por parecerem inúteis ou impossíveis de interpretar, embora pertencentes a povos já considerados. À medida que a nebulosa se expande, portanto, seu núcleo se condensa e se organiza. Filamentos esparsos vão se soldando, lacunas vão sendo preenchidas, conexões aparecem — algo que se assemelha a uma ordem transparece sob o caos. Como numa molécula germinal, sequências ordenadas em grupos de transformações vêm agregar-se ao grupo inicial, reproduzindo-lhe a estrutura e as determinações. Nasce um corpo multidimensional, cuja organização é revelada nas partes centrais, enquanto em sua periferia reinam ainda a incerteza e a confusão.

Mas não esperamos observar o estágio em que a matéria mítica, inicialmente dissolvida pela análise, ficará cristalizada na massa, tendo em toda parte o aspecto de uma estrutura estável e bem determinada. Além do fato de a ciência dos mitos ainda estar engatinhando e de dever dar-se por satisfeita por obter apenas um esboço de resultado, temos desde já a certeza de que essa etapa final jamais será atingida, pois, ainda que a suponhamos teoricamente possível, não há, e jamais haverá, uma população ou grupo de populações cujos mitos e a etnografia (sem a qual o estudo dos mitos nada pode) sejam objeto de um conhecimento exaustivo. Tal ambição chega a ser desprovida de sentido, já que se trata de uma realidade instável, permanentemente à mercê dos golpes de um passado que a arruína e de um futuro que a modifica. Em relação a cada um dos casos ilustrados pela literatura, estamos sem dúvida longe disso, contentes pelo simples fato de dispormos de amostras e fragmentos. Vimos que o ponto de partida da análise deve, inevitavelmente, ser escolhido ao acaso, já que os princípios de organização da matéria mítica estão contidos nela e só se revelarão progressivamente. Também é inevitável que o ponto de chegada se imponha por si só e de improviso: quando um certo estado da empresa mostrar que seu objeto ideal adquiriu forma e consistência suficientes para que algumas de suas propriedades latentes, e sobretudo sua existência como objeto, sejam absolutamente inquestionáveis. Assim como o microscópio óptico, que é incapaz de revelar ao observador a estrutura última da matéria, só podemos escolher entre vários graus de aumento: cada um deles torna visível um nível de organização, cuja verdade é apenas relativa, e exclui, enquanto adotado, a percepção dos outros níveis.

Essas considerações explicam, até um certo ponto, as características de um livro que poderia, de outro modo, ser julgado paradoxal. Embora constitua um volume completo, que desemboca em conclusões que fornecem ao leitor as respostas para as perguntas feitas no início, refere-se frequentemente a um segundo volume, por trás do qual talvez já se delineie um terceiro. Mas esses volumes, se um dia vierem à luz, não formarão uma sequência, e sim uma retomada dos mesmos materiais, um enfoque diferente dos mesmos problemas, na esperança de revelar propriedades que ficaram confusas ou passaram despercebidas, iluminando e colorindo de outro modo os cortes histológicos. Se a investigação transcorrer de acordo com os planos, ela não evoluirá, portanto, sobre um eixo linear, mas em espiral, voltando regularmente a antigos resultados e englobando novos objetos apenas na medida em que seu conhecimento permita aprofundar um conhecimento até então rudimentar.

Tampouco não deve causar surpresa o fato de este livro, declaradamente consagrado à mitologia, recorrer a contos, lendas e tradições pseudo-históricas e fazer amplas referências a ritos e cerimônias. Na realidade, rejeitamos as opiniões precipitadas sobre o que é e o que não é mítico e reivindicamos para nosso uso toda e qualquer manifestação da atividade mental ou social das populações estudadas que, no curso da análise, se revelar capaz de completar o mito ou esclarecê-lo, mesmo que não constitua, no sentido que os músicos dão ao termo, um acompanhamento "obrigatório" (cf., sobre esse ponto, Lévi-Strauss 1958a: cap. XII). Numa outra ordem de ideias, embora a pesquisa se concentre em mitos da América tropical, de onde provém a maior parte dos exemplos, são as exigências da análise que, à medida que ela avança, impõem a utilização da contribuição de mitos provenientes de regiões mais afastadas, como os organismos primitivos, que, mesmo envoltos numa membrana, mantêm ainda a capacidade de mover seu protoplasma no interior do invólucro e de distendê-la prodigiosamente para emitir pseudópodes: um comportamento que não parece tão estranho quando verificamos que seu intuito é capturar e assimilar corpos estranhos. E, finalmente, evitamos qualquer referência às classificações preconcebidas dos mitos em cosmológicos, sazonais, divinos, heroicos, tecnológicos etc. Aqui, mais uma vez, cabe ao mito, submetido à prova da análise, revelar sua própria natureza e se enquadrar dentro de um tipo; meta inatingível para o mitógrafo enquanto ele se basear em características externas e arbitrariamente isoladas.

Em suma, a especificidade deste livro é não ter um tema; restringindo-se inicialmente ao estudo de um mito, ele deve, para fazê-lo de modo incompleto, assimilar a matéria de duzentos. A preocupação que o inspira, de se limitar a uma região geográfica e cultural bem demarcada, não evita que de tempos em tempos ele tome os ares de um tratado de mitologia geral. Ele não tem começo, já que teria se desenvolvido de modo análogo se outro ponto de partida houvesse sido definido; tampouco tem fim, pois trata de vários problemas de forma apenas sumária, enquanto outros são simplesmente apresentados, à espera de melhor tratamento. Para preparar o nosso mapa, fomos obrigados a fazer elevações "em rosácea": montando inicialmente em torno de um mito o seu campo semântico, graças à etnografia e por meio de outros mitos, e repetindo a mesma operação para cada um deles, de modo que a zona central, escolhida aleatoriamente, possa ser recortada por vários percursos, mas a frequência das superposições diminua à medida que nos distanciamos do centro. Para obter uma varredura constante da mesma densidade, seria, portanto, preciso que o procedimento fosse refeito várias vezes, traçando novos círculos a partir de pontos situados na periferia. Mas, ao mesmo tempo, a área de partida seria ampliada. A análise mítica se assemelha, portanto, a uma tarefa de Penélope: cada progresso traz uma nova esperança, que carrega uma nova dificuldade. O dossiê nunca está concluído.

Devemos, porém, confessar que, longe de nos assustar, a estranha concepção deste livro se nos afigura como o sinal de que talvez tenhamos conseguido captar, graças a um plano e a um método que mais se impuseram do que foram escolhidos, algumas das propriedades fundamentais de nosso objeto. Sobre o estudo dos mitos, já dizia Durkheim (1925, p. 142): "É um problema difícil, que deve ser tratado em si, por si e segundo um método que lhe seja específico". Ele sugeria também a razão desse procedimento, quando evocava mais adiante os mitos totêmicos, "que, certamente, não explicam nada e apenas deslocam a dificuldade, mas que, ao deslocá-la, parecem pelo menos atenuar-lhe o escândalo lógico" (id. ibid., p. 190). Uma definição profunda que poderia, em nossa opinião, ser estendida a todo o campo do pensamento mítico, dando-lhe um sentido mais amplo do que pretenderia o autor.

O estudo dos mitos efetivamente coloca um problema metodológico, na medida em que não pode adequar-se ao princípio cartesiano de dividir a dificuldade em tantas partes quantas forem necessárias para resolvê-lo. Não existe um verdadeiro término na análise mítica, nenhuma unidade secreta que se possa atingir ao final do trabalho de decomposição. Os temas se desdobram ao infinito. Quando acreditamos tê-los desembaraçado e isolado uns dos outros, verificamos que, na verdade, eles se reagrupam, atraídos por afinidades imprevistas. Consequentemente, a unidade do mito é apenas tendencial e projetiva, ela nunca reflete um estado ou um momento do mito. Fenômeno imaginário implícito no esforço de interpretação, seu papel é dar ao mito uma forma sintética e impedir que se dissolva na confusão dos contrários. Poder-se-ia, portanto, dizer que a ciência dos mitos é uma *anaclástica*, tomando esse termo antigo no sentido lato, autorizado pela etimologia, e que admite em sua definição o estudo dos raios refletidos

Abertura

e refratados. Mas, à diferença da reflexão filosófica, que pretende remontar à sua origem, as reflexões de que se trata aqui dizem respeito a raios que não existem senão como virtualidade. A divergência das sequências e dos temas é um atributo fundamental do pensamento mítico. Ela se manifesta sob o aspecto de uma irradiação, a única para cujas direções e ângulos somos levados a postular uma origem comum: ponto ideal onde os raios desviados pela estrutura do mito haveriam de se reencontrar se, justamente, não proviessem de algures e não tivessem permanecido paralelos ao longo de todo o trajeto. Como mostraremos na conclusão deste livro, essa multiplicidade oferece algo de essencial, pois está ligada ao duplo caráter do pensamento mítico, que coincide com seu objeto, constituindo dele uma imagem homóloga, mas sem jamais conseguir fundir-se com ele, pois evolui num outro plano. A recorrência dos temas traduz essa mistura de impotência e tenacidade. O pensamento mítico, totalmente alheio à preocupação com pontos de partida ou de chegada bem definidos, não efetua percursos completos: sempre lhe resta algo a perfazer. Como os ritos, os mitos são *in-termináveis*. E, querendo imitar o movimento espontâneo do pensamento mítico, nosso empreendimento, igualmente curto demais e longo demais, teve de se curvar às suas exigências e respeitar seu ritmo. Assim, este livro sobre os mitos é, a seu modo, um mito. Supondo-se que possua uma unidade, esta só aparecerá aquém e além do texto. Na melhor das hipóteses, será estabelecida no espírito do leitor.

MAS É CERTAMENTE NO PLANO da crítica etnográfica que atraímos a maior parte das censuras. Apesar da nossa extrema preocupação com a informação, certas fontes foram deixadas de lado, mesmo quando eram acessíveis.[1] Nem todas as fontes utilizadas foram mantidas na redação definitiva. Para

---

1. Por terem sido publicadas recentemente, algumas obras como *Die Tacana*, de Karin Hissink e Albert Hahn (1961), só foram exploradas superficialmente, e outras, que chegaram à França após a conclusão deste livro, nem sequer tocadas. É o caso de Johannes Wilbert, *Indios de la región Orinoco-Ventuari* (1963) e *Warao Oral Literature* (1964) e de Niels Fock, *Wawai, Religion and Society of an Amazonian Tribe* (1963), no qual já encontramos, no entanto, um mito de sariguê que comprova nossas análises das partes III e IV. Esses novos materiais serão aproveitados num outro volume.

não tornar a exposição demasiadamente pesada, foi preciso fazer a triagem dos mitos, escolher determinadas versões, suprimir motivos de suas variantes. Poderemos ser acusados de ter moldado a matéria da investigação de acordo com nosso projeto. Pois se, de uma massa considerável de mitos, tivéssemos mantido apenas aqueles mais favoráveis à demonstração, esta perderia muito de sua força. Conclui-se que, para ousar abordar sua comparação, teria sido preciso vasculhar efetivamente a totalidade dos mitos conhecidos da América tropical?

Tal objeção assume um relevo particular diante das circunstâncias que atrasaram a publicação deste livro. Ele estava quase pronto quando se anunciou a publicação da *Enciclopédia Bororo* [EB], e esperamos que a obra chegasse à França para explorá-la antes de dar ao texto sua forma final. Mas, utilizando o mesmo raciocínio, não deveríamos ter esperado pela publicação, em dois ou três anos, do segundo volume, que será consagrado aos mitos, e da parte que tratará dos nomes próprios? Em verdade, o estudo do volume publicado, apesar das riquezas que contém, trazia um outro ensinamento. Os salesianos, que registraram suas próprias mudanças de opinião com muita tranquilidade, quando não deixam simplesmente de mencioná-las, são bastante rígidos quanto à coincidência entre uma informação publicada por um autor e outra mais recente, colhida por eles mesmos. Em ambos os casos, cometem o mesmo erro metodológico. O fato de uma informação contradizer uma outra coloca um problema, mas não o resolve. Temos mais respeito pelos informantes, tanto os nossos quanto os antigamente utilizados pelos missionários, cujo testemunho tem, por isso, um valor particular. Os méritos dos salesianos são tão notórios que se pode, sem trair o reconhecimento que lhes é devido, fazer-lhes uma leve crítica: eles têm a lamentável tendência a crer que a informação mais recente anula todas as outras.

Não duvidamos nem por um instante que a consideração de outros documentos, publicados ou a publicar, afetará nossas interpretações. Algumas delas, aventadas prudentemente, talvez se vejam confirmadas; outras serão abandonadas ou modificadas. Mas não seja por isso: em disciplinas como a nossa, o saber científico avança aos tropeços, fustigado pela contenda e pela dúvida. E deixa à metafísica a impaciência do tudo ou nada. Para que nosso

Abertura

empreendimento seja válido, não é necessário, em nossa opinião, que goze durante anos, e até os mínimos detalhes, de uma presunção de verdade. Basta que se lhe reconheça o modesto mérito de ter deixado um problema difícil numa situação menos ruim do que aquela em que o encontrou. Não devemos esquecer que na ciência não pode haver verdades estabelecidas. O estudioso não é o homem que fornece as verdadeiras respostas; é aquele que faz as verdadeiras perguntas.

Avancemos um pouco mais. Criticar-nos por não termos realizado um inventário exaustivo dos mitos sul-americanos antes de analisá-los seria cometer um grave equívoco sobre a natureza e o papel desses documentos. O conjunto de mitos de uma população é da ordem do discurso. A menos que a população se extinga física ou moralmente, esse conjunto nunca é fechado. Os linguistas deveriam, então, ser igualmente censurados por escreverem a gramática de uma língua sem terem registrado a totalidade das palavras que foram pronunciadas desde que a língua existe, e sem conhecerem as trocas verbais que ocorrerão enquanto ela existir. A experiência prova que um número irrisório de frases, em comparação com todas as que um linguista poderia teoricamente ter coletado (sem mencionar aquelas que ele não pôde conhecer porque foram ditas antes que ele iniciasse o seu trabalho ou na sua ausência, ou porque serão ditas mais tarde), permite-lhe elaborar uma gramática da língua que ele estuda. E mesmo uma gramática parcial, ou um esboço de gramática representam aquisições preciosas quando se trata de línguas desconhecidas. A sintaxe não espera que uma série teoricamente ilimitada de eventos tenha sido registrada para se manifestar, pois ela consiste no corpo de regras que preside sua geração. Ora, o que pretendemos esboçar é justamente uma sintaxe da mitologia sul-americana. No momento em que novos textos vierem enriquecer o discurso mítico, ocorrerá o controle ou modificação do modo como foram formuladas certas leis gramaticais, a renúncia a algumas delas e a descoberta de novas leis. Mas, de todo modo, a exigência de um discurso mítico total não poderia ser colocada como um obstáculo. Pois acabamos de ver que tal exigência não tem sentido.

Uma outra objeção seria mais grave. Poder-se-ia, efetivamente, ser contestado o direito de escolher nossos mitos aqui e acolá, de explicar um mito do Chaco por uma variante guianense, um mito jê por seu análogo colombiano. Porém, por mais que respeite a história e se empenhe em aproveitar todas as suas lições, a análise estrutural não quer se ver confinada aos perímetros já circunscritos pela investigação histórica. Ao contrário, demonstrando que mitos de proveniências muito diferentes formam objetivamente um grupo, ela coloca um problema para a história, incentivando-a a partir em busca de uma solução. Constituímos um grupo, e esperamos ter dado provas de que se trata de um grupo. Cabe aos etnógrafos, aos historiadores e aos arqueólogos dizer como e por quê.

Mas todos podem ficar tranquilos. Para explicar o caráter de grupo que apresentam os mitos reunidos por nossa investigação (e que o foram apenas por essa razão), não esperamos que a crítica histórica possa, um dia, reduzir um sistema de afinidades lógicas à enumeração de uma infinidade de empréstimos, sucessivos ou simultâneos, que populações contemporâneas ou antigas teriam feito umas às outras, através de distâncias e lapsos de tempo às vezes tão consideráveis que qualquer interpretação desse tipo seria pouco plausível ou, em todo caso, impossível de verificar. Por isso começaremos convidando o historiador a ver na América indígena uma Idade Média à qual teria faltado sua Roma: massa confusa, originária de um velho sincretismo cuja textura foi certamente muito frouxa, no seio da qual subsistiram aqui e ali, durante vários séculos, focos de alta civilização e povos bárbaros, tendências centralizadoras e forças de fragmentação. Embora estas últimas tenham prevalecido, por força de causas internas e devido à chegada dos conquistadores europeus, é certo que um grupo, como o que constitui o objeto de nossa investigação, deve seu caráter ao fato de se ter, de certo modo, cristalizado num meio semântico já organizado, cujos elementos tinham servido a todos os tipos de combinações: não tanto, sem dúvida, por vontade de imitar, senão para permitir que sociedades pequenas, porém numerosas, afirmassem sua respectiva originalidade explorando os recursos de uma dialética de oposições e correlações, no âmbito de uma concepção de mundo comum.

Tal interpretação, que deixaremos apenas esboçada, baseia-se evidentemente em conjecturas históricas: alta antiguidade do povoamento da

Abertura

América tropical, deslocamentos repetidos de várias tribos em todos os sentidos, fluidez demográfica e fenômenos de fusão criando condições para um sincretismo muito antigo, a partir do qual se produziram as diferenças observáveis entre os grupos, que não refletem nada ou quase nada das condições arcaicas, mas são, em geral, secundárias e derivadas. Apesar da perspectiva formal que adota, a análise estrutural valida, portanto, interpretações etnográficas e históricas que propusemos há mais de vinte anos e que, consideradas temerárias na época (cf. Lévi-Strauss 1958a, p. 118-ss, cap. vi), só fizeram ganhar terreno. Se alguma conclusão etnográfica se depreende deste livro, é a de que na verdade os Jê, longe de serem os "marginais" que se imaginava em 1942, durante a redação do volume i do *Handbook of South American Indians* (hipótese contra a qual protestávamos já na época), representam, na América do Sul, um elemento central, cujo papel é comparável ao desempenhado, na América do Norte, pelas culturas muito antigas e seus sobreviventes estabelecidos nas bacias dos rios Fraser e Colúmbia. Quando nossa investigação se deslocar para as regiões setentrionais da América do Norte, os fundamentos dessa aproximação aparecerão com mais clareza.

ERA NECESSÁRIO EVOCAR pelo menos esses resultados concretos da análise estrutural (outros resultados, restritos às culturas da América tropical, serão expostos neste livro), para alertar os leitores contra a acusação de formalismo, ou mesmo de idealismo, que às vezes nos é dirigida. Mais ainda do que nossas obras anteriores, este livro não estaria desviando a investigação etnológica para os caminhos — que deveriam continuar sendo vedados a ela — da psicologia, da lógica e da filosofia? Não estaríamos assim contribuindo para desviar a atenção da etnografia de suas verdadeiras tarefas, que consistiriam no estudo de sociedades concretas e dos problemas nelas colocados pelas relações entre os indivíduos e os grupos, do triplo ponto de vista, social, político e econômico? Tais preocupações, frequentemente expressas, resultam a nosso ver de um total desconhecimento da tarefa a que nos propusemos. E colocam em dúvida — o que nos parece mais grave — a continuidade do programa que seguimos metodicamente desde *As estruturas elementares do parentesco*, quando, pelo menos contra esta obra, não parece que a mesma objeção possa ser razoavelmente formulada.

Se *O pensamento selvagem* marca uma espécie de pausa em nossa tentativa, é somente porque era preciso recuperar o fôlego entre os dois esforços. Certamente, aproveitamos para dar uma olhada no panorama que se estendia diante de nós, valendo-nos da ocasião que se oferecia para avaliar o trajeto percorrido, estabelecer a sequência do itinerário e ter uma vaga ideia dos territórios estrangeiros que teríamos de atravessar, embora não tivéssemos a intenção de nos afastar muito de nosso caminho e — a não ser para uma breve incursão furtiva — de nos aventurar pelos extremamente bem guardados territórios de caça da filosofia... De qualquer modo, essa parada, que certas pessoas viram como uma conclusão, seria apenas temporária, entre a primeira etapa, percorrida n'*As estruturas*, e a segunda, que este livro pretende iniciar.

O principal é que o destino permanece inalterado. Trata-se como sempre de, partindo da experiência etnográfica, fazer um inventário dos imperativos mentais, reduzir dados aparentemente arbitrários a uma ordem, atingir um nível no qual uma necessidade, imanente às ilusões de liberdade, se revela. Por trás da contingência superficial e da diversidade aparentemente incoerente das regras de casamento, destacamos, n'*As estruturas*, um pequeno número de princípios simples, cuja intervenção fazia com que um conjunto muito complexo de usos e costumes, à primeira vista absurdos (e assim geralmente considerados), fosse redutível a um sistema significante. Nada garantia, entretanto, que tais imperativos fossem de origem interna. Pode até ser que apenas ecoassem, no espírito dos homens, certas exigências da vida social objetivadas nas instituições. Sua ressonância no plano psíquico seria, então, o efeito de mecanismos de que só faltava descobrir o modo de operação.

Portanto, a experiência que iniciamos agora com a mitologia será mais decisiva. A mitologia não tem função prática evidente; ao contrário dos fenômenos anteriormente examinados, ela não está diretamente vinculada a uma realidade diferente, dotada de uma objetividade maior do que a sua, cujas ordens transmitiria a um espírito que parece ter total liberdade para se

Abertura

entregar à própria criatividade espontânea. Consequentemente, se se pudesse demonstrar que, também neste caso, a aparente arbitrariedade, a pretensa liberdade de expansão, a invenção supostamente desenfreada supõem regras que operam num nível mais profundo, a conclusão inelutável seria de que o espírito, deixado a sós consigo mesmo e liberado da obrigação de compor com os objetos, fica de certo modo reduzido a imitar-se a si mesmo como objeto; e que, não sendo as leis de suas operações nesse caso fundamentalmente diferentes daquelas que ele revela na outra função, o espírito evidencia assim sua natureza de coisa entre outras. Sem levar tão longe o raciocínio, basta nos imbuirmos da convicção de que, se o espírito humano se mostra determinado até mesmo em seus mitos, então a fortiori deve sê-lo em toda parte.[2]

Ao deixar-se guiar pela busca dos imperativos mentais, nossa problemática se aproxima da do kantismo, embora caminhemos por outras vias, que não conduzem às mesmas conclusões. O etnólogo não se sente obrigado, como o filósofo, a tomar como princípio de reflexão as condições de exercício de seu próprio pensamento, ou de uma ciência que é a de sua sociedade e de seu tempo, a fim de estender essas constatações locais a um entendimento cuja universalidade só pode ser hipotética e virtual. Preocupado com os mesmos problemas, adota um procedimento duplamente inverso. Prefere, à hipótese de um entendimento universal, a observação empírica de entendimentos coletivos, cujas propriedades, de certo modo solidificadas, lhe são reveladas por inumeráveis sistemas concretos de representações. E visto ser ele homem de certo meio social, de certa cultura, de certa região e de certo período da história, para quem esses sistemas representam toda a gama de variações possíveis no seio de um gênero, escolhe aqueles cuja divergência lhe parece mais acentuada, na esperança de que as regras metodológicas que lhe serão impostas para traduzir esses sistemas nos termos de seu próprio, e vice-versa, exponham uma rede de imperativos fundamentais e comuns: ginástica suprema em que o exercício

---

2. "[...] Se há leis em algum lugar, deve havê-las por toda parte." A tal conclusão já chegara Tylor, na passagem que, há dezessete anos, colocamos como epígrafe a *As estruturas elementares do parentesco*.

da reflexão, levado a seus limites objetivos (já que estes terão sido antes de tudo localizados e inventariados pela investigação etnográfica), faz saltar cada músculo e articulação do esqueleto, expondo assim os lineamentos de uma estrutura anatômica geral.

Reconhecemos perfeitamente esse aspecto de nossa tentativa nas palavras de Paul Ricoeur, quando a qualifica, com razão, de "kantismo sem sujeito transcendental".[3] Mas tal restrição, longe de nos parecer sinal de uma lacuna, se nos apresenta como a consequência inevitável, no plano filosófico, da escolha que fizemos de uma perspectiva etnográfica. Como nos pusemos em busca das condições para que sistemas de verdades se tornem mutuamente convertíveis, podendo, pois, ser simultaneamente admissíveis por vários sujeitos, o conjunto dessas condições adquire o caráter de objeto dotado de uma realidade própria, e independente de todo e qualquer sujeito.

Acreditamos que nada melhor do que a mitologia para ilustrar e demonstrar empiricamente a realidade desse pensamento objetivado. Sem excluir que os sujeitos falantes, que produzem e transmitem os mitos, possam tomar consciência de sua estrutura e de seu modo de operar, isso não poderia acontecer normalmente, mas apenas de modo parcial e intermitente. Ocorre com os mitos o mesmo que com a linguagem: se um sujeito aplicasse conscientemente em seu discurso as leis fonológicas e gramaticais, supondo-se que possuísse o conhecimento e o talento necessários, perderia quase que imediatamente o fio de suas ideias. Do mesmo modo, o exercício e o uso do pensamento mítico exigem que suas propriedades se mantenham ocultas; senão, colocar-nos-íamos na posição do mitólogo, que não pode acreditar nos mitos, pois se dedica a desmontá-los. A análise mítica não tem nem pode ter por objeto mostrar como homens pensam. No caso particular

---

3. Ricoeur, "Symbole et temporalité" (1963, p. 24). Cf. também p. 9: "Um inconsciente mais kantiano do que freudiano, um inconsciente de categorias, combinatório [...]"; e p. 10: "... sistema de categorias sem referência a um sujeito pensante [...] homólogo à natureza; talvez ele até seja natureza [...]". Com sua fineza e argúcia habituais, Roger Bastide (1961, pp. 65-79) antecipou todo o desenvolvimento precedente. Nossa concordância é ainda mais reveladora de sua lucidez pelo fato de eu só ter tomado conhecimento de seu texto, por ele comunicado, no momento em que corrigia as provas deste livro.

Abertura

que nos interessa aqui, é no mínimo duvidoso que os indígenas do Brasil Central realmente concebam, além dos relatos míticos que os encantam, os sistemas de relações aos quais os reduzimos. E quando, por meio desses mitos, validamos certas expressões arcaicas ou figuradas de nossa própria língua popular, a mesma constatação se impõe, já que é de fora, e segundo as regras de uma mitologia estrangeira, que uma tomada de consciência retroativa se opera de nossa parte. Não pretendemos, portanto, mostrar como os homens pensam nos mitos, mas como os mitos se pensam nos homens, e à sua revelia.

E talvez convenha ir ainda mais longe, como sugerimos, abstraindo todo sujeito para considerar que, de um certo modo, os mitos se pensam *entre si*.[4] Pois trata-se, aqui, menos de extrair o que há *nos* mitos (sem estar, aliás, na consciência dos homens), do que o sistema dos axiomas e postulados que definem o melhor código possível, capaz de oferecer uma significação comum a elaborações inconscientes, que são próprias de espíritos, sociedades e culturas escolhidas entre os que apresentam o maior distanciamento, uns em relação aos outros. Como os mitos se fundam, eles próprios, em códigos de segunda ordem (sendo os de primeira ordem aqueles em que consiste a linguagem), este livro forneceria o esboço de um código de terceira ordem, destinado a garantir a tradutibilidade recíproca de vários mitos. Por essa razão, não é equivocado considerá-lo como um mito: de certo modo, o mito da mitologia.

Mas, tanto quanto os outros códigos, este não é inventado ou recebido de fora. É imanente à própria mitologia, onde apenas o descobrimos. Um etnógrafo, trabalhando na América do Sul, espantou-se com o modo como os mitos chegavam a ele: "Cada narrador — ou quase — conta as histórias a seu modo. Mesmo para os detalhes importantes, a margem de variação é enorme...". E, no entanto, os indígenas não pareciam afetar-se com isso: "Um karajá que me acompanhava de aldeia em aldeia ouviu muitas variantes desse tipo e recebeu-as com uma confiança quase idêntica. Não que ele não percebesse as contradições. Mas não tinha o mínimo interesse por

---

4. Os Ojibwa consideram os mitos como "seres dotados de consciência, capazes de pensar e de agir" (Jones, 1919, p. 574, n. 1).

elas..." (Lipkind, 1940, p. 251). Um comentador ingênuo, vindo de outro planeta, poderia se espantar — com mais razão (já que se trata então de história e não de mito) — que, na massa de obras consagradas à Revolução Francesa, os mesmos incidentes não sejam sempre mencionados ou ignorados, e que os relatados por vários autores apareçam sob ópticas diferentes. E, no entanto, essas variantes se referem ao mesmo país, ao mesmo período, aos mesmos acontecimentos, cuja realidade se espalha por todos os planos de uma estrutura folhada. O critério de validade não se prende, portanto, aos elementos da história. Perseguidos isoladamente, cada um deles seria intangível. Mas ao menos alguns deles adquirem consistência, pelo fato de poderem integrar-se numa série cujos termos recebem maior ou menor credibilidade, dependendo de sua coerência global.

Apesar dos esforços, tão meritórios quanto indispensáveis, para atingir uma outra condição, uma história clarividente deverá confessar que jamais escapa completamente da natureza do mito. De modo que o que se aplica a ela se aplicará, a fortiori, ainda mais a ele. Os esquemas míticos apresentam no mais alto grau o caráter de objetos absolutos, os quais, se não sofressem influências externas, não perderiam nem ganhariam partes. Segue-se que, quando o esquema sofre uma transformação, esta afeta solidariamente todos os seus aspectos. Consequentemente, quando um aspecto de um determinado mito parece ininteligível, um método legítimo consiste em tratá-lo, de modo hipotético e preliminar, como uma transformação do aspecto homólogo de um outro mito, ligado para reforço do argumento ao mesmo grupo, e que se presta melhor à interpretação. Foi o que fizemos diversas vezes: quando resolvemos o episódio da boca coberta do jaguar em M_7 pelo episódio inverso da boca escancarada em M_{55}; ou o dos urubus realmente prestativos em M_1 a partir dos falsamente prestativos de M_{65}. Contrariamente ao que se poderia pensar, o método não cai num círculo vicioso. Implica somente que cada mito tomado em particular existe como aplicação restrita de um esquema que as relações de inteligibilidade recíproca, percebidas entre vários mitos, ajudam progressivamente a extrair.

No uso que fazemos do método, seremos certamente acusados de interpretar demais e simplificar. Além de não pretendermos que todas as soluções aventadas tenham o mesmo valor — já que insistimos em apontar a precariedade de algumas delas —, seria hipocrisia não levar o nosso pensamento até o fim. Responderemos então a nossos eventuais críticos: que importa? Pois, se o objetivo último da antropologia é contribuir para um melhor conhecimento do pensamento objetivado e de seus mecanismos, finalmente dá no mesmo que, neste livro, o pensamento dos indígenas sul-americanos tome forma sob a operação do meu, ou o contrário. O que importa é que o espírito humano, indiferente à identidade de seus mensageiros eventuais, manifesta aí uma estrutura cada vez mais inteligível, à medida que avança o processo duplamente reflexivo de dois pensamentos agindo um sobre o outro e, nesse processo, ora um, ora outro pode ser a mecha ou a faísca de cuja aproximação resultará a iluminação de ambos. E, se esta vier a revelar um tesouro, não haverá necessidade de árbitro para proceder à partilha, já que reconhecemos logo de início (Lévi-Strauss, 1962a) que a herança é inalienável e que deve ser mantida indivisa.

2

No início desta introdução, dissemos ter procurado transcender a oposição entre o sensível e o inteligível, colocando-nos imediatamente no nível dos signos. Estes, na verdade, se exprimem um através do outro. Mesmo quando em número reduzido, prestam-se a combinações rigorosamente arranjadas, que podem traduzir, até em suas mínimas nuanças, toda a diversidade da experiência sensível. Assim, esperamos atingir um plano em que as propriedades lógicas se manifestem como atributo das coisas tão diretamente quanto os sabores ou os perfumes cuja particularidade, sempre inequívoca remete, no entanto, a uma combinação de elementos que, escolhidos ou dispostos de outro modo, teriam suscitado a consciência de um outro perfume. Graças à noção de signo, trata-se para nós, no plano do inteligível e não mais apenas no do sensível, de colocar as qualidades secundárias a serviço da verdade.

Essa busca de uma via intermediária entre o exercício do pensamento lógico e a percepção estética devia naturalmente inspirar-se no exemplo da música, que sempre a trilhou. A comparação não se impunha somente de um ponto de vista genérico. Rapidamente, quase desde o início da redação desta obra, constatamos que era impossível distribuir a matéria deste livro de acordo com um plano conforme às normas tradicionais. O corte em capítulos não violentava apenas o movimento do pensamento; empobrecia-o e mutilava-o, tirava da demonstração sua agudeza. Paradoxalmente, parecia que, para que ela fosse determinante, era preciso conceder-lhe mais flexibilidade e liberdade. Percebemos também que a ordem de apresentação dos documentos não podia ser linear e que as fases do comentário não se ligavam umas às outras por uma simples relação entre antes e depois. Artifícios de composição eram indispensáveis, para dar às vezes ao leitor a sensação de uma simultaneidade, certamente ilusória, já que continuávamos atrelados à ordem do relato, mas da qual podíamos ao menos buscar um equivalente aproximado, alternando um discurso alongado e um discurso difuso, acelerando o ritmo depois de tê-lo baixado, ora acumulando os exemplos, ora mantendo-os separados. Assim, constatamos que nossas análises se situavam em diversos eixos. O das sucessões, evidentemente, mas também o das compacidades relativas, que exigiam o recurso a formas evocadoras do que são, em música, o solo e o *tutti*; os das tensões expressivas e dos códigos de substituição, em função dos quais apareciam, ao correr da redação, oposições comparáveis àquelas entre canto e recitativo, conjunto instrumental e ária.

Dessa liberdade que tomávamos de recorrer a várias dimensões para nelas dispor nossos temas, resultava que um corte em capítulos isométricos devia dar lugar a uma divisão em partes menos numerosas, mas também mais volumosas e complexas, de comprimento desigual, e cada uma delas formando um todo em virtude de sua organização interna, à qual presidiria uma certa unidade de inspiração. Pela mesma razão, as partes não podiam ter uma forma única; cada uma delas obedeceria, antes, às regras de tom, de gênero e de estilo exigidas pela natureza dos materiais utilizados e pela natureza dos meios técnicos empregados em cada caso. Aqui também, consequentemente, as formas musicais nos ofereciam o recurso de uma diversidade já estabelecida pela experiência, uma vez que a comparação com a sonata, a sinfonia, a cantata, o prelúdio, a fuga etc. permitia verificar facilmente que na música

Abertura

tinham sido colocados problemas de construção análogos aos que a análise dos mitos levantara, e para os quais a música já tinha inventado soluções.

Mas, ao mesmo tempo, não podíamos esquivar-nos de um outro problema: o das causas profundas da afinidade, à primeira vista surpreendente, entre a música e os mitos (cujas propriedades a análise estrutural se limita a evidenciar, retomando-as simplesmente em seu proveito e transpondo-as para um outro plano). E, sem dúvida, já era um grande passo no caminho de uma resposta o fato de poder invocar essa invariante de nossa história pessoal que nenhuma peripécia abalou, nem mesmo as fulgurantes revelações que foram, para um adolescente, a audição de *Pelléas* [*e Melisande*] e depois d'*As bodas*: ou seja, a homenagem, prestada desde a infância, no altar do "deus Richard Wagner". Pois, se devemos reconhecer em Wagner o pai irrecusável da análise estrutural dos mitos (e até dos contos, veja-se *Os mestres*), é altamente revelador que essa análise tenha sido inicialmente feita *em música*.[5] Consequentemente, quando sugeríamos que a análise dos mitos era comparável à de uma grande partitura (Lévi-Strauss, 1958a, p. 234), apenas tirávamos a consequência lógica da descoberta wagneriana de que a estrutura dos mitos se revela por meio de uma partitura.

Contudo, essa homenagem liminar mais confirma a existência do problema do que o resolve. Acreditamos que a verdadeira resposta se encontra no caráter comum do mito e da obra musical, no fato de serem linguagens que transcendem, cada qual a seu modo, o plano da linguagem articulada, embora requeiram, como esta, ao contrário da pintura, uma dimensão temporal para se manifestarem. Mas essa relação com o tempo é de natureza muito particular: tudo se passa como se a música e a mitologia só precisassem do tempo para desmenti-lo. Ambas são, na verdade, máquinas de suprimir o tempo. Abaixo dos sons e dos ritmos, a música opera sobre um terreno bruto, que é o tempo fisiológico do ouvinte; tempo irremedia-

---

5. Proclamando essa paternidade, estaríamos agindo de modo ingrato se não confessássemos outras dívidas. Primeiramente, para com a obra de Marcel Granet, semeada de intuições geniais; e, em seguida — *last but not least* —, para com a de Georges Dumézil; e o *Asklèpios, Apollon Smintheus et Rudra*, de Henri Grégoire, in *Mémoires de l'Académie Royale de Belgique*, Classe des Lettres...*, t. XLV, fasc. I, 1949.

velmente diacrônico porque irreversível, do qual ela transmuta, no entanto, o segmento que foi consagrado a escutá-la numa totalidade sincrônica e fechada sobre si mesma. A audição da obra musical, em razão de sua organização interna, imobiliza, portanto, o tempo que passa; como uma toalha fustigada pelo vento, atinge-o e dobra-o. De modo que ao ouvirmos música, e enquanto a escutamos, atingimos uma espécie de imortalidade.

Vê-se assim como a música se assemelha ao mito, que também supera a antinomia entre um tempo histórico e findo e uma estrutura permanente. Mas, para justificar plenamente a comparação, é preciso avançá-la mais do que fizemos algures (Lévi-Strauss, 1958a, pp. 230-3). Como a obra musical, o mito opera a partir de um duplo contínuo. Um externo, cuja matéria é constituída, num caso, por acontecimentos históricos ou tidos por tais, formando uma série teoricamente ilimitada de onde cada sociedade extrai, para elaborar seus mitos, um número limitado de eventos pertinentes; e, no outro caso, pela série igualmente ilimitada dos sons fisicamente realizáveis, na qual cada sistema musical seleciona a sua escala. O segundo contínuo é de ordem interna. Situa-se no tempo psicofisiológico do ouvinte, cujos fatores são muito complexos: periodicidade das ondas cerebrais e dos ritmos orgânicos, capacidade da memória e intensidade de atenção. São principalmente os aspectos neuropsíquicos que a mitologia põe em jogo, pela duração da narração, a recorrência dos temas e outras formas de retorno e paralelismo que, para serem corretamente localizadas, exigem que o espírito do ouvinte varra, por assim dizer, o campo do relato em todos os sentidos à medida que este se desdobra diante dele. Tudo isso se aplica igualmente à música. Mas, além do tempo psicológico, a música se dirige ao tempo fisiológico e até visceral, que a mitologia certamente não ignora — já que uma história contada pode ser "palpitante" — sem que seu papel seja tão essencial quanto na música: todo contraponto proporciona aos ritmos cardíaco e respiratório um lugar silencioso.

Limitemo-nos a esse tempo visceral, para simplificar o raciocínio. Diremos então que a música opera por meio de duas grades. Uma é fisiológica e, portanto, natural; sua existência se deve ao fato de que a música explora os ritmos orgânicos, e torna assim pertinentes certas descontinuidades que de outro modo permaneceriam em estado latente,

Abertura

como que afogadas na duração. A outra é cultural; consiste numa escala de sons musicais, cujos número e intervalos variam segundo as culturas. Esse sistema de intervalos fornece à música um primeiro nível de articulação, não em função das alturas relativas (que resultam das propriedades sensíveis de cada som), mas das relações que surgem entre as notas da escala: daí sua distinção em fundamental, tônica, sensível e dominante, exprimindo relações que os sistemas politonal e atonal encavalam, mas não destroem.

A missão do compositor é alterar essa descontinuidade sem revogar-lhe o princípio; quer a invenção melódica cave lacunas temporárias na grade, quer, também temporariamente, tape ou reduza os buracos. Ora ela perfura, ora obtura. E o que vale para a melodia vale também para o ritmo, já que, através deste segundo meio, os tempos da grade fisiológica, teoricamente constantes, são saltados ou redobrados, antecipados ou retomados com atraso.

A emoção musical provém precisamente do fato de que a cada instante o compositor retira ou acrescenta mais ou menos do que prevê o ouvinte, convencido de poder adivinhar o projeto, embora seja na verdade incapaz de desvendá-lo devido à sua sujeição a uma dupla periodicidade: a de sua caixa torácica, que está ligada à sua natureza individual, e a da escala, ligada à sua educação. Se o compositor retira mais, experimentamos uma deliciosa sensação de queda; sentimo-nos arrancados de um ponto estável no solfejo e lançados no vazio, mas somente porque o ponto de apoio que nos é oferecido não se encontra no local previsto. Quando o compositor tira menos, ocorre o contrário: obriga-nos a uma ginástica mais hábil do que a nossa. Ora somos movidos, ora obrigados a nos mover, e sempre além daquilo que, sós, nos sentiríamos capazes de realizar. O prazer estético é feito dessa infinidade de enlevos e tréguas, esperas inúteis e esperas recompensadas além do esperado, resultado dos desafios trazidos pela obra; e da sensação contraditória que provoca, de que as provas às quais nos submete são insuperáveis, quando ela se prepara para nos fornecer meios maravilhosamente imprevistos que permitirão vencê-las. Ainda equívoco na partitura, que o revela

... irradiando uma sagração
Mal calada pela própria tinta em soluços sibilinos,*

o desígnio do compositor se atualiza, como o do mito, através do ouvinte e por ele. Em ambos os casos, observa-se com efeito a mesma inversão da relação entre o emissor e o receptor, pois é, afinal, o segundo que se vê significado pela mensagem do primeiro: a música se vive em mim, eu me ouço através dela. O mito e a obra musical aparecem, assim, como regentes de orquestra cujos ouvintes são os silenciosos executantes.

Se perguntarmos então onde se encontra o verdadeiro núcleo da obra, a resposta só pode ser que sua determinação é impossível. A música e a mitologia confrontam o homem com objetos virtuais de que apenas a sombra é atual, com aproximações conscientes (uma partitura musical e um mito não podendo ser outra coisa) de verdades inelutavelmente inconscientes e que lhes são consecutivas. No caso do mito, intuímos o porquê dessa situação paradoxal: deve-se à desproporção que prevalece entre as circunstâncias da criação, que são coletivas, e o regime individual do consumo. Os mitos não têm autor; a partir do momento em que são vistos como mitos, e qualquer que tenha sido a sua origem real, só existem encarnados numa tradição. Quando um mito é contado, ouvintes individuais recebem uma mensagem que não provém, na verdade, de lugar algum; por essa razão se lhe atribui uma origem sobrenatural. É, pois, compreensível que a unidade do mito seja projetada num foco virtual: para além da percepção consciente do ouvinte, que o mito apenas atravessa, até um ponto onde a energia que irradia será consumida pelo trabalho de reorganização inconsciente, previamente desencadeado por ele. A música coloca um problema muito mais difícil, já que ignoramos completamente as condições mentais da criação musical. Em outras palavras, não sabemos qual é a diferença entre esses espíritos raros que secretam música e aqueles, incontáveis, em que o fenômeno não ocorre, embora se mostrem geralmente sensíveis a ele. A diferença é, no entanto,

---

* Versos do poema "Hommage", de Mallarmé, dedicado a Wagner. (N. T.)

Abertura

tão marcada e se manifesta tão precocemente, que desconfiamos apenas que implica propriedades de uma natureza particular, situadas certamente num nível muito profundo. Mas o fato de a música ser uma linguagem — por meio da qual são elaboradas mensagens das quais pelo menos algumas são compreendidas pela imensa maioria, ao passo que apenas uma ínfima minoria é capaz de emiti-las, e de, entre todas as linguagens, ser esta a única que reúne as características contraditórias de ser ao mesmo tempo inteligível e intraduzível — faz do criador de música um ser igual aos deuses, e da própria música, o supremo mistério das ciências do homem, contra o qual elas esbarram, e que guarda a chave de seu progresso.

Com efeito, seria errôneo invocar a poesia pretendendo que ela coloca um problema da mesma ordem. Nem todo mundo é poeta, mas a poesia utiliza como veículo um bem comum, que é a linguagem articulada; e apenas estabelece regras específicas para seu emprego. A música, ao contrário, se vale de um veículo que lhe é próprio e que, fora dela, não é suscetível de nenhum uso geral. De direito, senão de fato, qualquer pessoa razoavelmente educada poderia escrever poemas, bons ou maus; ao passo que a invenção musical supõe aptidões especiais, que não se pode fazer florescer a não ser que sejam dadas.

Os FANÁTICOS POR PINTURA certamente protestarão contra o lugar privilegiado que damos à música, ou pelo menos reivindicarão o mesmo tratamento para as artes gráficas e plásticas. Parece-nos contudo que, de um ponto de vista formal, os materiais utilizados, respectivamente sons e cores, não se situam no mesmo plano. Para justificar a diferença, diz-se às vezes que a música não é normalmente imitativa, ou melhor, que não imita nada a não ser ela mesma, ao passo que, diante de um quadro, a primeira pergunta que vem à mente do espectador é o que ele representa. Mas, se colocarmos o problema desse modo em nossos dias, esbarraremos no caso da pintura não figurativa. Em favor de sua empreitada, o pintor abstrato não poderia invocar o precedente da música, e reivindicar seu direito de organizar as formas e as cores, senão de modo totalmente livre, ao menos seguindo as regras de um código independente da experiência sensível, como faz a música com os sons e os ritmos?

Propondo essa analogia, seríamos vítimas de uma grave ilusão. Pois, se existem "naturalmente" cores na natureza, não há, a não ser de modo fortuito e passageiro, sons musicais, mas apenas ruídos.[6] Os sons e as cores não são, portanto, entidades do mesmo nível, e a comparação só pode ser legitimamente feita entre as cores e os ruídos, isto é, entre os modos visuais e acústicos, ambos da ordem da natureza. Ora, ocorre que justamente em relação a ambos o homem mantém a mesma atitude, não lhes permitindo livrar-se de um suporte. Conhecemos certamente ruídos confusos, assim como cores difusas, mas, tão logo seja possível discerni-los e dar-lhes uma forma, surgirá imediatamente a preocupação de identificá-los, ligando-os a uma causa. Tais manchas, diremos, são um monte de flores praticamente escondidas pela vegetação, aqueles estalos devem provir de um passo furtivo ou de galhos fustigados pelo vento...

Não existe, portanto, verdadeira paridade entre pintura e música. Uma encontra na natureza a sua matéria: as cores são dadas antes de serem utilizadas e o vocabulário atesta seu caráter derivado até na designação das nuanças mais sutis: azul-marinho, azul-pavão ou azul-petróleo; verde-água, verde-esmeralda; amarelo-palha, amarelo-ovo; vermelho-cereja etc. Ou seja, só há cores na pintura porque já existem seres e objetos coloridos, e é apenas por abstração que as cores podem ser descoladas desses substratos naturais e tratadas como termos de um sistema à parte.

---

6. Se excetuarmos, por inverossímil, o sibilar do vento nos juncos do Nilo, invocado por Deodoro, restará na natureza apenas o canto dos pássaros, caro a Lucrécio — *liquidas avium voces* —, para servir de modelo à música. Embora os ornitólogos e os peritos em acústica concordem em reconhecer às emissões vocais dos pássaros o caráter de sons musicais, a hipótese, gratuita e inverificável, de uma relação genética entre o gorjeio e a música nem merece ser discutida. O homem não é o único produtor de sons musicais, compartilha esse privilégio com os pássaros, mas essa constatação não afeta a nossa tese, já que, à diferença da cor, que é um modo da matéria, a tonalidade musical — tanto entre os pássaros quanto entre os homens — é um modo da sociedade. O pretenso "canto" dos pássaros situa-se no limiar da linguagem; serve à expressão e à comunicação. Os sons musicais continuam, portanto, do lado da cultura. É a linha de demarcação entre a natureza e a cultura que já não segue tão exatamente quanto se acreditou no passado o traçado de nenhuma das linhas que servem para distinguir a humanidade da animalidade.

Abertura

Objetar-se-á que, se isso vale para as cores, não se aplica às formas. As geométricas, e todas as outras que delas derivam, se apresentam ao artista já criadas pela cultura; como os sons musicais, elas não provêm da experiência. Mas, se uma arte se limitasse a explorar essas formas, adquiriria, inevitavelmente, um caráter decorativo. Sem jamais conquistar uma existência própria, ficaria exaurida, a menos que, ao enfeitá-los, não se agarrasse aos objetos para tirar deles a sua substância. Tudo se passa, portanto, como se a pintura não tivesse outra escolha senão significar os seres e as coisas incorporando-os a seus intentos, ou participar da significação dos seres e das coisas incorporando-se a eles.

Parece-nos que essa servidão congênita das artes plásticas em relação aos objetos se deve ao fato de a organização das formas e das cores no seio da experiência sensível (que, nem é preciso dizê-lo, já é uma função da atividade inconsciente do espírito) desempenhar, para elas, o papel de primeiro nível de articulação do real. É unicamente graças a ele que elas têm a possibilidade de introduzir uma segunda articulação, que consiste na escolha e disposição das unidades e em sua interpretação de acordo com os imperativos de uma técnica, de um estilo e de uma maneira: isto é, transpondo-as segundo as regras de um código, características de um artista ou de uma sociedade. Se a pintura merece ser chamada de linguagem, é na medida em que, como toda linguagem, ela consiste num código especial cujos termos são gerados por combinação de unidades menos numerosas e elas mesmas pertencentes a um código mais geral. Existe, no entanto, uma diferença em relação à linguagem articulada, de onde decorre que as mensagens da pintura são recebidas em primeiro lugar pela percepção estética e depois pela percepção intelectual, quando ocorre o oposto no outro caso. Quando se trata da linguagem articulada, a entrada em operação do segundo código oblitera a originalidade do primeiro. Daí o "caráter arbitrário" reconhecido aos signos linguísticos. Os linguistas sublinham esse aspecto quando dizem que "(os) morfemas, elementos de significação, se resolvem por sua vez em fonemas, elementos de articulação desprovidos de significação" (Benveniste, 1952, p. 7). Consequentemente, na linguagem articulada, o primeiro código não significante é, para o segundo código, meio e condição de significação: de modo que a própria significação fica confinada num plano. A dualidade se restabelece na poesia, que retoma o valor significante virtual do primeiro código, para integrá-lo no segundo. Com efeito, a poesia opera ao mesmo tempo sobre a significação intelectual das palavras e das construções sintáticas e sobre propriedades estéticas, termos em potencial de um outro sistema que reforça, modifica ou contradiz essa significação. Isso ocorre também na pintura, onde as oposições de formas e de cores são recebidas como traços distintivos pertencentes simultaneamente a dois sistemas: o das significações intelectuais, herdado da experiência comum, resultante do recorte e da organização da experiência sensível em objetos; e o dos valores plásticos, que só se torna significativo se modular o outro, integrando-se nele. Dois mecanismos articulados se engrenam, e carregam um terceiro, no qual as propriedades de ambos se articulam.

Compreende-se então por que a pintura abstrata e, em termos mais gerais, todas as escolas que se proclamam "não figurativas" perdem o poder de significar: elas renunciam ao primeiro nível da articulação e pretendem contentar-se com o segundo para subsistir. Particularmente instrutivo nesse sentido é o paralelo que se quis estabelecer entre uma tentativa contemporânea e a arte caligráfica chinesa. Entretanto, no primeiro caso, as formas a que o artista recorre não existem anteriormente num outro plano, no qual estariam sistematicamente organizadas. Nada permite, portanto, identificá-las como formas elementares: trata-se, antes, de criaturas do capricho, graças às quais alguém se dedica a uma paródia de combinatória com unidades que não o são. A arte caligráfica, ao contrário, repousa inteiramente no fato de que as unidades que escolhe, situa e traduz pelas convenções de um grafismo, de uma sensibilidade, de um movimento e de um estilo, possuem uma existência própria na qualidade de signos, destinados por um sistema de escritura a desempenhar outras funções. Somente nessas condições a obra pictórica é linguagem, pois resulta do ajustamento contrapontístico de dois níveis de articulação.

Vê-se, assim, por que a comparação entre a pintura e a música só seria a rigor aceitável se fosse limitada à arte caligráfica. Como esta — mas porque ela é, de certo modo, uma pintura de segundo grau —, a música remete ao primeiro nível de articulação criado pela cultura: para uma, o sistema de

Abertura

ideogramas, para a outra, o dos sons musicais. Mas, pelo simples fato de ser instaurada, essa ordem explicita propriedades naturais: assim, os símbolos gráficos, e principalmente os da escrita chinesa, manifestam propriedades estéticas independentes das significações intelectuais que estão encarregados de veicular e que a caligrafia, justamente, se propõe a explorar.

O ponto é capital, porque o pensamento musical contemporâneo rejeita de modo explícito ou tácito a hipótese de um fundamento natural que justifique objetivamente o sistema das relações estipuladas entre as notas da escala. Estas seriam definidas exclusivamente — segundo a fórmula significativa de Schoenberg — pelo "conjunto das relações que os sons têm entre si". Contudo, os ensinamentos da linguística estrutural deveriam permitir superar a falsa antinomia entre o objetivismo de Rameau e o convencionalismo dos modernos. Em consequência do recorte operado por cada tipo de escala no contínuo sonoro aparecem relações hierárquicas entre os sons. Essas relações não são ditadas pela natureza, já que as propriedades físicas de uma escala musical qualquer excedem consideravelmente, pelo número e pela complexidade, as que cada sistema seleciona para constituir seus traços pertinentes. De qualquer modo, como qualquer sistema fonológico, todo sistema modal ou tonal (ou até politonal e atonal) se baseia em propriedades fisiológicas e físicas, retém algumas entre todas as que estão disponíveis em número provavelmente ilimitado e explora as oposições e as combinações às quais elas se prestam para elaborar um código que serve para discriminar significações. Conclui-se, pois, que a música, assim como a pintura, supõe uma organização natural da experiência sensível, o que não quer dizer que a esta se submeta.

É importante lembrar, contudo, que a pintura e a música têm, com a natureza que lhes fala, relações inversas. A natureza oferece espontaneamente ao homem todos os modelos das cores, e às vezes até mesmo sua matéria em estado puro. Basta-lhe, para começar a pintar, reempregá-la. Mas, como sublinhamos, a natureza produz ruídos, e não sons musicais, que são monopólio da cultura enquanto criadora dos instrumentos e do canto. Essa diferença se reflete na linguagem: não descrevemos do mesmo modo as nuanças das cores e as dos sons. Para as primeiras, quase sempre recorremos a metonímias implícitas, como se um determinado amarelo fosse inseparável da percepção visual da palha ou da gema de ovo, um determinado negro, do carvão que lhe deu origem, um marrom, da terra amassada. O mundo das sonoridades, por sua vez, abre-se para as metáforas. Prova disso são "o longo pranto dos violinos — do outono", "a clarineta é a mulher amada" etc. Sem dúvida, a cultura descobre, às vezes, cores que não lhe parecem emprestadas à natureza. Seria mais correto dizer que ela as redescobre, sendo a natureza, nesse particular, de uma riqueza verdadeiramente inesgotável. Mas, afora o caso já discutido do canto dos pássaros, os sons musicais não existiriam para o homem se ele não os tivesse inventado.

Portanto, é apenas a posteriori e, digamos, de modo retroativo, que a música reconhece aos sons propriedades físicas e seleciona algumas delas para fundar suas estruturas hierárquicas. Dirão que esse procedimento não a distingue da pintura, que igualmente a posteriori reparou que existe uma física das cores, a que ela recorre mais ou menos abertamente? Mas, ao fazê-lo, a pintura organiza intelectualmente, por meio da cultura, uma natureza que já estava diante dela como organização sensível. A música percorre um trajeto exatamente inverso, pois é a cultura que já estava diante dela, mas sob forma sensível, antes que, por meio da natureza, ela o organizasse intelectualmente. O conjunto sobre o qual ela opera é de ordem cultural, o que explica o fato de a música nascer inteiramente livre dos laços representativos, que mantêm a pintura na dependência do mundo sensível e de sua organização em objetos.

Ora, nessa estrutura hierarquizada da escala, a música encontra o seu primeiro nível de articulação. Há, portanto, um paralelismo impressionante entre as ambições da música dita, por antífrase, concreta, e as da pintura mais corretamente chamada abstrata. Repudiando os sons musicais e recorrendo exclusivamente aos ruídos, a música concreta se coloca numa situação comparável, do ponto de vista formal, à de qualquer pintura: limita-se ao tête-à-tête com os dados naturais. E, como a pintura abstrata, trata antes de mais nada de desintegrar o sistema de significações atuais ou virtuais em que esses dados figuram na condição de elementos. Antes de utilizar os ruídos que coleciona, a música concreta se esforça por torná-los irreconhecíveis,

Abertura

para que o ouvinte não possa ceder à tendência natural de ligá-los a ícones: pratos quebrados, apito de locomotiva, acesso de tosse, galhos rompidos. Abole assim um primeiro nível de articulação que, nesse caso, teria um rendimento bastante pobre, já que o homem percebe e diferencia mal os ruídos, talvez devido à solicitação imperiosa que uma categoria privilegiada de ruídos — os da linguagem articulada — exerce sobre ele.

O caso da música concreta encerra, portanto, um curioso paradoxo. Se ela conservasse o valor representativo dos ruídos, disporia de uma primeira articulação que lhe permitiria instaurar um sistema de signos através da intervenção de uma segunda. Mas, com esse sistema, não se diria quase nada. Para se certificar disso, basta imaginar o tipo de histórias que se poderiam contar com ruídos, mantendo-se suficientemente convicto de que seriam ao mesmo tempo compreendidas e emocionantes. Daí a solução adotada de desnaturar os ruídos para fazer deles pseudossons, mas entre os quais é impossível definir relações simples, formando um sistema significativo já num outro plano, e capazes de formar a base de uma segunda articulação. Por mais que a música concreta se embriague com a ilusão de falar, ela apenas chafurda em torno do sentido.

Por isso nem pensamos em cometer o erro imperdoável que seria confundir o caso da música serial com o que acabamos de invocar. Adotando resolutamente o partido dos sons, a música serial, senhora de uma gramática e de uma sintaxe refinadas, situa-se — nem é preciso dizer — no campo da música, que ela talvez até tenha ajudado a salvar. Mas, embora seus problemas sejam de outra natureza e se situem num outro plano, apresentam certas analogias com os que discutimos nos parágrafos precedentes.

Levando até o fim a erosão das particularidades individuais dos tons, que começa com a adoção da escala temperada, o pensamento serial parece só tolerar entre eles um grau muito baixo de organização. Tudo se passa como se para ele a questão fosse encontrar o grau mais baixo de organização compatível com a manutenção de uma escala de sons musicais legada pela tradição ou, mais precisamente, destruir uma organização simples, parcialmente imposta de fora (já que resulta de uma escolha entre possíveis preexistentes), para deixar o campo livre para um código muito mais flexível e complexo, mas promulgado: "O pensamento do compositor, utilizando uma metodologia determinada, cria os objetos de que necessita e a forma necessária para organizá-los, sempre que deve se exprimir. O pensamento tonal clássico se funda num universo definido pela gravitação e a atração, o pensamento serial, num universo em permanente expansão" (Boulez, 1958-61). Na música serial, diz o mesmo autor, "não há mais escala preconcebida, ou formas preconcebidas, isto é, estruturas gerais nas quais se insere um pensamento particular". Notemos que aqui o termo "preconcebido" encobre um equívoco. Se as estruturas e as formas imaginadas pelos teóricos se mostraram, na maior parte das vezes, artificiais e até errôneas, isso não significa que não exista nenhuma estrutura geral que uma melhor análise da música, levando em consideração todas as suas manifestações no tempo e no espaço, um dia fosse capaz de extrair. Onde estaria a linguística, se a crítica das gramáticas constituintes de uma língua, propostas por filólogos em épocas diferentes, a tivesse levado a crer que tal língua era desprovida de gramática constituída? Ou se as diferenças de estrutura gramatical que as diversas línguas apresentam entre si a tivessem feito desistir de continuar uma busca difícil, mas essencial, de uma gramática geral? Devemos nos perguntar, principalmente, o que é feito, em tal concepção, do primeiro nível de articulação indispensável à linguagem musical — assim como a todas as linguagens —, e que consiste, justamente, em estruturas gerais que, por serem comuns, permitem a codificação e a decodificação de mensagens específicas. Por maior que seja o abismo de incompreensão que separa a música concreta e a música serial, a questão é saber se, investindo uma contra a matéria e a outra contra a forma, elas não estariam cedendo à utopia do século, que é construir um sistema de signos num único nível de articulação.

Os adeptos da doutrina serial certamente responderão que renunciam ao primeiro nível para substituí-lo pelo segundo, mas compensam essa perda graças à invenção de um terceiro nível, ao qual confiam o papel anteriormente desempenhado pelo segundo. De qualquer modo, seriam dois níveis. Após a era da monodia e a da polifonia, a música serial marca-

Abertura

ria o surgimento de uma "polifonia de polifonias"; integraria uma leitura inicialmente horizontal, em seguida vertical, na forma de uma leitura "oblíqua". Apesar de sua coerência lógica, esse argumento deixa escapar o essencial: é fato que, para toda linguagem, a primeira articulação não é móvel, exceto dentro de limites estreitos. Ela não é, sobretudo, permutável. Com efeito, as funções respectivas das duas articulações não podem definir-se abstratamente e uma em relação à outra. Os elementos promovidos a uma função significante de uma nova ordem pela segunda articulação devem chegar a ela munidos das propriedades exigidas, isto é, já marcados pela e para a significação. Isso só é possível porque esses elementos não são apenas tirados da natureza, mas estão organizados em sistema desde o primeiro nível de articulação: hipótese viciosa, a menos que se admita que esse sistema leva em conta certas propriedades de um sistema natural, que, para seres iguais quanto à natureza, institui as condições a priori da comunicação. Em outras palavras, o primeiro nível consiste em relações reais, mas inconscientes, que devem a esses dois atributos o fato de poderem funcionar sem serem conhecidos ou corretamente interpretados.

Ora, no caso da música serial, esse ancoramento natural é precário, senão ausente. Apenas ideologicamente pode o sistema ser comparado a uma linguagem. Pois, ao contrário da linguagem articulada, que é inseparável de seu fundamento fisiológico e até físico, ela navega à deriva depois de ter rompido suas próprias amarras. Navio sem velame cujo capitão, cansado de vê-lo servir de pontão, teria lançado ao alto-mar, certo de que submetendo a vida a bordo às regras de um minucioso protocolo conseguiria distrair a tripulação da nostalgia de um porto de arrimo e da preocupação com um destino...

Não contestaremos, aliás, que essa escolha possa ter sido ditada pela miséria dos tempos. Talvez até a aventura a que se lançaram a pintura e a música termine em novas margens, preferíveis àquelas que as acolheram durante tantos séculos e que se estavam exaurindo. Mas, se isso acontecer, será à revelia dos navegadores e contra a sua vontade, pois, ao menos no caso da música serial, vimos que esse tipo de eventualidade é violentamente repelido. Não se trata de navegar para outras terras, ainda que sua localização fosse desconhecida e sua existência, hipotética. A mudança proposta é muito mais radical: apenas a viagem é real, a terra, não, e as rotas são substituídas pelas regras de navegação.

Seja como for, é sobre um outro ponto que queremos insistir. Mesmo quando parecem navegar em conjunto, a disparidade entre a música e a pintura continua evidente. Sem se dar conta disso, a pintura abstrata desempenha cada dia mais, na vida social, o papel que cabia antigamente à pintura decorativa. Ela se divorcia, portanto, da linguagem concebida como sistema de significações, enquanto a música serial cola no discurso: perpetuando e exagerando a tradição do lied, isto é, de um gênero em que a música, esquecendo de que fala uma língua irredutível e soberana, se faz serva das palavras. Essa dependência em relação a uma palavra outra não revelaria a incerteza reinante quanto a saber se, na ausência de um código equitativamente repartido, mensagens complexas serão bem recebidas pelos destinatários aos quais, de qualquer modo, elas devem se dirigir? Uma linguagem cujas articulações foram quebradas tende inevitavelmente a se dissociar, e suas peças, antes meios de articulação recíproca da natureza e da cultura, tendem a cair num dos dois lados. O ouvinte constata-o a seu modo, já que o uso que o compositor faz de uma sintaxe extraordinariamente sutil (que permite combinações tanto mais numerosas na medida em que os tipos de engendramento aplicados aos doze semitons dispõem de um espaço de quatro dimensões, definido pela altura, duração, intensidade e timbre para inscrever seus meandros) ressoa para ele, ora no plano da natureza, ora no da cultura, mas raramente nos dois conjuntamente. Ou porque das partes instrumentais só lhe vem o sabor dos timbres, que age como estimulante natural da sensualidade, ou porque, cortando as asas de qualquer veleidade da melodia, o recurso aos grandes intervalos dá à parte vocal os ares, certamente falsos, de um reforço expressivo da linguagem articulada.

À luz das considerações acima, a referência a um universo em expansão, que encontramos mencionado por um dos pensadores mais eminentes da escola serial, adquire uma importância especial. Pois mostra que essa escola decidiu jogar seu destino, e o da música, numa aposta. Ou

Abertura

ela conseguirá superar a tradicional distância que separa o ouvinte do compositor, e ao tirar do primeiro a possibilidade de se remeter inconscientemente a um sistema geral irá obrigá-lo a reproduzir por conta própria, para compreender a música, o ato individual da criação. Pela força de uma lógica interna e sempre nova, cada obra arrancará, portanto, o ouvinte de sua passividade, torná-lo-á solidário de seu impulso, de modo que a diferença não será mais de natureza, mas de grau, entre inventar a música e escutá-la. Ou acontecerá outra coisa. Pois nada, infelizmente, garante que os corpos de um universo em expansão se movam todos na mesma velocidade, nem que se desloquem na mesma direção. A analogia astronômica que se invoca sugere aliás o inverso. A música serial poderia pertencer a um universo no qual a música, em vez de trazer o ouvinte para a sua trajetória, se afastasse dele. Por mais que ele se esforçasse em alcançá-la, ela pareceria cada dia mais longínqua e inatingível. Até ficar longe demais para comovê-lo, e apenas a ideia dela ainda seria acessível, antes de finalmente perder-se na abóbada noturna do silêncio, sendo reconhecida pelos homens apenas por breves e fugidias cintilações.

O LEITOR PODE FICAR desconcertado com essa discussão acerca da música serial, que parece deslocada no início de uma obra consagrada aos mitos dos índios sul-americanos. Sua justificativa vem do projeto que concebemos, de tratar as sequências de cada mito, e os próprios mitos em suas relações recíprocas, como as partes instrumentais de uma obra musical, e de assemelhar seu estudo ao de uma sinfonia. O procedimento só é legítimo com a condição de que surja um isomorfismo entre o sistema dos mitos, que é de ordem linguística, e o da música, que vemos como uma linguagem, já que o compreendemos, mas cuja originalidade absoluta, que o distingue da linguagem articulada, deve-se ao fato de ser intraduzível. Baudelaire notou com razão que, apesar de cada ouvinte sentir uma obra de um modo que lhe é próprio, "a música sugere ideias análogas em cérebros diferentes" (186, p. 1213). Em outras palavras, o que a música e a mitologia acionam naqueles que as escutam são estruturas mentais comuns.

O ponto de vista que adotamos implica, consequentemente, o recurso a essas estruturas gerais repudiadas pela doutrina serial, cuja própria realidade ela contesta. Por outro lado, tais estruturas só podem ser chamadas de gerais se lhes for reconhecido um fundamento objetivo para aquém da consciência e do pensamento, ao passo que a música serial se quer obra consciente do espírito e afirmação de sua liberdade. Problemas de ordem filosófica se insinuam no debate. O vigor de suas ambições teóricas, sua metodologia rígida e suas brilhantes realizações técnicas qualificam a escola serial, muito mais do que as das pinturas não figurativas, para ilustrar uma corrente do pensamento contemporâneo que cumpre distinguir do estruturalismo, principalmente na medida em que apresenta certas semelhanças em relação a ele: abordagem decididamente intelectual, preponderância concedida aos arranjos sistemáticos, desconfiança para com as soluções mecanicistas e empiricistas. Contudo, por seus pressupostos teóricos, a escola serial se situa nos antípodas do estruturalismo, ocupando diante dele um lugar comparável ao mantido antigamente pela libertinagem filosófica em relação à religião. Com uma diferença, no entanto: hoje é o pensamento estrutural que defende a bandeira do materialismo.

Consequentemente, longe de ser uma digressão, nosso diálogo com o pensamento serial retoma e desenvolve temas já abordados na primeira parte desta introdução. Acabamos assim de mostrar que, se o público em geral tende a confundir estruturalismo, idealismo e formalismo, basta que o estruturalismo encontre em seu caminho um idealismo e um formalismo verdadeiros para que sua própria inspiração, determinista e realista, fique totalmente evidente.

Com efeito, o que afirmamos em relação a qualquer linguagem parece ainda mais certo quando se trata da música. Se, dentre todas as obras humanas, foi ela que nos pareceu mais adequada para instruir-nos sobre a essência da mitologia, isso se deve à sua perfeição. Entre dois tipos de sistemas de signos diametralmente opostos — de um lado, o sistema musical, do outro, a linguagem articulada —, a mitologia ocupa uma posição mediana; convém encará-la sob as duas perspectivas para compreendê-la. Contudo, quando se escolhe, como fizemos neste livro, olhar do mito em direção à música, e não em direção à linguagem, como tentamos fazer em

Abertura

obras anteriores (Lévi-Strauss, 1958a, 1958b, 1962a, 1962b), o lugar privilegiado que cabe à música aparece com mais evidência. No início da comparação, invocamos a propriedade, comum ao mito e à obra musical, de operar pelo ajustamento de duas grades, uma externa e outra interna. No caso da música, porém, essas grades, que nunca são simples, se complicam a ponto de se desdobrarem. A grade externa, ou cultural, formada pelas escalas de intervalos e pelas relações hierárquicas entre as notas, remete a uma descontinuidade virtual, a dos sons musicais, que já são em si objetos integralmente culturais, pelo fato de se oporem aos ruídos, os únicos dados *sub specie naturae*. Simetricamente, a grade interna, ou natural, de ordem cerebral, é reforçada por uma segunda grade interna, que é, por assim dizer, ainda mais completamente natural, a dos ritmos viscerais. Na música, consequentemente, a mediação entre natureza e cultura, que se realiza no seio de toda linguagem, torna-se uma hipermediação: de ambos os lados, os ancoramentos são reforçados. Instalada no ponto de encontro entre dois domínios, a música faz com que sua lei seja respeitada muito além dos limites que as outras artes evitariam ultrapassar. Tanto do lado da natureza quanto do da cultura, ela ousa ir mais longe do que as outras. Assim se explica o princípio (quando não a gênese e a operação, que continuam sendo, como dissemos, o grande mistério das ciências do homem) do poder extraordinário que possui a música de agir simultaneamente sobre o espírito e sobre os sentidos, de mover ao mesmo tempo as ideias e as emoções, de fundi-las numa corrente em que elas deixam de existir lado a lado, a não ser como testemunhas e como respondentes.

A mitologia, certamente, apresenta apenas uma fraca imitação dessa força. Contudo, sua linguagem é a que apresenta o maior número de traços em comum com a da música, não somente porque, do ponto de vista formal, seu alto grau de organização interna cria entre ambas um parentesco, mas também por razões mais profundas. A música expõe ao indivíduo seu enraizamento fisiológico, a mitologia faz o mesmo com o seu enraizamento social. Uma nos pega pelas entranhas, a outra, digamos assim, "pelo grupo". E, para fazer isso, utilizam máquinas culturais extremamente sutis, os instrumentos musicais e os esquemas míticos. No caso da música, o desdobramento dos meios na forma dos instrumentos e do canto reproduz, pela sua união, a da natureza e da cultura, pois sabe-se que o canto se diferencia da língua falada pelo fato de exigir a participação de todo o corpo, mas rigorosamente disciplinado pelas regras de um estilo vocal. De modo que, aqui também, a música afirma suas pretensões do modo mais completo, sistemático e coerente. Mas, além do fato de os mitos serem frequentemente cantados, sua recitação é geralmente acompanhada de uma disciplina corporal: proibição de bocejar ou de ficar sentado etc.

Ao longo deste livro (Parte I, I d) demonstraremos que existe um isomorfismo entre a oposição da natureza e da cultura e a da quantidade contínua e da quantidade discreta. Para apoiar nossa tese, podemos, pois, utilizar como argumento o fato de que numerosas sociedades, passadas e presentes, concebem a relação entre a língua falada e o canto de acordo com o modelo da relação existente entre contínuo e descontínuo. O que equivale a dizer que, no seio da cultura, o canto se distingue da língua falada como a cultura se distingue da natureza; cantado ou não, o discurso sagrado do mito se opõe do mesmo modo ao discurso profano. Além disso, o canto e os instrumentos musicais são frequentemente comparados a máscaras: equivalentes, no plano acústico, do que as máscaras são no plano plástico (que, por essa razão, lhes são moral e fisicamente associados, especialmente na América do Sul). Também por esse viés, a música e a mitologia, ilustrada pelas máscaras, são simbolicamente aproximadas.

Todas essas comparações resultam da vizinhança entre música e mitologia sobre um mesmo eixo. Mas, como nesse eixo a música se situa no oposto da linguagem articulada, segue-se que a música, linguagem completa e irredutível à outra, deve ser capaz, por conta própria, de cumprir as mesmas funções. Vista de modo global, e em sua relação com os outros sistemas de signos, a música se aproxima da mitologia. Mas, na medida em que a função mítica é, ela mesma, um aspecto do discurso, deve ser possível descobrir no discurso musical uma função especial que apresente uma afinidade especial com o mito, e que virá inscrever-se, digamos, como expoente da afinidade geral, já constatada entre o gênero mítico e o gênero musical quando considerados como um todo.

Vê-se imediatamente que existe uma correspondência entre a música e a linguagem do ponto de vista da variedade de funções. Em ambos os casos, impõe-se uma primeira distinção, dependendo de se a função concerne principalmente ao emissor ou ao destinatário. O termo "função fática", introduzido por Malinowski, não é rigorosamente aplicável à música. Contudo, é evidente que quase toda a música popular — canto coral, canto que acompanha a dança etc. — e uma parte considerável da música de câmara servem primeiramente ao prazer dos executantes (dito de outro modo, dos emissores). Trata-se, de certo modo, de uma função fática subjetivada. Quando amadores "formam um quarteto", não estão preocupados em saber se terão um auditório; é provável que prefiram não tê-lo. Portanto, mesmo nesse caso, a função fática vem acompanhada de uma função conativa, já que a execução em grupo suscita uma harmonia gestual e expressiva, que é um dos objetivos almejados. Essa função conativa torna-se mais importante do que a outra quando se consideram a música militar e a música para dançar, cujo principal objetivo é comandar a gesticulação de outrem. Em música, ainda mais do que em linguística, função fática e função conativa são inseparáveis. Situam-se do mesmo lado numa oposição cujo outro polo reservaremos para a função cognitiva. Esta predomina na música de teatro ou de concerto, que visa antes de mais nada — mas, ainda assim, não exclusivamente — transmitir mensagens carregadas de informação a um auditório que cumpre a função de destinatário.

A função cognitiva, por sua vez, se analisa em diversas formas, cada uma correspondente a um gênero particular de mensagem. Essas formas são aproximadamente as mesmas que o linguista distingue pelo nome de função metalinguística, função referencial e função poética (Jakobson 1963, cap. xi, p. 220). Só podemos superar a aparente contradição de nossas preferências por compositores muito diferentes se reconhecermos que há várias espécies de música. Tudo se esclarece a partir do momento em que compreendemos que seria inútil tentar classificá-los por ordem de preferência (por exemplo, procurando saber se são relativamente "maiores" ou "menores"); na verdade, eles pertencem a categorias diferentes de acordo com a natureza da informação de que são portadores. Nesse sentido, poderíamos dividir os compositores, grosso modo, em três grupos, entre os quais há todo tipo de passagens e todas as combinações. Bach e Stravinski apareceriam como músicos "do código", Beethoven, e também Ravel, como músicos "da mensagem", Wagner e Debussy como músicos "do mito". Os primeiros explicitam e comentam em suas mensagens as regras de um discurso musical; os segundos contam; e os últimos codificam suas mensagens a partir de elementos que já pertencem à ordem da narrativa. É claro que nenhuma das peças desses compositores cabe totalmente em qualquer uma dessas fórmulas, que não pretendem definir a obra como um todo, mas sublinhar a importância relativa dada a cada função. Foi igualmente com a intenção de simplificar que nos limitamos a citar três pares, cada um deles com um antigo e um moderno.[7] Porém, mesmo na música dodecafônica, a distinção é esclarecedora, já que permite situar, em suas relações respectivas, Webern do lado do código, Schoenberg do lado da mensagem e Berg do lado do mito.

A função emotiva também existe na música, pois, para isolá-la como fator constituinte, o jargão profissional dispõe de uma palavra emprestada do alemão: "*Schmalz*". Fica claro, entretanto, que, pelas razões já indicadas, torna-se ainda mais difícil isolar seu papel do que no caso da linguagem articulada, já que vimos que de direito, senão sempre de fato, função emotiva e linguagem musical são coextensivas.

PASSAREMOS MAIS RAPIDAMENTE pelos comentários exigidos, neste livro, pelo recurso intermitente a símbolos de aspecto lógico-matemático, que não se deve levar muito a sério. Entre as nossas fórmulas e as equações

---

7. Usando — convém reconhecer — os seis primeiros nomes que nos vieram à mente. Mas certamente não por puro acaso, já que, se os dispusermos cronologicamente, as funções respectivas que evocam se organizam como um círculo fechado, como se em dois séculos a música de inspiração tonal tivesse exaurido sua capacidade interna de renovação. Teríamos, assim, para os "antigos" uma sequência código → mensagem → mito, para os "modernos" a sequência inversa, mito → mensagem → código; mas contanto que se aceite atribuir um valor significativo aos breves espaços de tempo que separam as datas de nascimento de Debussy (1862), Ravel (1875) e Stravinski (1882).

Abertura

dos matemáticos há uma semelhança apenas superficial, pois as primeiras não são aplicações de algoritmos que, empregados com rigor, permitem encadear ou condensar demonstrações. Trata-se aqui de algo diverso. Certas análises de mitos são tão longas e minuciosas que seria difícil conduzi-las a termo sem dispor de uma escrita abreviada, uma espécie de estenografia que ajude a definir sumariamente um itinerário cujas linhas gerais são reveladas pela intuição. Para evitar o risco de se perder nesse itinerário, é preciso, antes de percorrê-lo, reconhecê-lo por partes. As fórmulas que escrevemos com símbolos emprestados aos matemáticos, em primeiro lugar porque já existem em tipografia, não pretendem, portanto, provar nada. Aspiram, antes, a antecipar uma exposição discursiva cujos contornos delineiam, ou ainda resumir essa exposição, permitindo apreender com uma olhadela os complexos conjuntos de relações e de transformações cuja descrição detalhada possivelmente terá submetido a paciência do leitor a uma dura prova. Longe de substituir a descrição, seu papel é apenas ilustrar de uma forma simplificada, que nos pareceu capaz de ajudar, mas que alguns poderão considerar supérflua e até acusar de confundir a exposição principal, apenas acrescentando uma imprecisão a outra.

Mais do que ninguém, temos consciência das acepções bastante vagas que damos a termos como simetria, inversão, equivalência, homologia, isomorfismo... Utilizamos tais termos para designar grandes feixes de relações que têm — percebemos isso de modo confuso — algo em comum. Mas, se a análise estrutural dos mitos tem algum futuro, o modo como ela escolheu e utilizou seus conceitos em seus primórdios deverá ser objeto de uma severa crítica. Será preciso que cada termo seja novamente definido e restrito a um determinado uso. E, sobretudo, as categorias grosseiras que utilizamos como instrumentos improvisados deverão ser analisadas em categorias mais finas e metodicamente aplicadas. Somente então os mitos serão passíveis de uma verdadeira análise lógico-matemática, e esperamos ser perdoados, tendo em vista essa profissão de humildade, por nos termos ingenuamente divertido em esboçar-lhes os contornos. Afinal, o estudo científico dos mitos tem de apresentar dificuldades formidáveis, ou não se teria hesitado por tanto tempo em iniciá-lo. Por mais pesado que seja este livro, não terá senão levantado um pequeno cantinho do véu.

Nossa abertura se concluirá com alguns acordes melancólicos, após os agradecimentos já rituais que devemos fazer a colaboradores de longa data: Jacques Bertin, em cujo laboratório foram desenhados os mapas e diagramas, Jean Pouillon, por suas anotações, pois uma parte deste livro foi objeto de um curso; Nicole Belmont, que me ajudou com a documentação e os índices; Edna H. Lemay, que se encarregou da datilografia; minha mulher e Isac Chiva, que releram as provas. Agora é tempo de concluir como já anunciei. Quando considero este texto indigesto e confuso, começo a duvidar que o leitor tenha a impressão, que o plano e os títulos dos capítulos pretendem lhe dar, de ouvir uma obra musical. O que se segue evoca muito mais os comentários escritos sobre a música recheados de paráfrases confusas e de abstrações equivocadas, como se a música pudesse ser aquilo de que se fala, justamente ela, cujo privilégio consiste em saber dizer o que não pode ser dito de nenhum outro modo. Aqui e acolá a música, consequentemente, estará ausente. Feita essa constatação decepcionante, que me seja ao menos permitido, à guisa de consolação, nutrir a esperança de que o leitor, uma vez superados os limites da irritação e do tédio, possa ser transportado, pelo movimento que o afastará do livro, em direção à música que há nos mitos, tal como foi preservada em seus textos integrais, com sua harmonia e ritmo, e também com a significação secreta que tentei laboriosamente atingir, não sem privá-la de uma força e de uma majestade reconhecíveis pela comoção que provoca nos que a encontram em seu estado primeiro: camuflada no fundo de uma floresta de imagens e de signos, e ainda imbuída dos sortilégios graças aos quais ela pode emocionar, pois que assim não se a compreende.

PARTE I

Tema e variações

(*ao lado*) Índio bororo com o estojo peniano dos dias de festa — enfeitado com plumas coladas e munido de uma bandeirola de palha rígida pintada com as cores do clã (clã kie).

(*abaixo*) Vista parcial da aldeia bororo de Kejara, junto ao rio Vermelho. Em primeiro plano, a casa dos homens; atrás, casas da metade Tugarege. Veem-se, ao fundo, os contrafortes da chapada.

(*ao lado*) Filhote de arara recém-depenado.

(*abaixo*) Vista das formações rochosas da chapada onde os Bororo capturam araras.

[FOTOS DO AUTOR]

1. Canto bororo

a) Ária do desaninhador de pássaros

Os índios bororo do Brasil Central, cujo território se estendia antigamente desde o vale do alto Paraguai até além do vale do Araguaia, contam, entre outros, o seguinte mito:

M1 BORORO: O XIBAE E IARI, "AS ARARAS E SEU NINHO"

Um dia, em tempos muito antigos, as mulheres foram para a floresta, a fim de colher as folhas de palmeira empregadas na confecção dos *bá*, estojos penianos entregues aos adolescentes quando de sua iniciação. Um rapazinho seguiu a mãe sem ser visto, pegou-a de surpresa e violentou-a. Quando ela voltou, o marido reparou nas penas que estavam presas ao seu cinturão, iguais às que enfeitam os rapazes. Desconfiado de uma aventura, ele providenciou uma dança, para descobrir qual dos adolescentes usava penas como aquelas. Para seu espanto, constata que seu filho é o único a usá-las. Ordena uma outra dança, e o resultado é o mesmo.

Convencido de sua desgraça e sedento de vingança, manda o filho para o "ninho" das almas, com a missão de lhe trazer o grande maracá de dança (*bapo*). O rapaz consulta a avó, que lhe revela o perigo mortal envolvido na façanha e o aconselha a pedir ajuda ao colibri.

Quando o herói, acompanhado do colibri, chega à morada aquática das almas, espera na margem, enquanto o pássaro voa rapidamente, corta a corda pela qual está suspenso o maracá, que cai na água fazendo um ruído: "Jo!". As almas ouvem o barulho e começam a disparar flechas. Mas o colibri voa tão depressa que não é atingido, e chega à margem com o instrumento.

O pai então manda o filho trazer-lhe o pequeno maracá das almas e o mesmo episódio se repete, com os mesmos detalhes, dessa vez com o juriti (*Leptoptila* sp.) como ajudante. Numa terceira expedição, o rapaz pegará o *buttore*, chocalho feito com unhas de caititu (*Dicotyles torquatus*) enfiadas num cordão, que se amarra em volta do tornozelo. Dessa vez, seu ajudante é o grande gafanhoto (*Acridium cristatum*, EB, v. 1, p. 780), que voa mais devagar que os pássaros e por isso é atingido por várias flechas, mas não morre.

Vendo os planos frustrados, o pai, furioso, convida o filho a acompanhá-lo à captura de filhotes de arara nos ninhos das encostas dos rochedos. A avó não sabe como defender o neto contra esse novo perigo, mas dá-lhe um bastão mágico, ao qual ele poderá se agarrar em caso de queda.

Os dois chegam ao pé da parede rochosa; o pai encosta uma vara comprida na rocha e manda o filho subir por ela. Quando este chega à altura dos ninhos, o pai puxa a vara. O rapaz consegue enfiar o bastão numa fenda e fica pendurado, gritando por socorro, enquanto o pai se afasta do local.

Nosso herói avista um cipó ao alcance da mão, agarra-o e através dele sobe até o topo. Descansa por um momento e sai à procura de alimento; fabrica um arco e flechas com galhos e caça as lagartixas que abundam na chapada. Mata muitas, come algumas delas e amarra as outras na cintura e nas faixas dos braços e tornozelos. As lagartixas apodrecem e começam a feder tanto que o herói desmaia. Os urubus (*Cathartes urubu, Coragyps atratus foetens*) chegam aos bandos, devoram as lagartixas e atacam o corpo do infeliz, a começar pelas nádegas. A dor o desperta, e o herói espanta os agressores, que já tinham, porém, devorado todo o seu traseiro. Saciados, os pássaros se tornam seus salvadores. Com o bico, suspendem o herói pelo cinto e pelas faixas dos braços e tornozelos, alçam voo e o depositam delicadamente no sopé da montanha.

O herói volta a si, "como se acordasse de um longo sono". Faminto, come frutos silvestres, mas percebe que, como não tem fundos, não retém o alimento, que sai do corpo antes mesmo de ser digerido. No início, ele não sabe o que fazer, mas se lembra de um conto narrado pela avó, em que o herói resolvia o mesmo problema modelando um traseiro artificial com uma pasta feita de tubérculos amassados.

Desse modo, recupera a integridade física e pode enfim matar a fome. A seguir, retorna para a aldeia, e encontra o lugar abandonado. Erra por muito tempo à procura dos seus. Um dia, localiza pegadas e o rastro de um bastão, que ele reconhece como pertencente à avó. Segue os rastros, mas, temeroso de se mostrar, toma a forma de uma lagartixa, cuja movimentação deixa a avó e seu segundo neto, irmão caçula do herói, intrigados por muito tempo. Finalmente resolve se revelar aos dois em sua forma verdadeira. [Para chegar até a avó, o herói se transforma sucessivamente em quatro pássaros e uma borboleta, não identificados, Colb., 1925, pp. 235-6.]

Nessa mesma noite, houve uma violenta tempestade, acompanhada de trovoadas, e todos os fogos da aldeia se apagaram, encharcados, exceto o da avó. Na manhã seguinte, todos foram lhe pedir brasas, inclusive a segunda mulher do pai assassino. Ela reconhece o enteado, considerado morto, e corre para avisar o marido. Como se nada tivesse acontecido, o pai pega o maracá e recebe o filho com os cantos de saudação dos viajantes que retornam.

Entretanto, o herói pensa em vingança. Um dia, passeando na floresta com o irmão caçula, quebra um galho da árvore *api*, ramificada como chifres. Instruído pelo irmão mais velho, o caçula convence o pai a ordenar uma caçada coletiva; transformado em cutia, sem ser visto, ele localiza o lugar onde o pai está de tocaia. O herói coloca os falsos chifres na testa, transforma-se em veado e investe contra o pai com um tal impulso que lhe atravessa o corpo com os cornos. Sem interromper o galope, dirige-se para um lago, em que joga a vítima. Esta é imediatamente devorada pelos espíritos *buiogoé*, peixes canibais. Do macabro banquete, só restam no fundo das águas as ossadas e, na superfície, os pulmões, boiando sob a forma de plantas aquáticas cujas folhas, dizem, se assemelham a pulmões.

Voltando à aldeia, o herói vinga-se também das esposas do pai (entre as quais a própria mãe).

Esse mito constitui o tema de um canto chamado *xogobeu*, pertencente ao clã paiwoe, o mesmo do herói (Colb. e Albisetti, 1942, pp. 224-9, pp. 343-7). Uma versão mais antiga termina assim: o herói declarou: "Não quero mais viver com os Orarimugu que me maltrataram, e para me vingar deles e de meu pai enviarei o vento, o frio e a chuva". Então ele levou a avó para um país longínquo e belo, e voltou para punir os índios do modo como tinha dito (Colb., 1925, p. 236).

b) Recitativo

1. Sabe-se que a aldeia bororo consiste idealmente em oito casas coletivas, cada qual abrigando várias famílias, dispostas em círculo em torno de uma

1. Localização das principais tribos citadas.

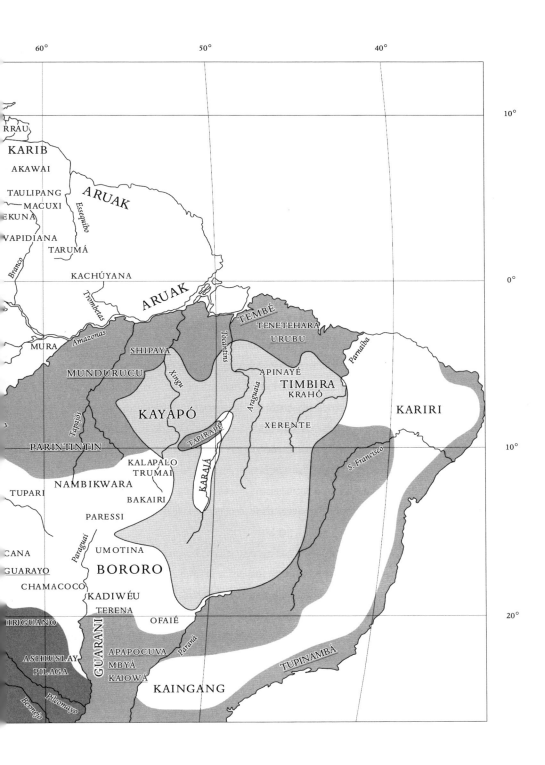

praça em cujo centro se encontra a casa dos homens. Uma linha no sentido leste-oeste divide a aldeia em duas metades. Ao norte, os Ecerae, compreendendo (de leste a oeste) as quatro casas pertencentes respectivamente aos clãs: baadojeba xobugiwuge, "chefes do alto"; bokodori, "tatu-canastra"; kie "anta"; baadojeba xebegiwuge, "chefes do baixo". Ao sul, os Tugarege, compreendendo (de oeste a leste) as quatro casas dos clãs: iwagudu, "gralha azul" (*Uroleuca cristatella*); aroroe "larva"; apiborege "palmeira acuri" (*Attalea speciosa*); paiwe ou paiwoe "bugios" (*Alouatta* sp.). Considera-se que o eixo leste-oeste se prolonga de ambos os lados até as "aldeias dos mortos", sobre as quais reinam, a oeste, o herói cultural Bakororo, cujo emblema é *ika*, a flauta de madeira, e a leste, o herói cultural Itubore, cujo emblema é o instrumento de sopro *pana*, formado de cabaças vazias e furadas, coladas umas às outras com cera.

Em todos os casos observados, os clãs estavam geralmente divididos em subclãs e linhagens; outros tinham desaparecido, e a disposição geral era mais complexa. Para ilustrar a estrutura social dos Bororo, somos, portanto, obrigados a escolher entre três fórmulas: ou, como fizemos aqui, um modelo teórico e simplificado; ou o plano de uma ou outra aldeia particular, resultado de uma evolução histórica e demográfica de alcance apenas local (Lévi-Strauss, 1936); ou finalmente como faz a *EB* (v. I, pp. 434-44) sem dizê-lo expressamente, um modelo sincrético reunindo num único esquema informações obtidas de diversas fontes indígenas. Para a tradução dos nomes dos clãs, seguimos a *EB* (ibid., p. 438), que determina sentidos que ficaram incertos por muito tempo.

As metades e os clãs são exogâmicos, matrilineares e matrilocais. Ao se casar, o homem atravessa, portanto, a linha que separa as duas metades e vai morar na casa do clã da esposa. Mas na casa dos homens, a que as mulheres não têm acesso, ele continua a ocupar seu lugar no setor associado ao seu clã e à sua metade. Na aldeia de Kejara, onde estivemos em 1935, a casa dos homens estava orientada de acordo com um eixo norte-sul (mapa em Lévi-Strauss, 1936, p. 273; 1955, p. 229). Sem explicações ou comentários, a *EB* (id. ibid., pp. 436, 445) adota essa ideia, embora Colbacchini e Albisetti, entre 1919 e 1948, juntos ou individualmente, tenham

Canto bororo

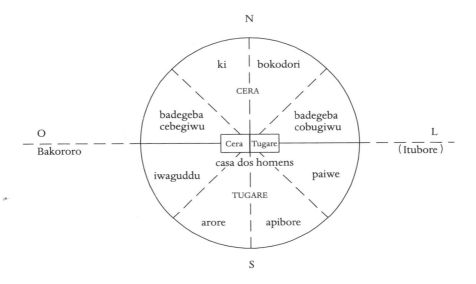

2. Esquema teórico da aldeia bororo (cf. Albisetti, 1948).

constantemente afirmado que a casa dos homens se orientava segundo um eixo leste-oeste. Perdemo-nos em conjecturas diante dessa reviravolta tardia que confirma nossas observações, mas contradiz tudo o que os salesianos têm escrito sobre o assunto há mais de quarenta anos. Será que, durante todos esses anos, as informações se basearam exclusivamente na observação da aldeia de Rio Barreiro (fotos de 1910 in Colb., 1925, pp. 7, 9), erigida perto da missão por influência dos padres, que apresentava várias anomalias? (planta quadrada em vez de redonda, "os índios não diferenciam muito bem o círculo e o quadrado" (sic); casa dos homens com quatro entradas, correspondentes aos pontos cardeais, das quais saíam treze caminhos). Ainda que assim fosse, testemunhos recentes não invalidam necessariamente as observações mais antigas. Lendo a EB, tem-se muitas vezes a impressão de que os autores, assim como seus predecessores, partiram em busca de uma verdade única e absoluta, que provavelmente jamais existiu entre os Bororo. Respeitando nesse ponto os testemunhos de seus informantes, os salesianos talvez não o tenham feito na mesma medida quando se tratava das divergências. Educadamente, mas com decisão, pedia-se que os índios formassem um concílio e se pusessem de acordo sobre o que deveria se tornar a unicidade do dogma. Assim, de Colb., 1919 a Colb., 1925, e Colb. e Albisetti, 1942, até a EB, passando por Albisetti, 1948,

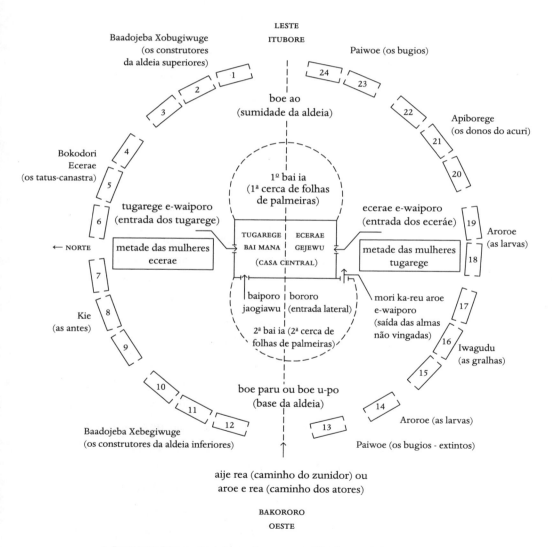

3. Esquema teórico da aldeia bororo (esquema modificado a partir de EB, v. 1, p. 436).

Canto bororo

nota-se um duplo processo de enriquecimento e de empobrecimento: as informações e os detalhes se acumulam, para chegar à soma prodigiosa que promete ser a *Enciclopédia*; mas, ao mesmo tempo, os contornos enrijecem, indicações ou sugestões antigas desaparecem, sem que se possa saber com certeza se eram erros agora corrigidos, ou verdades deixadas de lado porque não se podia admitir que a realidade bororo não formasse um bloco único. Contudo, se, como os próprios salesianos descobriram no curso superior dos rios Itiquira e Correntes, as ossadas dos mortos foram depositadas em grutas localizadas em rochedos, em vez de serem imersas conforme o uso observado em toda parte, e isso até uma época relativamente recente, a julgar pelo estado de conservação dos vestígios recolhidos (*EB*, v. I, pp. 537-41), qual não seria a diversidade de usos que se pode prever em outros campos cuja importância não era certamente mais essencial do que a atribuída pelos indígenas aos seus ritos funerários? Reiteradas vezes a *EB* afirma que os Bororo são os descendentes de uma população vinda da Bolívia, e, portanto, inicialmente portadora de uma civilização superior à atual, e que se caracterizava, principalmente, pelo uso de metais preciosos. Seria falacioso crer que ao longo dessa migração os indígenas tivessem podido manter todos os traços de sua antiga organização, sem que ela houvesse sofrido, aqui e acolá, transformações múltiplas e variadas dependendo dos lugares, das diferenças de habitat (os Bororo ainda são separados em orientais e ocidentais, e os primeiros, em habitantes da chapada arenosa e dos vales pantanosos); e, finalmente, influenciada por populações vizinhas, estas pertencentes a culturas muito diferentes entre si, tanto a leste, como a oeste, ao norte ou ao sul.

2. Os clãs se distinguem pela posição que ocupam na hierarquia social por emblemas, privilégios, tabus relativos à técnica e ao estilo dos objetos manufaturados e, finalmente, por cerimônias, cantos e nomes próprios que são atributo de cada um. Os nomes dos protagonistas do mito de referência fornecem nesse sentido indicações úteis, que enumeraremos provisoriamente, enquanto aguardamos o segundo volume da *Enciclopédia Bororo*, que, como sabemos, irá tratar dos nomes próprios.

O herói se chama Geriguiguiatugo. Esse nome, mencionado pela *EB* (v. 1, p. 689), não consta da lista dos nomes do clã paiwoe de Colb. e Albisetti, 1942 (Glossário dos nomes próprios, pp. 441-6). Decompõe-se em: *atugo*, "pintado", "enfeitado", adjetivo que designa a onça quando é substantivado, e *geriguigui*, "cágado" (*djerighighe* "kágado", Magalhães 1918, p. 33; *jerigigi*, "nome de uma espécie de cágado", *EB*, v. 1: 689, p. 689) ou "constelação do Corvo" (Colb., 1919, pp. 33-4; 1925, p. 220; e Albisetti 1942, pp. 219, 420). Esta última acepção, abandonada pela *EB* (v. 1, pp. 612-3) em favor de uma outra constelação, será longamente discutida na sequência deste trabalho (Parte IV, 2). O herói também tem o nome de Toribugo, certamente de *tori*, "pedra"; cf. Colb. e Albisetti, 1942, léxico (p. 446): *tori bugu*, masculino e feminino, "como pedra". Infere-se da *EB* (v. 1, p. 981) que, em língua sagrada, o jabuti jeriguigui é chamado *tori tabowu*, "animal cuja carapaça assemelha-se a uma pedra", o que aproxima os dois nomes. O jabuti é um dos epônimos do clã paiwoe (Colb. e Albisetti, 1942, p. 32), ao qual, como sabemos, pertence o herói. Em virtude da regra de filiação matrilinear, deve ser também o clã de sua mãe, que se chama Korogo. Segundo a *EB* (v. 1, p. 746), a palavra *"koroge"* designa uma tribo inimiga, vencida e subsequentemente assimilada como um subclã paiwoe.

Se a mãe e o filho são tugarege, o pai pertence à outra metade, já que as metades são exógamas. Consequentemente, ele é ecerae. De acordo com o glossário dos nomes próprios de Colb. e Albisetti, 1942 (p. 441), seu nome, Bokwadorireu, às vezes grafado Bokuaddorireu (de *bokwaddo*, "jatobá"?), pertence ao clã baadojeba xebegiwuge, "chefes do baixo", que é, efetivamente, da metade ecerae.

A segunda mulher do pai se chama Kiareware. O nome é apenas mencionado na *EB* (v. 1, p. 716).

3A. O mito começa evocando os ritos de iniciação, que duravam um ano inteiro segundo Colbacchini e Albisetti, 1942; vários meses segundo a *EB* (v. 1, pp. 624-42) e até que ocorra uma morte na aldeia, para que a fase terminal da iniciação possa coincidir com os ritos funerários. Apesar dessa contradição, que não é certamente insuperável, as duas fontes concordam

Canto bororo

sobre a dura existência dos noviços, durante a caminhada de centenas de quilômetros ("dezenas e dezenas de léguas", id. ibid., p. 641) em que são conduzidos pelos anciãos. Ao serem, finalmente, trazidos de volta, peludos e magros, as mães têm de reconhecê-los sob a folhagem que os cobre por inteiro, para em seguida lavá-los, depilá-los e penteá-los. Os noviços executavam saltos rituais sobre fogo, e a cerimônia de retorno se encerrava com um banho coletivo no rio (Colb. e Albisetti, 1942, pp. 239-40). As mães recebiam os filhos "chorando amargamente, com gritos e lamentos, como na morte de um ente querido. Choram porque, desde aquele momento, o menino, já emancipado, se destaca da sociedade das mulheres e entra na dos homens. Deste dia em diante, levará o jovem, durante toda a vida, o *bá*, estojo peniano..." (loc.cit., pp. 171-2; *EB*, v. 1, pp. 628-42).

3B. O estojo peniano é primeiramente tratado no mito. Os indígenas atribuem sua invenção ao herói Baitogogo, que logo iremos conhecer (M2, p. 71). Antes disso, "eles não furavam o lábio inferior, nem o traziam [o estojo]; não conheciam os enfeites que usam atualmente, não se pintavam com urucum..." (loc.cit., p. 61). A palavra *"bá"* teria igualmente o significado de "ovo", "testículo" (Magalhães 1918, p. 19); mas, segundo a *EB* (v. 1, p. 189), seriam duas palavras distintas.

3C. Segundo as versões mais antigas do mito, "são as mulheres que, no dia anterior à iniciação, vão à floresta à procura das folhagens de babaçu [*Orbignia* sp.] para o *bá*, que os moços deverão receber. São as mulheres que o preparam, os homens o entregam..." (Colb. e Albisetti, 1942, p. 172). Essa lição é desmentida com vigor pela *EB* (v. 1, p. 641), em que se afirma que a coleta de folhas é "ofício dos avós e tios, ou melhor, dos parentes próximos da mãe do iniciando" (id. ibid.).

Esse desacordo suscita um problema curioso. Com efeito, o texto primitivo do mito e a tradução italiana linha a linha excluem a ambiguidade:

ba — gi maerege e	maragoddu — re.	Korogo
Il ba gli antenati	*essi lavorarono.*	*Korogo* (nome da mãe)

ğameddo aremme   e — bo[1]   u — ttu — re
anche donne   colle   essa ando

A obra seguinte (em português) dos padres salesianos, escrita em colaboração por Colbacchini e Albisetti (1942), mantém integralmente essa versão. Porém, quando nos reportamos ao texto bororo, novamente reproduzido na Parte II, constatamos que o início do mito foi modificado:

Koddoro gire   maregue   e   maragoddure. Korogue utture
Esteira   ela   antepassados eles trabalhavam.   Korogue foi

aremebo jameddo
mulheres   com também (Colb. e Albisetti, 1942, p. 343)

Ou seja, sem que a versão livre em português e o comentário etnográfico tenham mudado, o texto bororo e sua tradução justalinear já não são os mesmos. A expedição à floresta ainda é composta de mulheres, mas, em vez de ter por propósito a coleta de folhas para a confecção de estojos penianos, a incursão se destina à coleta de palha para fazer esteiras. Estaríamos diante de uma outra versão do mito, obtida posteriormente de um outro informante? De modo algum. A não ser pela notação, as duas versões — as de 1925 e a de 1942 — são idênticas. E mais: sendo ambas parciais, interrompem-se no mesmo ponto. A modificação do texto de 1942 só pode, portanto, se dever a um escriba indígena (os salesianos foram sucessivamente auxiliados por dois ou três informantes alfabetizados). Ao retranscrever um mito, ele teria notado que um detalhe não estava de acordo com os usos que ele mesmo tinha observado e que lhe tinham contado, e teria se encarregado de corrigir o texto, para harmonizá-lo com o que era, em sua opinião, a realidade etnográfica. Essa iniciativa, que passou despercebida em 1942, deve ter sido notada mais tarde. Daí a reviravolta da *EB*, que

---

1. *"Sott. 'a cercare foglie di palma per costruire i bá'."* (Colb., 1925, p. 92; n. 4.) Mais adiante, o autor comenta: *"Per fare questi bá in occasione d'un'iniziazione, le donne vanno alla foresta a cercare foglie della palma uaguassù, come appare anche dalla leggenda di Gerigigiatugo"* (loc.cit., pp. 107-8).

Canto bororo

reforça a interpretação que aventamos acima, em relação a uma outra do mesmo gênero. Pode-se assim prever desde já que o texto e o comentário de nosso mito de referência, quando aparecerem no segundo volume da *Enciclopédia Bororo*, eliminarão definitivamente qualquer referência a uma participação das mulheres na fabricação dos estojos penianos.

Essas liberdades em relação a um texto mítico são deploráveis. Como demonstramos alhures (Lévi-Strauss, 1958b), um mito pode perfeitamente contradizer a realidade etnográfica à qual pretende se referir, e essa distorção, entretanto, fazer parte de sua estrutura. Ou, então, o mito preserva a lembrança de usos desaparecidos ou, ainda, em vigor num outro ponto do território tribal. No caso que nos interessa, a lição primitiva merecia ainda mais atenção na medida em que os novos materiais e as novas interpretações que se encontram na EB reforçam a ligação, real ou simbolicamente atestada pelo mito, entre a imposição do estojo peniano e a regulamentação das relações entre os sexos, característica da sociedade bororo. É somente após a imposição do *bá* que o rapaz tem o direito de se casar (p. 628). O "padrinho", encarregado de confeccionar o estojo e colocá-lo, não deve apenas pertencer à metade oposta à do noviço: ["levam-se] sempre em consideração também os subclãs em cujos membros o rapaz pode escolher a própria esposa: entre estes será escolhido o padrinho" (p. 639). Entre os Bororo, a exogamia das metades efetivamente se complica com regras preferenciais de aliança entre os subclãs e as linhagens (p. 450). No fim da cerimônia, "o afilhado oferece ao padrinho alimentos, com as mesmas cerimônias que uma esposa usa para com o próprio marido" (p. 629).

Este último ponto é capital, pois Colbacchini (1925) postulava uma relação inversa entre noviço e padrinho. Comentando um relato na língua bororo dos ritos de iniciação:

emma — re — u   ak'oreddŭǧe — re — u
esso proprio (ecco qui)   la tua moglie costui

o autor concluía que, "no espírito dos índios, parecia que o *jorubbadare* (padrinho) representava a futura esposa" [p. 105; n. 4]. Colbacchini e Albisetti, 1942 (p. 172) mantêm a mesma explicação.

Baseada em outra descrição, registrada por um informante alfabetizado, a EB afirma que se trata de um falso sentido e que o simbolismo sexual do *bá* é mais complexo. Segundo esse novo texto, os avôs e irmãos mais velhos do noviço providenciam primeiramente um broto de babaçu e o apresentam para um homem que escolheram para desempenhar o papel de padrinho, dizendo-lhe: "Este (broto) será mesmo a tua esposa". Auxiliado por seus irmãos mais velhos e mais novos (os futuros "cunhados" do noviço), o padrinho se apressa para transformar os folíolos em estojos penianos, que o noviço usará na cabeça, enfileirados como se fossem uma coroa, durante toda a noite. Ao amanhecer, levam o padrinho diante do noviço assim enfeitado e repetem a fórmula supracitada. Depois, pega-se um estojo, que o noviço segura inicialmente entre os dentes; ele deve manter o olhar para cima durante o processo de colocação, para não ver a operação, que é feita em dois estágios: primeiro, provisoriamente; depois, definitivamente.

A tese segundo a qual "o broto de babaçu e o estojo peniano [...] representam o sexo feminino, tanto que são chamados esposas do padrinho" (*EB*, v. I, p. 640), se fosse confirmada, renovaria as ideias teóricas sobre o simbolismo do estojo peniano, na América do Sul e alhures. Sem nos arriscarmos nessa via, sublinharemos apenas uma de suas implicações. O ritual estaria identificando o estojo peniano, e o material de que ele é feito, não ao sexo feminino em geral, mas às mulheres da metade, e até do clã e do subclã do noviço, com as quais o subclã do padrinho se alia de modo preferencial — em suma, as mulheres que poderiam ser as "esposas" do padrinho, e que são as mesmas às quais a versão controvertida do mito atribui uma participação ativa na coleta das folhas, sugerindo assim a mesma identificação por um meio figurado.

No estado atual do conhecimento, não podemos, contudo, considerar como definitivamente assente a interpretação da *EB*. A fórmula ritual: *emmareu ak-oreduĵe*, "este será sua esposa", subentende o sujeito sobre cuja identidade paira um certo equívoco. Colbacchini acreditou inicialmente que se tratava do padrinho, num discurso dirigido ao noviço. Parece, portanto, que se deve inverter o regime. Mas, mesmo assim, poderia ser o noviço ou o broto ou o estojo, e a observação mencionada na página 629 favorece a primeira solução.

Canto bororo

De qualquer modo, a resposta a esse problema não é essencial para a nossa demonstração, que exige apenas que a expedição à floresta, com que abre o relato, tenha um caráter especificamente feminino. Ora, é isso o que ocorre tanto na versão modificada quanto na primitiva, pois ambas dizem que a mãe do herói fora à floresta "com as outras mulheres". A coleta de palha destinada à confecção de esteiras, evocada pela versão modificada, confirmaria, se necessário, esse caráter invariante, pois entre os Bororo a cestaria era uma ocupação feminina, por oposição à tecelagem, trabalho masculino (Colb., 1919, pp. 31-2).

4. Os Bororo costumam capturar araras jovens e criá-las na aldeia, para tirar-lhes as penas periodicamente. As paredes rochosas em que os pássaros fazem os ninhos se elevam de duzentos a trezentos metros acima das baixas terras pantanosas. Elas formam as encostas meridional e ocidental do planalto central, que vai descendo progressivamente em direção ao norte, até a bacia amazônica.

5. As araras ocupam uma posição importante no pensamento indígena por duas razões. Suas penas, cuidadosamente guardadas com as de outros pássaros (tucano, garça, gavião etc.) em recipientes de madeira, servem para fazer diademas e cocares e enfeitar arcos e outros objetos. Além disso, os Bororo acreditam num ciclo complicado de transmigrações das almas; creem que elas se encarnam durante algum tempo nas araras.

6. O fato de o pai ficar desconfiado ao ver as penas que ficaram presas no cinto da mulher após o estupro explica-se pela diferença existente entre as vestimentas masculina e feminina entre os Bororo. Os homens andam nus, a não ser pelo estojo peniano, mas às vezes usam no dia a dia (e sempre nos dias de festa) ricos ornamentos de pele, penas coloridas ou casca pintada com motivos diversos. As mulheres, por sua vez, usam uma tanga de casca branca (ou preta quando estão indispostas, Magalhães 1918, pp. 29-30; EB, v. I, p. 89) e um cinturão largo — quase como um espartilho — também de casca, mas escura. Os ornamentos femininos consistem principalmente em faixas de algodão tingidas de vermelho — que logo desaparece — com urucum (*Bixa*

orellana) e colares de dentes de jaguar ou de macaco, que são usados apenas em dias de festa. O branco-leitoso dos adornos realça os tons ocre, vermelho--escuro e marrom das vestimentas femininas, cuja sobriedade quase austera contrasta fortemente com a alegre policromia dos enfeites masculinos.

7A. Várias espécies animais aparecem no mito de referência: colibri, pomba, gafanhoto, lagartixa, urubu, veado. Voltaremos a eles oportunamente. A cutia, *Dasyprocta aguti*, é um roedor mencionado entre os epônimos do clã paiwoe (Colb. e Albisetti, 1942, p. 32).

7B. As informações atualmente disponíveis não permitem identificar com precisão o *pogodóri* (*bobotóri*, Colb., 1925, p. 135), "espécie de batata" com que o herói fabrica seu traseiro artificial. Segundo a EB (v. 1, p. 882), trata-se de uma variedade de cará comestível, cujas folhas são empregadas como tabaco; uma dioscoreácea da floresta, diz-se à página 787. Voltaremos a esse ponto num próximo volume, em que se discutirá o motivo que os mitógrafos americanos designam pela expressão *"anus stopper"*. Sua difusão é realmente grande no Novo Mundo: pode ser encontrada na América do Norte, desde o Novo México até o Canadá, com uma frequência especial na mitologia das tribos dos estados de Oregon e Washington (Coos, Kalapuya, Kathlamet etc.).

7C. Também não se sabe ao certo que árvore o herói utiliza para fabricar os falsos chifres, que se chama *api* em bororo. O glossário de Colbacchini (e Albisetti, 1942, p. 410) registra *app'i*, "sucupira", sentido confirmado pela EB (v. 1, p. 77): *appi*, "sucupira" (*Ormosia* sp.), mas também, à página 862: *paro i*, "sucupira" (uma leguminosa). Na verdade, esse termo de origem tupi abarca diversas espécies, especialmente a *Bowdichia virgilioides*, cuja dureza e estrutura ramificada corresponderiam ao emprego citado no mito, e a *Pterodon pubescens* (Hoehne 1937, p. 284).

7D. Não há nenhuma dúvida, em compensação, quanto aos espíritos canibais *buiogué*, plural de *buiogo*: "piranha" (EB, v. 1, p. 520), disseminados pelos rios e lagos do Brasil central e meridional, cuja voracidade é merecidamente famosa.

8. O canto mencionado no final do mito foi publicado por Albisetti (1948, pp. 16-8), em língua "arcaica", diz-se, e por isso intraduzível, até mesmo para os salesianos. O texto parece evocar uma batalha entre brancos e índios; o assassinato do urubu-rei por seu irmão caçula, o japuíra (joão--congo); a expedição do desaninhador de pássaros ao rochedo; sua transformação em veado, para matar o pai; e a imersão deste nas águas do lago, "como se fosse uma garça".

c) Primeira variação

O motivo inicial do mito de referência consiste num incesto com a mãe, cometido pelo herói. Contudo, essa "culpabilidade" parece existir principalmente no espírito do pai, que deseja a morte do filho e elabora planos para concretizá-la. O mito em si não se pronuncia, já que o herói pede a ajuda da avó e a obtém, e graças a ela supera as provas. No final das contas, só o pai aparece como culpado: culpado de ter desejado a vingança. E é ele que será morto.

Essa curiosa indiferença em relação ao incesto aparece em outros mitos. Como este, que também pune o marido ofendido:

M2 BORORO: ORIGEM DA ÁGUA, DOS ORNAMENTOS E DOS RITOS FUNERÁRIOS

Nos tempos remotos, quando os dois chefes da aldeia pertenciam à metade Tugarege (e não à metade Ecerae, como atualmente) e provinham, respectivamente, um do clã aroroe e o outro do clã apiborege, havia um chefe principal chamado Birimoddo, "pele bonita" (Cruz, 1940; Colb. e Albisetti, 1942, p. 29) e apelidado Baitogogo (o significado deste nome será discutido mais adiante.)

Um dia, a mulher de Baitogogo — que pertencia ao clã bokodori da metade Ecerae — dirigia-se à floresta à procura de frutos silvestres. Seu filho queria acompanhá-la e, como ela não quis, ele a seguiu às escondidas.

Desse modo, ele assistiu ao estupro da mãe por um homem do clã kie, pertencente à mesma metade dela (e, portanto, "irmão" dela na terminologia indígena). Alertado pelo filho, Baitogogo começa por se vingar do rival. Fere-o com sucessivas flechadas, no ombro, no braço, na coxa, na nádega, na perna, no rosto, e finalmente mata-o com um ferimento nas costas. A seguir, durante a noite, ele estrangula a mulher com uma corda de arco. Auxiliado por quatro tatus de espécies diferentes — *bokodori* (tatu-canastra, *Priodontes giganteus*), *gerégo* ("tatu-liso", *EB*, v. 1, p. 687 "tatu-bola", *Dasypus tricirtus*, Magalhães 1918, p. 33), *enokuri* ("tatu-bola-do-campo", *EB*, v. 1, p. 566) e *okwaru* (variedade de "tatu-peba", id., p. 840) — , ele cava uma cova sob a cama da mulher, enterra o cadáver, tapa o buraco e o cobre com uma esteira, para que ninguém descubra sua obra.

Enquanto isso, o menino procura a mãe. Abatido e chorando, ele se cansa seguindo falsas pistas dadas pelo matador. Finalmente, num certo dia em que Baitogogo está passeando em companhia da segunda esposa, o menino se transforma em passarinho para procurar a mãe, e deixa cair um pouco de excremento sobre o ombro de Baitogogo. O excremento germina na forma de uma grande árvore (o jatobá).

Incomodado e envergonhado por esse fardo, o herói deixa a aldeia e leva uma vida errante no mato. Mas, cada vez que ele para a fim de descansar, faz surgir lagos e rios. Naquela época, ainda não existia água na terra. Cada vez que surge água, a árvore diminui e por fim acaba desaparecendo.

Encantado com a paisagem verdejante que criou, Baitogogo resolve não voltar mais para a aldeia, cuja chefia tinha abandonado nas mãos do pai. O segundo chefe, que mandava em sua ausência, faz o mesmo e o segue. Assim, a dupla chefia passou para a metade Ecerae. Transformando-se nos dois heróis culturais Bakororo e Itubore (cf. p. 62, supra), os dois antigos chefes só voltarão a visitar sua gente para lhe dar os enfeites, as vestimentas e os instrumentos que, em seu exílio voluntário, eles inventam e fabricam.[2]

Quando eles reaparecem pela primeira vez na aldeia, ricamente enfeitados, seus pais, que se tornaram seus sucessores, ficam amedrontados no início: depois, recebem-nos com cantos rituais. Akario Bokodori, pai de Akaruio Borogo, o companheiro de Baitogogo, exige que os heróis (que, nesse momento, parecem ser não dois, mas uma coorte) lhe deem todos os enfeites. Um episódio à primeira vista enigmático conclui o mito: "Não matou os que trouxeram muitos [enfeites], mas sim aqueles que tinham trazido poucos" (Colb. e Albisetti, 1942, pp. 201-6).

---

2. Numa perspectiva histórica, é interessante comparar esse mito ao episódio do mito apapocuva em que os irmãos Fai, usando uma tanga e ricos ornamentos, vêm distribuir aos homens as vestimentas e os enfeites (Nim., 1914, pp. 37-8).

d) Interlúdio do discreto

Detenhamo-nos por um instante nesse episódio, que não tem interesse imediato para a nossa demonstração, mas que é útil elucidar para evidenciar a posição central que esses dois mitos ocupam na filosofia bororo, e assim justificar nossa escolha.

Tanto no mito de referência quanto nesse que acabamos de resumir, o herói pertence à metade Tugarege. Ora, os dois mitos são apresentados por Colbacchini como relatos etiológicos: o primeiro explica "a origem do vento e da chuva" (loc.cit., p. 221) e o segundo, "a origem da água e dos ornamentos" (id. ibid., p. 201). As duas funções correspondem bem ao papel atribuído aos heróis da metade Tugarege, isto é, aos "fortes" (?). Criadores ou demiurgos, eles são em geral responsáveis pela *existência* das coisas: rios, lagos, chuva, vento, peixes, vegetação, objetos manufaturados... Mais sacerdotes do que feiticeiros, os heróis ecerae (palavra às vezes interpretada com o significado de "os fracos"[3]) intervêm num segundo momento, como *organizadores* e *administradores* de uma criação cujos *autores* foram os Tugarege: eles destroem os monstros, distribuem os alimentos específicos aos animais, organizam a aldeia e a sociedade.

Desse ponto de vista, já se nota um paralelismo entre os dois mitos. Ambos apresentam um herói tugarege que cria uma água de proveniência celeste depois de se ter dirigido para cima (suspendendo-se por um cipó pendurado) ou uma água de proveniência terrestre depois de ter sido empurrado para baixo (pelo peso do crescimento de uma árvore que carrega). Por outro lado, a água celeste é maléfica, já que provém da tempestade badogebague (que os Bororo distinguem das chuvas tranquilas e benéficas butaudogue, cf. Colb. e Albisetti, 1942, pp. 229-30; voltaremos a essa oposição, que não se

---

3. Os significados "forte" e "fraco" foram colhidos separadamente por Colbacchini e por mim mesmo, em campo. Um informante de Colbacchini, contudo, os contesta (Colb. e Albisetti, 1942, p. 30) e a *EB* (v. 1, p. 444) decididamente os descarta. Não deixa de causar perplexidade uma fórmula que aparece na versão mais antiga do mito dos gêmeos (M46): se vocês matarem a águia canibal, diz a onça aos heróis, serão fortes e mandarão em *"muitos tugarégedos (servos)"* (Colb., 1919, p. 118), ou, segundo outra versão: "tereis um grande povo sujeito a vós" (Colb. e Albisetti, 1942, p. 194).

90	*Parte I*

encontra na *EB*; cf. pp. 247-55), ao passo que a água terrestre é benéfica; um contraste que devemos aproximar das circunstâncias, simétricas e invertidas, de suas respectivas criações: o primeiro herói é separado involuntariamente de sua aldeia, pela malevolência do pai; o segundo também se separa de sua aldeia, mas voluntariamente e com um sentimento benevolente para com o pai, a quem entrega suas funções.[4]

Após essas indicações preliminares, voltemos ao episódio do massacre, de que é responsável um certo Akario Bokodori. Encontramos novamente esse personagem com um papel análogo e com o nome — diferente apenas pela transcrição, mas essas imprecisões são frequentes em nossa fonte — Acaruio Bokodori, também membro do clã dos "chefes do alto" (cf. Colb. e Albisetti, 1942, Glossário de nomes próprios, p. 442): Akkaruio Bokkodori (sic), masculino e feminino, "afamado por enfeite (de unhas) de tatu-canastra". Eis o mito:

M3 BORORO: APÓS O DILÚVIO

Após um dilúvio, a terra foi novamente povoada. Mas antes os homens se multiplicavam tanto que Meri, o sol, teve medo e procurou um modo de reduzi-los.

Ele mandou toda a população de uma aldeia atravessar um grande rio por uma passarela feita de um tronco de árvore frágil, que ele havia escolhido. O tronco partiu-se com o peso, e todos morreram, exceto um homem chamado Akaruio Bokodori, que andava mais devagar porque tinha as pernas tortas.

Aqueles que foram carregados pelos turbilhões ficaram com os cabelos ondulados ou cacheados; os que se afogaram em águas tranquilas ficaram com os cabelos macios e lisos. Tudo isso foi observado depois que Akaruio Bokodori ressuscitou a todos com seus encantamentos acompanhados de tambor. Primeiro, ele fez voltarem os Buremoddodogue, depois os Rarudogue, os Bitodudogue, os Pugaguegeugue, os Rokuddudogue, os Codogue e, finalmente, os Boiugue, que eram seus preferidos. Mas ele só recebia os

---

4. Seguindo Colbacchini, pode-se notar aí um duplo mistério, já que na verdade a chefia é transmitida de uma geração para a seguinte, do tio materno para o sobrinho. Mas já se pode perceber por esse exemplo que um mito não tem seu sentido dado por instituições arcaicas ou modernas das quais seria um reflexo, mas pela posição que ocupa em relação a outros mitos no seio de um grupo de transformações.

Canto bororo

recém-chegados que trouxessem presentes de seu agrado. Os outros, matava com flecha-das, e por isso foi apelidado Mamuiauguexeba, "matador", ou Evidoxeba, "de morte de causa" (Colb. e Albisetti, 1942, pp. 231, 241-2).

O mesmo aparece num outro mito, em que também mata os companhei-ros, mas dessa vez para puni-los por não lhe terem demonstrado o respeito devido a um chefe e por brigarem entre si (Colb. e Albisetti, 1942, p. 30). Esse relato é infelizmente fragmentário demais para que se possa utilizá-lo.

Conhecemos, portanto, pelo menos dois mitos em que um herói da metade Ecerae, com o mesmo nome, dizima um povo de "fantasmas" que trazem presentes, porque os considera insuficientes.[5] Num dos casos, a natureza dos presentes não é especificada; no outro, sabemos que se trata de adornos rituais, divididos diferentemente entre os clãs, que têm cada um — quer seja, desse ponto de vista, considerado "rico" ou "pobre" — sua propriedade exclusiva. Vestimentas e adornos servem, desse modo, para introduzir afastamentos diferenciais no seio da sociedade.

Mas consideramos mais de perto M3, que, embora não seja explícito em relação aos presentes, é muito preciso quanto a dois outros pontos. Antes de mais nada, esse mito pretende explicar distâncias diferenciais na aparência física (e não na aparência social) — o episódio dos cabelos. Em seguida, através de uma enumeração ainda bastante enigmática no está-gio atual de nossos conhecimentos, mas em que a desinência -gue assinala formas no plural,[6] o mito evoca grupos humanos distintos e separados, provavelmente povos ou tribos: grupos dotados de um valor diferencial, não mais *aquém* da sociedade (como no caso das diferenças físicas), mas

---

5. Conta-se, segundo a EB (v. i, pp. 58-9), que todo bororo desconhecido que chegava a uma aldeia era revistado da cabeça aos pés, para verificar se trazia qualquer objeto de algum inte-resse. Em caso positivo, era bem recebido; senão era assassinado. O maracá pequeno (que aparece em M1) teria sido obtido, pela primeira vez, de uma índia que antes disso tinha susci-tado manifestações hostis.

6. Comparar com as formas vizinhas ou idênticas: ragudu-doge, rarai-doge, nomes de tribos len-dárias (Colb., 1919, p. 5); *buremoddu-doge*, "indivíduos de belos pés" (apelido do clã kie); *raru-doge*, "denominação com a qual os Bororo se designam a si mesmos em certas lendas"; *codage*, "formi-gas do gênero *Eciton*"; *boiwuge*, "último em ordem de tempo" (*EB*, v. i, pp. 529, 895, 544, 504).

além dela. Ou, no primeiro caso, diferenças entre os indivíduos no seio do grupo, e, no segundo, diferenças entre os grupos. Em relação a esse duplo aspecto de M_3, M_2 se situa num nível intermediário: o das diferenças sociais entre subgrupos no interior do grupo.

Parece, pois, que os dois mitos, tomados em conjunto, se referem a três campos, cada qual originariamente contínuo, mas nos quais é indispensável introduzir a descontinuidade, para poder conceituá-los. Em cada um dos casos, essa descontinuidade é obtida através da eliminação radical de certas frações do contínuo. Este é empobrecido, e elementos em menor número têm a partir de então folga para se expandirem no mesmo espaço, já que a distância entre eles passa a ser suficiente para evitar que eles se encavalem ou se confundam uns com os outros.

Era preciso que o número de homens diminuísse para que os tipos físicos mais próximos fossem claramente discerníveis. Pois, se fosse admitida a existência de clãs ou grupos portadores de presentes *insignificantes* — isto é, cuja originalidade distintiva fosse tão fraca quanto se possa imaginar —, correr-se-ia o risco de ver intercalar-se entre dois clãs ou dois grupos específicos uma quantidade ilimitada de outros clãs e povos, tão pouco diferentes de seus vizinhos mais imediatos que acabariam todos por se confundir. Ora, qualquer que seja o campo, é unicamente a partir da quantidade discreta que se pode construir um sistema de significações.

Limitada aos Bororo, a interpretação acima é frágil. Ela se fortalece, porém, quando a aproximamos da interpretação análoga que propusemos para mitos provenientes de outras populações, mas cuja estrutura formal se assemelha à que acabamos de esboçar. Para que pudessem se constituir os cinco grandes clãs de que os Ojibwa creem se originar a sua sociedade, foi preciso que seis personagens sobrenaturais se reduzissem a cinco e que um deles fosse expulso. As quatro plantas "totêmicas" de Tikopia foram as únicas que os ancestrais conseguiram conservar quando um deus estrangeiro roubou a refeição que as divindades locais haviam preparado para homenageá-lo (Lévi-Strauss, 1962a, p. 302; 1962b, pp. 27-9, 36-7).

Em todos os casos, portanto, um sistema discreto resulta de uma destruição de elementos, ou de sua subtração de um conjunto primitivo.

Canto bororo

Em todos os casos, ainda, o próprio autor desse empobrecimento é um personagem diminuído. Os seis deuses ojibwa são voluntariamente cegos e condenam o companheiro ao exílio por ter levantado a sua venda. Tikarau, o deus ladrão de Tikopia, finge ser manco para enganar a todos e roubar o banquete. Akaruio Bokodori também manca. Cegos ou mancos, vesgos ou manetas, são figuras mitológicas frequentes pelo mundo afora, que nos deixam confusos porque seu estado se nos aparece como uma carência. Mas, assim como um sistema que a subtração de elementos torna discreto fica logicamente mais rico, apesar de estar numericamente mais pobre, os mitos frequentemente atribuem aos aleijados e doentes uma significação positiva: eles encarnam os modos da mediação. Encaramos o aleijão e a doença como privações do ser, e, portanto, um mal. Entretanto, se a morte é tão real quanto a vida e se, consequentemente, só existe o ser, todas as condições, mesmo as patológicas, são positivas a seu modo. O "ser-menos" tem direito a ocupar um lugar inteiro no sistema, pois é a única forma concebível da passagem entre dois estados "plenos".

Ao mesmo tempo, cada um dos mitos que mencionamos oferece uma solução original para resolver o problema da passagem da quantidade contínua à quantidade discreta. Para o pensamento ojibwa, ao que parece, basta retirar uma unidade da primeira para obter a segunda — uma é de classe 6, a outra, de classe 5. Um aumento de um quinto da distância entre cada elemento permite instalá-los na descontinuidade. A solução de Tikopia é mais custosa: originariamente, os alimentos eram em número indeterminado, e foi preciso passar dessa indeterminação (e, portanto, de um número elevado, e até teoricamente ilimitado, já que os alimentos primitivos não são enumerados) para 4, para garantir o caráter discreto do sistema. Pode-se pressentir a razão dessa diferença: os clãs de Tikopia são realmente quatro, e o mito tem de atravessar, com muito custo, o abismo que separa o imaginário do vivido. A tarefa dos Ojibwa não é tão difícil, e eles podem por isso pagar mais barato, apenas subtraindo uma unidade do total. Na verdade, os cinco clãs primitivos não são mais reais do que os seis seres sobrenaturais que os fundaram, visto que a sociedade ojibwa se compunha de várias dezenas de clãs ligados aos cinco "grandes" clãs do mito por uma filiação puramente teórica. De modo que, num caso, passa-se do mito à realidade, e, no outro, não se sai do mito.

Os Tikopia e os Ojibwa podem avaliar de modos diferentes o custo da passagem do contínuo ao descontínuo. De qualquer modo, essas duas ordens se mantêm formalmente homogêneas. Sempre se compõem de quantidades semelhantes e iguais entre si. Essas quantidades são apenas mais ou menos numerosas — a diferença é pequena (apenas uma unidade) entre os Ojibwa e consideravelmente maior em Tikopia, onde, de um número n indeterminado, mas elevado, é preciso baixar repentinamente para quatro.

A solução bororo é original em relação às precedentes. Concebe o contínuo como uma soma de quantidades, por um lado muito numerosas e por outro completamente desiguais, escalonadas das menores às maiores. E, sobretudo, em vez de o descontínuo resultar da subtração de uma das quantidades somadas (solução ojibwa) ou da subtração de um número considerável de quantidades somadas (solução tikopia), os Bororo aplicam a operação preferencialmente às quantidades menores. O descontínuo bororo consiste, afinal, em quantidades desiguais entre si, mas escolhidas entre as maiores, que separam intervalos ganhos sobre o contínuo primitivo e correspondentes ao espaço anteriormente ocupado pelas quantidades menores (fig. 4).

Ora, esse modelo lógico convém admiravelmente à sociedade bororo[7] tal como foi empiricamente observada. Nela os clãs são, realmente, ricos ou pobres, e cada um vela de modo ciumento sobre privilégios variáveis em número, mas que se traduzem, para os mais bem servidos, pelo gozo da ostentação dos bens deste mundo: adornos, trajes, vestimentas. O mito não explica apenas as distâncias diferenciais, ele ao mesmo tempo consola e intimida os mais humildes. Consola-os, na medida em que os novos pobres nem sempre o foram. Como sobreviventes de um massacre em que pereceram os mais pobres do que eles, apesar de tudo eles estão entre os escolhidos. Mas também os intimida, proclamando que a miséria ofende os deuses.

---

7. E talvez igualmente à dos Arua do rio Branco, já que um de seus mitos evoca a destruição da humanidade por um dilúvio de que foram salvos, pela intervenção de uma divindade, apenas dois pares de crianças vindas das "melhores famílias" (Lévi-Strauss, 1946-59, v. III, p. 379).

Canto bororo 95

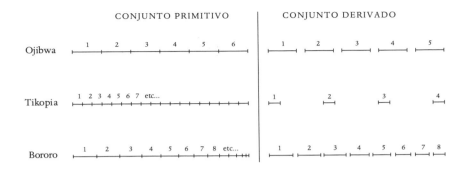

4. Três exemplos de passagem mítica da quantidade contínua à quantidade discreta.

Talvez os clãs ojibwa tenham sido hierarquizados no passado. E é certo que em Tikopia existia uma ordem de preeminência entre os quatro clãs e entre as linhagens. Se a nossa análise estiver correta, poder-se-á verificar que essas diferenças sociais não possuem entre esses dois povos o mesmo caráter que entre os Bororo; que eram mais ideológicas e menos reais, ou seja, que não se traduziam, ao contrário do que ocorre entre os Bororo, em direitos desiguais à apropriação das riquezas. No caso dos Ojibwa, a insuficiência da documentação não permite obter uma resposta. Em Tikopia, a hipótese torna-se plausível pela observação de Firth (1936, p. 358), segundo a qual a hierarquia social não refletia a repartição dos bens. Sem avançar nas hipóteses, pretendemos apenas, na digressão acima, tornar manifestas a posição central de nossos mitos e sua aderência aos contornos essenciais da organização social e política.[8]

e) Suíte da primeira variação

No mito de Baitogogo (M₂), assim como no mito de referência (M₁), a culpa recai menos sobre o incestuoso do que sobre o marido ofendido que

---

8. Como veremos adiante, os mitos correspondentes do Chaco e dos Jê (M29 a M32, M139) têm por objetivo dar conta de uma descontinuidade ao mesmo tempo social e natural, a das mulheres, divididas em bonitas e feias; ou, por extensão metonímica, a das casas familiares.

busca vingança. Nos dois casos, é a vingança, e não o incesto, que atrai a sanção sobrenatural.

Ora, o mito que introduzimos em segundo lugar não só confirma essa atitude diante do incesto como também indica uma via de interpretação. O herói se chama Baitogogo, apelido cujo sentido é "sempre fechado em casa" (Colb. e Albisetti, 1942, p. 29). Eludiremos a comparação que se impõe com um apelido sinônimo encontrado no outro extremo do continente, nos mitos dos Klamath e dos Modoc. O problema será retomado em outro trabalho, e, neste momento, permitimo-nos afirmar que as duas ocorrências são passíveis do mesmo tipo de interpretação.

Tampouco postularemos que não há nada, por trás desse apelido, além do que se evidencia no contexto sintagmático. É possível, e até provável, que o termo remeta a um conjunto paradigmático, em que os Bororo corresponderiam simetricamente aos Karajá, talvez menos declaradamente matrilineares. Entre estes últimos, Lipkind (1946-59, p. 186) e Dietschy (1959, pp. 170-4) notaram uma instituição antiga: a da moça enclausurada ou confinada, nobre herdeira sujeita a várias proibições. Por mais obscuras que sejam as indicações colhidas, elas evocam, por sua vez, a instituição iroquesa das "crianças guardadas na penugem". Mas o método que seguimos exclui, por enquanto, a atribuição às funções míticas de significados absolutos, que, neste estágio, teriam de ser buscados fora do mito. Esse procedimento, frequente em mitologia, conduz quase inevitavelmente ao junguismo. Para nós, não se trata de descobrir primeiramente, e num plano que transcende o do mito, a significação do apelido Baitogogo, nem de descobrir as instituições extrínsecas às quais poderia ser associado, e sim de extrair, pelo contexto, sua significação relativa num sistema de oposições dotado de valor operacional. Os símbolos não possuem um significado extrínseco e invariável, não são autônomos em relação ao contexto. Seu significado é, antes de mais nada, *de posição*.

O que há então de comum entre os heróis dos dois mitos? O de M_1 (cujo nome levanta um problema tão específico que é melhor deixar para mais tarde o seu exame, cf. adiante, p. 302) comete um incesto com a mãe, isso porque tinha se recusado anteriormente a separar-se dela, quando ela partia para uma missão estritamente feminina, que — segundo a versão mais antiga — consiste em colher na floresta folhas destinadas à confecção dos estojos penianos entregues aos rapazes na iniciação, que são o símbolo de seu desligamento do mundo feminino. Vimos (p. 84) que a versão arbitrariamente corrigida atenua esse aspecto, mas não o abole. Abusando da mãe, o herói desmente, portanto, a situação sociológica. Talvez ele seja jovem demais para se submeter ao processo da iniciação, mas não é jovem o bastante para participar da coleta das mulheres, quer seja ou não um preâmbulo da iniciação. O termo *"ipareddu"*, que lhe é constantemente aplicado no mito, "normalmente designa um rapaz que tenha alcançado um certo desenvolvimento físico, mesmo antes da puberdade e antes de ter recebido o estojo peniano... Quando chegam à condição de *ipare* (plural), os rapazes começam a abandonar a casa materna e frequentar as reuniões dos homens na choupana central" (*EB*, v. I, p. 623). Ora, longe de se resignar a essa distensão progressiva dos laços maternos, o herói os reforça por um ato cuja natureza sexual coloca além da iniciação, embora ele mesmo esteja aquém dela. De modo duplamente paradoxal, ele volta, portanto, ao seio materno, no momento em que os outros filhos serão definitivamente separados dele.

Baitogogo, herói de M_2, situa-se certamente, sob todos os aspectos, no extremo oposto do precedente: é um adulto, iniciado, casado, pai de família. Mas, ressentido demais com o incesto, ele também comete um abuso de possessividade. Além disso, estrangula a mulher e a enterra às escondidas, privando-a desse modo da dupla inumação que faz do enterro temporário (na praça da aldeia, lugar público e sagrado, e não na casa, privada e profana) um estágio preliminar à imersão definitiva dos ossos (limpos, pintados e enfeitados com um mosaico de penas coladas e reunidos numa cesta) na água de um rio ou de um lago, pois a água é a morada das almas, condição necessária para assegurar-lhes a sobrevida. Finalmente, Baitogogo comete a falta simétrica e inversa à de Geriguiguiatugo: este é um menino que "abusa" da mãe quando perdeu esse direito; Baitogogo é um marido que "abusa" da mulher e priva o filho da mãe à qual ele ainda tem direito.

Se concordarmos, a título de hipótese de trabalho, em interpretar o apelido do segundo herói pelo denominador comum de suas funções semânticas respectivas, o termo "confinado" conota uma atitude particular em relação ao mundo feminino. O portador do apelido — ou seu homólogo — recusa a devida distância do mundo feminino, procurando, ao contrário, refugiar-se nele ou dominá-lo mais ou por mais tempo do que o permitido. O confinado, o recluso, será aquele que, como dizemos, "se agarra à saia da mãe", o homem que não consegue se desligar da sociedade das mulheres na qual ele nasceu ou cresceu (já que a residência é matrilocal) e se juntar à sociedade masculina, duplamente distinta da primeira — fisicamente, pois sua sede é a casa dos homens, no centro da aldeia, ao passo que as casas femininas se encontram ao redor; e misticamente, dado que a sociedade dos homens encarna aqui na terra a sociedade das almas (*aroé*) e corresponde ao sagrado, em oposição ao mundo profano e feminino.

EMBORA NOS TENHAMOS PROIBIDO, neste estágio, de invocar argumentos de ordem paradigmática, não se pode deixar de mencionar um mito mundurucu (M4) que evoca uma prática espantosamente parecida àquela que acabamos de descrever. Exceto pelo fato de que entre os Mundurucu, patrilineares e, aparentemente, recém-convertidos à residência matrilocal o confinamento de um adolescente (quer se trate de uma instituição real ou de uma proposição mítica) tem por objetivo proteger o rapaz das investidas do mundo feminino. Assim, após (M16) a morte de seu filho, vítima de porcos-do-mato, apesar de ter tido o cuidado de cobri-lo com amido para que parecesse doente e incapaz de se levantar, o herói cultural Karusakaibé fez para si um filho sem mãe, dando vida a uma estátua que esculpira num tronco. Para proteger o belo rapaz dos desejos (M150), encerra-o numa pequena cela especialmente construída dentro da casa, com uma velha de guarda, para que nenhuma mulher possa se aproximar e espiar dentro dela (Murphy, 1958, pp. 71, 74).

Um pouco mais afastados dos Bororo, matrilineares e matrilocais como eles, os Apinayé e os Timbira enclausuravam os noviços durante a segunda

Canto bororo

fase da iniciação, isolando-os por meio de esteiras penduradas em postes num canto da casa materna. Esse isolamento durava de cinco a seis meses, durante os quais eles não podiam ser vistos ou ouvidos (Nim., 1939, p. 59; 1946b, p. 184; fig. 13). Ora, segundo o testemunho de nossa fonte, esse rito tinha estreita ligação com a regulamentação do casamento: "antigamente, a maioria dos *pepyé* (iniciados) se casava logo depois da celebração do ritual e mudava para a casa da sogra" (Nim., 1946b, p. 185). "A cerimônia final, durante a qual as futuras sogras arrastavam os iniciados por uma corda, era a representação brutal do casamento iminente" (id. ibid, p. 171).

RETOMEMOS AGORA o mito de Baitogogo (M_2) no ponto em que o deixamos.

O castigo chega ao herói pelas mãos do filho, que ele tentara desnortear. Este se transforma em pássaro, e transforma o pai, por meio do excremento, em personagem arbóreo.

Os Bororo possuem uma classificação tripartida do reino vegetal. Segundo o mito, as primeiras plantas foram, pela ordem, os cipós, o jatobá e as plantas do brejo (Colb. e Albisetti, 1942, p. 202). A tripartição corresponde manifestamente à dos três elementos, céu, terra e água. Transformando-se em pássaro, o menino se polariza como personagem celeste; transformando o pai em arbóreo, ou até em porta-jatobá (principal árvore da floresta), ele o polariza como personagem terrestre, pois a terra é o suporte das plantas lenhosas. Baitogogo não consegue se livrar de sua árvore e, portanto, não logra se desvencilhar de sua natureza terrestre, a não ser pela criação da água, elemento mediador entre os dois polos. A mesma água que tinha negado (já que ela ainda não existia) aos restos de sua mulher, impedindo desse modo a comunicação entre o mundo social e o mundo sobrenatural, entre os mortos e os vivos.

Após ter restabelecido no plano cósmico a mediação que havia rejeitado no plano místico, ele irá se tornar o herói cultural a quem os homens devem ornamentos e enfeites, isto é, mediadores culturais que transformam o homem, indivíduo biológico, em personagem (já que todos os ornamentos têm uma forma e uma decoração prescritas, de acordo com o clã do portador), e que, substituindo a carne sobre o esqueleto previamente limpo do morto, constituem para ele um corpo espiritual e fazem dele um espírito, isto é, um mediador entre a morte física e a vida social.

Resumamos, pois, o mito da seguinte forma:

Um abuso de aliança (assassinato da esposa incestuosa, privando um menino da mãe) complicado por um sacrilégio — que é uma outra forma de excesso (enterro da mãe, negando-lhe a sepultura aquática, condição da reencarnação) — provoca a disjunção dos polos céu (menino) e terra (pai). O responsável, excluído por esse duplo erro da sociedade dos homens (que é uma sociedade "aquática", como a sociedade das almas de que traz o nome), restabelece o contato entre o céu e a terra, criando a água. E, estabelecendo-se na moradia das almas (pois ele e o companheiro tornam-se os heróis Itubore e Bakororo, chefes das duas aldeias do além), restabelece o contato entre os mortos e os vivos, revelando a estes últimos os ornamentos e enfeites corporais, que servem ao mesmo tempo de emblema para a sociedade dos homens e de carne espiritual para a comunidade das almas.

f) Segunda variação

A obra de Colbacchini e Albisetti contém um outro mito, cujo herói parece, por seu comportamento, ilustrar o sentido que a título de hipótese de trabalho atribuímos ao apelido Baitogogo. Ele se chama, aliás, Birimoddo, que é, como vimos, o verdadeiro nome de Baitogogo. Existe, contudo, uma dificuldade: Birimoddo é um nome do clã aroroe, metade Tugarege (Colb. e Albisetti, 1942, pp. 201, 206, 445; EB, v. I, p. 277; Rondon 1948, p. 8). O novo herói pertence ao clã bokodori da metade Ecerae e, no entanto, ele e a irmã têm o nome de Birimoddo (Colb. e Albisetti, 1942, pp. 220-1). Assim, convém não tentar extrair um argumento da semelhança dos nomes.

Canto bororo

M5 BORORO: ORIGEM DAS DOENÇAS

No tempo em que as doenças ainda eram desconhecidas e os homens ignoravam o sofrimento, um adolescente se recusava obstinadamente a frequentar a casa dos homens e ficava fechado na casa familiar.

Irritada com esse comportamento, a avó aproximava-se dele todas as noites, enquanto ele dormia, e, agachando sobre o rosto do neto, envenenava-o com gases intestinais. O rapaz ouvia o barulho e sentia o cheiro, mas não sabia de onde vinha. Doente, abatido e desconfiado, um dia ele finge dormir e finalmente descobre as manobras da velha. Mata-a com uma flecha pontuda, enfiando-a tão profundamente pelo ânus que as tripas saltam para fora.

Com ajuda dos tatus — pela ordem: *okwaru, enokuri, gerego* e *bokodori* (sequência de M2 invertida, cf. p. 72, supra) — , ele cava uma fossa às escondidas e enterra o cadáver exatamente no lugar onde a velha dormia, cobrindo a terra remexida com uma esteira.

No mesmo dia, os homens organizam uma pescaria com veneno[9] para o jantar. No dia seguinte ao assassinato, as mulheres voltam ao local da pescaria para recolher os últimos peixes mortos. Antes de partir, a irmã de Birimoddo procura a avó para deixar o filhinho com ela, mas ela não responde, evidentemente. Então ela coloca o filho sobre o galho de uma árvore e lhe diz para esperar sua volta. A criança abandonada se transforma em cupinzeiro.

O rio está cheio de peixes mortos; mas, em vez de fazer várias viagens para transportá-los, como procedem as companheiras, ela os devora gulosamente. Seu ventre começa a inchar, e ela sente dores terríveis.

Ela geme, e, enquanto emite seus lamentos, as doenças saem de seu corpo. Todas as doenças com que ela infesta a aldeia semeiam a morte entre os homens. É a origem das doenças.

Os dois irmãos da criminosa, chamados Birimoddo e Kaboreu, decidem matá-la a cacetadas. Um deles corta-lhe a cabeça e a joga num lago a leste; o outro corta-lhe as pernas, jogando-as num lago a oeste. E os dois fincam as armas no chão (Colb. e Albisetti, 1942, pp. 220-1. Na *EB*, v. 1, p. 573, encontra-se o início de uma outra versão).

---

9. Essa pesca é feita jogando-se na água pedaços de um cipó cuja seiva dissolvida modifica a tensão superficial do lençol, provocando a morte dos peixes por asfixia. Cf. adiante, pp. 339-ss. (N. T.: É a tinguijada ou pesca com timbó).

Por sua estrutura particular, esse mito suscita problemas de tal complexidade que sua análise deverá ser feita, ao longo deste livro, em várias etapas, e por partes. Assinalaremos aqui apenas as características que o colocam no grupo dos mitos anteriormente examinados.

Primeiramente, o herói é um "Baitogogo", voluntariamente recluso e confinado na casa familiar, isto é, no mundo feminino, pois não quer assumir seu lugar na casa dos homens.[10]

Os Bororo teriam tido, antigamente, uma instituição sociorreligiosa que seus mitos preservaram no motivo do "rapaz enclausurado"? Os paralelos karajá, apinayé, timbira e mundurucu levariam a admiti-lo. Mas duas observações se fazem necessárias. Em primeiro lugar, os mitos não pretendem evocar um costume, e sim uma atitude individual que contraria imperativos da ordem moral e social. Além disso, e principalmente,

---

10. Um relato de espírito meio lendário, meio mítico (M_6) (mas será que é possível traçar uma linha divisória entre os dois gêneros?), apresenta Birimoddo "Tugarege", seu companheiro de chefia Aroia Kurireu e Kaboreu, que no mito de origem das doenças é o irmão de Birimoddo "Ecerae", embora segundo a *EB* (v. 1, pp. 207, 277, 698), ele pareça se confundir com o outro.

Os dois chefes organizam e comandam imprudentemente uma expedição guerreira, com o objetivo de roubar o urucum cultivado por seus inimigos Kaiamodogue. Na verdade, é Birimoddo que se recusa a dar ouvidos aos sábios conselhos do companheiro. Surpreendido pelos Kaiamodogue, todo o grupo é exterminado, exceto os dois chefes, que conseguem escapar, semimortos.

Ao chegarem à aldeia, os "dois chefes estavam esgotados pela fadiga e pelas feridas, de tal modo que não podiam ficar em pé; por esse motivo, suas mulheres fizeram em casa uma espécie de leito ou cama com paus fincados na terra, com fortes fibras tiradas da casca de uma planta e ligadas transversalmente em forma de rede. Ali se deitaram; quase não davam sinal de vida, sequer se moviam para fazer as necessidades fisiológicas" (Colb. e Albisetti, 1942, p. 209).

Esses personagens deitados, confinados na casa feminina e cobertos de sujeira, são sem dúvida "baitogogos" no sentido que demos ao termo.

Gradativamente, eles recuperam as forças e finalmente organizam uma expedição de represália. Mas dessa vez são mais cuidadosos, e o relato discorre longamente sobre esse assunto. Durante a caminhada de aproximação, os dois chefes reconhecem o terreno, circundando-o um pela direita e o outro pela esquerda, e somente quando os dois se encontram no meio é que Kaboreu manda seus guerreiros avançarem.

Ao se encontrarem diante dos Kaiamodogue, Birimoddo dispõe os guerreiros em torno da aldeia, que eles cercam formando seis anéis concêntricos. Coloca Aroia Kurireu e seus homens na direção do poente, para evitarem a retirada dos inimigos, e Kabureu e os guerreiros mais fortes no levante, prontos para a ofensiva. Ele, por sua vez, se aproxima da casa dos homens junto com alguns companheiros. Ao amanhecer, um velho kaiamo sai para urinar, e ele o atinge e dá sinal para o ataque. Nenhum inimigo escapa. (Colb. e Albisetti, 1942, pp. 206-11).

Canto bororo 103

a observação empírica da sociedade bororo orienta para usos simétricos, ainda que opostos. Como notamos acima, são as mulheres que lamentam a separação definitiva dos filhos no momento da iniciação, e não o inverso. Em compensação, há efetivamente um costume bororo relativo a um "rapaz enclausurado": o "noivo envergonhado". Era preciso que as parentes da esposa tratassem o jovem noivo com violência, transportando autoritariamente seus objetos pessoais. Ele próprio demora muito a se decidir mudar de casa. Durante meses, continua morando na casa dos homens, até ter perdido "a vergonha de ser considerado esposo" (Colb. e Albisetti, 1942, p. 40).[11]

De fato, em consequência disso, o marido ficava enclausurado na casa dos homens, resistindo a se unir a um mundo feminino definido pela vida conjugal, à qual a iniciação lhe dava acesso. A situação evocada pelos mitos é a inversa, já que neles trata-se de um adolescente que se enclausura num mundo feminino definido pela vida doméstica, à qual a iniciação deverá pôr fim.

Como M1 e M2, M5 ostenta seu caráter etiológico; ele explica a origem das doenças, ao passo que o mito de Baitogogo explicava, em primeiro lugar, a origem da água terrestre e, em seguida, de um lado, a dos ornamentos e, do outro, a dos ritos funerários. Ora, assim como esses ritos atestam a passagem da vida para a morte (e os enfeites, a passagem inversa), as doenças, que são um estado intermediário entre a vida e a morte, são às vezes consideradas na América (principalmente sua manifestação comum, a febre) como uma vestimenta.[12]

Em terceiro lugar, o herói também recusa as homenagens fúnebres à sua vítima, negando-lhe a sepultura aquática. Tomando o lugar da avó, a outra mulher polariza o filho sob a forma terrestre (o cupinzeiro), e em

---

11. Entre os Xerente, no momento do casamento, o noivo demonstrava vergonha, tristeza e timidez (J. F. de Oliveira 1912, p. 393); seus novos aliados arrastavam-no à força e, durante várias semanas ou meses, ele não tentava se aproximar da mulher, temendo ser rejeitado. Durante esse período, uma prostituta dividia o quarto nupcial (Nim., 1942, pp. 29-30).

12. Cf., p. ex., Holmer e Wassen, 1947. E também como um fogo: em bororo, *eru*, "fogo", e *erubbo*, "febre" (Colb. e Albisetti, 1942, p. 297), ou, na transcrição de Magalhães, *djôru*, "fogo"; *djorúbo*, "doença"; *djôru-búto*, "entrada na estação seca" (p. 35).

seguida abusa da água que havia sido recusada. As doenças surgem como um termo mediador entre terra e água, ou seja, entre vida cá neste mundo e morte no além.

Finalmente, como em outros mitos, a negação do termo mediador tem sua origem numa aproximação exagerada, não mediatizada, entre um adolescente do sexo masculino e a sociedade das mulheres, neste caso castigada pela avó que empesteia o neto.

Se levarmos em conta que, segundo um mito curto publicado por Colbacchini (e Albisetti, 1942, p. 211), em seguida ao de Baitogogo, a criação dos peixes completa e arremata a da água, fica ainda mais marcante a unidade profunda entre os mitos M_2 e M_5, em que o herói (ou heroína) se chama Birimoddo (são três: 1. o chamado de Baitogogo; 2. o jovem empesteado; 3. sua irmã, responsável pela origem das doenças). Se consolidássemos esses mitos, obteríamos um ciclo global que se inicia com um incesto entre irmão e irmã (no sentido classificatório), seguido pela exteriorização da água (sem os peixes), continuado por um incesto ao contrário (avó-neto), a que se segue imediatamente o contrário de um incesto (abandono de um filho pela mãe) e que termina com a interiorização dos peixes (sem a água). No primeiro mito (M_2), a primeira vítima é sangrada (com derramamento de sangue, portanto) e a outra, estrangulada (sem derramamento de sangue). No segundo mito (M_5), duas vítimas morrem (sem derramamento de sangue), uma devido a uma ação externa (empalada), e a outra em virtude de uma ação interna (ela explode por ter comido demais), e ambas espalham a sujeira, metonimicamente (os peidos) ou metaforicamente (as doenças exaladas como gemidos): sujeira que, em M_2, o transgressor havia recebido sob a forma de excremento e que, em M_5, um culpado (também por ter "abusado" do mundo feminino) recebe sob a forma de gases intestinais.

Se convencionarmos:

a) M_2 = origem dos ornamentos (o) e dos ritos funerários (r);

M_5 = origem das doenças (d)

Canto bororo

assim como:

b) o, $r = f$(morte $\rightarrow$ vida)

$d = f$(vida $\rightarrow$ morte)

poderemos legitimamente extrair de M_2 as relações pertinentes:

pai / filho ; pai $\equiv$ terra ; filho $\equiv$ céu

que reencontramos, transformados, em M_5:

mãe / filho ; filho $\equiv$ terra ; mãe $\equiv$ água

Verificamos que os mitos bororo, heterogêneos superficialmente, relativos a um herói chamado Birimoddo pertencem a um mesmo grupo, caracterizado pelo seguinte esquema: uma concepção desmedida das relações familiares leva à disjunção de elementos normalmente ligados. A conjunção se restabelece graças à introdução de um termo intermediário, cuja origem o mito pretende explicar: a água (entre céu e terra); os adornos corporais (entre natureza e cultura); os ritos funerários (entre os vivos e os mortos); as doenças (entre a vida e a morte).

g) Coda

O desaninhador de pássaros não se chama Birimoddo; e seu apelido não é Baitogogo. Mas:

1. Seu nome tem uma conotação estética, já que contém a palavra "atugo", que significa "decorado, pintado", sendo que o nome Birimoddo tem o sentido de "pele bonita".

2. Ele se comporta como um "confinado", já que pelo seu incesto com a mãe demonstra o desejo de se manter enclausurado no mundo feminino.

3. Como os outros heróis, o de M_1 escapa de ser morto por uma sujeira, as lagartixas podres com que se cobriu. E, igualmente em outros aspectos, suas aventuras podem ser vistas como transformações das dos heróis de M_2 e M_5.

4. De fato, é apenas pela superposição de M_1 e M_2 que se pode encontrar a classificação triangular dos vegetais que já foi comentada. O episódio central de M_2 associa o herói às plantas lenhosas (jatobá); um episódio inicial e o episódio final de M_1 associam o herói às plantas aéreas (o cipó que lhe salva a vida) e posteriormente às plantas aquáticas (originadas das vísceras do pai afogado).

5. Três heróis masculinos definidos como filhos (M_1, M_2) ou como netos (M_5) são, em três mitos distintos, vítimas de um emagrecimento sobre o qual o texto insiste. Ora, as causas do emagrecimento, diferentes em cada mito, estão, entretanto, em relação de transformação:

$$\begin{bmatrix} M_1 \\ \text{(privação de ali-} \\ \text{mento fornecido} \\ \text{por uma mãe)} \end{bmatrix} \rightarrow \begin{bmatrix} M_2 \\ \text{(privação da mãe,} \\ \text{que fornecia o} \\ \text{alimento)} \end{bmatrix} \rightarrow \begin{bmatrix} M_5 \\ \text{(absorção de antialimento} \\ \text{— os peidos —} \\ \text{"fornecido" por uma avó)} \end{bmatrix}$$

6. Do mesmo modo, M_1 e M_5 representam a saciedade sob formas invertidas:

$$\begin{bmatrix} M_1 \\ \text{(incapacidade de} \\ \text{reter o alimento} \\ \text{ingerido)} \end{bmatrix} \rightarrow \begin{bmatrix} M_5 \\ \text{(incapacidade de} \\ \text{evacuar o alimento} \\ \text{ingerido)} \end{bmatrix}$$

7. M_1, M_2 e M_5 têm em comum apenas certos traços de uma armação que podemos sinteticamente recuperar do seguinte modo: no início, um incesto, isto é, uma conjunção exagerada; no final, uma disjunção que se opera graças à aparição de um termo que faz o papel de mediador entre dois polos. Entretanto, o incesto parece faltar em M_5, e o termo mediador, em M_1:

Canto bororo

	M_1	M_2	M_5
Incesto	+	+	?
Termo mediador	?	+	+

Será que isso realmente ocorre? Observemos mais de perto.

Aparentemente ausente em M_5, o incesto aparece nele de dois modos. O primeiro é direto, ainda que simbólico, já que se trata de um rapaz que insiste em ficar fechado na casa feminina. O incesto aparece também de outro modo, dessa vez real, mas indireto. Consiste então no comportamento da avó, em que se exprime uma promiscuidade incestuosa triplamente invertida: com uma avó, e não com uma mãe; por via posterior, e não anterior; e imputável a uma mulher agressiva e não a um homem agressivo. Isso é tão mais verdadeiro na medida em que, se compararmos os dois incestos em posição diametral: o de M_2, que é "normal" e "horizontal" entre colaterais próximos (irmão e irmã), e por iniciativa masculina, fora da aldeia; e o de M_5, que é "vertical" entre parentes mais afastados (avó e neto) e que se realiza, como acabamos de ver, de forma negativa e invertida — e, ainda por cima, por iniciativa feminina, e ocorrido não somente dentro da aldeia, como dentro da casa; à noite e não de dia —, verificaremos, passando de M_2 a M_5, uma inversão radical da única sequência que eles têm em comum: a dos quatro tatus, que vai em M_2 do maior ao menor, e em M_5 do menor ao maior.[13]

Poder-se-á admitir sem problemas que o erro do herói de M_1 acarreta uma disjunção: para se vingar, o pai o manda para a terra dos mortos e o abandona numa rocha escarpada — entre céu e terra —; o herói fica preso lá por muito tempo e, em seguida, separado dos seus.

Mas onde está o termo mediador?

Propomo-nos a demonstrar que M_1 (mito de referência) faz parte de um grupo de mitos que explicam a origem da *cocção de alimentos* (embora esse motivo não esteja aparentemente presente nele); que a culinária é

---

13. As sequências são, no entanto, idênticas se nos basearmos no texto indígena de M_2 em Colb. 1925, p. 73, em que encontramos: *"okwaru, ennokuri, gerego, bokodori"*.

concebida pelo pensamento indígena como uma mediação; e, finalmente, que esse aspecto se mantém oculto no mito bororo porque este se apresenta como uma inversão de mitos provenientes de populações vizinhas que veem nas operações culinárias atividades mediadoras entre o céu e a terra, a vida e a morte, a natureza e a sociedade.

Para demonstrar esses três pontos, começaremos pela análise de mitos provenientes de diversas tribos do grupo linguístico jê. Essas tribos ocupam um vasto território que confina com o território bororo ao norte e a leste. Além disso, temos razões para acreditar que a língua bororo poderia ser uma ramificação longínqua da família jê.*

---

* A língua bororo é, com efeito, classificada atualmente como pertencente ao tronco macro-jê. (N. T.)

2. Variações jê (seis árias seguidas de um recitativo)

O EPISÓDIO DO DESANINHADOR de pássaros, que constitui a parte central do mito de referência, encontra-se entre os Jê em posição inicial, no mito de origem do fogo de que possuímos versões para todas as tribos dos Jê centrais e orientais estudadas até o presente.

Começaremos pelas versões do grupo setentrional, os Kayapó, que poderiam ser os Kaiamodogue mencionados anteriormente (p. 102, n. 10; cf. Colb., 1925, p. 125, n. 2), embora a tendência atual seja a de identificar estes últimos aos Xavante (*EB*, v. 1, p. 702).

a) Primeira variação

M7 KAYAPÓ-GOROTIRE: ORIGEM DO FOGO

Ao descobrir um casal de araras num ninho localizado no alto de uma rocha escarpada, um homem leva consigo seu jovem cunhado, chamado Botoque, para ajudá-lo a capturar os filhotes. Ele faz com que este suba numa escala improvisada, mas ao chegar à altura do ninho, o rapaz diz que só vê dois ovos. (Não fica claro se ele mente ou não.) O homem manda jogá-los; durante a queda, os ovos transformam-se em pedras e machucam-lhe a mão. Furioso, ele puxa a escada e vai embora, sem entender que os pássaros eram encantados (*oaianga*) [?].

Botoque permanece preso durante vários dias no alto do rochedo. Emagrece; faminto e com sede, é obrigado a comer os próprios excrementos. Finalmente, ele vê um jaguar [onça-pintada, cf. p. 12, supra] trazendo arco e flechas e todos os tipos de caça. Quer pedir-lhe socorro, mas fica mudo de medo.

O jaguar vê a sombra do herói no chão; tenta pegá-la, sem sucesso, levanta os olhos, conserta a escada, procura convencer Botoque a descer. Com medo, ele hesita durante um longo tempo; finalmente, resolve descer, e o jaguar, amigavelmente, o convida a montar em suas costas para ir até sua casa comer carne assada. Mas o rapaz não sabe o significado da palavra "assada", pois naquele tempo os índios não conheciam o fogo e comiam a carne crua.

Na casa do jaguar, o jovem vê um enorme tronco de jatobá em brasa; ao lado, montes de pedras, como aquelas que os índios usam hoje em dia para construir fornos (*ki*). Ele come carne moqueada pela primeira vez.

Mas a mulher do jaguar (que era uma índia) não gosta do rapaz, que ela chama de *me-on-kra-tum* ("o filho alheio ou abandonado"); apesar disso, o jaguar, que não tem filhos, resolve adotá-lo.

Todos os dias, o jaguar vai caçar e deixa o filho adotivo com a mulher, que o detesta cada vez mais; ela só lhe dá carne velha e dura para comer, e folhas. Quando o rapaz reclama, ela lhe arranha o rosto, e o coitado se refugia na floresta.

O jaguar repreende a mulher, mas em vão. Um dia, ele dá um arco novo e flechas para Botoque, ensina-o a manejá-los, e o aconselha a usá-los contra a madrasta, se necessário. Botoque a mata com uma flechada no peito. Amedrontado, ele foge, levando as armas e um pedaço de carne assada.

Ele chega à sua aldeia no meio da noite, procura às apalpadelas a esteira da mãe, que demora a reconhecê-lo (pensavam que ele estava morto); ele conta sua história, e distribui a carne. Os índios resolvem se apossar do fogo.

Quando chegam à casa do jaguar, não encontram ninguém; e, como a mulher estava morta, a carne caçada na véspera ficou sem cozer. Os índios assam-na e levam o fogo. Pela primeira vez, eles têm luz à noite na aldeia, podem comer carne moqueada e se aquecer no calor da fogueira.

Mas o jaguar ficou furioso com a ingratidão do filho adotivo, que lhe roubou "tanto o fogo como o segredo do arco e flecha", e desde então odeia todos os seres, especialmente o gênero humano. Do fogo, só lhe restou o reflexo, que brilha nos seus olhos. Ele caça com os dentes e come carne crua, pois jurou nunca mais comer carne assada (Banner, 1957, pp. 42-4).

b) Segunda variação

M8 KAYAPÓ-KUBENKRANKEN: ORIGEM DO FOGO

Antigamente, os homens não possuíam fogo. Quando matavam um animal, cortavam a carne em tiras finas e as estendiam sobre pedras, para secá-las ao sol. Eles comiam também madeira podre.

Um dia, um homem viu duas araras saindo de um buraco na rocha. Para tirá-las do ninho, mandou o jovem cunhado (irmão da mulher) subir por um tronco de árvore entalhado. Mas só havia pedras redondas no ninho. Há uma discussão, que degenera em briga, e termina como na versão precedente. Entretanto, aqui, parece que o jovem, provocado pelo cunhado, joga de propósito as pedras e machuca-o.

A mulher fica preocupada, o marido lhe diz que eles se separaram, e finge que vai procurá-lo para evitar desconfianças. Enquanto isso, o herói, morto de fome e de sede, é obrigado a comer os próprios excrementos e beber sua urina. Está pele e osso, quando passa um jaguar carregando um caititu nos ombros; a fera nota a sombra e tenta pegá-la. Sempre que ela tenta pegá-la, o herói recua e a sombra desaparece: "O jaguar olhou para todos os lados; e depois, cobrindo a boca, levantou a cabeça e viu o homem no rochedo". Começa um diálogo.

As explicações e conversas seguem como na versão precedente. O herói, amedrontado, não concorda em montar nas costas do animal, mas aceita subir no caititu que ele carrega. Assim, eles chegam até a casa do jaguar, cuja mulher está ocupada, fiando: "Você está trazendo o filho de outro", diz ela, reprovando o marido. Sem se perturbar, ele anuncia que o rapaz ficará sendo seu companheiro, que irá alimentá-lo e engordá-lo.

Mas a mulher do jaguar não dá carne de anta para o rapaz, somente a de veado, e sempre o ameaça com suas garras. Aconselhado pelo jaguar, o rapaz mata a mulher com o arco e as flechas que recebeu do protetor.

Leva consigo os "bens do jaguar": algodão fiado, carne, brasas. Voltando à aldeia, ele consegue que sua irmã, e depois a mãe, o reconheçam.

Ele é convocado para ir ao *ngobê* (casa dos homens), onde conta sua aventura. Os índios resolvem se transformar em animais para pegar o fogo: a anta levará o tronco, o pássaro yao apagará as brasas que caírem no caminho, o veado se encarregará da carne e o caititu, do algodão fiado. A expedição é bem-sucedida, e os homens repartem o fogo (Métraux, 1960, pp. 8-10).

c) Terceira variação

M9 APINAYÉ: ORIGEM DO FOGO

Numa caverna situada no flanco de um rochedo, um homem descobre um ninho de araras com dois filhotes. Leva seu jovem cunhado a esse local e manda-o subir até o ninho por um tronco encostado no rochedo. Mas o rapaz fica com medo, pois os pássaros defendem a ninhada com ferocidade. Furioso, o homem puxa o tronco e vai embora.

Durante cinco dias, o herói fica preso na caverna, torturado pela fome e pela sede. Ele não ousa se mexer, e os pássaros, que voam acima dele sem medo, o cobrem de excrementos.

Um jaguar passa por lá, vê a sombra, tenta pegá-la em vão. O herói cospe no chão para chamar sua atenção, e começa um diálogo. O jaguar pede os dois filhotes, o herói os joga um após o outro, e o jaguar os devora imediatamente. Então o jaguar recoloca o tronco, procura convencer o rapaz a descer, promete-lhe que não irá comê-lo e que lhe dará água para matar a sede. Ainda hesitante, o herói aceita, o jaguar o leva nas costas até um rio, onde ele bebe até se saciar e adormece. O jaguar o acorda com beliscos, limpa toda a sujeira de que está coberto e anuncia que quer adotá-lo, pois não tem filhos.

Na casa do jaguar, havia um grande tronco de jatobá estendido no chão, com uma das pontas queimando. Naquele tempo, os índios não conheciam o fogo e comiam a carne crua, que secava ao sol. "O que está fazendo aquela fumaça?", perguntou o rapaz. "É o fogo", respondeu o jaguar. "Hoje à noite, você vai ver, ele o aquecerá." E deu ao rapaz um pedaço de carne assada. Ele comeu e adormeceu. À meia-noite, ele acordou, comeu mais um pouco e voltou a dormir.

No dia seguinte, o jaguar vai caçar e o rapaz senta-se num galho de árvore para esperá-lo. Mas lá pelo meio-dia sente fome; ele volta para casa e pede comida à mulher do jaguar. "O quê?", responde ela, arreganhando os dentes: "Veja só!". Apavorado, o herói corre à procura do jaguar e lhe conta o incidente. Ele repreende a mulher, que promete não repetir a grosseria. Mas a cena volta a acontecer no dia seguinte.

Seguindo o conselho do jaguar (que lhe deu um arco e flechas e ensinou-o a manejá-los usando um cupinzeiro como alvo), o rapaz mata a mulher agressiva. O pai adotivo lhe dá razão, entrega-lhe uma provisão de carne assada e explica como voltar à sua aldeia, descendo por um riacho. Recomenda-lhe que tome cuidado se porventura ouvir chamados

Variações jê

durante a caminhada, e responda apenas aos do rochedo e da aroeira, fingindo não ouvir "o doce chamado da árvore podre".

O herói se põe a caminho, atende aos primeiros chamados e — esquecendo as recomendações do jaguar — responde também ao terceiro. Por isso a vida dos homens é abreviada. Se o rapaz tivesse respondido apenas aos dois primeiros chamados, os homens viveriam tanto quanto o rochedo e a aroeira.

Após algum tempo, o rapaz ouve um outro chamado e responde. É Megalonkamdure, um ogro que tenta se fazer passar pelo pai do herói com o auxílio de vários disfarces (cabelos longos, enfeites nas orelhas), mas não consegue. Quando o herói finalmente descobre quem ele realmente é, o ogro o vence na luta e o coloca em sua cesta.

O ogro para no caminho para caçar quatis. Do fundo da cesta, o herói o aconselha a limpar o caminho antes de seguir em frente. Aproveita a ocasião para fugir, deixando uma pedra pesada em seu lugar.

De volta à casa, o ogro promete carne especial para os filhos, melhor ainda que a de quati. Mas no fundo da cesta encontra apenas uma pedra.

Nesse meio-tempo, o rapaz chega à sua aldeia e conta suas aventuras. Todos saem à procura do fogo, auxiliados por três animais: os pássaros jaó e jacu, que apagarão as brasas caídas, e a anta, que carregará o enorme tronco... O jaguar os recebe de braços abertos: "Eu adotei seu filho", diz ao pai do rapaz. E presenteia os homens com o fogo (Nim., 1939, pp. 154-8).

Uma outra versão (M9A) difere desta em vários pontos. Os dois homens são, respectivamente, sogro e genro. A mulher do jaguar, uma fiadora talentosa (cf. M8), no início acolhe o rapaz com gentileza, e, quando ela o ameaça, o herói a mata por iniciativa própria, e é repreendido pelo jaguar, que não acredita na maldade da esposa. Os três chamados que aparecem mais adiante são os do próprio jaguar, que guiam o rapaz até sua aldeia, o da pedra e o da madeira podre; mas a versão não conta a reação do rapaz aos dois últimos. Quando os homens vão pegar o fogo, o jaguar se mostra ainda mais acolhedor do que na versão precedente, já que é ele mesmo quem convoca os animais ajudantes. Ele recusa o caititu e a queixada, mas aceita a anta para levar o tronco, enquanto os pássaros apagam com o bico as brasas caídas. (C. E. de Oliveira, 1930. pp. 75-80). Essa variante mantém, portanto, a relação de aliança e a diferença de idade entre os dois homens, que, como veremos em seguida, são propriedades invariantes do grupo. Mas, à primeira vista, inverte de modo tão surpreendente as funções de "doador de mulheres" e de "receptor" que nossa primeira tendência é acreditar num erro linguístico. De fato, o texto foi colhido diretamente em português, narrado por um apinayé que havia ido até Belém com três companheiros para fazer pedidos às autoridades. Sempre que se pode fazer uma comparação com os textos colhidos aproximadamente na mesma época por Nimuendaju, mas in loco, constata-se que as versões do apinayé de Belém, embora sejam mais verborrágicas, contêm menos informação (cf. infra, pp. 228-9). Note-se, no entanto, que em M9A a mulher do jaguar é menos hostil do que em todos os outros, e o jaguar se mostra ainda mais amistoso do que em M9, onde já o é bastante: embora não acredite na culpa da mulher, não guarda rancor em relação ao rapaz por tê-la matado; demonstra uma certa pressa em dar o fogo aos homens e organiza ele mesmo o transporte.

Uma vez notado esse fato, esclarece-se a anomalia assinalada no parágrafo anterior.

Entre os Apinayé, assim como entre outros povos matrilineares e matrilocais, o pai da mulher não é propriamente um "doador". Esse papel cabe antes aos irmãos da jovem, que, além disso, menos "dão" a irmã ao futuro marido do que "tomam" este último, para obrigá-lo simultaneamente ao casamento e à residência matrilocal (Nim., 1939, p. 80). Nessas condições, a relação sogro-genro aparece menos, em M9A, como uma relação de aliança *invertida* do que como uma relação de aliança *afrouxada*, já que se estabelece, de um certo modo, no segundo grau. Esse aspecto fica bastante claro quando se compara M9A com o mito de referência, em que a filiação matrilinear e a residência matrilocal são também fatores pertinentes:

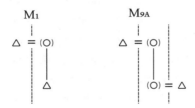

Em M9A, teríamos, portanto, uma variante em que todas as relações familiares, assim como as atitudes morais correspondentes, são igualmente relaxadas. Essa versão seria, em todos os sentidos, a mais fraca de que dispomos.

d) Quarta variação

M10 TIMBIRA ORIENTAIS: ORIGEM DO FOGO

Antigamente, os homens não conheciam o fogo; eles esquentavam a carne deixando-a ao sol sobre uma pedra chata, para que não ficasse totalmente crua.

Nesse tempo, certa vez um homem levou seu jovem cunhado para desaninhar araras numa rocha. Os filhotes se defendem, e o jovem não ousa pegá-los. Furioso, o outro derruba a escada e vai embora. O herói fica sem saída, com sede, coberto de excrementos de pássaros, "tanto que começaram a crescer larvas nele; e logo os filhotes não tiveram mais medo dele".

A continuação é idêntica à versão apinayé. Explica-se, no entanto, que a mulher do jaguar está grávida e não suporta nenhum barulho; por isso, ela fica furiosa quando o herói mastiga ruidosamente a carne assada dada pelo pai adotivo. Mas, por mais que ele tome cuidado, não consegue deixar de fazer barulho, pois a carne está bem tostada. Com as armas que recebeu do jaguar, ele fere a mulher na pata e foge. Pesada devido à gravidez, ela desiste de persegui-lo.

O herói conta a aventura ao pai, que alerta seus companheiros. Dispõem corredores a intervalos regulares até a casa do jaguar e organizam uma corrida de revezamento: a tora ardente passa de mão em mão, até chegar à aldeia. A mulher do jaguar suplica que lhe deixem uma brasa, mas em vão: o sapo cospe em todas as que sobraram, apagando-as (Nim., 1946b, p. 243).

e) Quinta variação

M11 TIMBIRA ORIENTAIS (KRAHÔ): ORIGEM DO FOGO

Antigamente, os heróis civilizadores Pud e Pudleré viviam com os homens e dividiam com eles o fogo. Mas, quando foram embora, levaram o fogo, e os homens tiveram de comer a carne crua, seca ao sol, com "pau puba".

Nessa época ocorre a expedição dos cunhados, cujo mais novo, abandonado num rochedo, chora entre os pássaros irritados. "Depois de dois dias, os pássaros se acostumaram com ele. A arara defecava sobre sua cabeça, que estava cheia de vermes, e ele tinha fome."

A continuação é semelhante às outras versões. A mulher do jaguar está grávida e se diverte assustando o menino, ameaçando comê-lo. O jaguar revela ao menino o segredo do arco e das flechas, e, a seu conselho, ele fere a mulher na pata e foge. Os homens da aldeia tomam conhecimento do fato e organizam uma corrida de revezamento para se apossar do fogo:

"Se não fosse a onça, eles permaneceriam a vida toda comendo a carne crua" (Schultz, 1950, pp. 72-4).

Num outro contexto, um mito krahô, que narra a visita de um herói humano ao jaguar, contém a seguinte observação, que liga diretamente o motivo do fogo ao da gravidez: "A mulher da onça estava muito grávida (sic), às vésperas do parto. Tudo estava pronto para o parto, principalmente um fogo que ardia, pois a onça é a dona do fogo" (Pompeu Sobrinho, 1935, p. 196).

f) Sexta variação

M12 XERENTE: ORIGEM DO FOGO

Um dia, um homem resolveu levar o jovem cunhado para a floresta, a fim de capturar araras que haviam feito um ninho numa árvore oca. Fez o menino subir por um pau, mas, assim que chegou à altura do ninho, este mentiu, dizendo que só estava vendo ovos. Como o homem insistia lá de baixo, o herói pegou uma pedra branca com a boca e jogou-a. Durante a queda, a pedra se transformou em ovo e quebrou ao cair no chão.

Contrariado, o homem abandonou o herói no alto da árvore, onde ficou preso durante cinco dias.

Então, passa um jaguar, que vê o menino empoleirado, pergunta-lhe o que aconteceu, exige que lhe entregue os dois filhotes (que estavam realmente no ninho) para comer, diz para ele descer e, rugindo, agarra-o com as patas. O menino se amedronta, mas o jaguar não lhe faz nenhum mal.

O jaguar o carrega nas costas até um riacho. Apesar de estar morrendo de sede, o menino não pode beber sua água, pois, como explica o jaguar, ela pertence aos urubus. O fato se repete no riacho seguinte, cuja água é dos "passarinhos". Ao chegarem ao terceiro riacho, o herói bebe toda a água, não deixando nenhuma gota para o jacaré, dono da água, apesar de suas súplicas.

O herói é mal recebido pela mulher do jaguar, que censura o marido por ter trazido "esse menino magro e feio". Ela manda o menino tirar piolhos de sua cabeça e, quando ele está entre suas patas, assusta-o com seus rugidos. Ele reclama ao jaguar, que lhe dá de presente um arco, flechas, e enfeites, uma provisão de carne assada; manda-o voltar para a aldeia e o aconselha a acertar a carótida da mulher, se ela o perseguir. Tudo corre como previsto, e a mulher é morta.

Pouco depois, o menino ouve ruídos. São seus dois irmãos, que o reconhecem e correm para a aldeia a fim de avisar a mãe. No início, ela não acredita que o filho que julgava morto tenha voltado. Mas ele prefere não voltar imediatamente e se esconde. Aparece durante a festa funerária *aikman*.

Todos ficam maravilhados ao ver a carne assada que ele traz. "Como ela foi assada?" "Ao sol", responde obstinadamente o menino, que finalmente diz a verdade ao tio.

Prepara-se uma expedição para roubar o fogo do jaguar. O tronco incandescente é trazido por aves corredoras, o mutum e a galinha-d'água; enquanto isso, atrás deles, o jacu bica as brasas que caem no chão (Nim., 1944, pp. 181-2).

g) Recitativo

1. Como os Bororo, os Kayapó, os Apinayé e os Timbira são matrilocais. Os Xerente são patrilocais e patrilineares. Nos outros grupos jê, o princípio de filiação não é claro, e os autores o interpretaram de vários modos.

Esses aspectos da estrutura social se refletem, até certo ponto, no mito. O herói bororo de M_1 era reconhecido em primeiro lugar pela avó e pelo irmãozinho; o das versões kayapó (M_7, M_8), somente pela mãe, ou antes, pela mãe e depois pela irmã; não há indicações desse tipo nas versões apinayé (M_9) e krahô (M_{11}); na versão timbira (M_{10}), ele é reconhecido pelo pai, e na versão xerente (M_{12}), pelos irmãos. A correspondência só reflete parcialmente, portanto, uma oposição entre paternos e maternos; mas é principalmente entre os Bororo e os Xerente que o contraste dos dois tipos de estrutura social é claramente definido.

2. O herói de M_7 chama-se Botoque. Esse termo designa os discos de cerâmica, madeira ou conchas que a maior parte dos Jê usa encaixados nos lóbulos das orelhas ou, às vezes, no lábio inferior.

3. O forno de pedra *ki*, mencionado em M_7, remete a uma técnica culinária própria dos Jê e desconhecida por seus vizinhos Bororo, assim como pelas tribos de língua tupi. Seu lugar no mito será estudado separadamente.

4. Os animais auxiliares aparecem em várias versões:

M_8	M_9	M_{10}	M_{12}
tapir	tapir		
			mutum
pássaro yao	jaó		
	jacu		jacu
veado			
porco			
		sapo	
			galinha-d'água

Sua função é:
a) carregar o tronco: anta (M_8, M_9); mutum e galinha-d'água (M_{12});
b) carregar a carne: veado (M_8);

Variações jê

c) carregar o algodão fiado: porco (M_8);

d) ciscar as brasas caídas: yao, jaó (M_8, M_9); jacu (M_9, M_{12});

e) apagar as brasas restantes: sapo (M_{10}).

Yao, jaó: tinamídeo, *Grypturus* sp.; jacu, outro galináceo (tem a garganta vermelha porque engoliu as brasas); mutum, cracídeo como o jacu. O pecari, geralmente distinto do caititu em nossos mitos, é certamente o queixada, que tem a boca branca (*Dycotiles labiatus, Tayassu pecari*). O caititu é, portanto, o porco-do-mato de coleira (*Dycotiles torquatus, Tayassu tajacu*). A segunda espécie é menor que a primeira, solitária ou pouco gregária; a primeira vive em bandos (cf. adiante, p. 112-ss).

5. Aroeira: M_9 não especifica se se trata da aroeira-branca (*Lythraea* sp.), ou da aroeira-do-campo (falsa pimenteira; *Schinus molle*) ou da aroeira-vermelha (*Schinus terebinthifolius*). O contexto sugere que se trata de uma essência dura.

6. Megalonkamdure (M_9). Nimuendaju (1939, p. 156) dá a etimologia: *megalon*, "imagem, sombra, fantasma". Compare-se, em M_{11}, o nome da sombra do herói que o jaguar tenta agarrar, em vão: *mepa/garon*, "sombra, espírito, aparição amedrontadora" (Schultz, 1950, p. 72, n. 59; cf. Pompeu Sobrinho: *megahon*, "espírito, alma, gênio" 1935, pp. 195-6), e o termo kayapó *men karon*: "Após a morte vira-se men karon... fantasma inimigo que persegue aqueles que ficaram entre os vivos, por tristeza de ter perdido a vida e por inveja". (Banner 1961, p. 36, cf. também pp. 38-40 e Lukesch, 1959, *me-karon*, "alma humana, fantasma".)

7. O episódio da caça aos quatis (*Nasua socialis*) em M_9 tem uma grande difusão. Pode ser encontrado até na América do Norte, onde os quatis são substituídos por castores. Mais próximo da área aqui considerada, o episódio existe sob uma forma praticamente igual entre os Guarani-Mbyá, do Paraguai:

M13 GUARANI-MBYÁ: O OGRO CHARIA

O ogro Charia encontrou quatis e matou um deles. O herói Kuaray (Sol) trepou numa árvore, e Charia atirou uma flecha nele. Sol fingiu-se de morto e defecou. Charia recolheu os

120   *Parte I*

excrementos, embrulhou-os em folhas de lírio e colocou-os na cesta, junto com o cadáver, embaixo dos quatis. Depois, foi pescar, deixando a cesta na margem. Sol aproveitou a ocasião e fugiu, deixando uma pedra no fundo da cesta.

Charia chegou em casa; suas filhas olham dentro da cesta. "Aqui está o Niakanrachichan! e seus excrementos!" As meninas tiram os quatis: "Eis os quatis... e isto, é... uma pedra!". Só havia uma pedra sob os quatis (Cadogan, 1959, pp. 80-1; outra versão em Borba, 1908, pp. 67-8).

8. A corrida de revezamento (M10, M11). É uma instituição jê bastante conhecida. Os corredores transportam, efetivamente, pedaços de madeira esculpidos e pintados. Entre os Krahô, as corridas aconteciam após as caçadas coletivas. Em outras tribos, têm um caráter ora cerimonial, ora recreativo. Às vezes, as "corridas de tora" eram seguidas de corridas de revezamento, outras vezes, tinham elas mesmas esse caráter. Nenhuma indicação particular as liga ao nosso mito.

9. "Pau puba" (M11). Schultz comenta: "no idioma krahó pi(n)yapók, o informante só esclarece: 'Tem muito no mato. Mas hoje não se come mais!' Não se pôde observar de que se trata" (loc.cit., p. 72, n. 56). Em xerente, diz Nimuendaju: puba, "pasta de mandioca fermentada" (1942, 39).[14] Cf. kayapó: bero, "a puba, a mandioca amolecida na água" (Banner 1961, p. 49). Entre os Tenetehara, puba designa a consistência mole e cremosa da mandioca que se coloca na água (verbo pubar) até que se decomponha (Wagley e Galvão, 1949, p. 39). A palavra é portuguesa: "Puba é a mandioca amolecida e fermentada, depois de ter ficado na água durante vários dias" (Val-

---

14. Entre os Tukuna, o mesmo autor descreve a preparação de uma bebida alcoólica à base de mandioca fermentada durante dois ou três dias, quando ela fica "coberta por uma camada grossa de bolor branco". E acrescenta, um pouco adiante: "Na minha opinião, o *paiauaru* tem um gosto desagradável de fermentado e podre... mas os índios o bebem com muito gosto" (Nim., 1952, p. 34; cf. também Ahlbrinck, art. *"woku"*). Um pequeno mito taulipang conta como o cão, primeiro dono da rede e das sementes de algodão, deu-as aos homens em troca de seus excrementos, que chama de *sakura*, isto é, purê de mandioca mastigado e fermentado, que serve para a fabricação da bebida (K.G., 1916, pp. 76-7). No Chaco existe um mito análogo (Métraux, 1939, p. 74).

Variações jê

dez 1928, art. "puba"). Encontraremos mais adiante (pp. 197-ss) outras razões para admitir que, como em M8, trata-se de madeira podre (pau).

10. A aldeia xerente é dividida em duas metades patrilineares, patrilocais e exogâmicas, cada uma delas composta de três clãs e mais um clã "estrangeiro", o que dá um total de oito clãs, cujas casas estão dispostas em forma de ferradura aberta do lado oeste. A metade norte se chama Sdakran e a metade sul, Shiptato. A primeira é associada à lua; a segunda, ao sol.

Em nosso mito (M12), o cunhado mau é Sdakran, e sua vítima, Shiptato, como se depreende de uma glosa de Nimuendaju:

Na hora de roubar o tronco em brasa do jaguar, o mutum e a galinha-d'água foram os primeiros a pegá-lo. O mutum, que ficou com a crista encaracolada devido ao calor, pertencia ao clã [shiptato] que recebeu a partir de então o nome kuzê (fogo), cujos membros, por essa razão, às vezes têm o cabelo encaracolado e avermelhado. Os kuzê e os krenprehi [clã sdakran que fica na frente dos kuzê, na extremidade leste do círculo da aldeia, dos dois lados do eixo que separa as metades] eram os fabricantes tradicionais da maior parte dos adornos distintivos destinados aos outros clãs de suas respectivas metades... Os krenprehi enfeitavam as suas confecções com penas da cauda de arara-vermelha... e em troca recebiam dos kuzê, que ficavam na sua frente, enfeites de pele de jaguar (Nim., 1942, pp. 21-2).

Portanto, é normal que, no mito, o Sdakran esteja buscando araras e o Shiptato se deixe adotar pelo jaguar. Por outro lado, comparemos a essa glosa "ornamental" o nome do herói kayapó em M7, e os mitos bororo analisados no capítulo anterior, que evocam igualmente, como vimos, a origem dos ornamentos exclusivos de cada clã, e que apresentam heróis cujo nome significa "pintado" ou "pele bonita".

A festa funerária *aikman* (M12) era destinada a honrar a memória de membros importantes da tribo, pouco após sua inumação. Todas as aldeias eram convidadas e, durante a festa, o acampamento de cada uma delas reproduzia a organização dos clãs e metades (Nim., 1942. pp. 100-2).

No CONJUNTO, as seis versões que resumimos apresentam muitas semelhanças, a ponto de se confundirem. Note-se, nesse sentido, a relação invariante (exceto pelo caso, já discutido, de M_{9A}) entre os dois homens: marido de irmã e irmão de mulher respectivamente, o primeiro mais velho, o segundo mais jovem. Observamos, entretanto, diferenças no que diz respeito a detalhes, que nem por isso deixam de ser menos significativas.

1. A origem da briga é o medo do herói, que não ousa pegar os filhotes (M_9, M_{10}, M_{11}), ou a sua maldade — ele engana intencionalmente o cunhado (M_{12}). Nesse particular, M_7 e M_8 ocupam uma posição intermediária, talvez unicamente devido à imprecisão do texto.

2. Dependendo da versão, a mácula do herói é fraca ou forte: coberto de excrementos de pássaros em M_9, M_{10}, M_{11}; obrigado a comer os próprios excrementos em M_7 e M_8.

3. A atenção do jaguar é atraída espontaneamente em M_7, M_8, M_{9A}, M_{12} (?); provocada em M_9, M_{10}, M_{11}.

4. O jaguar sobe até o prisioneiro em M_8, recebe-o embaixo nas outras versões. Em compensação, o jaguar não recebe nada em troca em M_7 e M_8; exige e obtém os filhotes de arara em todos os outros.

5. A mulher do jaguar é morta em M_7, M_8, M_9, M_{9A}, M_{12}; apenas ferida em M_{11} e M_{10}.

6. O jaguar se mostra benévolo para com os homens em M_9 e M_{9A}; malévolo em M_7. Nos outros, não há indicações.

Distinguindo, em cada caso, uma atitude forte (+) e uma atitude fraca (–), obtém-se a seguinte tabela:

	M_7	M_8	M_{9A}	M_9	M_{10}	M_{11}	M_{12}
Comportamento do herói	(+)	(+)	–	–	–	(–)	+
Mácula do herói	+	+	–	–	–	–	0
Atenção do jaguar	+	+	+	–	–	–	0
Procedimento do jaguar	–	+	–	–	–	–	–
Desinteresse do jaguar	+	+	–	–	–	–	–
Destino da mulher	+	+	+	+	–	–	+
Antagonismo jaguar/humanos	+	0	–	–	0	0	0

Com as convenções acima, as versões kayapó aparecem como versões ao mesmo tempo coerentes e relativamente fortes, as versões apinayé e timbira-krahô como coerentes e relativamente fracas. A versão xerente (desse ponto de vista) parece ter menos coerência interna: ela é mais forte do que as outras em certos aspectos (maldade do herói em relação aos seus, repetida duas vezes: ele engana o cunhado e depois a aldeia toda; além disso, seu desaparecimento equivale a uma morte, e ele atinge a mulher do jaguar com uma flechada na carótida, fazendo-a sangrar até a morte); mas, sob outros pontos de vista, aproxima-se mais das versões fracas. Note-se finalmente uma inversão surpreendente: em M_7, ovos se transformam em pedras; em M_{12}, uma pedra se transforma em ovo. A estrutura do mito xerente (M_{12}) contrasta, portanto, com a das outras versões, o que talvez possa ser explicado, em parte, pela estrutura social dos Xerente, claramente em oposição à dos outros Jê, como vimos. Voltaremos a isso mais adiante.

Além desses elementos comuns, de que variam apenas os modos de realização, vários mitos contêm motivos particulares que não parecem, à primeira vista, estar presentes nas outras versões. São eles:

1. O episódio do caititu, através do qual o herói concorda, finalmente, em subir nas costas do jaguar (M_8).
2. A origem da vida breve e a aventura com o ogro (M_9).
3. A gravidez da mulher do jaguar (M_{10}, M_{11}) e sua intolerância em relação ao barulho (M_{10}).

[NOTA] Os pontos 3 e 5 estão ligados. Com efeito, as variações de atitude da mulher do jaguar formam um sistema, que pode ser provisoriamente esquematizado assim:

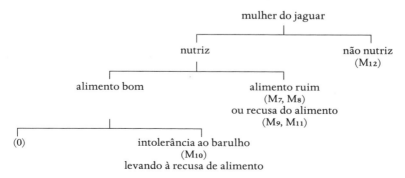

4. O roubo da água do jacaré (M_{12}).

5. A armadilha de tirar os piolhos em vez da armadilha da comida (M_{12}).

O significado das outras particularidades só se tornará claro progressiva-mente. Cada uma delas implica, na verdade, que o mito que a contém per-tence, nesse ponto, a um ou vários outros grupos de transformações, cujo sistema total — e pluridimensional — deve ser previamente recuperado.

PARTE II

1. Sonata das boas maneiras

a) A profissão de indiferença

Os mitos bororo parecem mostrar uma singular indiferença em relação ao incesto: neles, o personagem incestuoso aparece como vítima, ao passo que o ofendido é castigado por ter-se vingado ou por ter planejado fazê-lo.

Uma indiferença comparável existe nos mitos jê: a do jaguar em relação à sua mulher. Nada parece importar-lhe, a não ser a segurança do filho (sobrinho em M11) adotivo; toma o partido dele contra a megera, incentiva-o a reagir, fornece-lhe os meios para tanto. E, quando o herói decide finalmente matá-la, é aconselhado pelo jaguar, que recebe a notícia de que ficou viúvo, com bastante filosofia: "Não tem importância!", responde ao assassino, confuso.

Há entre esses "comportamentos de indiferença" uma notável simetria:
1. Eles sempre envolvem um marido. No entanto, os maridos bororo (o pai do desaninhador de pássaros e Baitogogo) não são indiferentes, muito ao contrário; são até punidos por não o serem. Ao passo que os maridos jê (os jaguares) são realmente indiferentes, e o mito lhes dá esse crédito.
2. Num caso, os maridos são, portanto, *objeto* de indiferença: padecem a indiferença que o mito demonstra em relação a um ato que só eles julgam criminoso; no outro caso, eles são *sujeito* da indiferença. Poder-se-ia dizer que, passando dos Bororo aos Jê, a relação entre "figura" e "fundo" fica, de certo modo, invertida: o fundo (o contexto mítico) exprime, entre os Bororo, a indiferença que uma figura (a do jaguar) exprime entre os Jê.
3. A não indiferença dos maridos bororo se manifesta por ocasião de um incesto. A indiferença dos maridos jê se revela por ocasião de um ato

que, sendo igualmente excessivo, é o contrário de um incesto: o assassinato da mãe pelo "filho".

4. Nos mitos bororo, as relações familiares (aqui pertinentes) são fundadas no parentesco real e na filiação; nos mitos jê, fundam-se no parentesco adotivo e na aliança.

As razões dessa indiferença se tornarão mais aparentes se começarmos introduzindo um mito dos Ofaié-Xavante do sul do Mato Grosso. Antigamente classificados na família linguística jê, os Ofaié são hoje considerados uma família independente.*

M14 OFAIÉ: A ESPOSA DO JAGUAR

As mulheres foram ao mato pegar lenha. Uma delas, muito jovem, viu uma carcaça de queixada deixada por um jaguar. "Eta, que eu gostava", disse ela, "de ser filha do onça, ia ter bastante carne para comer." "É fácil", respondeu o jaguar, surgindo de repente. "É só me seguir. Não vou lhe fazer nenhuma malvadeza."

Todo mundo saiu à procura da jovem, mas não a encontraram. Acharam que ela tinha sido devorada pelo jaguar.

Um dia, ela voltou, foi reconhecida pelo irmãozinho e em seguida pelos pais. Contou que seu marido, o jaguar, não deixava lhe faltar nada e que ficaria muito feliz em fornecer carne aos índios. "Qualquer caça, pode escolher", diz a moça ao pai, que responde que se contenta com qualquer uma. "Mas a onça disse para escolher a caça de que mais gosta. Mandou perguntar se a casa está bem segura, vai pôr a caça aí em cima do [telhado], tem que reforçar para aguentar."

No dia seguinte, o pai constata que a casa está coberta de carne bem assada. Todos comem bastante. Alguns dias depois, chega um novo suprimento.

Depois de um certo tempo, o jaguar, cansado de carregar a caça, encarrega a esposa de propor sua mudança para a aldeia. O pai concorda (ele tinha medo do jaguar, mas adorava carne). De qualquer modo, explica a mulher, o jaguar não vai construir sua casa perto da dos sogros. Ficará um pouco afastado, para não ser visto.

---

* A língua ofaié é atualmente classificada como pertencente ao tronco macro-jê. (N. T.)

Sonata das boas maneiras

A mulher vai embora. Ela já estava começando a aprender a caçar como o jaguar. Na manhã seguinte, a casa estava coberta de carne: caititu, queixada, tatu, paca, enfim, tudo.

E o jaguar vai morar na aldeia. O irmão da moça torna-se amigo do casal, que lhe fornece as melhores carnes: jaó, mutum, inhambu, macuco. Mas a avó da moça começa a estranhar a neta, que começa a se transformar pouco a pouco em fera; ela já está com o corpo todo pintado, crescem garras nas mãos e nos pés, só o rosto continua humano, apesar das presas, que começam a aparecer. Então, a avó recorre à feitiçaria e mata a neta.

O pai não liga muito para o fato, mas toda a família teme o jaguar. O cunhado vai procurá-lo e lhe pergunta se ele não vai se vingar, se não quer aceitar uma outra irmã como esposa. "Não", responde o jaguar, "longe disso... Vou embora daqui. Não quero fazer mal pr'ocês. Pode ser que um dia vocês ainda vão se lembrar de mim..."

E o jaguar saiu correndo, urrando. Todos ficaram com medo de seus urros, mas eles vinham cada vez de mais longe (Ribeiro, 1951, pp. 129-31).

Embora esse mito enfatize a carne já assada, e não o fogo de cozinha, é evidentemente muito próximo dos mitos jê e desenvolve o mesmo tema: as satisfações culinárias provêm do jaguar, mas, para que os homens pudessem aproveitá-las sem risco, foi preciso que a mulher do jaguar fosse eliminada, uma exigência diante da qual o jaguar, nos dois casos, se curva de bom grado e com uma indiferença manifesta.

O mito ofaié poderia sem dúvida intitular-se "O jaguar entre os homens" e não, como os mitos jê, "O homem entre os jaguares". Apesar dessa inversão, os Ofaié e os Jê são igualmente explícitos: a mulher do jaguar é humana (cf. M7: "a mulher do jaguar, que era uma índia...") e, não obstante, os homens têm mais motivos para ter medo dela do que da fera. É a mulher do jaguar, mas ele não liga muito para a mulher. Ela é humana, mas os humanos preferem matá-la a eliminar o jaguar.

Graças a essa transformação ilustrada pelo mito ofaié, podemos resolver essa aparente contradição, guardando somente as propriedades que se mantêm invariantes no nível do grupo.

O jaguar e o homem são termos polares, cuja oposição é duplamente formulada em linguagem comum: um come cru, o outro, cozido, e, principalmente, o jaguar come o homem, mas o homem não come o jaguar. O contraste não é apenas absoluto, implica que entre os dois termos existe uma relação fundada na reciprocidade nula.

Para que tudo o que o homem atualmente possui (e que o jaguar não possui mais) pudesse lhe vir do jaguar (que o possuía antes, ao passo que o homem, não), é preciso, portanto, que surja entre eles o meio de uma relação: esse é o papel da mulher (humana) do jaguar.

Mas, uma vez efetuada a transferência (por intermédio da mulher): a) essa mulher se torna inútil, tendo cumprido o papel de condição prévia, o único que lhe foi atribuído; b) sua sobrevivência seria contraditória em relação à situação fundamental, que se define pela reciprocidade nula.

É preciso, portanto, que a mulher do jaguar desapareça.

b) Rondó do caititu

A demonstração acima ajudará a resolver, no mesmo espírito, um outro problema; o do papel de cavalgadura intermediária, atribuído ao caititu em M8. O corpo desse animal, provavelmente caçado pelo jaguar, constitui de certo modo o terreno no qual se opera a aproximação entre o homem e a fera. Num contexto um pouco diferente, o mito ofaié atribui o mesmo papel ao queixada (cf. p. 128), cuja carcaça, desejada pela heroína humana, a "aproxima" do jaguar. Finalmente, um mito tukuna (M53), do qual voltaremos a falar, faz do caititu a primeira carne de caça oferecida pelo jaguar ao homem com quem suas filhas querem se casar (Nim., 1952, p. 150). Seja um grupo com três transformações:

	JAGUARES	TERMO MÉDIO	HUMANOS
Ofaié (M_{14})	macho	queixada	fêmea, amigável
Tukuna (M_{53})	fêmea, amigável	caititu	macho
Kayapó (M_8)	(fêmea, hostil)	caititu	macho

Em dois mitos, o queixada, só ou acompanhado pelo caititu, aparece no fim e não no começo. Em M8, ele tem a função de trazer para a aldeia as meadas de algodão fiado, que podemos supor feitas pela mulher do jaguar, dada a divisão sexual do trabalho, o que é, aliás, confirmado por M9A. Sua mediação redobra, portanto, a que é realizada pelo caititu no início do mesmo mito. Em M9A, um casal de caititus e um de queixadas não são aceitos pelo jaguar como portadores do fogo. Sua menção, apenas para serem excluídos, torna-se ainda mais interessante na medida em que se encontra numa variante na qual, como notamos (p. 113), a mulher do jaguar é claramente menos hostil, e seu marido ainda mais amigável do que nos outros mitos do grupo. O recurso a um termo de mediação seria, portanto, supérfluo.

Para justificar esse papel do caititu, não basta dizer que ele serve de alimento tanto para os jaguares quanto para os homens, pois vários outros animais também satisfazem essa condição. Outros mitos nos dão indicações no sentido de uma solução.

M15 TENETEHARA: ORIGEM DOS PORCOS-DO-MATO

Tupã (o herói cultural) viajava em companhia de seu afilhado. Chegaram a uma aldeia cujos habitantes eram parentes do menino, e Tupã entregou-o aos seus cuidados. Mas eles o trataram muito mal, e o menino se queixou a Tupã assim que ele voltou.

Furioso, Tupã manda o afilhado juntar penas e amontoá-las em volta da aldeia. Assim que atingiu uma quantidade suficiente, ateou fogo nelas. Cercados pelas chamas, os habitantes corriam de um lado para outro, mas não tinham como escapar. Pouco a pouco, os gritos foram se transformando em grunhidos, pois todos se transformaram em caititus e outros porcos-do-mato, e aqueles que conseguiram fugir para a floresta foram os antepassados dos atuais porcos-do-mato. Tupã fez do afilhado, Marana ywa, o Senhor dos Porcos (Wagley e Galvão, 1949, p. 134).

M16 MUNDURUCU: ORIGEM DOS PORCOS-DO-MATO

Era a estação seca, e todos estavam caçando na floresta. O demiurgo Karusakaibe havia se instalado, com o filho Korumtau, num abrigo ligeiramente afastado do acampamento principal. Naquela época, o único animal de pelo conhecido era o caititu, e ele era, portanto, o único animal que os homens caçavam, exceto Karusakaibe, que caçava inhambus.[1] E todos os dias ele enviava o filho ao acampamento de suas irmãs ["até os vizinhos", Coudreau, 1897], para trocar inhambus pelos caititus caçados pelos maridos delas. Descontentes com esse procedimento, as tias do rapaz ficam irritadas e o envergonham [lançando-lhe somente as penas e as peles; Tocantins, 1877, p. 86; Coudreau, 1897; Kruse, 1951-52]. Ele volta chorando e conta ao pai o que lhe aconteceu.

Karusakaibe manda o filho cercar o acampamento com uma muralha de penas, formando uma abóbada acima dele [durante a operação, o rapaz se transforma sucessivamente em pássaro e em sapo, Kruse, 1951-52]. Então, Karusakaibe lança dentro do aparato de penas nuvens de fumaça de tabaco. Os habitantes ficam aturdidos, e quando o demiurgo lhes ordena: "Comam sua comida!", eles entendem que a ordem é para copular: "Assim, eles praticaram os atos de amor lançando os grunhidos de costume". Todos se transformaram em porcos-do-mato. As folhas com que tapam as narinas, para se protegerem, tornam-se focinhos, e os corpos ficam cobertos dos pelos que Karusakaibe toma emprestados do tamanduá e joga sobre eles.

Os outros, que tinham ficado na aldeia, não faziam ideia do que tinha ocorrido com os companheiros. Todos os dias, Karusakaibe se dirigia em segredo à pocilga emplumada ["montanha de porcos", Kruse, 1951-52] e atraía um único porco pela porta entreaberta, colocando diante dela uma porção de comida. Em seguida, matava-o com uma flechada, fechava novamente a porta e voltava à aldeia com a caça.

Na ausência do herói, Daïïru (o enganador) arranca de Korumtau o segredo do cercado; mas, desajeitado, deixa os porcos escaparem... (Murphy, 1958, pp. 70-3).[2]

---

1. Tinamídeo do gênero *Grypturus* (cf. p. 100); de acordo com um mito mundurucu (M143), é uma caça inferior, que dá um caldo amargo.

2. Outras versões mundurucu em Tocantins, 1877, pp. 86-7 (reproduzidas por Coudreau, 1897); Strömer, 1932, pp. 137-44; Kruse, 1951-52, v. 46, pp. 923-5; versão apiaká, Kruse 1951-52, v. 47, pp. 1.011-2. Entrevê-se uma versão invertida num mito warrau da Guiana (M17) em que um Espírito sobrenatural, casado com uma mulher humana, dá os porcos-do-mato de presente a seus cunhados, que caçavam apenas pássaros (que chamavam de "porcos-do-mato"); mas os cunhados, desajeitados, confundem a espécie mansa com a espécie feroz, que devora o filho do Espírito. Desde então, os porcos dispersos são difíceis de caçar (Roth, 1915, pp. 186-7). Para uma forma vizinha do mesmo mito entre os Shipaya e os Mura, cf. Nim., 1919-20, pp. 1.013-ss; 1946-59b, pp. 265-6.

Sonata das boas maneiras

M18 KAYAPÓ-KUBENKRANKEN: ORIGEM DOS PORCOS-DO-MATO

Vivendo num acampamento isolado com o filho, o herói cultural O'oimbre manda-o pedir mantimentos a seus parentes maternos. O menino é mal recebido e, para se vingar, O'oimbre prepara um encantamento com penas e espinhos e utiliza-o para transformar todas as pessoas da aldeia em queixadas. Eles ficam trancados na cabana como se estivessem num cercado, de onde Takake, rival e cunhado de O'oimbre, faz sair um deles (pelo mesmo método que no mito anterior) e o mata. O'oimbre obtém uma confissão do filho de Takake, vai até o cercado e liberta os queixadas... (Métraux, 1960, pp. 28-9).

Essa versão (de que retivemos apenas alguns elementos) nos interessa particularmente, pois provém de uma tribo jê, e os mitos dos Tenetehara e dos Mundurucu (que são Tupi periféricos) ajudam a fixá-la. Os mitos mundurucu e kayapó concordam em limitar a metamorfose aos queixadas ou porcos-do-mato ≠ caititus. O focinho dos queixadas é — diz a versão kayapó — "muito mais comprido"; a versão mundurucu diz ainda que os caititus têm o pelo preto e curto, manchado de branco, ao passo que os porcos-do-mato têm o pelo todo preto e mais longo. Aliás, em língua timbira, queixada se diz /klu/, e o termo que designa o caititu é formado pela simples sufixação do diminutivo /ré/ (Vanzolini, 1956-58, p. 161). Teríamos:

1. caititu: focinho mais curto, pelo manchado de branco;
2. queixada ou "porco-do-mato": focinho mais comprido, pelo longo e negro;
o que confirma a identificação proposta acima: 1. porco-do-mato de coleira (*Dicotyles torquatus*); 2. porco-do-mato de boca branca (*D. Labiatus*). Essa última espécie, à qual os mitos atribuem origem humana, é "truculenta, barulhenta, gregária; organiza sua defesa coletivamente e pode opor ao caçador uma temível resistência" (Gilmore, 1950, p. 382).

Os três mitos permitem compreender a posição semântica das duas espécies: elas são associadas e colocadas em oposição num par especialmente apropriado para traduzir a mediação entre a humanidade e a animalidade, já que um dos termos representa, por assim dizer, o animal por destinação, ao passo que o outro é animal por destituição de uma natureza humana original, desmentida, porém, por um comportamento a-social: os antepassados

dos queixadas foram humanos que se mostraram "desumanos". Caititus e queixadas são, portanto, semi-humanos: os primeiros na sincronia, como metade animal de um par cuja outra metade é de origem humana; os últimos, na diacronia, já que foram humanos antes de passarem à animalidade:

Se os mitos kayapó e mundurucu conservassem — o que é possível — a lembrança de uma técnica de caça hoje extinta, que consistiria em acossar bandos de queixadas até fazê-los entrar num cercado,[3] onde seriam protegidos e alimentados, para serem retirados à medida que isso se fizesse necessário, uma segunda oposição viria reforçar a primeira: semi-humanos no plano do mito, os queixadas seriam, no plano da atividade tecnoeconômica, animais semidomésticos. Neste caso, teríamos de admitir que o segundo aspecto explica e fundamenta o primeiro.

Mas não é necessário indagar a razão da posição particular atribuída aos taiaçuídeos pelos indígenas do Brasil Central: basta-nos ter permutado esse termo num determinado número de contextos para conhecer seu conteúdo semântico. Procuramos determinar o sentido, e não descobrir a etimologia. Afora ocasiões favoráveis, mas raras, em que as duas operações se sobrepõem, e que é impossível prever, é conveniente mantê-las cuidadosamente separadas.

---

3. O que sugerem igualmente outros mitos mundurucu (Murphy, 1958, p. 36; Kruse, 1951-52, v. 47, p. 1006) e um texto "amazônico" (Barbosa Rodrigues, 1890, pp. 47-8).

Sonata das boas maneiras

EM COMPENSAÇÃO, percebe-se por que o episódio do caititu aparece numa versão kayapó (M8) e não nas dos outros grupos: é sabido, com efeito, que as versões kayapó são "fortes" em comparação com as outras versões. A oposição entre os dois termos polares — homem e jaguar — é nelas marcada com uma força inigualada: a atitude final do jaguar, "cheio de ódio contra todos os seres e especialmente contra o gênero humano", implica que, desde o início, ele já estava afastado do homem. Uma dupla fadada a um divórcio tão radical não poderia ter-se formado — ainda que a título precário — sem a intervenção de um termo mediador. O mito ofaié (M14), em que opera o mesmo mediador, é uma versão igualmente "forte", mas nele a disjunção definitiva diz respeito ao mesmo tempo à esposa humana, transformada em onça e depois morta, e a seu marido animal, que desaparece para sempre, depois de ter assumido um aspecto atemorizante.

Por outro lado, se as análises acima estiverem corretas, será preciso atentar de modo especial para as relações de parentesco evocadas pelos mitos de origem dos queixadas. O dos Tenetehara (M15) não é nada explícito, já que se limita a indicar que o herói cultural tem um "afilhado", e que se envolve numa discussão com os pais deste. Se, contudo, como sugere a fonte (Wagley e Galvão, 1949, p. 103), esse afilhado for também um "sobrinho" (filho da irmã), a relação entre o demiurgo e os pais do menino é a mesma que a descrita no mito mundurucu (M16), em que o demiurgo, dessa vez com seu filho, se opõe às irmãs de um (tias do outro) e a seus maridos. No mito kayapó (M18), o herói O'oimbre manda o filho mendigar comida aos parentes maternos e em seguida briga com o cunhado Takake, marido de sua irmã. De modo que se trata, sempre, de um conflito entre aliados, mas a semelhança cessa aí.

Com efeito, a configuração de parentesco e de aliança, evocada nos mitos tenetehara e mundurucu:

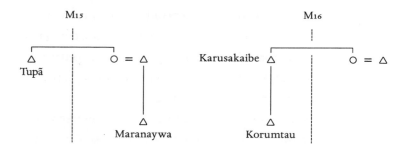

seria dificilmente concebível entre os Kayapó, onde os laços mais íntimos prevalecem entre irmão e irmã, ao passo que um antagonismo latente reina entre marido e mulher e se estende à família materna dela (Banner, 1961, p. 16). Essa parece ter sido também a situação dos Bororo no início da evangelização, como atesta uma passagem importante do primeiro livro de Colbacchini:

> É absolutamente prohibido aos homens de uma dynastia [= metade] falarem, rirem ou somente repararem, ou olharem as mulheres de outra dynastia. É isso observado meticulosa e escrupulosamente. Os homens de qualquer edade, encontrando-se por acaso no caminho ou em qualquer logar com uma ou mais mulheres, não somente deixarão de estar parados, não as olharão ou voltarão mesmo o olhar, para o lado opposto, como para indicar que querem até fugir ao perigo e occasião de encontrarem-se os olhares. A falta a este tradicional preceito é considerada gravíssima, e o culpado cahiria na indignação geral, na censura de todos, pois que é geralmente julgado máo e immoral qualquer olhar ou sorriso entre pessoas de sexo differente e diversa dynastia.
>
> Nunca as mulheres de uma dynastia deixar-se-ão ver comendo ou bebendo na presença de homens de outra dynastia, e vice-versa. Não há, porém, prohibição alguma dessas relações entre individuos da mesma dynastia, sejam elles homens ou mulheres.
>
> Vendo-se portanto um homem falar com uma mulher, deve-se logo entender que são do mesmo ramo dynastico, porque em publico, mesmo entre marido e mulher, observam-se as mesmas regras ainda que não tão escrupu-

losamente; será porém difícil que o homem fale ou brinque com a própria mulher em publico, que a colloque ao seu lado ou que estejam juntos, a não ser quando sahem de casa e vão ambos apanhar fructas, tuberculos ou outras coisas na floresta; considera-se isso um acto privado (Colb., 1919, pp. 49-50).

Em tais sociedades, pode-se, portanto, postular que a linha teórica de ruptura passará, não entre irmãos, mas entre aliados:

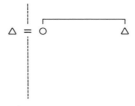

É exatamente isso o que acontece em M_{18}, mas à custa de uma outra transformação digna de nota.

Existe, de fato, uma congruência geral entre o par de heróis culturais mundurucu e o par kayapó: Karusakaibe mundurucu é o homólogo de Takake kayapó. Uma relação comparável existe entre o Daïuru mundurucu e o O'oimbre kayapó: ambos são enganadores na forma de tatu, cometem os mesmos erros, são responsáveis pelos mesmos acidentes.

Mas, quando se trata do conflito entre aliados, que está na origem da transformação de um dos dois grupos em porcos, os papéis se invertem. Ao mesmo tempo que:

$$M_{16}\left[\begin{array}{c}\overset{/\!/}{\frown}\\ \triangle\quad\circ = \triangle\end{array}\right] \rightarrow M_{18}\left[\begin{array}{c}\frown\\ \triangle\quad\circ\ \#\ \triangle\end{array}\right]$$

o demiurgo dá lugar ao enganador. Entre os Mundurucu, Karusakaibe, ofendido pelos maridos de suas irmãs, os transforma em porcos. Ele é, portanto, responsável pela *origem* dos porcos-do-mato, ao passo que o herói-tatu Daïuru será responsável por sua rarefação ou sua *perda*. No mito kayapó, o herói-tatu O'oimbre toma o lugar do demiurgo Takake como responsável pela origem dos porcos, por sua vez representados pelo outro grupo de aliados.

Na sequência, entretanto, as funções se mantêm inalteradas, tanto que, de modo aparentemente pouco lógico, o mito kayapó atribui a O'oimbre primeiramente a origem dos porcos e depois a sua perda. Para isso, é preciso construir um relato esquisito em que O'oimbre transforma os aldeães em porcos e se comporta logo em seguida como se tivesse esquecido o acontecimento, ao passo que Takake — que nele não teve participação alguma — age como se fosse o único a estar informado dele. Essa contradição interna da versão kayapó mostra que ela só pode ser uma elaboração secundária da versão mundurucu. Em relação a esta — versão "reta" —, a dos Kayapó apresenta uma dupla torção, sendo que a segunda tem como efeito anular a primeira e restabelecer o paralelismo com a sequência do relato mundurucu (fig. 5).

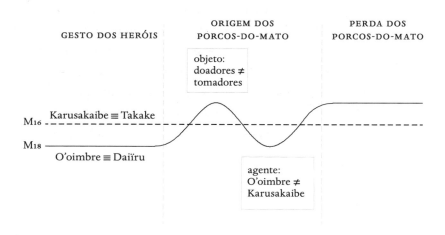

5. Relação entre mitos kayapó e mitos mundurucu.

Portanto, pode-se reduzir a versão kayapó à versão mundurucu, simplificando-a pela anulação recíproca das torções que contém, e assim considerar como fundamental apenas a relação de aliança evocada pela última versão, que se refere, lembremos, aos maus-tratos de que um irmão de mulheres é vítima por parte dos maridos de suas irmãs (dito de outro modo, um "doador de mulheres" é maltratado por "tomadores").[4]

Ora, aqui mais uma vez o mito ofaié (M14) fornece o elo que falta, que permite agora encadear o grupo dos mitos de origem dos porcos-do-mato ao dos mitos de origem do fogo de cozinha. M14 enfatiza que, como os futuros queixadas, o jaguar está em posição de tomador de mulheres em relação a um grupo humano. Mas é um cunhado benevolente que dá aos homens o fogo de cozinha — ou a carne assada — em troca da esposa que deles recebeu, ao passo que os porcos-do-mato são a encarnação animal de cunhados malevolentes, que negam alimento, dão pouco ou insolentemente.

Sendo assim, a coerência interna da série jê "do desaninhador de pássaros" se mostra ainda mais forte do que tínhamos desconfiado. Compreende-se, com efeito, que todos os mitos desse grupo coloquem em cena não um, mas dois pares de cunhados: primeiramente, o desaninhador de pássaros (que é um doador de mulheres) e o marido da irmã ao qual ele nega (intencionalmente ou não) os filhotes; em seguida, esse mesmo desaninhador de pássaros (mas agindo como embaixador da espécie humana) e o jaguar a quem os homens deram uma mulher e que, em troca, cede o fogo e o alimento cozido à humanidade:

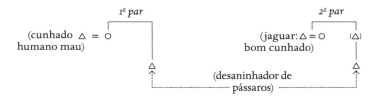

---

4. Deixamos de lado uma versão mataco demasiado elíptica (Métraux, 1939, p. 61). A versão kariri será discutida mais adiante (p. 151). De três versões restantes, uma cashinaua (M19) (Abreu, 1914, pp. 187-96), outra (M21) bororo (Colb. e Albisetti, 1942, p. 260) evocam um conflito, não entre cunhados, mas entre esposos atuais ou virtuais, com transformação correlativa de abuso do coito (na versão mundurucu) em recusa ao coito (versão cashinaua), ou em comportamento antiamoroso (bororo). Voltaremos a essa transformação (pp. 144, 153-4). Apenas a última versão (karib da Guiana in: Ahlbrinck, art. "wireimo") não evoca expressamente uma relação de aliança; simplesmente atribui a transformação de um grupo de caçadores em porcos-do-mato à sua voracidade.

Portanto, é necessário que a esposa humana do jaguar fique para sempre perdida para a humanidade (= transformada em onça, no mito ofaié), já que a experiência comprova que, do seu lado, o jaguar também perdeu para sempre o fogo e o uso da carne cozida.

No mito bororo do desaninhador de pássaros (M_1), essa configuração é apenas transformada: um filho se recusa a entregar a mãe ao pai (é o que seu comportamento incestuoso exprime), e o pai se vinga do mesmo modo que, nos mitos jê, o mais velho dos cunhados se vinga do mais jovem (que não quer lhe entregar os filhotes):

$$\triangle = \bigcirc$$
$$\mid \qquad \mid$$
$$\triangle$$

Se considerarmos que a filiação é francamente matrilinear entre os Bororo, vemos que a situação fundamental se mantém inalterada; o filho não pertence ao grupo do pai, pertence ao grupo de seus aliados por casamento. Fazendo intervir implicitamente o princípio de filiação, o mito de referência acarreta, portanto, a transformação:

$$\left[\triangle \overset{/\!/}{\quad} (\bigcirc) = \triangle \right] \rightarrow \left[(\triangle) \quad \bigcirc \# \triangle \right]$$

semelhante àquela que destacamos no mito de origem dos porcos-do-mato, quando se passa da versão mundurucu às versões kayapó e bororo (p. 139, n. 4).

No caso dos Bororo, cujas instituições sociais parecem estar, de modo mais acabado do que alhures, em harmonia geral com o princípio matrilinear que as inspira, a transformação provém, como foi dito, do fato de o mito de referência obrigar a evocar a regra matrilinear de filiação, à diferença dos mitos jê M_8 a M_{12}, que definem o laço de parentesco entre os dois protagonistas masculinos apenas pela aliança. Entre os Kayapó--Kubenkranken, tão decididamente matrilocais quanto os Bororo, mas sem metades exogâmicas e talvez até sem regra unilinear de filiação (Dreyfus, 1963), é a noção de residência matrilocal que determina a transformação,

Sonata das boas maneiras

como mostra M18, ao invocar duas brigas sucessivas em vez de uma: a primeira, entre o filho de O'oimbre e os homens do *ngobê* (Métraux, 1960, p. 28), para explicar que o filho e o pai (solidários na casa dos homens) tenham ido morar fora da aldeia, em outras palavras, que tenham também escapado à residência matrilocal; e a segunda, entre o filho e seus "parentes maternos", mais facilmente concebível na medida em que ele já se encontra separado deles. De modo não menos lógico, e ligado à confusão da função do demiurgo com a do enganador, o personagem do menino se encontra, em M18, igualmente desdobrado.

Não devemos, portanto, nos espantar ao vermos os Bororo tratarem o tema das relações entre aliados com inversão sistemática do conteúdo:

M20 BORORO: ORIGEM DOS BENS CULTURAIS

Antigamente, os homens do clã bokodori (metade Ecerae) eram espíritos sobrenaturais que viviam alegremente em abrigos feitos de penugens e penas, chamados "ninhos de arara". Quando queriam algo, mandavam um irmão mais novo pedi-lo a sua irmã, que o conseguiria com o marido.

Um dia, mandaram dizer que estavam com vontade de comer mel; o mel que o cunhado os convidou a comer em sua casa era grosso, viscoso e cheio de espuma, pois ele havia copulado com a mulher quando foi pegá-lo.

Os irmãos da mulher se retiraram, ofendidos, e resolveram procurar debaixo d'água a pedra com que poderiam furar as cascas de tucum e os caramujos, para confeccionar adornos como pendentes e colares. Finalmente acharam a pedra, e, graças a ela, realizaram com sucesso os trabalhos de perfuração. O sucesso arranca um riso triunfal, diferente daquele que exprime uma alegria profana. Esse "riso forçado" ou "riso de sacrifício" é chamado "riso das almas". A locução designa também um canto ritual, que pertence ao clã bokodori [cf. *EB*, v. 1, p. 114].

Curiosa por descobrir a razão dos gritos que ouve ao longe, a mulher espiona os irmãos, violando então a proibição de olhar dentro da cabana de penas. Após tal afronta, os Bokodori resolvem desaparecer. Antes, repartem solenemente entre as linhagens os adornos que irão se tornar privilégios de cada uma; depois, lançam-se todos dentro de uma fogueira (exceto os parentes já casados, que irão perpetuar a raça).

Assim que pegam fogo, transformam-se em pássaros: arara-vermelha, arara-amarela, gavião, falcão, garça... Os outros habitantes da aldeia resolvem abandonar um lugar tão lúgubre. Apenas a irmã volta regularmente ao local do sacrifício, onde recolhe as plantas que nasceram das cinzas: urucum, algodão e cabaceira, e as distribui entre os seus (Cruz, 1943, pp. 159-64).

Fica claro que, como os mitos de origem dos porcos-do-mato, este evoca relações entre aliados. Desenvolve-se do mesmo modo, utilizando a mesma sintaxe, mas com "palavras" diferentes. Os dois tipos de cunhado também moram afastados uns dos outros; aqui, contudo, os doadores de mulheres são associados a pássaros (e não a caçadores de pássaros); são solteiros e moram eles próprios em cabanas de penas, onde levam uma vida paradisíaca, em vez de prenderem pessoas casadas — as irmãs e os cunhados — numa cabana desse tipo, para aí sofrerem os efeitos de uma maldição.

Em nosso mito, assim como naqueles que se referem aos porcos-do-mato, os doadores de mulheres contam com o fornecimento de alimentos dos tomadores: carne ou mel. Mas, enquanto em M_{16}, por exemplo, a negação do fornecimento (ou a sua concessão de má vontade) acarreta primeiramente uma atividade sexual desregrada dos culpados, seguida de sua transformação em porcos, aqui ocorre o inverso: a atividade sexual, proibida durante a coleta de mel, acarreta o que equivale a uma negação de fornecimento (já que este consiste num mel indigerível), seguida da transformação das vítimas (e não dos culpados), primeiramente em heróis culturais, inventores dos adornos e da técnica de sua confecção, em seguida, numa fogueira, em pássaros cujas cores se tornam então mais belas e mais brilhantes (melhores, portanto, para servir de matéria-prima para os adornos). Ora, lembremos que no grupo dos mitos sobre os porcos-do-mato os doadores de mulheres conservavam a natureza humana e transformavam os cunhados — prisioneiros em sua cabana enfumaçada — em porcos, cuja função é natural (servir de alimento) e não cultural. Só a armação se mantém inalterada, segundo a fórmula:

$$(\text{doadores : tomadores}) :: {}^{M_{20}} (\text{pássaros : homens}) :: {}^{M_{16}} (\text{homens : porcos})$$

Note-se também que a relação de aliança é concebida sob a forma de uma oposição, natureza/cultura, mas sempre adotando o ponto de vista dos doadores de mulheres: os tomadores de mulheres têm a qualidade de homens apenas quando os doadores são espíritos. Caso contrário, são animais, jaguar ou porco. Jaguar, quando a natureza tende para a cultura, já que o jaguar é um cunhado que se comporta educadamente e que presenteia os homens com as artes da civilização. Porco, quando a cultura degenera em natureza, já que os porcos-do-mato são antigos homens que se comportaram grosseiramente e que, em vez de melhorarem a vida dos cunhados (em troca das esposas recebidas), apressaram-se a usá-las sexualmente; em outras palavras, em tomar segundo a natureza, em vez de dar segundo a cultura.

A análise de M_{20} comprova que, em conformidade com nossa hipótese, o mito bororo respeita os códigos dos mitos jê e tupi correspondentes (M_{15}, M_{16}, M_{18}), mas à custa de uma distorção da mensagem, que concerne à origem de certos bens culturais próprios de um clã determinado, em vez de um recurso alimentar, representado por uma espécie natural igualmente determinada. Veremos que, do mesmo modo, desta vez para transmitir a mesma mensagem, um mito bororo de origem dos porcos-do-mato tem de recorrer a um código modificado:

M21 BORORO: ORIGEM DOS PORCOS-DO-MATO

Todos os dias, os homens iam pescar e voltavam de mãos vazias. Chegavam à aldeia tristes, não só porque voltavam sem peixes, mas porque as mulheres faziam cara feia e os recebiam de modo grosseiro. Chegaram mesmo a desafiar os maridos.

As mulheres anunciaram que iriam elas mesmas pescar. Mas, na verdade, elas apenas chamavam as ariranhas, que mergulhavam e pescavam para elas. As mulheres voltavam carregadas de peixes, e sempre que os homens tentavam uma desforra, não conseguiam nada.

Passado um certo tempo, os homens começaram a desconfiar. Mandaram um pássaro espionar as mulheres, e ele lhes contou tudo. No dia seguinte, os homens foram ao rio, chamaram as ariranhas, e as estrangularam todas. Apenas uma escapou.

Agora eram os homens que brigavam com as mulheres, que não pegavam mais nada. Por isso, elas resolveram se vingar. Ofereceram aos homens uma bebida feita de pequi (*Caryocar* sp.), mas não haviam retirado os espinhos que envolvem o caroço.[5] Os homens ficaram sufocados com os espinhos, que ficaram atravessados na garganta, e grunhiam "u, u, u, u", e se transformaram em porcos-do-mato, que grunhem desse modo (Colb. e Albisetti, 1942, pp. 259-60).

CONSEQUENTEMENTE, verifica-se o conjunto das seguintes propriedades:

1. Entre os Bororo, a origem dos porcos-do-mato (M_{21}) aparece como uma função da disjunção:

$$(O \,\#\, \triangle)$$

2. A disjunção inversa:

$$(\overset{\ulcorner\#\urcorner}{\triangle\;O} = \triangle)$$

que regia, entre os Mundurucu, a origem dos porcos-do-mato, acarreta então para os Bororo (M_{20}) a origem dos bens culturais ($\neq$ porcos-do-mato, recurso natural).

3. Quando se tinha:

$$M_{16}\left[(\overset{\ulcorner\#\urcorner}{\triangle\;O} \rightarrow (\text{origem dos porcos-do-mato})\right],$$

a oposição sociológica entre os termos polares (doadores de mulheres, tomadores de mulheres) se realizava sob a forma:

---

5. *"... O pikia...* dá grandes frutos comestíveis que têm a curiosa característica de conterem um espaço vazio entre a polpa e o caroço coberto de espinhos duros que provocam sérios ferimentos ao penetrarem na pele" (Bates, 1892, p. 203). Deixamos de lado uma versão colhida em 1917 (Rondon, 1948, pp. 167-70), mais explícita em certos pontos, mas, como os outros mitos da mesma obra, com lacunas que, na falta de um estudo filológico e crítico do texto indígena, a tornam praticamente inutilizável.

Sonata das boas maneiras

mau caçador (de pássaros) / bons caçadores (de caititus).

Quando se tem:

$$M_{21} \left[(O \# \triangle) \to (\text{origem dos porcos-do-mato}) \right],$$

a oposição sociológica (desta vez entre maridos e mulheres) se realiza sob a forma:

maus pescadores / boas pescadoras.

Portanto:

a) $\left[M_{16} (</>) \right] \to \left[M_{21} (0/1) \right]$

ou seja, um reforço da oposição, já que o doador de mulher de M_{16} de qualquer modo caça algo (ainda que caça inferior à dos cunhados), ao passo que os maridos de M_{21} não pescam absolutamente nada; e:

b) $\left[M_{16} (\text{caça} \equiv \text{ar} \cup \text{terra}) \right] \to \left[M_{21} (\text{caça} \equiv \text{água}) \right]$.

Ora, assim como temos para

$$\left[\text{Mundurucu} (\overset{\ulcorner \# \urcorner}{\triangle} O = \triangle) \right] / \left[\text{Bororo} (O \# \triangle) \right]:$$

$$\left[M_{16} \left(\begin{matrix} \text{doadores de} \\ \text{mulheres} \end{matrix} = \begin{matrix} \text{caçadores de} \\ \text{pássaros} \end{matrix} \right) \right] / \left[\left(\text{mulheres} = \begin{matrix} \text{pescadoras} \\ \text{de peixes} \end{matrix} \right) \right],$$

verificaremos mais adiante (pp. 351-7) que, simetricamente, para

$$\left[\text{Bororo} (\overset{\ulcorner \# \urcorner}{\triangle} O = \triangle) \right] / \left[\text{Mundurucu etc.} (O \# \triangle) \right]:$$

teremos:

$$\left[M_{20} \left(\begin{matrix} \text{doadores de} \\ \text{mulheres} \end{matrix} = \text{pássaros} \right) \right] / \left[M_{150} \left(\text{mulheres} = \text{peixes} \right) \right],$$

4. A transformação acima:

$$\left[M_{16} (\text{caça} \equiv \text{ar} \cup \text{terra}) \right] \to \left[M_{21} (\text{caça} \equiv \text{água}) \right].$$

pode ser desenvolvida:

$$\left[M_{16} \text{ (recursos naturais} \equiv \text{ar} \cup \text{terra)} \right] \rightarrow \left[M_{20} \text{ (bens culturais} \equiv \text{água} \cup \text{ar)} \right]$$
$$\rightarrow \left[M_{16} \text{ (recursos naturais} = \text{ar} \cup \text{terra)} \right];$$

dito de outro modo: em M_{20}, os homens "pescam" no rio o instrumento da cultura (o perfurador de pedra) e depois se transformam em pássaros, de onde virão as penas ornamentais, assim como, em M_{21}, as mulheres pescam o peixe e depois transformam os homens em porcos.

Além disso, os "pescadores" de M_{20} agem como espíritos sobrenaturais (as "almas" cujo "riso" inauguram), ao passo que as pescadoras de M_{21} agem por intermédio das ariranhas, seres naturais.

5. Finalmente, todas essas operações têm o seu equivalente no nível do código acústico:

a) $M_{16} : \left(\genfrac{}{}{0pt}{}{\text{origem dos}}{\text{porcos-do-mato}} \right) = f\left(\genfrac{}{}{0pt}{}{\text{gritos}}{\text{amorosos}} \cup \genfrac{}{}{0pt}{}{\text{grunhidos}}{\text{animais}} \right);$

b) $M_{20} : \left(\genfrac{}{}{0pt}{}{\text{origem dos}}{\text{bens culturais}} \right) = f\left(\genfrac{}{}{0pt}{}{\text{riso}}{\text{sagrado}} // \genfrac{}{}{0pt}{}{\text{riso}}{\text{profano}} \right);$

c) $M_{21} : \left(\genfrac{}{}{0pt}{}{\text{origem dos}}{\text{porcos-do-mato}} \right) = f\left(\genfrac{}{}{0pt}{}{\text{grunhidos}}{\text{animais}} // \genfrac{}{}{0pt}{}{\text{gritos}}{\text{amorosos}} \right);$

já que a transformação dos homens em porcos em M_{21} resulta — inversamente ao que ocorre em M_{16} — de uma disjunção de cônjuges que entram em choque e não de sua união carnal.

FAÇAMOS AQUI UMA BREVE PAUSA, para refletir sobre o nosso procedimento. Começamos por colocar um problema de detalhe: o do papel do caititu em M_8, corroborado pela menção de um queixada no início de M_{14}, que é, assim como o primeiro, um mito de origem da culinária. Indagando acerca da posição semântica dos porcos-do-mato, fomos levados a examinar os mitos de origem desses animais. A análise desses mitos suge-

Sonata das boas maneiras

riu duas conclusões: de um lado, existe, sob um certo ponto de vista (o das relações de aliança), um isomorfismo entre os mitos do primeiro grupo (origem da culinária) e os do segundo (origem dos porcos); ao mesmo tempo que são isomorfos, e portanto suplementares, os dois grupos se completam e formam algo que, para frisar sua natureza ideal, poderíamos chamar um metassistema (fig. 6).

Esse metassistema se refere à condição de doador de mulher, isto é, do homem que possui irmã ou filha, condenado a selar laços com seres cuja natureza lhe parece irredutível à sua. Sempre identificáveis com animais, esses seres se dividem em duas categorias: a do jaguar, cunhado benfeitor e prestativo doador das artes da civilização; e a do porco, cunhado malfazejo, utilizável apenas *sub specie naturae*, como caça (já que nem foi possível domesticá-lo).[6]

Esses resultados têm antes de mais nada um interesse teórico. O detalhe de onde partimos diz respeito ao conteúdo e, na sequência de nosso procedimento, esse conteúdo de algum modo se revirou: tornou-se uma forma. Compreende-se assim que, na análise estrutural, conteúdo e forma não são entidades distintas, mas pontos de vista complementares que se deve adotar para aprofundar um mesmo objeto. Além disso, o conteúdo não se transformou apenas em forma; mero detalhe do início, desenvolveu-

---

6. O folclore indígena do Brasil, e o dos camponeses do interior, mostra que os bandos de porcos-do-mato (queixadas) são muito mais temidos (e, de fato, muito mais temíveis) do que a onça. Esta raramente pode ser responsabilizada por acidentes, a não ser aqueles causados pela temeridade do caçador (Ihering, v. 37, p. 346).

"Contrariamente à crença popular", nota um especialista da Colômbia, "a [...] onça [...] não constitui um real perigo para o homem, já que nunca é a primeira a atacar. Os índios sabem disso por experiência direta, pois conhecem melhor do que nós os animais da floresta". Procurando explicar a importância do jaguar na mitologia, o mesmo autor salienta seu caráter noturno, que o aproxima da coruja e do morcego. O jaguar é também grande e forte, domina e come os outros animais; mais do que isso, os animais que ele consome são os mesmos que servem de alimento para o homem: tapir, veado, porco-do-mato, pequenos roedores, gado. O jaguar é um concorrente perigoso para o homem, por sua força, sua agilidade, a acuidade de sua visão e de seu olfato (Reichel-Dolmatoff, 1949-51, v. I, pp. 266-7). O jaguar aparece, portanto, muito mais como um "rival" do homem do que como um "comedor" de homem. Quando este último papel lhe é atribuído pelos mitos de modo atual ou virtual, ele tem basicamente o valor de uma expressão metafórica do outro.

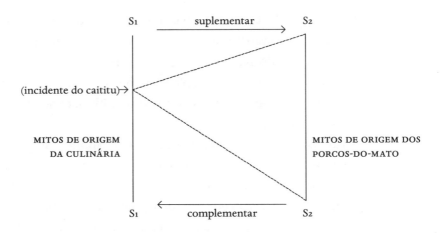

6. Mitos de culinária (alimento cozido) e mitos de carne (alimento cru).

-se em sistema, do mesmo tipo e da mesma ordem de grandeza do sistema inicial que o continha no começo como um de seus elementos.

Finalmente, os dois sistemas míticos (grupo do desaninhador de pássaros de um lado, grupo da origem dos porcos do outro) manifestam entre si dois tipos de relação: são parcialmente isomorfos e suplementares, já que colocam o problema da aliança matrimonial; e, também parcialmente, são heteromorfos e complementares, já que cada um se atém a apenas um aspecto da aliança matrimonial.

Avancemos mais um passo, e coloquemo-nos decididamente no nível do metassistema que integra os dois sistemas S_1 e S_2 à maneira de um díptico em que o doador de mulher (que é o termo comum aos dois) considera alternativamente seus dois tipos possíveis de cunhado: à sua esquerda, o bom jaguar; à sua direita, o malvado porco. Nas páginas precedentes, elucidamos as regras que permitem transformar uma cena na outra ou, se preferirem, S_1 (mitos cujo herói é um desaninhador de pássaros) em S_2 (mitos de origem dos porcos). Nossa demonstração seria validada de modo decisivo se fosse possível repetir o procedimento, mas, no outro sentido, e, partindo então de mitos relativos à origem do jaguar, voltar ao desaninhador de pássaros. É o que tentaremos fazer agora.

Sonata das boas maneiras

M22 MATACO: ORIGEM DA ONÇA

Um homem foi pescar em companhia da mulher. Subiu numa árvore para capturar papagaios, e os jogava para a mulher, mas ela os devorava. "Por que você está comendo os papagaios?", perguntou ele. Assim que ele desceu da árvore, ela lhe quebrou o pescoço com uma dentada. Quando ela voltou para a aldeia, os filhos correram para ver o que ela trazia. Ela lhes mostrou a cabeça do pai, dizendo que era uma cabeça de tatu. Durante a noite, ela comeu os filhos e foi para o mato. Ela havia se transformado em onça. As onças são mulheres (Métraux, 1939, pp. 60-1).

M23 TOBA-PILAGA: ORIGEM DO TABACO

Uma mulher e seu marido foram um dia caçar periquitos (*Myopsitta monachus*). O homem subiu numa árvore onde havia vários ninhos e jogou uns trinta passarinhos para a mulher. Percebeu que ela os devorava. Amedrontado, ele pegou um pássaro maior e jogou-o, dizendo: "Atenção, ele é novo, mas pode voar!".

A mulher saiu correndo atrás do pássaro, e o homem aproveitou a ocasião para descer da árvore e fugir: ele tinha medo de ser comido também. Mas a mulher foi atrás dele, alcançou-o e o matou. Então ela cortou-lhe a cabeça e a colocou num cesto, e fartou-se com o resto do corpo até ficar de barriga cheia.

Assim que chegou à aldeia, ela ficou com sede. Antes de ir para o riacho, que ficava um pouco afastado, ela proibiu os cinco filhos de tocar no cesto. Mas o mais novo desobedeceu, e avisou os outros, que reconheceram o pai. Informados do fato, os moradores da aldeia ficaram chocados e fugiram, exceto as crianças. Quando a mãe retornou, surpreendeu-se de ver a aldeia vazia, e as crianças lhe disseram que os habitantes tinham ido embora depois de tê-las insultado. Fugiram de vergonha de sua própria maldade.

Indignada, a mulher quis vingar os filhos e perseguiu os aldeães. Alcançou-os, fez uma carnificina, comeu as vítimas. O mesmo episódio se repete várias vezes. Apavorados com as idas e vindas sanguinárias, as crianças decidem fugir. "Não se mexam", diz a mãe, "ou eu como vocês." As crianças imploram. "Não, não fiquem com medo", responde ela. Ninguém consegue matá-la; e espalhava-se o rumor de que havia uma mulher-onça na região.

As crianças cavam um buraco em segredo e o cobrem com folhas. Quando a mãe anuncia que chegou a vez de elas serem comidas, fogem. Ela as persegue e cai na armadilha. As crianças vão pedir auxílio a Carancho (o herói cultural: um falconídeo, *Polyborus plan-*

cus, ave tanto de rapina quanto carniceiro, cf. Ihering, 1940), que as aconselha a cavar um buraco num tronco de árvore (*Chorisia insignis*) e ali se esconder, em companhia dele. A mulher-onça tenta despedaçar a árvore com as garras, mas elas ficam presas na madeira. Então, Carancho sai do buraco e a mata. Queimam o cadáver numa fogueira. Quatro ou cinco dias depois, nasce uma planta no meio das cinzas. Foi assim que surgiu o tabaco.

Com as garras fizeram-se colares para os cães, que foram enviados a todas as aldeias, para que ninguém duvidasse da morte da mulher-onça (Métraux, 1946, pp. 60-2).

Uma outra versão especifica que a mulher-onça havia seduzido o marido de uma companheira (loc.cit., pp. 62-4).

M24 TERENA: ORIGEM DO TABACO

Existia uma mulher que era feiticeira. Ela sujava de sangue menstrual os caraguatás (uma bromeliácea cujas folhas centrais têm a base vermelha) e os dava ao marido pra comer. Avisado pelo filho, o homem anuncia que vai buscar mel no mato.

Depois de bater uma contra a outra as solas de suas sandálias de couro "para encontrar mais fácil o mel", ele descobre uma colmeia numa árvore e uma cobra nas proximidades. Separa o mel puro para o filho e faz para sua mulher uma mistura de mel e de carne de filhote de cobra, extraído do ventre da cobra que ele matou.

Logo depois de comer sua porção, ela sente comichões. Enquanto se coça, ela diz ao marido que vai devorá-lo. Ele foge, sobe no topo de uma árvore onde há um ninho de papagaios. Para distrair a mulher, ele joga os três filhotes que estavam no ninho. Enquanto ela persegue o maior, que sai voando, o marido corre em direção a um buraco que ele havia cavado para pegar caça. Ele o contorna, mas a mulher cai e morre.

O homem tapa o buraco e fica vigiando. Ali cresce uma vegetação desconhecida. Curioso, o homem seca as folhas ao sol; à noite, em segredo, ele fuma. Seus companheiros pegam-no de surpresa e o interrogam. Assim, os homens obtiveram o tabaco (Baldus, 1950, pp. 220-1; 1958, p. 133).

Esse grupo de mitos do Chaco levanta problemas bastante complexos, que voltaremos a encontrar várias vezes no decorrer deste trabalho. Limitar-nos-emos por enquanto àqueles que se referem diretamente à demonstração.

Sonata das boas maneiras 151

Notar-se-á antes de mais nada que o grupo concerne ora à origem da onça, ora à do tabaco, ora aos dois ao mesmo tempo. O tabaco, por si só, cria um laço com os mitos de origem dos porcos-do-mato, em que desempenha um papel decisivo e que, nesse particular, podem ser ordenados como segue:

$T_{\text{(humanos} \to \text{ porcos)}} = f^1$(fumaça de tabaco, M_{16}), f^2(fumaça de penas, M_{15}), f^3(amuleto de penas, M_{18}).

O fato de, nesta série, a função plenamente significante pertencer de fato ao tabaco resulta em primeiro lugar desse modo — o único logicamente satisfatório — de ordenar a série; e em seguida do caráter derivado de M_{18} em relação a M_{16}, já estabelecido de maneira independente; finalmente, e sobretudo, da versão kariri, que reservamos para esta ocasião.

M25 KARIRI: ORIGEM DOS PORCOS-DO-MATO E DO TABACO

No tempo em que o demiurgo vivia com os homens, estes lhe pediram para experimentar porcos-do-mato, que ainda não existiam. O Avô (nome do demiurgo) aproveitou uma ocasião em que todos estavam fora da aldeia, exceto as crianças de menos de dez anos, para transformá-las em porquinhos-do-mato. Quando os índios voltaram, ele os aconselhou a irem caçar, mas ao mesmo tempo fez com que todos os porquinhos subissem para o céu por uma grande árvore. Ao verem isso, os homens seguiram os porquinhos até o céu, onde começaram a matá-los. Então, o demiurgo mandou as formigas derrubarem a árvore, em volta da qual os sapos fizeram uma muralha com seus corpos. É por isso que eles têm a pele do dorso inchada, resultado das picadas que levaram.

As formigas derrubaram a árvore. Sem terem como descer, os índios emendaram seus cintos para fazer uma corda. Mas, como ela ficou muito curta, todos caíram ao chão e quebraram os ossos: "Por isso temos os dedos das mãos e dos pés partidos em tantos lugares e dobramos o corpo nas fraturas que nossos antepassados tiveram por causa dessa queda".

De volta à aldeia, os índios fizeram um banquete com a carne dos filhos transformados em porcos. Suplicaram ao Avô que descesse do céu (para onde havia ido junto com as crianças) e voltasse à aldeia: "Mas ele não quis e lhes deu o tabaco para ficar em seu lugar; eles o chamam Badzé; é por isso que fazem oferendas ao tabaco em certas épocas" (Martin de Nantes, 1706, pp. 228-31).

Por mais desfigurado que esteja este mito, contado por um missionário do final do século XVII que não perdia nenhuma oportunidade de demonstrar seu desprezo pelas crenças indígenas, percebe-se facilmente que ele apresenta um parentesco muito próximo com os outros mitos de origem dos porcos-do-mato, principalmente com o mito mundurucu (M_{16}). Em ambos os casos, é o tabaco, ou o velho Tabaco, que opera a disjunção da família humana, em homens de um lado e porcos do outro. Mas há também diferenças significativas.

Entre os Mundurucu, assim como nos outros mitos jê e tupi sobre o mesmo tema, o corte interrompe um laço de aliança; respeita a humanidade dos irmãos de mulheres e relega suas irmãs, e os maridos delas, para o lado da animalidade. Ao contrário, no mito kariri, o corte afeta um elo de filiação, na medida em que separa pais e filhos.

Já observamos uma transformação do mesmo tipo em certos mitos bororo (p. 140). Uma frase ambígua de Martin de Nantes: "As mulheres geralmente dominavam os maridos" (loc.cit., p. 8), poderia significar que, como os Bororo, os Kariri eram matrilineares e matrilocais. Mas o problema levantado pelo mito é mais complexo.

Em primeiro lugar, a ruptura de um elo de filiação aparece também, mas em segundo plano, nas versões mundurucu (M_{16}), warrau (M_{17}) e kayapó (M_{18}). Nelas, com efeito, a dispersão dos porcos-do-mato, libertados (ou reunidos) por imprudência ou por maldade por um enganador, acarreta o desaparecimento físico do filho do herói. O desaparecimento pode ser explicado por considerações do mesmo tipo daquelas invocadas anteriormente para interpretar o da mulher humana do jaguar (p. 128). Produto e símbolo da aliança matrimonial, a criança perde sua função semântica quando a aliança se rompe devido à transformação dos tomadores de mulheres em porcos. Os mitos efetivamente salientam essa função, de intermediário entre os cunhados.

Na realidade, todo doador é também um tomador. Mas, em relação a isso, os mitos mundurucu (M4 e M16) tratam de poupar o herói cultural Karusakaibe dos inconvenientes de uma situação ambígua. "Sem pai nem mãe" e possuidor exclusivo de um filho (Tocantins, 1877, p. 86), Karusakaibe já se encontra, por assim dizer, fora do circuito. Isso ocorre também numa outra versão (M109c), em que ele é um bastardo abandonado pela mãe e recolhido por um animal que o alimenta (Kruse, 1951-52, v. 46, p. 920; cf. adiante, p. 216). Às vezes, diz-se que ele é pai de duas crianças que nenhuma mulher gerou. Ou então que é casado com Sikrida (Shikirida), que se chamava Aybamán antes de se transformar temporariamente em peixe. Sikrida é ora a mãe do filho mais velho do demiurgo Korumtau (Korumtawbë, Carutau, Carú-Tarú, dependendo da versão) — mas neste caso ela o concebeu à distância, fecundada apenas pela palavra de Karusa-Kaibe, pois, como essa versão precisa, este "nunca teve relações sexuais com uma mulher" (Kruse, 1951-52, v. 46, p. 920). E então ela só aparece depois do nascimento sintético do segundo filho do demiurgo, que se casa com ela apenas para que cuide da criança. Quando é mãe verdadeira, Sikrida seduz o próprio filho (Strömer, 1932, pp. 133-6). Quando é ama do outro filho, ela o seduz também (Kruse, 1951-52, v. 47, p. 993), ou não consegue impedir que as mulheres da aldeia o seduzam (Tocantins, 1877, pp. 87-8).

Diretamente ou através de terceiros, a esposa teoricamente obtida dos "doadores de mulheres" comporta-se, portanto, como parte interessada e sob duas formas extremas, já que sedutora e incestuosa. Além disso, depois de ter perdido o filho mais velho, vítima dos porcos-do-mato, o demiurgo faz um outro filho, esculpido num tronco de árvore: ou seja, sem se colocar na posição de tomador de mulher, já que nesse momento ele já havia transformado os doadores em caça.

O mito cashinaua (M19) oferece uma inversão interessante desse esquema: a transformação dos pais e irmãos em porcos-do-mato resulta da recusa, por parte de uma jovem, de ser dada em casamento por eles. Ela também resolve o problema encontrando numa caixa (contrapartida feminina do tronco esculpido pelo demiurgo mundurucu) um filho sem pai e sem irmão, que ela toma como marido (Abreu, 1914, pp. 187-96).

Em segundo lugar, o mito kariri pode ser encontrado entre os Bororo ligeiramente transformado: é o mito de origem das estrelas (M_{34}), de que trataremos adiante (p. 168). Por enquanto, limitamo-nos a indicar que, nesse mito, as crianças sobem ao céu porque foram gulosas (kariri: porque seus pais se mostram comilões). As mães tentam, em vão, ir ao encalço deles, e, ao cair no chão, elas são transformadas em animais (kariri: seus pais que os seguem até o céu, tentam descer novamente, e é caindo que eles adquirem o esqueleto articulado, transformando-se assim em verdadeiros humanos).

O parentesco entre M_{25}, M_{15}, M_{16}, M_{18} (origem dos porcos-do-mato) se estabelece, portanto, graças ao tabaco, exigindo, porém, as seguintes transformações: eixo horizontal → eixo vertical; aliança → filiação. E o parentesco entre M_{25} e M_{34} (que é um mito de origem, não somente das estrelas, como também dos animais selvagens) se estabelece quanto ao eixo (vertical) e quanto ao laço de parentesco (filiação), com as transformações: mulheres → homens e regressão à animalidade → elevação à humanidade.

M_{23}	Um marido	tem uma	destruidora	de um marido	Tendo em vista
M_{24}	($\triangle$, aliança)	esposa onça,	por via oral	que sobe no alto de uma árvore.	uma busca animal (pássaros)
M_{26}	Uma mãe	tem um filho	protetora por	de um filho	Tendo em vista
	($\triangle$, filiação)	cobra;	via vaginal	que sobe no alto de uma árvore.	uma busca vegetal (frutas)

Sonata das boas maneiras

Assim, seria interessante investigar como os Bororo concebem a origem do tabaco. Dois mitos tratam disso. O primeiro:

M26 BORORO: ORIGEM DO TABACO (1)

Os homens voltavam da caçada e, como de costume, tinham chamado as mulheres com assobios, para que elas viessem encontrá-los e ajudá-los a carregar a caça.

Assim, uma mulher, chamada Aturuaroddo, colocou nas costas um pedaço de sucuri que o marido havia matado; o sangue que escorreu da carne penetrou-a e fecundou-a.

Ainda no ventre materno, o "gerado pelo sangue" conversa com a mãe e se oferece para ajudá-la a colher frutos silvestres. Sai sob a forma de uma cobra, sobe na árvore, colhe os frutos e joga-os para a mãe. A mãe tenta fugir, mas a cobra a alcança e retorna ao abrigo uterino.

Assustada, a mulher conta tudo aos irmãos mais velhos, que preparam uma emboscada. Assim que a cobra sai para subir na árvore, a mãe foge correndo, e quando a cobra desce para reencontrar a mãe, os irmãos a matam.

O cadáver foi queimado numa fogueira, e de suas cinzas nasceram o urucunzeiro, a resina, o fumo, o milho, o algodão... (Colb. e Albisetti, 1942, pp. 197-9).

Esse mito é rigorosamente simétrico aos mitos toba e terena de origem do tabaco (M_{23}, M_{24}):

que a esposa não deveria comer (mas come);	disjunção por causa do marido	Mãe morta por aliados (= filhos, em filiação pat.)	↘	vítima incinerada, origem do tabaco
que a mãe deveria comer (mas não come);	disjunção por causa da mãe	Filho morto por parentes (= tios maternos, em filiação mat.)	↗	

O segundo mito bororo de origem do tabaco remete ao herói Baitogogo (M_2), que, depois de se ter instalado em sua morada aquática, depositou o "tabaco das almas" no ventre de um peixe:

156   *Parte II*

M27 BORORO: ORIGEM DO TABACO (2)

Os pescadores estavam instalados na beira do rio para assar os peixes. Um deles pegou a faca, abriu a barriga de um kuddogo (peixe não identificado; port. "abotoado", *EB*, v. 1, p. 748) e lá descobriu o tabaco.

Ele escondeu o peixe e começou a fumar à noite, escondido de seus companheiros. Mas eles sentiram o cheiro e descobriram o segredo. Então ele resolveu compartilhar o tabaco. Mas os índios engoliam a fumaça em vez de expeli-la. "Não fumem assim à toa", explicou um Espírito sobrenatural, na forma de vampiro. "Mas, antes, digam: 'pufff... meu avô, recebei aí a fumaça, afastai de mim todo o mal!' Assim fazendo, nada lhes acontecerá; do contrário, terão um grande castigo, pois este fumo é meu." Os índios não obedeceram; por isso, na manhã seguinte, estavam praticamente cegos, transformados em ariranhas.[7] É por isso que as ariranhas têm olhos muito pequenos (Colb. e Albisetti, 1942, pp. 211-2).

Desta vez, é com o mito kariri de origem do tabaco que se estabelece uma relação de simetria, já que o tabaco desempenhava um papel de mediador entre terra e céu, que recupera aqui, entre terra e água (devido à crença bororo numa morada aquática das almas). Uma vez que homens adquiriram um esqueleto articulado, diz o mito kariri, tornaram-se verdadeiros humanos e podem evitar ser totalmente desligados do céu, mediante oferendas *ao* tabaco. Uma vez que os homens se recusaram a fazer oferendas *de* tabaco, explica o mito bororo, deixaram de ser verdadeiros humanos e se tornaram animais condenados a viver "na superfície" da

---

7. Bororo: *ippie, ipie*; termo que, em M21, Colbacchini traduz como "lontra" e que, no glossário, define de um modo estranho: "ariranha: um bichinho que fica à flor d'água" (p. 422). Cf. Magalhães (1918, p. 39) e *EB* (1:, p. 643): *ipie*, "ariranha". Normalmente, ariranha designa a lontra gigante (*Pteroneura brasiliensis*), que pode ter mais de dois metros de comprimento, mas no Brasil central e meridional o termo se aplica à lontra comum (Ihering, v. 36, p. 379).

Uma versão mais antiga (Colb., 1925, pp. 210-1) não contém o episódio do vampiro. É o próprio Baitogogo que se irrita ao ver os homens fazendo mau uso do tabaco e que provoca sua transformação em ariranhas.

Convém deixar claro que o termo bororo *méa* não designa unicamente o tabaco de verdade e as espécies vizinhas do gênero *Nicotiana*, mas também vários tipos de folhas aromáticas igualmente fumadas. Segundo nossas fontes, M26 estaria se referindo à *Nicotiana tabacum*, que pertence ao clã bokodori, e M27 a uma anonácea controlada pelo clã paiwoe (Colb., 1925, p. 212; Colb. e Albisetti, 1942, p. 213; *EB*, v. 1, pp. 787, 959).

Sonata das boas maneiras

água, e ainda por cima cegos: privados de "abertura" para o exterior, devido à sua "continência" exagerada, traduzida na recusa de exalar a fumaça do tabaco ("porque eles não viram o tabaco", diz Colb., 1925, p. 211).

Finalmente, para arrematar a demonstração da unidade do grupo, notaremos a recorrência do motivo do fumante clandestino em M_{24}, M_{27}, assim como numa variante ashluslay, citada por Métraux (1946, p. 64) e mitos toba de origem do tabaco, com a intervenção de um mocho, que, por sua função de conselheiro dos homens, lembra o vampiro de M_{27}. De fato, a clandestinidade reforça (ou substitui, no mito ashluslay) a continência exagerada, já que na América do Sul o ato de fumar é essencialmente social, ao mesmo tempo que estabelece a comunicação entre os homens e o mundo sobrenatural.

Recordemos que os mitos de origem do tabaco chamaram antes de mais nada a nossa atenção na medida em que alguns deles também dizem respeito à origem da onça, e esperávamos que os mitos de origem da onça nos levassem de volta ao tema do desaninhador de pássaros. Ora, é exatamente o que acontece; o marido da mulher-onça é um desaninhador de pássaros (cf. M_{22}, M_{23}, M_{24}) parente dos heróis do mito de referência (M_1) e dos mitos jê de origem do fogo (M_7 a M_{12}).

Em todos esses mitos, o herói sobe ao alto de uma árvore (ou de um rochedo) para desaninhar papagaios. Em todos, os pássaros são destinados a um companheiro que permanece embaixo: ou um cunhado que é *antes* um cunhado humano, *depois* um cunhado animal; ou uma esposa *antes* humana, *depois* animal.

Ao cunhado humano — que não pretende comê-los — o herói de M_7 nega os pássaros; mas entrega-os ao cunhado animal, para que ele os coma.

Em compensação, o herói de M_{22} a M_{24} destina os pássaros à sua esposa humana; mas, ao notar que ela os come (o que o conscientiza de sua natureza animal), passa a negá-los, substituindo os filhotes por pássaros que já sabem voar, e, portanto, mais difíceis de agarrar (M_{23}, M_{24}). Esses pássaros estão, por assim dizer, além do filhote, assim como os ovos jogados pelo herói de M_7 e M_{12} estavam aquém.

Nos mitos jê, os filhotes entregues ao jaguar (macho) permitiam que o herói conquistasse a fera, e, portanto, se aproximasse dela; nos mitos toba, mataco, terena, eles permitem que o herói afaste de si a onça (fêmea).

Finalmente, o fogo sempre desempenha um papel: ou como fogo "construtor", nos mitos jê que se referem à origem do fogo de cozinha; ou como fogo destruidor, nos mitos do Chaco sobre a origem da onça e do tabaco, já que nestes casos trata-se de uma pira crematória, das cinzas da qual nascerá, contudo, o tabaco: isto é, uma planta que, antes de ser consumida, é exposta ao sol, em vez de ser cozida no fogo doméstico — que é tratada, portanto, de maneira anticulinária, exatamente como a carne era tratada pelos homens antes que estes conhecessem o fogo (M_7 a M_{12}); e que é queimada ao ser ingerida, o que é um outro modo anticulinário de tratar um alimento.

Assim, tudo se encaixa: a fumaça do tabaco engendra os porcos-do-mato, de onde vem a carne. Para assar carne, é preciso que um desaninhador de pássaros consiga o fogo de cozinha do jaguar; e finalmente, para se livrar do jaguar, é preciso que um outro desaninhador de pássaros queime seu cadáver numa fogueira, dando assim origem ao tabaco. A relação entre os três grupos de mitos pode ser representada pelo esquema abaixo, que ao mesmo tempo ilustra e justifica o título "rondó" dado a esta parte:

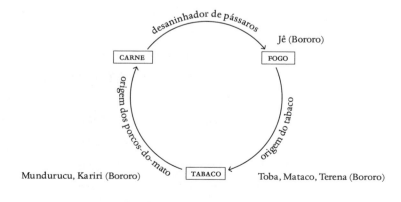

7. Mitos de carne, de fogo e de tabaco.

Sonata das boas maneiras

[NOTA] Para obter as transformações bororo, aplicam-se as seguintes regras:

    1.   fogo → água

já que: a) o desaninhador de pássaros de M_1 é um dono da água celeste, extintor dos fogos de cozinha; b) o tabaco se origina na água terrestre, morada dos peixes (M_{27}).

Ou então:

    2.   fogo → fogo;

mas então é preciso, segundo M_{26}:

    2.1   jaguar (≡ fogo) → cobra (≡ água)

No caso 1, transforma-se em seguida:

    1.1   tabaco exalado → tabaco ingerido (segundo M_{27});

    1.2   porcos-do-mato → "ariranhas" (segundo M_{27}).

Depois:

    1.2.1. carne → peixe

por causa de M_{21}, em que as "ariranhas" são dadas como donas dos peixes, enquanto os homens são transformados em porcos por terem ingerido gulosamente frutos que picam (que não deveriam ser assim), em vez de tabaco (em M_{27}); o qual, segundo M_{26}, só é bom se for picante: "quando o tabaco era forte, os homens diziam: é forte! é bom! Mas quando não era forte, diziam: é ruim! não pica!" (Colb. e Albisetti, 1942, p. 199).

    1.2.2. jaguar → "ariranhas"

Convém dedicarmos uma certa atenção à transformação 1.2.1., cuja validade parece à primeira vista, contestável. Com efeito, se substituirmos as ariranhas pelos peixes, pois elas são donas deles, isso implica que a carne substitui o porco-do-mato em virtude do mesmo princípio: é preciso, portanto, que os porcos-do-mato não sejam somente "carne" como nos contentamos em admitir até o momento, mas também — e de modo análogo às ariranhas — donos de alimento, neste caso, os donos da carne. Ora, como os porcos poderiam se encontrar, ao mesmo tempo, em posição de carne e de donos desse alimento?

A etnografia comprova, no entanto, essa exigência a priori da análise formal. No que diz respeito às ariranhas, em primeiro lugar por M_{21}, em que esses animais desempenham efetivamente o papel de donos dos peixes, e em seguida pelo uso que os Bororo fazem de uma planta mágica chamada "da ariranha", *ipié uiorúbo*, que é esfregada nas redes para garantir uma pesca abundante (*EB*, v. I, pp. 643-4).

A planta correspondente, controlada pelos porcos-do-mato (*Jugo*, ou *Dicotyles labiatus*; *Dicotyles torquatus* é *Jui*), chama-se em bororo *Jugo-dogé eime Jéra uiorúbo*: "vegetal mágico do queixada, guia de uma manada de porcos". É a palmeira acuri (*Attalea speciosa*), cujos frutos são apreciados pelos porcos; por isso os chefes espalham as folhas pela aldeia, "a fim de que os súditos sejam obedientes como são os queixadas a seu guia" (*EB*, v. I, p. 692). Se a ariranha é heterônoma, dona de uma espécie que não é a sua, o porco, por sua vez, é autônomo, já que comanda sua própria espécie. Concebe-se, assim, que o pensamento indígena possa situá-lo ao mesmo tempo como carne e como dono da carne.

Reforçando a dupla de oposições ariranha/porco-do-mato, lembraremos também que em M21 os homens se transformam em porcos porque engoliram espinhos juntamente com a polpa das frutas, ao passo que as ariranhas têm a reputação de comerem apenas a carne dos peixes grandes, deixando de lado a cabeça e as espinhas (Ihering, 1940, v. 32, p. 373). Um mito guianense explica pormenorizadamente por que a lontra consome o corpo do caranguejo e deixa as pinças (K.G., 1916, pp. 101-2).

c) A civilidade pueril

Demonstramos que existe uma relação de simetria entre os cunhados de um grupo jê. Essa simetria também se manifesta de um outro modo.

Um homem pede ao jovem irmão de sua mulher que suba até um ninho para pegar pássaros para ele. Em vez de obedecer, o menino dá ao cunhado *a sombra em lugar da presa*. Dependendo da versão, ele fica com medo de pegar a presa, ou joga, no lugar dos pássaros, ovos que se espatifam no chão, ou ainda, em vez de ovos, joga pedras que ferem o cunhado.

Quando aparece o segundo "cunhado", o jaguar, o herói adota em relação a ele um comportamento duplamente inverso. Em primeiro lugar, não deixa a fera perseguir sua sombra no chão: em vez de zombar dos esforços ridículos do animal, ele se entrega. E, quando o jaguar lhe pergunta sobre o conteúdo do ninho, ele responde a verdade e, duas vezes seguidas (já que há dois filhotes), entrega-lhe a presa.

Demonstraremos que é porque o herói contém a zombaria e a enganação em relação ao jaguar, ou mais exatamente, porque contém o riso, que este não só não o devora, como lhe *comunica* as artes da civilização.

Vários mitos americanos comprovam que não existe situação mais risível ou ridícula do que a do personagem que troca a presa pela sombra ou tenta agarrar a sombra em vez da presa. Para confirmar, eis um mito dos Warrau da Guiana, suficientemente explícito para nos convencer disso; mesmo porque os outros elementos desse mito serão mais tarde conectados àqueles que dele extrairemos inicialmente.

M28 WARRAU: ORIGEM DAS ESTRELAS

Certa vez, havia dois irmãos, sendo o mais velho um grande caçador. A cada dia que passava, ele se afastava mais em busca de caça, e assim, um dia, chegou a um riacho que nunca havia visto. Ele subiu numa árvore da margem, para surpreender os animais que viessem beber água. De repente, viu uma mulher se aproximar chafurdando na água e achou estranhos os seus movimentos. Toda vez que ela enfiava a mão na água, pegava dois peixes, e toda vez ela comia um e colocava o outro no cesto. Era uma mulher grande, um ser sobrenatural. Ela tinha na cabeça uma cabaça, que de vez em quando pegava e jogava na água, fazendo-a rodopiar como um pião. Então ficava parada, olhando a cabaça, e depois prosseguia.

O caçador passou a noite na árvore e no dia seguinte voltou para a aldeia. Contou a aventura ao irmão mais novo, que implorou para acompanhá-lo, a fim de ver "uma tal mulher, capaz de pegar e devorar tantos peixes". "Não", respondeu o mais velho, "porque você ri à toa e poderia rir dela." Mas o caçula prometeu ficar sério e o irmão acabou concordando em levá-lo.

No riacho, o mais velho subiu na mesma árvore, que ficava um pouco afastada da margem; para não perder nada do espetáculo, o caçula fez questão de se instalar numa árvore mais bem situada e sentou-se num galho inclinado sobre a água. Logo, a mulher apareceu, e recomeçou a agir como de costume.

Ao chegar abaixo do caçula, ela percebeu sua sombra, refletida na água. Tentou agarrá-la, mas não conseguia; insistiu: "Ela enfiava bem depressa a mão na água, primeiro de um lado, depois do outro, com gestos tão estranhos, e contorções tão ridículas, que o menino que estava acima dela não conseguiu conter o riso diante dessas tentativas malogradas de pegar a sombra em vez da presa. Ele ria, e ria, sem conseguir parar".

Então a mulher levantou os olhos e descobriu os dois irmãos; mandou o mais jovem descer, mas ele não obedeceu. Furiosa por ter sido ridicularizada, a mulher mandou formigas venenosas (*Eciton* sp.) para atacá-lo; elas picaram e morderam o menino com tanta força que, para escapar delas, ele teve de se jogar na água. A mulher o agarrou e comeu-o.

Em seguida, ela prendeu o mais velho dentro do cesto bem fechado. Depois foi para casa, depositou o cesto no chão e proibiu as duas filhas de mexerem nele.

Mas, assim que ela virou as costas, as duas foram depressa abrir o cesto. Ficaram encantadas com a aparência física do herói e com suas habilidades de caçador. Apaixonaram-se por ele, e a mais nova o escondeu em sua rede.

Quando a ogra se preparava para matar e comer o prisioneiro, as meninas confessaram sua desobediência. A mãe concordou em poupar o genro inesperado, contanto que ele pescasse para ela. Mas, por mais que ele pescasse, ela sempre comia tudo, exceto dois peixes. E o herói ficou tão cansado que adoeceu.

A filha mais nova, que agora era mulher dele, concordou em fugir com ele. Um dia, ele disse à sogra que tinha deixado o que pescara na canoa, como de costume, e que ela devia ir buscar (um pescador não podia carregar o próprio peixe, para não perder a sorte na pesca). Mas ele deixou um tubarão (ou um crocodilo) sob a canoa; a ogra foi devorada.

A filha mais velha descobriu o assassinato, afiou a faca, perseguiu o culpado. Quando estava prestes a alcançá-lo, ele mandou sua mulher subir numa árvore e subiu em seguida. Mas não foi rápido o bastante para evitar que a cunhada lhe cortasse uma perna. O membro ganhou vida, tornou-se a Mãe dos Pássaros (*Tinamus* sp.). À noite, ainda se pode ver no céu a mulher do herói (as Plêiades), mais embaixo, ele mesmo (as Híadas), e, ainda mais embaixo, a perna cortada (o Cinturão de Orion) (Roth, 1915, pp. 263-5 para uma variante longínqua, cf. Veríssimo, in Coutinho de Oliveira, 1916, pp. 51-3).

Esse mito merece nossa atenção por várias razões.

Antes de mais nada, está próximo de outros mitos já examinados, como o mito bororo da origem das doenças (M5), cuja heroína, também grande

Sonata das boas maneiras

comedora de peixe, e "ogra" a seu modo, é desmembrada como o herói deste último mito, responsável pelo assassinato da ogra. Temos, portanto, três motivos comuns, embora distribuídos diferentemente: o da ogra, o dos peixes e o do desmembramento. A ogra warrau também se aproxima da dos mitos apinayé (M9) e guarani-mbyá (M13), que captura um herói trepado numa árvore (versão mbyá) e o prende no cesto para comê-lo na companhia das duas filhas. E outros mitos, sobre o tema da aliança entre jaguares e humanos, contêm o motivo do prisioneiro escondido, pelo qual as filhas do "ogro" se apaixonam.

De um ponto de vista formal, o mito warrau coloca em evidência uma propriedade do pensamento mítico que temos frequentemente a ocasião de invocar em nossas interpretações. Os gestos da ogra, descritos no início do mito, consistem, como vimos, em pescar sempre dois peixes, comendo um e guardando o outro. Tudo indica que esse estranho comportamento tem por função exclusiva prefigurar o comportamento da ogra em relação a suas duas vítimas humanas, uma é comida, a outra jogada no cesto. O primeiro episódio, portanto, não basta. É introduzido como um molde para a matéria do episódio seguinte, que, de outro modo, poderia permanecer fluida demais. Pois é o mito, e não o ogro, que insiste em que sejam diferentemente tratados um irmão discreto e um irmão imprudente. Para o apetite de um ogro, ambos são igualmente bons, a menos que, justamente, se trate de um ogro maníaco, cujos tiques são imaginados pelo mito com o único intuito de lhes conferir retrospectivamente um sentido. Esse exemplo mostra, assim, claramente, o caráter de totalidade organizada de todo mito, em que o desenrolar do relato explicita uma estrutura subjacente, independente da relação entre o antes e o depois.

E, principalmente, a situação inicial evocada pelo mito é exatamente a do desaninhador de pássaros: herói preso num local alto, árvore ou rochedo; e descoberto por um "ogro", real ou imaginário, quando traído pela sombra que projeta abaixo de si. As diferenças podem então ser enunciadas como se segue. Num caso, a elevação do herói é voluntária; ele zomba do ogro quando este persegue sua sombra; e finalmente serve de alimento para o ogro ou (se não zombou dele) tem de alimentá-lo com peixe, alimento aquático. No outro caso, sua elevação é involuntária; ele toma o cuidado de não zombar do ogro; e é alimentado por este com carne de caça, alimento terrestre (depois de ter alimentado o ogro com pássaros, alimento aéreo).

Portanto, o mito warrau coloca em cena, de um lado, uma personagem feminina, gulosa, e em posição "aquática" (no início do mito, chafurdando na água e comendo peixes; no final, arriscando-se demais na água e sendo comida por um peixe); do outro, uma personagem masculina, comedida (no início do mito, se abstém de rir; no final, fornece à ogra um alimento que ele mesmo não come, ou quase não come), e em posição "celeste" (no início do mito, instalado num galho de uma árvore alta; no final, transformado em constelação).

Essa tripla oposição, entre macho e fêmea, alto e baixo, moderado e imoderado, constitui a armação de um outro grupo de mitos, que é indispensável introduzir antes de seguir adiante. Referem-se à origem das mulheres.

M29 XERENTE: ORIGEM DAS MULHERES

Antigamente, não existiam mulheres, e os homens eram homossexuais. Um deles ficou grávido e, como não podia parir, morreu.

Um dia, alguns homens viram, refletida na água de um riacho, a imagem de uma mulher escondida no alto de uma árvore. Durante dois dias, eles tentaram pegar o reflexo. Finalmente, um homem levantou os olhos e viu a mulher; fizeram-na descer, mas, como todos os homens a queriam, eles a cortaram em pedaços e os repartiram. Cada um deles embrulhou seu pedaço numa folha e colocou o pacote numa fenda da parede de sua cabana (como se costuma fazer para guardar objetos). Depois, foram caçar.

Na volta, foram precedidos por um batedor, que constatou e avisou os outros que todos os pedaços haviam se transformado em mulheres. À suçuarana (*Felis concolor*), que tinha ficado com um pedaço de peito, coube uma bela mulher; à seriema (*Cariama cristata, Microdactylus cristatus*), uma mulher magra, pois ela havia puxado excessivamente o seu pedaço. Mas cada homem ficou com uma mulher e, a partir de então, quando iam caçar, levavam as mulheres com eles (Nim., 1939, p. 186).

Sonata das boas maneiras

Esse mito provém de uma das tribos jê que nos permitiram constituir o grupo dos mitos de origem do fogo. Mas o Chaco oferece todos os tipos de variantes, entre as quais uma, que, apesar da distância, é surpreendentemente próxima do texto xerente:

M30 CHAMACOCO: ORIGEM DAS MULHERES

Um rapaz que estava deitado na rede, doente, viu a vulva de sua mãe, que havia subido no teto da cabana para consertar o telhado. Tomado de desejo, ele esperou que ela descesse e a violentou. Depois, ele relaxou e revelou a ela o segredo das máscaras, que ela contou às outras, quando nenhuma mulher deveria sabê-lo.

Quando os homens perceberam, mataram todas as mulheres, exceto uma, que, transformada em veado, conseguiu escapar. Mas eles não se acostumavam aos trabalhos femininos.

Um dia, um homem passava sob a árvore onde a sobrevivente está empoleirada. Ela cospe para chamar sua atenção. O homem tenta subir na árvore, mas não consegue por causa do pênis ereto; antes de desistir do intento, ele cobre o tronco de esperma. Os outros homens aparecem e conseguem chegar até a mulher a partir das árvores vizinhas. Eles a violentam e a cortam em pedaços, que, ao caírem, se embebem do esperma espalhado no tronco. Cada homem pega um pedaço e o leva para casa. Depois, todos vão pescar.

Dois xamãs, enviados como batedores, informam que os urubus comeram os pedaços de mulher. Os índios voltam para a aldeia e encontram-na cheia de mulheres e crianças. Cada um fica com a esposa originária de seu pedaço. Os pedaços de coxa haviam dado origem a mulheres gordas; os dedos, a mulheres magras (Métraux, 1943, pp. 113-9).

Eis agora duas outras versões do Chaco:

M31 TOBA-PILAGA: ORIGEM DAS MULHERES

Antigamente, os homens costumavam caçar e colocar as provisões de carne no telhado das casas. Um dia, quando eles estavam fora, as mulheres desceram do céu e roubaram toda a carne. O mesmo fato se repetiu no dia seguinte, e os homens (que ignoravam a existência das mulheres) colocaram Coelho como sentinela.

166 *Parte II*

Mas Coelho dormiu o tempo todo e a carne assada foi roubada. No dia seguinte, Papagaio ficou de guarda, escondido numa árvore, e viu as mulheres, que tinham a vagina dentada. A princípio quieto e imóvel, Papagaio jogou uma fruta da árvore nas mulheres que banqueteavam embaixo. As mulheres começaram a acusar umas às outras; depois, descobriram Papagaio e começaram a brigar para tê-lo como marido. Jogavam coisas umas nas outras e um dos projéteis cortou a língua de Papagaio. Sem poder falar, reduzido a gestos, ele não conseguia explicar aos homens o que tinha acontecido.

Então foi a vez de Gavião ficar de guarda; ele se armou com dois propulsores. O primeiro errou o alvo e fez com que as mulheres o descobrissem. Primeiro, elas brigaram para tê-lo como marido, depois tentaram matá-lo lançando projéteis, mas Gavião conseguiu cortar com o outro propulsor uma das duas cordas que as mulheres usavam para descer e subir ao céu (uma das cordas para as mulheres bonitas, outra para as feias). Várias mulheres caíram, e penetraram na terra, mas Gavião pegou duas para ele.

Chamou os companheiros. Só Iguana o escutou, mas, como ele tem orelhas minúsculas, os outros homens não queriam crer que sua audição pudesse ser melhor do que a deles. Finalmente, Gavião conseguiu se fazer ouvir...

Tatu tirou as mulheres da terra e as distribuiu aos companheiros (Métraux, 1946, pp. 100-3).

Na última parte, que resumimos bastante, o mito explica como os homens conseguem superar as vaginas dentadas e como várias espécies animais adquiriram as características distintivas. Não se deve esquecer, com efeito, de que nos tempos míticos os homens se confundiam com os animais. Por outro lado, os mitos desse grupo não pretendem dar conta apenas da origem das mulheres, mas também de sua diversidade: por que elas são jovens ou velhas, gordas ou magras, bonitas ou feias, e até mesmo por que algumas são vesgas. O isomorfismo assim afirmado entre a diversidade (externa) das espécies animais e a diversidade (interna) da parte feminina de uma espécie particular não é desprovido de sabor, nem de significação.

Devemos ainda notar que o mito precedente evoca duas vezes seguidas os perigos que ameaçam a vida humana, sob a forma de cobras venenosas e da mortalidade infantil. Esta se deve ao fato de Pomba ter sido a primeira a engravidar, devido às disposições amorosas do marido;

Sonata das boas maneiras 167

ora, as pombas têm uma saúde frágil. Voltaremos a encontrar esse tipo de problema quando discutirmos o que se refere à vida breve num mito apinayé de origem do fogo (M9; cf. adiante, pp. 205-26).

M32 MATACO: ORIGEM DAS MULHERES

Antigamente, os homens eram animais que falavam. Eles não tinham mulheres e se alimentavam dos peixes que pescavam em grandes quantidades.

Um dia, perceberam que as provisões haviam sido roubadas e deixaram um papagaio como vigia. Empoleirado no alto de uma árvore, ele viu mulheres descendo do céu por uma corda. Elas se empanturraram e adormeceram à sombra da árvore. Em vez de dar o alarme, como lhe tinha sido ordenado, o papagaio começou a jogar pequenos ramos nas mulheres, que acordaram e o viram. Elas o bombardearam com grãos, e um deles atingiu sua língua, que ficou preta desde então.

O iguana ouve o barulho do combate e avisa os companheiros; mas, como todos acham que ele é surdo, ninguém lhe dá ouvidos. Quanto ao papagaio, ficou mudo.

No dia seguinte, o encarregado da vigia é o lagarto, mas as mulheres capturam-no e lhe arrancam a língua. Ele também fica mudo. Os homens deliberam e confiam a guarda da aldeia ao gavião, que as mulheres não veem, pois a cor de suas penas se confunde com a do tronco da árvore em que ele fica escondido. O gavião dá o alarme; apesar de bombardeado pelos projéteis das mulheres, ele consegue cortar a corda. A partir de então, os homens tiveram mulheres (Métraux, 1939, p. 51).

O fim do mito mataco, assim como o do mito toba, explica por que certas mulheres ficaram vesgas, em consequência de um gesto equivocado do tatu, durante a escavação do solo para tirar as mulheres que tinham ficado enterradas devido à queda, e como os homens tiraram as vaginas dentadas das mulheres. Métraux (1946, pp. 103-7) fez um breve estudo da distribuição desse mito, que vai da Argentina à Guiana. Ao norte dos Xerente, cuja versão resumimos, é conhecido entre os Kariri e os Aruak da Guiana (Martin de Nantes, 1706, p. 232; Farabee, 1918, p. 146).

A versão kariri não contém o motivo da mulher "celeste", mas se aproxima da versão xerente por fazer as mulheres nascerem dos pedaços

168   *Parte II*

de uma vítima sacrificada. A versão taruma de Farabee é invertida em relação às precedentes, já que as mulheres estão inicialmente em posição baixa, são pescadas pelos homens (e, portanto, aquáticas, em vez de celestes); em compensação, ela tem em comum com as versões argentinas o motivo das sentinelas enganadoras ou negligentes. Os Kadiwéu, outrora vizinhos meridionais dos Bororo, contam (M33) que o demiurgo tirou a humanidade primitiva do fundo de um lago de onde os homens saíam sorrateiramente para roubar seu peixe, até que um pássaro, colocado como sentinela, desse o alarme, após vários outros terem adormecido (Ribeiro 1950, pp. 144-5). Essa versão aberrante parece assinalar uma "falha" mitológica que passaria entre as tribos do Chaco e os Bororo, entre os quais o mito se reconstitui com todas as suas características estruturais, apesar de um conteúdo diferente e embora a posição das mulheres seja invertida (cf. p. 155).

M34 BORORO: ORIGEM DAS ESTRELAS

As mulheres tinham ido colher milho, mas não conseguiam uma boa colheita. Então, levaram um menino pequeno, que encontrou várias espigas. Lá mesmo, elas moeram o milho para fazer pão e bolos para os homens comerem quando eles voltassem da caçada. O menino roubou uma enorme quantidade de grãos e os escondeu dentro de bambus; levou-os para a avó, e pediu-lhe que fizesse pão de milho para ele e seus amigos.

A avó atendeu o pedido e os meninos se regalaram. Depois, para esconder o roubo, cortaram a língua da velha e a de um papagaio doméstico, e soltaram todos os pássaros que eram criados na aldeia.

Temendo a reação dos pais, eles fugiram para o céu, subindo por um cipó cheio de nós, que o colibri havia concordado em prender.

Entrementes, as mulheres voltaram à aldeia e procuraram os meninos. Interrogaram, em vão, a mulher e o papagaio, privados da língua. Uma delas vê o cipó e a fila de meninos subindo. Eles fingem não ouvir as súplicas e se apressam. Desesperadas, as mães sobem atrás deles, mas o ladrão, que era o último da fila, corta o cipó assim que chega ao céu: as mulheres caem e se espatifam no chão, transformando-se em animais e feras. Como castigo pela maldade, os meninos, transformados em estrelas, contemplam toda

Sonata das boas maneiras

noite a triste condição de suas mães. São os olhos que vemos brilhar (Colb. e Albisetti, 1942, pp. 218-9).

Com o mito warrau, havíamos partido da origem das estrelas. Ei-nos de volta a ela. Além disso, e como nos mitos do Chaco, a pessoa que permanecera de vigia na aldeia — aqui a avó — é emudecida (assim como o papagaio, animal doméstico entre os Bororo). O mutismo é posto em correlação com a surdez, ou de animais intermediários (guardas da aldeia, ou batedores), ou de termos polares, mas também em situação de intermediários (os meninos a meio caminho entre o céu e a terra, que fingem não ouvir as mães). Em ambos os casos, a disjunção ocorre entre indivíduos machos e indivíduos fêmeas; mas, num caso, trata-se de maridos virtuais e de mulheres que ainda não procriaram; no outro, trata-se de mães e de filhos (os pais só aparecem, nesse mito dos Bororo matrilineares, "para constar"). No Chaco, a disjunção representa a situação inicial e se resolve em conjunção no final. Entre os Bororo, é a conjunção que representa a situação inicial e que acaba se resolvendo em disjunção (extrema, aliás: estrelas de um lado, animais do outro). Um dos polos da oposição sempre se caracteriza pela gulodice (as mulheres celestes do Chaco, os meninos estelares dos Bororo), e o outro polo, pela moderação (os homens voluntariamente econômicos com a carne ou o peixe; as mulheres, involuntariamente parcimoniosas com os grãos). Na próxima página, o quadro das transformações.

Seria interessante estudar esse grupo por si mesmo, ou fazer dele o ponto de partida de um estudo mais geral, que levaria de volta a alguns dos mitos que abordamos por um outro meio. Vimos que o mito bororo de origem das estrelas (M_{34}) está intimamente aparentado, por sua estrutura, ao mito kariri de origem dos porcos-do-mato (M_{25}), que, sob a perspectiva que tínhamos então, parecia ocupar uma posição marginal. M_{34} também apresenta uma simetria direta com M_{28}, em função de uma oposição que lhes é própria entre o "povoamento" do céu (pelas constelações) e o da terra pelas espécies animais. Os mitos toba e mataco (M_{31}, M_{32}), por sua

	ALTO / BAIXO △	ALTO / BAIXO ○	△ / ○	IDADE	CONJUNÇÃO / DISJUNÇÃO	ALIMENTO	SENTINELA / BATEDOR	PROVOCAÇÃO (1) / RESERVA (2)	RESERVA SALUTAR OU EQUIVOCADA	HUMANO / NÃO-HUMANO
M28	A céu	B água	aliados	○ > △	C → D	animal, aquático	sentinela	1. riso 2. silêncio	+	H → NH
M29	B terra	A céu	cônjuges	△ = ○	D → C	animal, terrestre	batedor	silêncio	−	H → H
M30	B terra (água?)	A céu	cônjuges	△ = ○	C → D D → C	animal, aquático	batedor	1. provocação 2. mentira, cegueira	−	(H → NH) H → H
M31	B terra	A céu	cônjuges	△ = ○	D → C	animal, terrestre	sentinela	1. provocação 2. silêncio: sono, mutismo, surdez	−	NH → H
M32	B terra (água?)	A céu	cônjuges	△ = ○	D → C	animal, aquático	sentinela	1. provocação 2. silêncio: mutismo, surdez	−	NH → H
M34	A céu	B terra	parentes	○ > △	C → D	vegetal, terrestre	sentinela	2. silêncio: mutismo, surdez	−	H → NH H → NH

vez, remetem ao mito mundurucu de origem dos porcos-do-mato (M16) por intermédio do tatu desajeitado (que também intervém no mito kayapó sobre o mesmo tema (M18), na pessoa de O'oimbre); finalmente, aos mitos bororo da primeira parte (M2, M5), em que tatus desempenham um papel simétrico ao que têm no Chaco e entre os Mundurucu: coveiros de mulheres em vez de encarregados de sua exumação.

A essas transformações correspondem outras, cuja armação é formada por um sistema, conjunção/disjunção, operando em dois níveis: um aproximado (homens e mulheres), o outro afastado (alto e baixo):

WARRAU (M28)	XERENTE-CHAMACOCO (M29-30)	TOBA-MATACO (M30-31)	BORORO (M34)
Céu (estrelas) ↗		Céu ↗	Céu (estrelas) ↗
	○ ↘	○ ↘	△ ↗
	△ ↗	△ ↗	○ ↘
Água ↘		Terra ↘	Terra ↘

Esse quadro levanta dois problemas: 1) Existem uma conjunção no mito warrau e uma disjunção no mito xerente? Quais? 2) O mito bororo, que parece ser duplamente disjuntivo, seria conjuntivo num outro plano?

Arriscamo-nos a sugerir que, apesar das aparências, a conjunção realmente existe nos mitos warrau e bororo, e a disjunção, no mito xerente.

Se a conjunção não é imediatamente perceptível no mito warrau, isso se deve ao fato de ela se encontrar, de certo modo, interiorizada em benefício exclusivo do polo celeste onde marido e mulher são, a partir de então, aproximados pela contiguidade natural das constelações enumeradas: Plêiades, Híadas, Orion.

A disjunção parece totalmente ausente do mito xerente, em que as relações entre céu e terra não são diretamente evocadas. Mas sua disjunção, alhures provocada, é aqui substituída por uma disjunção evitada, num eixo que, de vertical, passa a horizontal: trata-se, com efeito, da disjunção das mulheres, risco que correriam os maridos se viessem a separar-se delas; por isso, esclarece o texto, eles terão o cuidado de levá-las quando saírem para caçar.

Esta última interpretação talvez pareça frágil; e, no entanto, ela se encontra validada pelo simples fato de que basta inverter-lhe o esquema para descobrir a conjunção que falta no mito bororo: conjunção implícita, mas simétrica, da disjunção explicitamente rejeitada pelo mito xerente. Consiste, neste caso, na transformação das mulheres em caça (em vez de companheiras de caça); igualmente solidárias de seus maridos caçadores, mas no antagonismo em lugar da colaboração. Já encontramos outros exemplos dessa transformação, que parece ser típica da mitologia bororo.

Se não levamos mais adiante a análise desses mitos, é porque apelamos a eles para cumprir um papel acessório na demonstração. Ora, as transformações míticas requerem dimensões múltiplas, que não podem ser todas exploradas ao mesmo tempo. Qualquer que seja a perspectiva em que nos coloquemos, algumas transformações passam para o segundo plano, ou se perdem ao longe. São perceptíveis apenas de tempos em tempos confusas e embaralhadas. Apesar da sedução que exercem, é preciso, para evitar o risco de se perder, impor a si mesmo como regra de método seguir sempre a mesma trilha, sem nunca se afastar por muito tempo daquela inicialmente traçada.

INTRODUZIMOS ESSE GRUPO de mitos de origem das mulheres com um objetivo preciso: obter uma série de transformações que permitam elucidar o comportamento de um herói, previamente qualificado segundo a relação entre alto e baixo, diante de um perigo que provém do polo oposto àquele que ele ocupa.

O herói se encontra, portanto, em situação de presa virtual; e os comportamentos de que ele dispõe em tal conjuntura podem ser assim classificados:

1. O herói se mostra, passiva ou ativamente; neste último caso, ele faz sinais para o antagonista. É o comportamento do desaninhador de pássaros.

2. O herói se recusa a cooperar e toma todo o cuidado de não dar sinais: é o caso da primeira mulher, no mito xerente. A seu comportamento se opõe, somente na aparência, o de seu homólogo chamacoco, cujo cuspe tem um valor muito mais de zombaria do que de convite: de fato, ela também se recusa a cooperar com os homens que tentam pegá-la, sem sucesso; e ela não se deixa comover nem mesmo pelo estado fisiológico deles.

3. Voluntariamente ou não, o herói age como provocador: dá uma gargalhada, como o irmão descarado do mito warrau; joga frutas ou galhos para chatear o antagonista, como o papagaio dos mitos toba e mataco; procura despertar desejo e não o satisfaz, como a mulher chamacoco.

Quase todos os mitos evocam pelo menos dois desses comportamentos. Se os pássaros sentinelas dos mitos do Chaco são descobertos, isso acontece, certamente, devido ao seu comportamento indiscreto, já que eles

Sonata das boas maneiras

provocam as mulheres adormecidas ou entorpecidas pela digestão. Alerta-das, elas convidam o papagaio a brincar, ou o atacam e lhe cortam a língua. Os pássaros, bons sentinelas, em compensação, evitam entabular conversas: o urubu assobia, a águia sabe manter o silêncio no momento oportuno.

Além disso, as más sentinelas — iguana, papagaio — não conseguem avisar os companheiros: ou porque são surdos (ninguém acredita neles: como poderiam ter ouvido algo?) ou porque são mudos (e, portanto, incapazes de se fazer ouvir). Ou ainda, no caso dos xamãs enviados como batedores pelos ancestrais Chamacoco, porque enganam ou são testemunhas infiéis.

De acordo com um pequeno conto bororo (M_{35}), o papagaio que faz "cra, cra, cra" seria uma criança humana, transformada por ter engolido frutos assados nas cinzas e ainda muito quentes, sem mastigar (Colb. e Albisetti, 1942, p. 214). Também nesse caso, o mutismo é resultado da incontinência.

Qual é, afinal, a sanção do comportamento do herói em todos esses mitos? Há duas. De um lado, os homens obtêm as mulheres, que não tinham. Do outro, a comunicação entre o céu e a terra é quebrada, devido ao animal que se abstém de comunicar, ou, mais precisamente, que evita os abusos de comunicação que constituem a zombaria ou a provocação; ou ainda — como demonstram as heroínas xerente e chamacoco que serão despedaçadas — que consistem em deixar que se tome a sombra pela presa, num comportamento oposto ao do desaninhador de pássaros.

A armação pode, assim, ser reduzida a uma dupla oposição: de um lado, entre comunicação e não comunicação, de outro, entre o caráter moderado ou imoderado atribuído a uma ou à outra:

	M_{28} (Warrau, origem das estrelas)	M_{30} a M_{32} (Chaco, origem das mulheres)	M_{34} (Bororo, origem das estrelas)
(+) comunicação	+	+	−
(−) não comunicação		−	
(+) moderado	−	−	−
(−) imoderado			

Ei-nos enfim habilitados a definir o comportamento do desaninhador de pássaros. Ele se situa à mesma distância entre esses dois comportamentos desastrosos por sua imoderação (positiva ou negativa): provocar ou zombar do ogro que toma a sombra pela presa, ou recusar a comunicação com ele mostrando-se surdo ou cego, isto é, insensível.

Qual é então o significado que o pensamento mítico associa a esses comportamentos opostos?

d) O riso reprimido

O mito warrau (M28) sugere que as aventuras do desaninhador de pássaros (M1 a M12) poderiam ter transcorrido de outro modo. Ele também é uma criança; o que teria acontecido se, como seu homólogo warrau diante da ogra, ele tivesse dado gargalhadas, ao ver o jaguar tentando pegar sua sombra?

Toda uma série de mitos, que se refere ao riso e a suas consequências fatais, confirma que a peripécia era plausível e permite vislumbrar seus desdobramentos.

M36 TOBA-PILAGA: ORIGEM DOS ANIMAIS

O demiurgo Nedamik submete os primeiros humanos a uma prova, fazendo-lhes cócegas. Aqueles que riem são transformados em animais terrestres ou em animais aquáticos: os primeiros, presa do jaguar, os outros, capazes de escapar dele refugiando-se na água. Os homens que conseguem se manter impassíveis tornam-se jaguares ou homens caçadores (e vencedores) de jaguares (Métraux, 1946, pp. 78-84).

M37 MUNDURUCU: O GENRO DO JAGUAR

Um veado casa-se com a filha de um jaguar, sem saber disso, pois naquele tempo todos os animais tinham forma humana. Um dia, ele resolve fazer uma visita aos parentes da mulher. Ela o previne de que eles são malvados e vão lhe fazer cócegas. Se o veado não conseguir conter o riso, será devorado.

Sonata das boas maneiras

O veado passa pela prova, mas percebe que os parentes da mulher são jaguares quando eles trazem um veado que caçaram e se põem à mesa para comê-lo.

No dia seguinte, o veado diz que vai caçar e traz um jaguar. Desta vez, são os jaguares que ficam com medo.

A partir de então, o veado e os jaguares se espreitam mutuamente. "Como você dorme?", pergunta o jaguar ao genro. "Com os olhos abertos", responde ele, "e quando estou acordado fico com os olhos fechados. E você?" "O oposto." Então, os jaguares não ousam fugir enquanto o veado dorme. Mas, assim que ele acorda, fogem, pensando que ele está dormindo, e o veado corre na direção oposta (Murphy, 1958, p. 120).

M38 MUNDURUCU: O GENRO DOS MACACOS

Um homem se casa com uma mulher-guariba (*Alouatta* sp.) que tinha forma humana. Ela engravida e o casal resolve visitar os parentes. Mas a mulher previne o marido contra a maldade deles; em hipótese alguma deve-se rir deles.

Os macacos convidam o homem para uma refeição de folhas de cupiúba (*Goupia glabra*), que provocam um efeito entorpecente. Completamente bêbedo, o pai macaco começa a cantar e suas expressões simiescas fazem o homem rir. Furioso, o macaco espera o genro ficar bêbedo também e o abandona numa rede presa no alto de uma árvore.

O homem acorda, descobre que está sozinho e que não pode descer. As abelhas e as vespas libertam-no e o aconselham a se vingar. O homem pega o arco e flechas, persegue os macacos e mata a todos, exceto a mulher grávida. Mais tarde, ela terá uma relação incestuosa com o filho; dessa união descendem todos os guaribas (Murphy, 1958, p. 118).

M39 ARUAK DA GUIANA: O RISO PROIBIDO

Diversos incidentes míticos se referem a uma visita aos macacos, na qual rir deles pode custar a vida, e ao perigo de rir dos espíritos sobrenaturais ou imitar sua voz (Roth, 1915, pp. 146, 194, 222).

Voltaremos adiante à transformação jaguar → macaco. Por enquanto, a questão que se coloca é a da importância do riso e de seu significado. Vários mitos se referem a isso:

M40 KAYAPÓ-GOROTIRE: ORIGEM DO RISO

Um homem ficou cuidando de sua roça enquanto os outros foram caçar. Ao sentir sede, foi até um poço que havia visto na mata vizinha. Quando se abaixou para beber água, ouviu um estranho murmúrio que vinha do alto. Olhou para cima e viu uma criatura desconhecida pendurada num galho pelos pés. Era um Kuben-niêpré, ser com corpo humano, mas asas e pés de morcego.

A criatura desceu. Como não sabia falar a língua dos homens, começou a acariciá-lo, para demonstrar suas intenções amistosas. Mas sua ternura se expressava através de mãos frias e unhas compridas, que fizeram cócegas no homem. Ele deu a primeira risada.

Levado para a caverna, uma espécie de casa alta de pedra, onde viviam os morcegos, o homem reparou que não havia nenhum objeto no chão coberto de excrementos dos morcegos, que ficavam pendurados no teto. As paredes eram totalmente adornadas com pinturas e desenhos.

Os anfitriões receberam-no com mais carinhos; ele mal podia aguentar, de tanto sentir cócegas e de tanto rir. Quando ficou sem forças, desmaiou. Muito tempo depois, voltou a si, conseguiu fugir e retornou à aldeia.

Os índios ficaram indignados ao saberem o tratamento a que ele tinha sido submetido. Organizaram uma expedição punitiva e tentaram asfixiar os morcegos enquanto dormiam, queimando um monte de folhas secas na gruta, cuja entrada tinham previamente fechado. Mas todos os animais escaparam por uma abertura que havia no alto do teto, exceto um filhote, que foi capturado.

Foi muito difícil criá-lo na aldeia. O animal aprendeu a andar, mas foi preciso fazer para ele um poleiro onde ele se pendurava pelos pés à noite para dormir de ponta-cabeça. Logo ele morreu.

O guerreiro indígena despreza a risada e a considera, como as cócegas, coisa de mulheres e crianças. (Banner, 1957, pp. 60-1).

O mesmo motivo pode ser encontrado na cosmologia dos Guarayo da Bolívia: no caminho que os leva ao Grande Antepassado, os mortos têm de passar por várias provas, uma das quais consiste em cócegas feitas por um coatá (*Ateles paniscus*) de unhas pontudas. A vítima que rir é devorada (M41). Talvez por isso os homens guarayo, como os Kayapó, desprezam o riso, que consideram um comportamento feminino (Pierini, 1910, p. 79; n. 1).

Sonata das boas maneiras

Esse paralelismo entre mitologia do Brasil oriental e mitologia boliviana é confirmado por um mito dos Tacana (M42), tribo também boliviana. Refere-se a uma mulher casada, sem saber, com um homem morcego que teme a luz. Por isso, ele se ausenta durante o dia, sob o pretexto de trabalhar na roça. À noite, ele anuncia sua volta tocando flauta. Ele acaba sendo morto pela própria mulher, irritada com a atitude de um morcego que a olhava e ria, no qual ela não reconhece o marido (Hissink-Hahn, pp. 289-90).

Os Apinayé têm um mito análogo aos dos Kayapó, embora o tema do riso não apareça (M43). Mas nele reencontramos a gruta dos morcegos com a abertura no topo; a conclusão, relatando o triste fim do pequeno morcego capturado, é a mesma. Na versão apinayé, os morcegos são inimigos dos homens, atacam-nos e quebram-lhes o crânio com machados cerimoniais em forma de âncora. Os animais defumados conseguem fugir, mas deixam para os homens grande quantidade de machados rituais e adereços (Nim., 1939, pp. 179-80; C. E. de Oliveira, 1930, pp. 91-2).

Segundo um outro mito apinayé (M44), os machados tinham sido levados pelas mulheres, quando elas se separaram dos homens, depois de eles terem matado o jacaré, que era amante delas. Um dos machados faz falta na aldeia masculina e dois irmãos conseguem obtê-lo da irmã (Nim., 1939, pp. 177-9).

Mas restrinjamo-nos aos morcegos. É notável que, nos dois mitos jê em que aparecem, seu papel consista em "abrir" o ou os heróis, seja fazendo-os "explodir" de rir, seja quebrando-lhes o crânio. Embora sua conotação seja indubitavelmente sinistra, os morcegos sempre aparecem como donos dos bens culturais, como o jaguar em outros mitos jê. Esses bens são pinturas rupestres[8]

---

8. As almas dos Gorotire vão para a Casa de Pedra; "Tivemos oportunidade de visitar aquele lugar muito interessante, situado nos campos do rio Vermelho. Depois de passarmos longas e penosas horas escalando uma serra alta e pedregosa, avistamos, ultrapassando os topos das árvores, as colunas de um verdadeiro templo florestal, alvo e resplandecente ao sol do meio-dia. A 'Casa de Pedra' (*kên kikré*), longe de encantada, é obra da Natureza, lavrada numa enorme rocha branca. Quatro fileiras de colunas suportam a abóbada, em cujas sombras piam hordas de morcegos, sempre associadas na mente dos índios com *men karon* [acerca desse termo, cf. p. 119]. As paredes do labirinto de naves e transeptos contêm alguns desenhos, atribuídos a *men karon*, mas que são simplesmente o resultado do trabalho paciente de um escultor primitivo. Veem-se figuras de sapo, de pés de ema, desenhos de escudos divididos por cruzes..." (Banner, 1961, pp. 41-2).

ou machados rituais (cf. Ryden, 1937); e talvez instrumentos musicais, no mito tacana.

M45 TERENA: ORIGEM DA LINGUAGEM

Depois de tirar os homens das entranhas da terra, o demiurgo Orekajuvakai quis fazê-los falar. Mandou que eles se colocassem em fila, um atrás do outro, e convocou o pequeno lobo para fazê-los rir. Ele fez todo tipo de macaquices (sic), mordeu a própria cauda, mas nada aconteceu. Então Orekajuvakai chamou o pequeno sapo vermelho, que divertiu a todos com seu andar cômico. Na terceira vez em que ele passou ao longo da fila, os homens começaram a falar e rir às gargalhadas... (Baldus, 1950, p. 219).

M46 BORORO: A ESPOSA DO JAGUAR (PARCIAL; CF. ADIANTE, P. 236, N. 14).

Um índio deu a filha ao jaguar que tinha salvado sua vida. Ela ficou grávida e, como o dia do parto se aproximava, o jaguar, antes de sair para caçar, recomendou que ela não risse, em hipótese alguma. Logo depois, a mulher ouve a voz feia e ridícula de uma grande larva (mãe do jaguar, em algumas versões), que tenta fazê-la rir. A mulher contém o riso o quanto pode, mas não consegue evitar um sorriso. Imediatamente sente dores atrozes e morre. O jaguar volta a tempo de fazer uma cesariana com suas garras. Assim, ele tira do cadáver gêmeos, que serão os heróis culturais Bakororo e Itubore (Colb. e Albisetti, 1942, p. 193).

Um mito análogo (M_{47}) dos Kalapalo do alto Xingu transforma o episódio do riso no de um peido emitido pela sogra, do qual ela acusa a nora (Baldus, 1958, p. 45). Teríamos, assim:

	M_{46}	M_{47}
obrigatório / proibido	−	+
alto / baixo	+	−
interno / externo	+	−

Num mito guianense (M_{48}), uma mulher é levada ao céu porque não conseguiu deixar de rir diante do espetáculo de pequenas tartarugas dançando um balé (Coll, 1907-08, p. 486).

Sonata das boas maneiras

M49 MUNDURUCU: A ESPOSA DA COBRA

Uma mulher era amante de uma cobra. Alegando que ia colher frutos da sorveira (*Couma utilis*), ela ia todos os dias à floresta para encontrar a cobra, que morava exatamente numa dessas árvores. Eles faziam amor até o anoitecer e, quando chegava a hora de se despedirem, a cobra derrubava frutos em quantidade suficiente para encher o cesto da mulher.

Desconfiado, o irmão da mulher, que ficara grávida, foi espioná-la. Sem ver seu amante, ouviu-a gritar: "Não me faça rir tanto, Tupasherébé (nome da cobra)! Você me faz rir tanto que chego até a mijar!". Finalmente, o irmão viu a cobra e a matou...

Mais tarde, o filho da mulher com a cobra vingaria o pai (Murphy, 1958, pp. 125-6).

M50 TOBA-PILAGA: A ESPOSA DA COBRA

Havia uma vez uma jovem cujo sangue menstrual não parava de correr. "Sua menstruação não acaba nunca?", perguntavam-lhe. "Só quando meu marido está aqui." Mas ninguém sabia quem era o marido dela. Além disso, a jovem ria sem parar.

Finalmente descobriram que ela ficava o tempo todo sentada em sua casa, bem em cima de um buraco ocupado pelo marido, o píton. Prepararam uma armadilha para ele e ele morreu. Quando a moça deu à luz seis pequenas cobras, elas também foram mortas. A moça se transformou em iguana (Métraux, 1946, pp. 65-6).

Uma observação acerca deste último mito. O fluxo menstrual da heroína só para, diz ela, quando o marido "está lá", ou seja, quando as circunstâncias fazem com que ela fique, de certo modo, tampada. Pois as "moças da cobra" apresentam, na América do Sul, uma característica notável: são normalmente abertas. A heroína de um mito bororo já resumido (M_{26}) havia sido acidentalmente fecundada pelo sangue de uma cobra que o marido tinha matado na caça. E o filho cobra que ela assim concebe dialoga com ela, sai de seu ventre e retorna quando quer (cf. p. 155). A mesma indicação aparece num mito tenetehara (M_{51}): o filho da amante da cobra deixa o útero materno todas as manhãs e volta à noite. O irmão da mulher a aconselha a se esconder e mata o rebento (Wagley e Galvão, 1949, p. 149). Segundo um mito warrau (M_{52}), é o próprio amante que a mulher carrega no corpo, que sai dele de tempos em tempos, para subir nas árvores frutíferas e abastecê-la (Roth, 1915, pp. 143-4).

A série mítica que acaba de ser considerada permite, portanto, estabelecer uma ligação entre o riso e diversas modalidades de abertura corporal. O riso é abertura; ele é causa de abertura; ou a própria abertura aparece como uma variante combinatória do riso. Não é, portanto, surpreendente que as cócegas, causa física do riso (M_{36}, M_{37}, M_{40}, M_{41}), possam ser substituídas por outras causas, igualmente físicas, da abertura corporal:

M53 TUKUNA: O GENRO DO JAGUAR

Um caçador perdido chega à casa do jaguar. As filhas do jaguar convidam-no a entrar e lhe explicam que o macaco que estava perseguindo é o animal de estimação delas. Quando o jaguar volta, sente o odor de carne humana, e sua mulher esconde o caçador sob o teto. O jaguar, que trazia um caititu para o jantar [cf. p. 110], manda que o homem, tremendo de medo, lhe seja apresentado, lambe-o da cabeça aos pés, retira sua própria pele, assume a forma humana e conversa à vontade com seu convidado, antes do jantar.

Nesse meio-tempo, a mulher do jaguar avisa o caçador, em segredo, que a carne será bem apimentada e que, ao comer, ele não deve demonstrar contrariedade. O jantar realmente lhe queima a boca, mas o homem consegue, a muito custo, esconder seu sofrimento. O jaguar fica encantado, cumprimenta-o e lhe mostra o caminho da aldeia.

Mas o caçador se perde e volta para a casa do jaguar, que lhe indica um outro caminho; ele se perde novamente e volta. As filhas do jaguar lhe propõem casamento: o homem concorda e o jaguar aceita.

Um dia, muito tempo depois, ele volta para visitar os parentes. Sua mãe nota que ele havia se tornado arisco e que seu corpo estava começando a ficar coberto de manchas, como o jaguar. Ela termina a pintura com carvão em pó. Ele corre para a floresta e suas mulheres humanas procuraram-no por toda parte. Nunca mais ele foi visto (Nim., 1952, pp. 151-2).

Por dois eixos de simetria diferentes, este mito se liga, de um lado — com inversão dos sexos —, ao mito ofaié da mulher do jaguar (M_{14}), e, do outro, ao mito mundurucu (M_{37}) que se refere, como este, a um estrangeiro que se tornou genro do jaguar. Neste último caso, os sexos se mantêm, mas assistimos a uma dupla transformação: de veado (M37), o herói se transformou em homem (M53), e o teste a que é submetido não mais consiste em cócegas para provocar riso (M37), mas em comida apimentada, para arrancar reclamações (M53). Além disso, o veado não come a comida do jaguar (que lhe é homóloga: carne de veado), ao passo que o homem come a comida do jaguar, embora ela lhe seja heteróloga (intragável, porque temperada demais). Em consequência disso, o homem se identifica definitivamente ao jaguar, ao passo que o veado se separa definitivamente dele.

Desse isomorfismo entre os dois mitos, que mereceria um estudo à parte, resulta que o riso provocado pelas cócegas e o gemido arrancado pela pimenta podem ser tratados como variantes combinatórias da abertura corporal e, neste caso, mais especificamente da abertura oral.

Finalmente, para encerrar a questão do riso, deve-se notar que, na América do Sul (assim como em outras regiões do mundo), certos mitos correlacionam o riso e a origem do fogo de cozinha, o que nos fornece uma garantia suplementar de que, detendo-nos na questão do riso, não nos afastamos de nosso assunto:

M54 TUKUNA: ORIGEM DO FOGO E DAS PLANTAS CULTIVADAS (PARCIAL; PP. 237-8, INFRA)

Antigamente, os homens não conheciam nem a mandioca-doce nem o fogo. Uma velha havia recebido das formigas o segredo da mandioca, e seu amigo, o pássaro noturno (um curiango: *Caprimulgus* sp.), lhe fornecia o fogo, que ele guardava escondido no bico, para cozinhar a mandioca, em vez de aquecê-la ao sol ou sob as axilas.

Os índios acham deliciosos os beijus da velha, e querem saber a receita. Ela diz que simplesmente os cozinha ao calor do sol. O pássaro acha muita graça da mentira, dá uma gargalhada, e todos veem as chamas saindo de seu bico. Abrem-no à força e roubam-lhe o fogo. Desde então, os curiangos têm o bico grande (Nim., 1952, p. 131).[9]

---

9. Em língua geral, o *Caprimulgus* ("mãe de lua") se chama urutau, yurutahy etc., "boca grande". Um texto amazônico compara essa boca a uma vulva (Barbosa Rodrigues, 1890, pp. 151-2), o que fornece a chave de equivalência com certos mitos guianenses sobre a origem do fogo, que uma velha guardava na vagina. (N. T.: O curiango, ou urutau, é personagem central de outro livro de Lévi-Strauss dedicado aos mitos americanos, *A oleira ciumenta* (1986).)

182

Parte II

Embora o motivo do riso não apareça explicitamente, convém introduzir agora um mito bororo referente à origem do fogo, que permitirá relacionar as considerações que precedem ao cerne de nossa argumentação.

M55 BORORO: ORIGEM DO FOGO

Antigamente, o macaco era igual aos homens: não tinha pelos, andava de canoa, comia milho e dormia numa rede.

Um dia, navegando junto com o preá (*Cavia aperea*), ele ficou inquieto ao vê-lo comendo avidamente o milho espalhado no fundo da canoa, pois eles estavam voltando da roça: "Não faça isso, senão vai furar o barco, entrar água e você com certeza não vai se salvar. Se inundar o barco terá que pular n'água e os 'dourados' vão devorá-lo". Mas o preá continuava roendo o milho e aquilo que o macaco tinha previsto aconteceu. Como ele nadava muito bem, conseguiu enfiar a mão nas brânquias de um peixe e, agitando-o, chegou sozinho à margem.

Pouco depois, ele encontra o jaguar, que fica maravilhado com o peixe e se convida para jantar com ele. "Mas", pergunta o jaguar, "onde está o fogo?" O macaco mostra-lhe o sol que baixava no horizonte, espalhando a luz avermelhada, e diz: "Olhe, ele resplandece lá muito vermelho; vá buscá-lo".

O jaguar empreende uma longa caminhada, volta e reconhece seu fracasso. "Mas olhe", repete o macaco, "olhe como resplandece vermelho e chamejante! Corra, vá até lá novamente, mas vê se chega de verdade até o fogo para que possamos cozer nosso peixe". E lá foi o jaguar correndo.

Então, o macaco inventa a técnica de produção do fogo, que consiste em girar um galho apoiado sobre outro, e que os homens aprenderam depois com ele. Acende uma fogueira, assa o peixe e o come todo, exceto as espinhas. Depois ele trepa numa árvore — dizem que era um jatobá — e fica bem lá no alto.

Quando o jaguar volta, exausto, percebe que o macaco lhe pregou uma peça e fica indignado: "Mas veja o que fez aquele perverso! [...] Agora vou matá-lo a dentadas! Aonde foi aquele malvado?".

Primeiro, o jaguar come os restos do peixe, tenta seguir o rastro do macaco, mas não encontra nada. O macaco assobia uma vez, e outra. Finalmente, o jaguar avista o macaco e pede-lhe que desça, mas ele se nega a descer, com medo de que o jaguar o mate, apesar

Sonata das boas maneiras 183

de suas promessas. O jaguar provoca então uma ventania, que sacode a árvore; o macaco se agarra a ela, começa a perder as forças e fica preso apenas por uma das mãos. "Meu amigo", grita o macaco, "abra a boca para mim, pois minha mão está prestes a se soltar." O jaguar abre bem a boca, e o macaco, despencando, desaparece nela. Ele chega à barriga da fera. E o jaguar, rugindo e lambendo os beiços, penetra na floresta.

Mas ele não se sente confortável, pois o macaco se agita dentro de sua barriga, e incomoda muito. Pede ao macaco para se comportar, mas ele não para. Finalmente, o macaco pega sua faca, abre a barriga do jaguar e sai. Tira a pele do jaguar agonizante, corta-a em tiras e usa-as para enfeitar a cabeça. Encontra um outro jaguar, com intenções hostis. O macaco lhe mostra seus adornos, e, quando o jaguar percebe que seu interlocutor é um matador de jaguares, fica apavorado e foge (Colb. e Albisetti, 1942, pp. 215-7).

Antes de abordar a análise desse mito capital,[10] faremos algumas observações preliminares. O preá é aqui o companheiro imprudente, teimoso e azarado do macaco. Morre por sua *gula*, que provoca a *perfuração da canoa* (isto é, a abertura de um objeto manufaturado, que pertence à cultura, em vez de — cf. M_5 — um corpo físico, que pertence à natureza). Assim, o preá se encontra a meio caminho entre as sentinelas, negligentes dos mitos toba-mataco M_{31}, M_{32} (que são *tampados*; adormecidos, surdos ou mudos) e o herói imprudente do mito warrau M_{28} (que *explode* numa gargalhada), mas, ao mesmo tempo, em posição excêntrica (cultura, em vez de natureza; e alimento vegetal, que ele mesmo come, afetando um objeto exterior, em vez de alimento animal — peixe ou carne —, comido por outrem, e afetando o próprio corpo).

Entre os Ofaié, que foram antigamente vizinhos meridionais dos Bororo, o preá aparece num mito como o introdutor, entre os homens, do fogo e da culinária (papel destinado ao macaco, companheiro do preá, no mito bororo):

---

10. Que pode ser encontrado na Guiana, sob a forma de vestígio, como um episódio entre outros, cujo conjunto forma a gesta — mais que o mito — do herói Konewo: ao pôr do sol, Konewo estava sentado à beira de um rio. Um jaguar apareceu e lhe perguntou o que ele estava fazendo: "Estou quebrando madeira para o fogo", respondeu Konewo, mostrando uma estrela que brilhava acima de uma árvore morta. Então disse ao jaguar: "Vá buscar aquele fogo para acender o nosso!". O jaguar foi, andou, andou, mas não achou o fogo. Enquanto isso, Konewo fugiu (K.G., 1905, p. 141).

184

Parte II

M56 OFAIÉ: ORIGEM DO FOGO

Antigamente, a mãe do jaguar era a dona do fogo. Os animais combinaram roubar um tição. O primeiro a tentar é o tatu: ele vai até a casa da velha, diz que está com frio e pede para se aquecer. Ele faz cócegas embaixo dos braços da velha, a fim de adormecê-la, e ao sentir os músculos dela relaxados pega um tição e sai correndo. A velha acorda e assobia para avisar o filho, o jaguar, que alcança o tatu e recupera o tição.

A mesma desventura ocorre com a cutia, depois com o tapir, o macaco, o bugio, enfim, com todos os animais. Caberia ao preá, animal insignificante, sair vitorioso onde todos tinham fracassado.

Mas o preá age diferentemente de todos. Ele chega à casa do jaguar e, sem meias palavras, diz: "Bom dia, vó, como vai? Eu vim buscar o fogo". Ele pega um tição, pendura-o no pescoço e vai embora (comparar: Mataco, in Métraux, 1939, pp. 52-4; 1946, pp. 109-10).

Avisado pelo assobio da mãe, o jaguar tenta interceptar o preá, que consegue evitá-lo. O jaguar se lança ao seu encalço, mas o preá tem vários dias de vantagem. Finalmente, o alcança na outra margem do Paraná. "Vamos conversar", diz o preá ao jaguar. "Agora que você não tem mais o fogo, vai precisar encontrar outro jeito de sobreviver." Enquanto isso, o tição (que, pelo que vem em seguida, parece mais uma lasca de madeira) continua queimando, "e fica cada vez mais leviano para carregar".

O preá é um animal enganador. Já o era naquele tempo; e assim conseguiu enganar o jaguar, dizendo-lhe que nenhuma comida era mais saudável do que a carne crua e sangrenta. "Está bem", diz o jaguar, "vamos tentar"; e dá uma patada no focinho do preá, que ficou curto como é até hoje. Finalmente convencido pelo preá (responsável, assim, pelo perigo que o jaguar atualmente representa para os homens) de que havia outras caças, o jaguar lhe dá um curso de culinária: "Se ocê está apurado é só moquear: é só fazer um braseiro, armar um pau por cima e pôr a carne ali... Se ocê tem muito tempo, então assa ela; faz um buraco no chão, acende bastante fogo ali e põe a carne dentro. Tapa ela com folha de pindó mesmo, põe a terra por cima e umas brasas por cima da terra". Durante essas explicações, o tição se consome e se apaga.

Então o jaguar ensina o preá a fazer fogo, e o preá sai pelo mundo, acendendo fogo por toda parte. O fogo se espalha, chegando até a sua aldeia, onde o preá é recebido com festa pelo pai e pelos outros habitantes. Nas matas, ainda se pode ver as queimadas que o preá fez (Ribeiro, 1951, pp. 123-4).

Sonata das boas maneiras

Esse mito ofaié faz uma transição, como vemos, entre o mito bororo de invenção do fogo pelo macaco, companheiro de um preá, e os mitos jê de roubo do fogo do jaguar pelos homens, auxiliados por animais, ou transformados em animais. Com efeito, o preá rouba o fogo do jaguar (como os animais dos mitos jê) e, tendo-o perdido, ensina aos homens a técnica de produção de fogo, como o macaco do mito bororo.

Ainda a respeito do preá, deve ter sido notado que o mito explica de passagem por que esse animal tem o focinho curto. O ponto é importante, pois vimos anteriormente (M_{18}) que os Kayapó distinguem o caititu do queixada pelo comprimento do focinho. Uma observação de Vanzolini (1956-58, p. 160) sugere que os Timbira se orientam pela presença ou ausência de cauda para distinguir as várias espécies de roedores. Duas espécies de roedores aparecem nos mitos que examinamos até o momento. O preá (*Cavia aperea*) é o pequeno companheiro do macaco (M_{55}) ou o "irmão caçula" dos animais (M_{56}); a cutia (*Dasyprocta* sp.) é o irmão caçula do herói no mito de referência (M_1). Além disso, um mito kayapó (M_{57}; Métraux, 1960, pp. 10-2) fala de duas irmãs, das quais uma é transformada em macaco e a outra, em paca (*Coelogenys paca*). Diz um zoólogo que a *Dasyprocta* sp. "é a espécie mais importante como fonte de alimento durante o ano todo"; e que a *Coelogenys paca* é "uma das caças mais apreciadas" (Gilmore, 1950, p. 372). A cutia (*Dasyprocta*) pesa de dois a quatro quilos, e a paca chega a pesar dez quilos. Sabemos pelo mito ofaié (M_{56}) que o preá é considerado um animal minúsculo, o mais insignificante de todos. Parente próximo da cobaia, mede de vinte e cinco a trinta centímetros de comprimento e, no sul do Brasil, raramente é considerado como alimento (Ihering, 1940, art. "Preá").

Reunindo todos esses elementos, ficar-se-ia tentado a estabelecer entre duas espécies de roedores, ou entre uma espécie de roedor e uma espécie de macaco, uma relação análoga à que os mitos estabelecem entre duas espécies de porcos. A oposição entre longo e curto (aplicada ao focinho e ao pelo dos porcos, cf. M_{16}, M_{18} e p. 94) serviria igualmente para opor dois grupos, por outros aspectos associados; macaco e preá (M_{55}), macaco e paca (M_{57}) e, devido a suas posições similares em M_1, M_{55} e M_{134}, cutia e preá... mas não sabemos com precisão se a oposição se baseia no tamanho relativo, no comprimento do focinho, na presença ou ausência de rabo. De qualquer modo, ela existe, já que um mito mundurucu (M58) explica como os animais fizeram vaginas nas mulheres, no tempo em que elas não as tinham. As vaginas feitas pela cutia eram longas e estreitas, as da paca, arredondadas (Murphy, 1958, p. 78).

Se a hipótese (na qual avançamos aqui com muita prudência) fosse confirmada, poderíamos estabelecer uma equivalência com os mitos de origem dos porcos-do-mato, sob a forma;

a) ungulados:

	queixada (110 cm)	>	caititu (90 cm)
focinho:	longo		curto
pelo:	longo		curto

b) roedores:

paca (70 cm) >	cutia (50 cm) >	preá (30 cm) > rato (*Cercomys*)
	"focinho curto" (Ofaié)	
"sem rabo"[11]		"sem rabo... ... rabo comprido" (Timbira)
"vagina arredondada...	... vagina comprida" (Mundurucu)	

a) *Caça grande:* (queixada : caititu) :: (longo : curto)

b) *Caça miúda:* (macaco : roedores x, y) :: (roedor x : roedor y) :: (longo : curto).

---

11. Como explica um mito yurukaré (Barbosa Rodrigues, 1890, p. 253). Cf. também o nome da paca em língua tunebo: bátara, "o sem rabo" (Rochereau, 1961, p. 70). Sobre o rabo da cutia, Ihering observa (art. "Cutia") que é tão rudimentar que quase não aparece nos *Dasyprocta aguti* e *D. azarae*. No entanto, uma espécie amazônica menor, *D. acouchy*, possui "rabo mais desenvolvido, de cerca de oito centímetros de comprimento e um pincelzinho na ponta". Mas, mesmo em uma das duas primeiras espécies, os primeiros observadores do Brasil notavam a presença de um "rabo bem curto" (Léry, 1880, cap. x), "de apenas uma polegada de comprimento" (Thevet, cap. x). Um conto amazônico divide os animais em dois grupos: os que têm rabo (macaco, cutia) e os que, como o sapo e o preá, não têm (Santa-Anna Nery, 1889, p. 209). A palavra bororo *aki pio* designa "qualquer quadrúpede acaudado, como, p. ex., a capivara e a cutia" (*EB*, v. I, p. 44).

Sonata das boas maneiras 187

Sob esse ponto de vista, poderíamos então tratar o grupo que acaba de ser examinado como uma transformação enfraquecida daquele que contém os mitos de origem dos porcos-do-mato, o que permitiria reunir estes últimos, por uma ligação suplementar, ao grupo dos mitos sobre a origem do fogo. A oposição entre a caça grande e miúda é, aliás, diretamente dada por esses mitos. Os Mundurucu dizem de Karusakaibe, responsável pela origem dos porcos, que "antes dele só existia a caça menor, e que ele fez surgir a caça grande" (Tocantins, 1877, p. 86). A concepção do par queixada-caititu sob a forma de uma dupla de oposições é confirmada por um comentário de Cardus (1886, pp. 364-5), de inspiração manifestamente indígena.

Essa busca iria levar-nos mais longe do que podemos ir nos limites que nos impusemos, e preferimos, portanto, demonstrar a ligação entre os dois grupos de mitos de origem do fogo (roubado do jaguar ou ensinado pelo macaco ou pelo preá),[12] utilizando um método mais direto.

Fica claro que o mito bororo de origem do fogo (M_{55}) e os mitos jê sobre o mesmo tema (M_7 a M_{12}) são rigorosamente simétricos (quadro, p. 189, ao lado).

Se a oposição macaco/preá pudesse ser interpretada, seguindo nossa hipótese, como uma forma fraca da oposição queixada/caititu, teríamos uma dimensão suplementar, já que essa segunda oposição remete à oposição marido de irmã/irmão de esposa, ou seja, à relação entre os dois heróis dos mitos jê. Mas há uma prova ainda mais convincente da validade de nossa reconstrução.

A versão kayapó-kubenkranken (M_8) contém um detalhe por si só ininteligível, que só o mito bororo (M_{55}) pode elucidar. Os Kayapó dizem que, quando o jaguar levanta a cabeça e descobre o herói sobre o rochedo, ele

---

12. Essa distinção é típica dos dois grupos. O jaguar possui o fogo *sub specie naturae*: ela o tem, pura e simplesmente. O macaco de M_{55} o adquire *sub specie culturae*: inventa a técnica que permite produzi-lo. O preá ocupa uma posição intermediária, já que, em seu caso, o fogo é perdido e recuperado. Nesse sentido, note-se o paralelismo entre M_{56} e um pequeno mito mataco (M_{59}): o jaguar era dono do fogo e não o dava a ninguém. Um dia, a cobaia foi procurá-lo e, com o pretexto de lhe dar um peixe, roubou-lhe um pouco de fogo para que os índios, que estavam pescando, pudessem cozinhar sua comida. Quando os índios foram embora, as brasas de sua fogueira incendiaram o capim, e os jaguares foram logo apagar o fogo com água. Eles não sabiam que os índios tinham levado um pouco de fogo (Nordenskiöld, 1912, p. 110). Aqui também, por conseguinte, há dois fogos: um perdido, o outro, preservado.

cobre a boca. Ora, o macaco do mito bororo, no momento em que sente que vai ter de se soltar, pede ao jaguar que abra a boca, e ele o atende. Ou seja, num caso, uma conjunção mediatizada (e, portanto, salutar) que opera de baixo para cima; e, no outro, uma conjunção não mediatizada (e, portanto, desastrosa) que opera de cima para baixo. O mito kayapó é, portanto, esclarecido pelo mito bororo: se o jaguar kayapó não tivesse tapado a boca com a pata, o herói teria caído dentro dela e teria sido engolido — isso é precisamente o que acontece com o macaco bororo. Num caso, o jaguar se fecha, no outro se abre, comportando-se ora como as sentinelas surdas e mudas dos mitos toba-mataco (M31, M32), ora como o irmão risonho (em vez de devorador) do mito warrau (M28): aquele que, por se ter "aberto", é ele mesmo devorado.

Por outro lado, o mito bororo de origem do fogo ajuda a situar a posição semântica do macaco, entre a do jaguar e a do homem. Como o homem, o macaco se opõe ao jaguar; como o jaguar, ele é dono do fogo, que os homens não conhecem. O jaguar é o contrário do homem; o macaco é, antes, sua contrapartida. A personagem do macaco é, assim, constituída com os fragmentos tomados ora a um termo, ora ao outro. Certos mitos permutam-no com o jaguar (M38); outros, como o que acaba de ser analisado, permutam-no com o homem. Finalmente, encontra-se por toda parte o sistema triangular completo: os Tukuna explicam num mito (M60) que o "dono dos macacos" tinha a forma humana, embora pertencesse a uma raça de jaguares (Nim., 1952, p. 149).

Considerando o conjunto dos mitos relativos ao riso, chama a atenção uma aparente contradição. Quase todos atribuem ao riso consequências desastrosas, das quais a mais frequente é a morte. Apenas alguns associam-no a acontecimentos positivos: aquisição do fogo de cozinha (M54), origem da linguagem (M45)... É o momento de lembrar que os Bororo distinguem duas espécies de riso: aquele que resulta de uma simples provocação física ou moral e o riso triunfal da invenção cultural (M20). De fato, a oposição natureza/cultura subjaz todos esses mitos, como já observamos em relação àqueles que apresentam morcegos (M40, M43). Esses animais encarnam, com efeito, uma disjunção radical da natureza e da cultura, bem ilustrada por sua gruta sem nenhuma mobília e, portanto, reduzida a paredes ricamente ornamentadas, que contrastam com o solo coberto de excrementos (M_{40}). Além disso, os morcegos monopolizam os símbolos da cultura: pinturas rupestres, machados rituais. Com seus carinhos e cócegas, provocam um riso natural, puramente físico e, de certo modo, "em vão". Um riso, portanto, propriamente assassino, que desempenha, aliás, o papel de variante combinatória da abertura de crânios a machadadas em M_{43}. A situação é exatamente inversa à de M_{45}, em que um herói civilizador "abre" os homens levando-os ao espetáculo, para que eles possam se expressar através da linguagem articulada que ignoram os morcegos (M_{40}), aos quais só resta a possibilidade de uma "anticomunicação".

M_{55} { 2 animais:	macaco > preá	aventura aquática	animal (<) audacioso demais	animal (<) sai de cena (morto)
M_7 a M_{12} { 2 homens:	homem a > h. b	aventura terrestre	homem (<) medroso demais	homem (>) sai de cena (vivo)

M_{55} { animal (>) isolado		mediação negativa macaco-jaguar
	encontro com o jaguar	1) alimento aquático (peixe) oferecido e recusado pelo macaco; | 2) o jaguar engole o macaco
M_7 a M_{12} { homem (<) isolado		mediação positiva jaguar-homem
		1) alimento aéreo (pássaros) exigido pelo jaguar e concedido; | 2) o jaguar evita engolir o homem

M_{55} { o macaco faz com que o jaguar tome o reflexo (= sombra do fogo) pelo fogo	macaco, dono do fogo virtual	macaco, dono dos objetos culturais (canoa, bastões de fogo, faca)
M_7 a M_{12} { o homem não faz com que o jaguar tome a sombra pela presa	jaguar, dono do fogo atual	jaguar, dono dos objetos culturais (arco, tocha, algodão fiado)

M_{55}	macaco no alto, jaguar embaixo	jaguar ogro	conjunção imposta	macaco *na barriga* do jaguar
M_7 a M_{12}	homem no alto, jaguar embaixo	jaguar provedor	conjunção negociada	homem *nas costas* do jaguar

M_{55}	2 jaguares (sexo não definido)	1 jaguar morto, o outro partindo	pele tirada do jaguar (objeto natural)
M_7 a M_{12}	2 jaguares (1 macho, 1 fêmea)	1 jaguar morto, o outro abandonado	fogo tirado do jaguar (objeto cultural)

2. Sinfonia breve

Primeiro movimento: Jê

O trabalho a que nos dedicamos até o momento permitiu-nos aproximar vários mitos. Mas, preocupados em fortalecer e consolidar os laços mais aparentes, deixamos aqui e ali alguns fios pendentes que devem ser atados antes que se possa afirmar que, como acreditamos, todos os mitos já examinados tomam um lugar num conjunto coerente.

Tentemos pois abarcar de um só golpe de vista a tapeçaria que compusemos por partes e façamos como se ela já estivesse terminada, sem levar em conta as lacunas que permanecem. Todos os nossos mitos se repartem em quatro grandes grupos, caracterizados de dois em dois por comportamentos antitéticos do herói.

O primeiro grupo apresenta um herói continente: ele contém os gemidos quando o fazem ingerir uma comida irritante (M_{53}); ele contém o riso quando lhe fazem cócegas (M_{37}) ou quando lhe apresentam uma comédia (M_7 a M_{12}).

O herói do segundo grupo é, ao contrário, incontinente: ele não contém o riso quando seu interlocutor gesticula (M_{28}, M_{38}, M_{48}) ou fala de modo (M_{46}) ridículo. Ele não resiste quando lhe fazem cócegas (M_{40}). Ou não consegue evitar abrir a boca enquanto come e, portanto, fazer barulho ao mastigar (M_{10}); abrir as orelhas quando ouve, ouvindo assim o chamado dos fantasmas (M_9). Ou, ainda, ele não consegue deixar de abrir seus esfíncteres, ou porque ri com muito vigor (M_{49}, M_{50}), ou porque — como no mito de referência — tem os fundilhos devorados (M_1); ou, finalmente, porque é um peidômano assassino (M_5).

Continência e incontinência, fechamento e abertura opõem-se, pois, primeiramente como manifestações de mesura e desmesura. Mas pode-se ver imediatamente a formação de dois grupos complementares dos precedentes, onde a continência assume o valor de desmesura (porque é exagerada), e a incontinência (se não for exagerada) surge, ao contrário, como um comportamento mesurado.

A continência desmesurada é característica de heróis insensíveis ou silenciosos (M_{29}, M_{30}); e de heróis gulosos, que não podem evacuar normalmente o alimento que "contêm" e que permanecem, portanto, fechados (M_{35}) ou condenados a uma forma letal de evacuação (M_5); ou, ainda, de heróis imprudentes ou indiscretos, que adormecem, são (considerados) surdos ou (ficam) mudos (M_{31}, M_{32}). Huxley (1956, pp. 149-50) sugeriu que o processo digestivo é assimilável, no plano do mito, a uma obra da cultura, e que, por conseguinte, o processo inverso, ou seja, o vômito, corresponde a uma regressão da cultura à natureza. Há certamente algo de verdadeiro nessa interpretação, mas, como é de regra na análise mítica, não se pode generalizá-la para além de um contexto particular. São conhecidos muitos casos, na América do Sul e alhures, em que o vômito tem uma função semântica exatamente inversa: meio de transcender a cultura, em vez de sinal de um retorno à natureza. Por outro lado, convém acrescentar que a digestão se opõe, nessa perspectiva, não apenas ao vômito, mas também à oclusão intestinal, sendo o primeiro uma ingestão invertida, e a segunda, uma excreção impedida. A mulher do mito bororo (M_5) exala os peixes sob a forma de doenças, na impossibilidade de evacuá-los; o menino guloso de um conto bororo (M_{35}) perde a linguagem, pois não consegue vomitar os frutos assados nas cinzas que engoliu. Os ancestrais terena (M_{45}) a adquirem, pois o riso deslacra seus lábios.

A incontinência medida pertence aos heróis que sabem se comunicar com o adversário discretamente e, diríamos, mantendo-se abaixo do limiar da comunicação linguística: deixando-se desmascarar em silêncio (M_7, M_8, M_{12}), cuspindo no chão (M_9, M_{10}) ou assobiando (M_{32}, M_{55}).

Assim, quer se trate de não ceder à ilusão cômica, de não rir (por causas físicas ou psíquicas) ou de não fazer barulho ao comer (e, neste caso, quer o barulho provenha da mastigação ou dos gemidos causados por uma comida apimentada), todos os nossos mitos têm em comum uma dialética da abertura e do fechamento que opera em dois níveis: o dos orifícios superiores (boca, orelha) e o dos orifícios inferiores (ânus, uretra, vagina);[13] e finalmente, a abertura se traduz ora por uma emissão (ruído, excreção, exsudação, exalação), ora por uma recepção (ruído).

Chegamos, assim a um esboço de sistema:

	M_1	M_5	M_9	M_{10}	M_{46}	$M_{49,50}$	M_{53}
ALTO			ouvir demais	mastigar ruidosamente	rir	rir	gemer
		suar					
BAIXO	evacuar s/ digerir	peidar				urinar, menstruar	

Se a oposição alto/baixo for recortada por uma segunda oposição, anterior/posterior, e se estabelecermos, desse ponto de vista:

boca : orelha :: vagina : ânus,

o quadro acima pode ser simplificado:

	M_1	M_5	M_9	M_{10}	M_{46}	$M_{49,50}$	M_{53}
alto (+) / baixo (−)	−	−	+	+	+	+ , −	+
anterior (+) / posterior (−)	+	−	−	+	+	+	+
emissão (+) / recepção (−)	+	+	−	+	−	− , +	+

---

13. Passando, aliás, livremente de um para o outro; cf. o mito arekuna (M_{126}) em que Macunaíma cobiça a casta esposa de seu irmão mais velho. Primeiramente, ele se transforma em "bicho-do-pé" para fazê-la rir, mas não o consegue; então, ele toma a aparência de um homem com o corpo coberto de feridas, e ela ri. Imediatamente ele se joga sobre ela e a violenta (K.G., 1916, p. 44. Cf. também adiante, M_{95}).

(Embora coloquem o problema em termos formalmente idênticos, M$_{10}$ e M$_{53}$ diferem quanto à solução, já que, em M$_{53}$, o herói consegue se manter em silêncio apesar de a comida do jaguar queimar-lhe a boca, e, em M$_{10}$, o herói faz ruído ao comer, pois a comida do jaguar é bem passada e estala.)

Segundo movimento: Bororo

Voltemos aos mitos reunidos na Parte I. O que há de comum entre o mito de referência (M$_1$) e o grupo jê sobre a origem do fogo (M$_7$ a M$_{12}$)? À primeira vista, apenas o episódio do desaninhador de pássaros. De resto, o mito bororo começa com uma história de incesto, que não aparece explicitamente nos mitos jê. Em compensação, estes são construídos em torno da visita ao jaguar dono do fogo, à qual se atribui a origem da cocção dos alimentos; e não se encontra nada de semelhante no mito bororo. Uma análise apressada levaria a concluir que o episódio do desaninhador de pássaros foi emprestado, ou pelos Bororo ou pelos Jê, e inserido, por uns ou pelos outros, num contexto inteiramente diferente de seu contexto de origem. Os mitos seriam, portanto, feitos de peças e pedaços.

Propomo-nos a demonstrar que, muito pelo contrário, trata-se em todos os casos do mesmo mito, e que as divergências aparentes entre as versões devem ser tratadas como outros tantos produtos das transformações que ocorrem no seio de um grupo.

Em primeiro lugar, todas as versões (bororo: M$_1$; e jê: M$_7$ a M$_{12}$) evocam o uso de arco e flechas, confeccionados com galhos. Algumas dão a entender que aí deve ser vista a origem das armas de caça, ainda, como o fogo, desconhecidas pelos homens, de que o jaguar também detinha o segredo. O mito bororo não contém o episódio do jaguar, mas a improvisação do arco e das flechas no alto da parede rochosa, pelo herói perdido e esfomeado, atesta que essa criação — ou re-criação — das armas de caça é um motivo comum a todo o conjunto considerado. Note-se, aliás, que a invenção do arco e das flechas, na ausência do jaguar (ausente no mito), é perfeitamente congruente com a invenção do fogo pelo macaco, na ausência (momentânea) do jaguar em M$_{55}$,

Sinfonia breve

ao passo que, segundo os mitos jê, o herói recebe diretamente do jaguar (em vez de inventá-los) o arco e as flechas já confeccionados e o fogo já aceso.

Passemos à divergência mais grave. Todos os mitos jê (M_7 a M_{12}) se apresentam como mitos de origem: a do fogo. Esse motivo parece totalmente ausente do mito bororo. Será verdade?

Os autores de *Os Bororos orientais* fazem, duas vezes, uma observação importante a respeito desse mito. Ele concerne, dizem, "à origem do vento e da chuva" (Colb. e Albisetti, 1942, pp. 221, 343). Além disso, tecem considerações geológicas sobre a erosão pluvial, a laterização do solo, a formação de paredes abruptas e das "panelas" cavadas em seu sopé pelo fluxo de água. Durante a estação chuvosa, as panelas, normalmente cheias de terra, se enchem de água e lembram recipientes. Essa observação, que não remete a nenhum incidente do mito (embora lhe sirva de preliminar), seria especialmente sugestiva se, como ocorre frequentemente na obra, repetisse uma glosa do informante. Com efeito, os mitos jê, de que tentamos aproximar o mito de referência, referem-se expressamente à origem da culinária.

Mas o mito bororo faz alusão a uma única tempestade, e nada no texto indica que tenha sido a primeira. Como vimos, o herói volta à sua aldeia e, durante a primeira noite em que lá passa, ocorre uma tempestade violenta, que apaga todos os fogos, menos um. Contudo, a conclusão da primeira versão publicada de M_1 sugeria claramente o caráter etiológico (cf. p. 73), e, embora essa frase não apareça na segunda versão, o comentário confirma que os indígenas interpretam o mito desse modo. O mito bororo seria, portanto, também um mito de origem, não do fogo, mas da chuva e do vento, que são — o texto é claro quanto a isso — o oposto do fogo, já que o apagam. Trata-se, de certo modo, do antifogo.

Há mais. Se a tempestade apaga todos os fogos da aldeia, exceto o da casa em que se refugiou o herói,[14] este se encontra, momentaneamente, na situação do jaguar: ele é dono do fogo, e todos os habitantes da aldeia

---

14. A de sua avó; mãe do pai, deve-se então supor, ou o pai moraria na mesma casa, o que não é o caso. A versão em língua bororo fornece, aliás, o termo *imarugo* (Colb.e Albisetti, 1942, p. 344), que é justamente o que designa a mãe do pai. A mãe da mãe seria chamada *imuga* (EB, v. I, p. 445).

têm de se dirigir a ele para obter tições, de modo a reacender o fogo perdido. Nesse sentido, o mito bororo também se refere à origem do fogo, embora o faça por preterição. A diferença em relação às versões jê estaria, então, no modo mais fraco com que esse motivo comum é aqui tratado. O acontecimento se situa, de fato, na duração histórica da vida da aldeia, em vez de ocorrer nos tempos míticos, marcando a introdução das artes da civilização. No primeiro caso, o fogo é perdido por uma coletividade restrita, que o possuía anteriormente; no outro caso, é concedido a toda a humanidade, que não o conhecia. No entanto, a versão krahô (M11) apresenta uma fórmula intermediária, já que a humanidade (inteira) se vê nela privada do fogo pelos heróis culturais, que a abandonam e levam o fogo.[15]

A demonstração acima seria reforçada se se pudesse interpretar o nome do herói do mito de referência, Geriguiguiatugo, a partir de *gerigigi*, "lenha", e *atugo*, "jaguar", ou seja, o jaguar da lenha, que conhecemos como um herói jê, ostensivamente ausente dos mitos bororo, mas que se delinearia em filigrana na etimologia do nome atribuído a uma personagem que, como acabamos de ver, preenche exatamente sua função. Contudo, seria arriscado enveredar por esse caminho, pois as transcrições de que dispomos são duvidosas do ponto de vista fonológico. Além disso, verificaremos adiante (p. 304) a exatidão da etimologia proposta por Colbacchini e Albisetti, sem que seja preciso excluir a priori que o mesmo nome possa comportar várias interpretações.

Seja como for, não precisamos de provas suplementares para reconhecer que o mito bororo pertence ao mesmo grupo que os mitos jê e que está em

---

15. É curioso que uma forma intermediária entre os mitos jê e bororo (que confirma, por sua mera existência, a possibilidade da passagem de um tipo para o outro) se encontre muito distante do Brasil central e meridional, entre os Cuna do Panamá. Seu mito de origem do fogo (M61) refere-se ao jaguar, dono do fogo, de que os animais se apossam fazendo cair uma chuva que apaga todas as fogueiras, exceto aquela que se encontra exatamente sob a rede da fera. Um pequeno lagarto consegue pegar uma brasa e urina sobre as restantes para apagá-las. Depois atravessa o rio com seu furto. O jaguar não consegue alcançá-lo, pois não sabe nadar (Wassen 1934, pp. 8-9). Em comum com os Jê, portanto, tem o motivo do jaguar, dono do fogo. Com os Bororo, os do fogo conquistado negativamente, por supressão, graças à chuva, e todos os fogos menos um, que se encontra na casa do herói (neste caso, o jaguar), e o do lagarto (iguana), dono desse último fogo. Entre os Choco, o lagarto também é dono do fogo (Wassen, 1933, pp. 108-10). O episódio do jaguar que não sabe nadar também se encontra entre os Kaiowá (M119).

Sinfonia breve

relação de transformação com eles. Essa transformação consiste em: 1º) um enfraquecimento das oposições, no que diz respeito à origem do fogo; 2º) uma inversão do conteúdo etiológico explícito, que é aqui a origem do vento e da chuva: antifogo; 3º) a permutação do herói, que passa a ocupar o lugar reservado ao jaguar nos mitos jê: o dono do fogo; 4º) uma inversão correlativa das relações de filiação: o jaguar jê é o pai (adotivo) do herói, ao passo que o herói bororo, côngruo do jaguar, é um filho (verdadeiro) de um pai humano; 5º) uma permutação (equivalente a uma inversão) das atitudes familiares: no mito bororo, a mãe é "aproximada" (incestuosa), o pai "afastado" (matador); nas versões jê, ao contrário, é o pai adotivo que é "aproximado": protetor da criança, *como* uma mãe — carrega-o, limpa-o, mata sua sede, alimenta-o — e *contra* a mãe — que ele incita o filho a ferir ou matar —, ao passo que a mãe adotiva é "afastada", na medida em que tem intenções assassinas.

Finalmente, o herói bororo não é um jaguar (embora exerça discretamente sua função), mas diz-se que, para matar o pai, ele se transforma em veado. Os problemas relativos à posição semântica dos cervídeos na mitologia sul-americana serão discutidos alhures, e nos limitaremos a formular a regra que permite transformar esse episódio num episódio correspondente do grupo jê. Este apresenta um jaguar de verdade, que não mata seu filho "falso" (= adotivo), embora esse comportamento fosse condizente tanto com a natureza do jaguar (carnívoro) quanto com a do herói (em situação de presa). Inversamente, no mito bororo, um falso veado (o herói disfarçado) mata seu pai verdadeiro, embora esse comportamento esteja em contradição com a natureza do veado (herbívoro) e com a natureza da vítima (caçador à espreita). Lembramos que a morte ocorre durante uma caçada comandada pelo pai.

Muitos mitos norte e sul-americanos colocam o jaguar e o veado em correlação e oposição no seio de um par. Limitando-nos aqui a tribos relativamente próximas dos Bororo, é significativo que os Kaiowá do sul do Mato Grosso, cuja filiação linguística é duvidosa,[*] façam do jaguar e do veado os primeiros donos do fogo (M62: Schaden, pp. 107-23). Essas duas

---

[*] Classificada como pertencente à família guarani, tronco tupi-guarani. (N. T.)

espécies, aqui associadas (mas no início dos tempos), são opostas por um mito mundurucu (M37). E mitos tukuna (M63), de que se conhecem equivalentes na América do Norte (especialmente entre os Menomini), explicam que os veados eram antigamente jaguares antropófagos ou que heróis transformados em veados tornam-se, desse modo, capazes de desempenhar tanto o papel de vítima como o de matador (Nim., 1952, pp. 120, 127, 133).

Terceiro movimento: Tupi

Temos outras razões para admitir que o mito bororo se refere à origem do fogo, apesar de sua extrema discrição quanto a isso. Certos detalhes, que devem ser considerados com atenção, parecem ser, de fato, o eco de outros mitos relativos à origem do fogo, que não apresentam, à primeira vista, nenhuma semelhança com os do grupo jê e que provêm de uma outra família linguística, a guarani.

Segundo os Apapocuva (M64), que viviam, em meados do século xix, no extremo sul do estado de Mato Grosso:

Certa vez o herói civilizador Nianderyquey fingiu que tinha morrido, de um modo tão realista que seu corpo começou a apodrecer. Os urubus, que eram então os donos do fogo, juntaram-se em volta do cadáver e acenderam um fogo para cozê-lo. Assim que eles o colocaram no meio das brasas, Nianderyquey se mexeu, afugentou os urubus, pegou o fogo e o deu aos homens (Nim., 1914, pp. 326-ss; Schaden, 1955, pp. 221-2).

A versão paraguaia do mesmo mito é mais rica:

M65 GUARANI-MBYÁ: ORIGEM DO FOGO

Depois de a primeira terra ter sido destruída por um dilúvio, enviado para castigar uma união incestuosa, os deuses criaram uma segunda terra e para ela enviaram seu filho Ñanderu Papa Miri. Este fez surgir novos homens, e tratou de lhes dar o fogo, que apenas os feiticeiros-urubus possuíam.

Sinfonia breve

Ñanderu explicou ao filho, o sapo, que se fingiria de morto, e que este deveria pegar as brasas assim que ele, retomando os sentidos, as tivesse espalhado.

Os feiticeiros se aproximam do cadáver e consideram-no apropriado para comer. Com o pretexto de ressuscitá-lo, acendem uma fogueira. O herói se mexe e se finge de morto, alternadamente, até que os feiticeiros tenham acumulado uma boa quantidade de brasa. O herói e o filho pegam as brasas e depositam-nas em dois pedaços de madeira que servirão, a partir de então, para produzir fogo por giração. Como punição por seu comportamento antropófago, os feiticeiros serão urubus comedores de carniça, "que não respeitarão a coisa grande" (o cadáver) e que nunca alcançarão a vida perfeita (Cadogan, 1959, pp. 57-66).

Embora os autores antigos não tenham notado esse mito entre os Tupinambá, ele é bastante frequente nas tribos de língua tupi ou naquelas que sofreram influência tupi. Muitas versões provêm da bacia amazônica: tembé, tenetehara, tapirapé, shipaya. Outras, do Chaco e do nordeste da Bolívia: choroti, tapieté, ashluslay, guarayo. Esse mito também é conhecido entre os Botocudo (Nim., 1946a, pp. 111-2), e entre os vizinhos dos Bororo, os Bakairi e os Terena. Desde a Guiana até as regiões setentrionais da América do Norte, pode ser encontrado em profusão, mas sob uma forma modificada, já que o tema do roubo do fogo está ausente, sendo substituído pela captura de uma filha de abutres que o herói engana tomando a aparência de carniça (cf. por exemplo Simpson, 1944, pp. 268-9, e a discussão geral de Koch-Grünberg, 1916, pp. 278-ss). Eis, a título de exemplo, três versões tupi do mito de origem do fogo:

M66 TEMBÉ: ORIGEM DO FOGO

Antigamente, o urubu-rei era dono do fogo e os homens tinham de secar sua carne ao sol. Um dia, eles decidiram tomar o fogo e mataram um tapir. Quando seus restos ficaram cheios de vermes, o urubu-rei desceu do céu com os seus. Tiraram as capas de penas e apareceram sob forma humana. Acenderam um grande fogo, envolveram os vermes em folhas e os puseram para assar [cf. M105]. Os homens estavam escondidos perto da carniça e, após uma tentativa fracassada, conseguiram roubar o fogo. (Nim., 1915, p. 289).

M67 SHIPAYA: ORIGEM DO FOGO

Para tirar o fogo de uma ave de rapina que o possuía, o demiurgo Kumaphari fingiu morrer e apodrecer. Os urubus devoraram seu cadáver, mas a águia havia colocado o fogo num local seguro. Então o demiurgo finge morrer sob a forma de um cabrito; o pássaro não se deixa enganar. Kumaphari finalmente se transforma em dois arbustos, onde a águia resolve depositar o fogo. O demiurgo pega o fogo, e a águia consente em lhe ensinar a arte de produzir o fogo por fricção (Nim., 1919-20, p. 1015).

M68 GUARAYO: ORIGEM DO FOGO

Um homem desprovido de fogo banhou-se numa água pútrida e deitou-se no chão como se estivesse morto. Os abutres negros, donos do fogo, se abateram sobre ele para cozinhá-lo e comê-lo, mas o homem levantou-se de repente e espalhou as brasas. Seu aliado, o sapo, esperava esse momento para engolir uma brasa. Apanhado pelos pássaros, teve de devolvê-la. O homem e o sapo tentam novamente e são bem-sucedidos. Desde então, os homens possuem o fogo (Nordenskiöld, 1922, p. 155).

O mito bororo não menciona explicitamente a origem do fogo; mas *sabe* tão bem, por assim dizer, que esse é o seu verdadeiro assunto (fazendo, aliás, com que seja precedido por um dilúvio, como no mito guarani), que restitui quase literalmente o episódio do herói transformado em carniça (neste caso, fantasiado de carniça, coberto de lagartos putrefatos) e excitando o apetite dos urubus.

Para confirmar essa aproximação, pode-se invocar o fato de que o mito bororo contém um detalhe incompreensível, a menos que seja interpretado como uma transformação de um detalhe correspondente no mito guarani. Com efeito, como explicar que os urubus, no mito de referência, em vez de devorarem completamente sua vítima, interrompam o banquete para salvá-la (cf. p. 72)? Não são os urubus, no mito guarani, pretensos curadores, que cozinham a vítima sob o pretexto de ressuscitá-la e não a conseguem comer? Essa sequência simplesmente se inverte no mito bororo, em que os urubus consomem efetivamente — mas crua — (uma parte de) sua vítima e se comportam em seguida como curadores (salvadores) verdadeiros.

Sinfonia breve

Sabe-se que o pensamento bororo é impregnado de mitologia tupi. Aqui e lá, o mesmo mito ocupa um lugar essencial: o da mulher humana do jaguar, mãe dos dois heróis civilizadores. E as versões bororo modernas (Colb., 1919, pp. 114-21; 1925, pp. 179-85; Colb. e Albisetti, 1942, pp. 190-6) continuam espantosamente próximas da que foi colhida, no século xvi, por Thevet entre os Tupinambá (M96; Métraux, 1928, pp. 235-ss).

Mas como devem ser interpretadas as características próprias, que distinguem nosso mito de referência dos mitos de origem do fogo, aos quais o comparamos? Poderiam ser resultado da situação histórica e geográfica dos Bororo, ilhados — por assim dizer — entre grupos guarani e grupos jê,[16] emprestando de uns e de outros e fundindo temas cujo rendimento etiológico teria, desse modo, diminuído consideravelmente, se não desaparecido completamente.

A hipótese é plausível, mas insuficiente. Ela não explica, com efeito, que cada mitologia e cada grupo de mitos tomado em separado forme, como mostrou nossa discussão, um sistema coerente. É, portanto, indispensável encarar o problema também sob o ângulo formal e se perguntar se os mitos jê, de um lado, e os mitos tupi, do outro, não pertenceriam a um conjunto mais vasto no seio do qual se diferenciam como conjuntos subordinados.

Percebe-se desde logo que todos esses subconjuntos possuem certas características em comum. Em primeiro lugar, fazem o fogo provir de um animal, que o cede aos homens ou se deixa roubar por eles: urubu num caso, jaguar no outro. Em segundo, cada espécie é definida por sua dieta alimentar: o jaguar é um predador, consumidor de carne crua; o urubu, um carniceiro, consumidor de carne podre. E, no entanto, todos os mitos levam em conta o elemento podridão. O conjunto jê, levemente, e quase por alusão, com o incidente do herói coberto de fezes e vermes. O

---

16. O motivo do jaguar dono do fogo é típico dos Jê; só pode ser encontrado em outras partes da América do Sul de modo esporádico, e sempre sob forma atenuada, como ocorre entre os Toba, os Mataco, os Vapidiana. O motivo do herói preso numa reentrância de um penhasco aparece no mito de origem do fogo dos Kaingang do Brasil meridional, cuja pertença ao grupo jê é atualmente contestada. (N. T.: não mais)

conjunto bororo, que examinamos no início, é um pouco mais claro (M₁: herói disfarçado de carniça; M₂: herói sujo de excrementos por seu filho transformado em pássaro; M₅: herói "apodrecido" pelos peidos da avó; M₅: heroína transpirando as doenças à guisa de evacuação intestinal). E, como acabamos de ver, o conjunto tupi-guarani é totalmente explícito.

Verifica-se assim que os mitos jê de origem do fogo, assim como os mitos tupi-guarani sobre o mesmo tema, operam por meio de uma dupla oposição: entre cru e cozido de um lado, entre fresco e podre do outro. O eixo que une o cru e o cozido é característico da cultura, o que une o fresco e o podre, da natureza, já que o cozimento realiza a transformação cultural do cru, assim como a putrefação é sua transformação natural.

No conjunto global assim recuperado, os mitos tupi-guarani ilustram um procedimento mais radical que os mitos jê: para o pensamento tupi--guarani, a oposição pertinente é entre o cozimento (cujo segredo estava nas mãos dos urubus) e a putrefação (que atualmente define sua dieta alimentar); ao passo que, para os Jê, a oposição pertinente é entre o cozimento dos alimentos e sua ingestão no estado cru, como faz desde então o jaguar.

O mito bororo poderia então traduzir uma recusa, ou uma incapacidade de escolher entre as duas fórmulas, cuja razão deverá ser buscada. O tema da podridão é aqui mais marcado do que entre os Jê, ao passo que o do carnívoro predador está quase totalmente ausente. Por outro lado, o mito bororo adota o ponto de vista do homem conquistador, isto é, da cultura (o herói de M₁ inventa ele mesmo o arco e as flechas, assim como o macaco de M₅₅ — contrapartida natural do homem — inventa o fogo que o jaguar não conhece). Os mitos jê e tupi-guarani (mais próximos nesse ponto) situam-se antes da perspectiva dos animais desapossados, que é a da natureza. Mas a fronteira entre natureza e cultura fica de qualquer modo deslocada, dependendo do grupo a ser considerado: Jê ou Tupi. Entre os primeiros, ela passa entre o cru e o cozido; no caso dos últimos, entre o cru e o podre. Os Jê, portanto, fazem do conjunto (cru + podre) uma categoria natural; os Tupi fazem do conjunto (cru + cozido) uma categoria cultural.

PARTE III

1. Fuga dos cinco sentidos

PARCIAL E PROVISÓRIO, o esboço de síntese a que nos levou a Parte II não é de todo convincente, pois deixa de lado fragmentos importantes do mito de referência, cuja presença não foi detectada no grupo jê. Ora, o método que seguimos só é válido se for exaustivo. Se nos permitíssemos tratar as diferenças aparentes entre mitos, que por outro lado afirmamos pertence-rem a um mesmo grupo, como resultado de transformações lógicas ou de acidentes históricos, a porta estaria aberta para interpretações arbitrárias, pois sempre seria possível escolher a mais cômoda e lançar mão da lógica quando a história se esquiva, ou apelar para a segunda se a primeira faltar. A análise estrutural repousaria, então, inteiramente sobre petições de prin-cípio e perderia sua única justificativa, que reside na codificação ao mesmo tempo única e mais econômica, à qual é capaz de reduzir mensagens cuja complexidade era muito desencorajadora e que, antes de sua intervenção, pareciam impossíveis de decifrar. Ou a análise estrutural consegue esgo-tar todas as modalidades concretas de seu objeto ou perde-se o direito de aplicá-la a toda e qualquer dessas modalidades.

Se levarmos o texto ao pé da letra, o episódio da expedição ao reino das almas, em que um pai ofendido espera a morte do filho, existe apenas no mito bororo. Isso parece tanto mais evidente na medida em que esse episódio é a consequência direta do comportamento incestuoso do herói, igualmente ausente dos mitos jê.

Consideremos esse episódio mais de perto. O herói é enviado ao mundo aquático das almas com uma missão precisa. Deve roubar três ob-jetos, que são, pela ordem: o grande maracá, o pequeno maracá, o cordão de chocalhos. Três objetos destinados, portanto, a fazer barulho, o que explica — o texto é, nesse ponto, formal — que o pai os tenha escolhido; ele espera que o filho não possa pegá-los sem movê-los, e que, assim avisadas, as almas se encarreguem de punir o audacioso. Uma vez precisado esse ponto, certas semelhanças aparecem em relação aos mitos jê.

Mas, antes de nos explicarmos a esse respeito, convém frisar que esses mitos jê constituem, incontestavelmente, um grupo. Já sabemos disso, pelo simples fato de que as diferentes versões que possuímos, ainda que desigualmente desenvolvidas e mais ou menos ricas em detalhes, se sobrepõem em seus contornos essenciais. Além disso, as populações de que provêm esses mitos não são todas realmente distintas, e nenhuma o é absolutamente: os Krahô e os Canela são dois subgrupos dos Timbira orientais, que por sua vez pertencem a um conjunto mais vasto, de que os Apinayé são representantes ocidentais (assim como, certamente, os Kayapó); a separação data de alguns séculos, como comprovam lendas que guardam lembrança dela. A separação dos Kubenkranken e dos Gorotire é mais recente ainda: 1936.[1]

Do ponto de vista metodológico, estamos agora numa situação inversa daquela que invocamos há pouco. Quando se adota um ponto de vista estrutural, não se tem o direito de invocar hipóteses histórico-culturais toda vez que os princípios, que defendemos alhures, se chocam com dificuldades de aplicação. Pois os argumentos histórico-culturais ficariam então reduzidos a meras conjecturas, improvisadas para as necessidades do momento. Em compensação, temos certamente o direito, e até o dever, de considerar cuidadosamente as conclusões a que os etnógrafos chegaram através de estudos linguísticos e históricos, quando eles mesmos as consideram sólidas e bem fundamentadas.

Se, historicamente falando, as tribos jê atuais têm uma origem comum, aqueles entre seus mitos que apresentam analogias entre si não constituem um grupo apenas de um ponto de vista lógico: formam também uma família, que possui uma existência empírica. É, portanto, lícito chamar as versões mais detalhadas a testemunharem pelas outras, contanto que

---

1. Acerca da história dos Jê orientais e ocidentais, cf. Nim., 1946b e Dreyfus, 1963, cap. 1.

Fuga dos cinco sentidos

essas versões mais pobres só se distingam das primeiras por suas lacunas. Se duas versões contiverem tratamentos divergentes do mesmo episódio, torna-se necessário, dentro dos limites desse subconjunto, invocar novamente a noção de transformação.

Uma vez enunciadas essas regras de método, podemos voltar nossa atenção para um aspecto ilustrado por pelo menos duas versões (M_9, M_{10}) das seis que foram resumidas do mito jê de origem do fogo. Como o mito bororo, se bem que por meio de uma fabulação diferente, os mitos apinayé e timbira suscitam um problema relativo ao barulho.

Isso é evidente quanto ao mito timbira (M_{10}). Salvo pelo jaguar, o herói, como seu homólogo bororo, corre risco de vida se fizer barulho: o herói bororo, deixando cair os instrumentos sonoros, o herói timbira, mastigando ruidosamente a carne e irritando desse modo a mulher — grávida — de seu protetor. O problema que se coloca para os dois heróis — poder-se-ia até mesmo dizer: a prova que lhes é imposta — consiste em ambos os casos em não fazer barulho.

Passemos agora ao mito apinayé (M_9), em que esse motivo aparentemente não existe. Isso acontece porque um outro o substitui, e que falta alhures: a origem da vida breve. Esquecendo os conselhos do jaguar, o herói responde a mais chamados do que deveria, ou, dito de outro modo, ele mesmo se deixa perturbar pelo barulho. Ele tinha a permissão de responder aos chamados sonoros do rochedo e da madeira dura e, se tivesse agido segundo os conselhos recebidos, os homens viveriam tanto quanto os seres minerais ou o vegetais; mas, como ele também responde "ao doce chamado da madeira podre", a duração da vida humana seria, a partir de então, encurtada.[2]

---

2. Como ocorre frequentemente, um mito da Guiana (taulipang, M_{69}) conserva esse episódio, mas despojado de sua significação geral e simplesmente inserido na gesta de um herói: Macunaíma morre por ter respondido ao chamado remoto do ogro Paima ou de um espectro, contrariando as recomendações de seu irmão (K.G., 1916, p. 49). Para o mito completo da Guiana, cf. infra, p. 219, n. 24.

A respeito da oposição rochedo/podridão, e de sua relação simbólica com a duração da vida humana, note-se que no final do funeral de um dos seus, os Kaingang do sul do Brasil friccionam os corpos com areia e cascalho, pois esses seres não estão sujeitos ao apodrecimento: "Quero", dizem, "ser como a pedra, que não morre nunca. Ficarei tão velho quanto as pedras" (Henry, 1941, p. 184).

208   *Parte III*

Os três mitos (M1, M9, M10) — bororo, apinayé, timbira — são redutíveis, nesse aspecto, a um denominador comum, que é um comportamento reservado, sob risco de morte, em relação ao ruído. Em M1 e M10, o herói não deve *provocar os outros através de ruído*, senão *ele morrerá*; em M9, não deve *se deixar provocar por todos os ruídos*, pois, dependendo do patamar acústico a que reagir, os homens (isto é, os *outros*) *morrerão mais ou menos depressa*.

Em M1 e M10, o herói é *sujeito de ruído*; faz *um pouco* de ruído, mas não muito. Em M9, ele é *objeto de ruído*, e ouve *muito, não pouco*. Não se poderia supor que, nos três casos, o caráter da vida na terra, de ser — por sua duração finita — uma mediatização da oposição entre a existência e a não existência, é concebido como uma função da impossibilidade em que o homem se encontra, de se definir sem ambiguidades em relação ao silêncio e ao ruído?

Apenas a versão apinayé formula explicitamente essa proposição metafísica. Essa singularidade é acompanhada de outra, já que o mito apinayé é também o único em que aparece o episódio do ogro. Essas duas singularidades estão ligadas. Um lema permitirá demonstrá-lo.

Comecemos por justificar o lugar da "vida breve" num mito de origem do fogo. Um mito dos Karajá, que não são Jê,* mas cujo território confina com o dos Apinayé no vale do Araguaia mais ao sul, torna bastante aparente a ligação entre os dois temas:

M70 KARAJÁ: A VIDA BREVE (1)

No início dos tempos, os homens viviam com seu antepassado Kaboi nas entranhas da terra, onde o sol brilhava quando era noite fora, e vice-versa. De tempos em tempos, ouvia-se o grito da seriema (*Cariama cristata, Microdactylus cristatus*), ave do cerrado, e um dia Kaboi resolveu ir na direção de onde vinha o ruído. Juntamente com alguns homens, ele chegou a um orifício pelo qual não conseguiu passar, pois era obeso; apenas seus companheiros chegaram à superfície da terra e começaram a explorá-la. Havia grandes quantidades de frutas, abelhas e mel; eles viram também árvores mortas e madeira

---

* Mas cuja língua pertence ao tronco macro-jê... (N. T.)

seca. Levaram para Kaboi amostras de tudo o que tinham encontrado. Ele as examinou e concluiu que a terra era bela e fértil, mas que a presença da madeira morta provava que tudo nela estava destinado a morrer. Era melhor ficarem onde estavam.

Pois, no reino de Kaboi, os homens viviam até que a idade os tornasse incapazes de se moverem.

Uma parte de seus "filhos" não quis ouvi-lo e foi se instalar na superfície da terra. Por isso, os homens morrem muito mais depressa do que seus congêneres que escolheram permanecer no mundo subterrâneo (Ehrenreich, 1891, pp. 79-80).

Segundo outra versão, que não contém o motivo da madeira morta, o mundo subterrâneo era aquático: "a morte não existia no fundo das águas". Por outro lado, o grito da seriema é ouvido durante uma expedição para coleta de mel (Lipkind, 1940, pp. 248-9).

Seja como for, e do mesmo modo que no mito apinayé, a causa principal da vida breve consiste, portanto, numa receptividade imprudente em relação a um ruído: os homens ouvem o grito da ave e, em busca dela, encontram a madeira morta. A versão apinayé condensa os dois episódios, já que o herói ouve diretamente o chamado da madeira podre. Ela é, portanto, conduzida com mais vigor nesse aspecto, e a oposição pertinente é aí também mais marcada:

M9 :   madeira dura   /   madeira podre
M70:   madeira viva   /   madeira morta[3]

A escolha da seriema (sariema, cariama etc.) confirma essa aproximação. Os Shucuru de Pernambuco veem nela a antiga dona do sol, pois ela só canta quando chove e, pensam, para pedir a volta do sol (Hohenthal, 1954, p. 158). É portanto, normal que ela atraia e guie os homens na direção do astro do

---

3. O mito apinayé distingue implicitamente a madeira viva em dura e macia. Mas de modo algum insistiremos na oposição madeira morta/madeira podre, que é mais de ordem linguística: as línguas do Brasil central e oriental agrupam numa só categoria a madeira que chamamos de "morta" e a que está efetivamente podre. Assim em bororo: *djorighe, gerigue,* "madeira para queimar" (cf. *djoru,* "fogo"); *djorighe-arôgo,* "larva de madeira podre" (Magalhães, 1918, p. 34).

dia. Além disso, já encontramos a seriema, casada com uma mulher magra e feia, por ter puxado demais o pedaço de carne de que esta tinha saído (M29); e os camponeses do interior do Brasil afirmam que a carne da seriema, ou apenas a de suas coxas, é incomestível porque bichada. Entre o chamado de uma ave que tem a carne deteriorada e uma mulher estragada,[4] e o da madeira podre, a afinidade é, portanto, maior do que parece à primeira vista.

A comparação entre as versões apinayé e karajá da origem da vida breve oferece um outro interesse, que é de tornar manifesta a ligação entre esse motivo e o da origem da culinária. Para acender o fogo é preciso juntar madeira morta e, portanto, atribuir a ela uma qualidade positiva, embora seja privação de vida. Nesse sentido, cozinhar é mesmo "escutar o chamado da madeira podre".

Há mais: a vida civilizada requer não apenas o fogo, mas também as plantas cultivadas que esse mesmo fogo permite cozinhar. Ora, os indígenas do Brasil Central são agricultores primitivos, que não poderiam, apenas com machados de pedra, derrubar as árvores da floresta. Eles têm de recorrer ao fogo, mantido durante dias ao pé dos troncos, até que a madeira viva se tenha aos poucos consumido e ceda ao golpe de ferramentas rudimentares. O fato de esse "cozimento" pré-culinário da madeira viva levantar um problema lógico e filosófico resulta da proibição de cortar a madeira "viva" para fazer lenha. No princípio, contam os Mundurucu, não havia madeira para queimar, seca nem podre. Existia apenas a madeira viva (Kruse, 1946-49, p. 619). "Pelo que se sabe, os Yurok jamais cortavam madeira viva para queimar; a mesma regra prevalecia entre os outros índios da Califórnia e provavelmente entre todos os indígenas americanos antes da introdução do machado de metal. A lenha provinha de árvores mortas, ainda de pé ou caídas" (Kroeber, in Elmendorf, 1960, p. 220, n. 5). Consequentemente, apenas a madeira morta é um combustível permitido. Violar essa prescrição significaria cometer um ato de canibalismo em relação ao mundo vegetal.[5]

---

4. Os Bakairi atribuem à seriema pernas "feias e finas" (Von den Steinen, 1940, pp. 488-89).

5. Num interessante estudo publicado quando este livro já estava no prelo, Heizer (1963, p. 189) salienta o caráter excepcional do corte da madeira viva para fazer fogo.

Contudo, a limpeza do terreno para a agricultura obriga o homem a queimar a madeira viva, a fim de obter as plantas cultivadas que ele se permitirá cozinhar apenas num fogo de madeira morta. O fato de um obscuro sentimento de culpa estar relacionado a uma técnica agrícola que faz de uma certa forma de canibalismo a condição preliminar de uma alimentação civilizada é confirmado por um mito timbira (M_{71}). O herói é um homem que se machuca acidentalmente em sua roça, ao pisar num troco de árvore que continuava ardendo em brasa internamente. O ferimento é considerado incurável e o homem teria morrido se espíritos benfeitores (de seus avós) não tivessem vindo socorrê-lo. Por ter passado por isso e por ter escapado, o herói, por sua vez, torna-se capaz de curar as violentas dores abdominais causadas pela ingestão de carne assada levada à boca com mãos sujas do sangue da caça (Nim., 1946b, pp. 246-7): dores internas em vez de ferimento externo, mas também resultantes da conjunção do morto e do vivo.[6]

Não é, pois, arbitrariamente que o mito apinayé (M_9) utiliza "o chamado da madeira podre" para passar da obtenção do fogo de cozinha ao encontro com um ogro canibal. Já mostramos que entre a vida breve e a obtenção do fogo culinário existe uma ligação intrínseca. E compreendemos agora que, entre roceiros, mesmo a cozinha vegetariana possa ser indissociável de um "canibalismo", igualmente vegetariano. A vida breve se manifesta de dois modos: ou pela morte natural — velhice ou doença — como ocorre com as árvores quando "morrem" e se transformam em lenha para queimar; ou por uma morte violenta, provocada por um inimigo, que pode ser um canibal — um ogro, portanto — e que invariavelmente o é, pelo menos numa acepção metafórica, mesmo na forma do arroteador atingindo a árvore viva. É, portanto, lógico que, no mito

---

6. Os Bororo compartilham essa repulsa pelo sangue: "Eles se consideram infectados quando, por uma razão qualquer e ainda que fosse matando animais selvagens, eventualmente ficam sujos de sangue. Imediatamente, põem-se à procura de água, lavam-se várias vezes, até que o menor sinal tenha desaparecido. Daí seu nojo de alimentos sangrentos" (Colb., 1919, p. 28). Tal atitude não é generalizada na América tropical, já que os Nambikwara consomem meio crus e sangrentos os pequenos animais que constituem o essencial de sua alimentação carnívora (Lévi-Strauss, 1955, pp. 303-4).

apinayé, o episódio do encontro com o ogro (que é uma "sombra" ou um "fantasma") suceda sem transição ao do chamado da madeira podre (portanto, também um fantasma). Desse modo, a morte é introduzida sob seus dois aspectos.

CONTUDO, o mito apinayé levanta um problema que ainda não resolvemos. Que sentido devemos dar à estranha noção de um chamado, proveniente de um ser, vegetal ou mineral, desprovido de capacidade de articulação?

O mito enumera os três chamados a que o herói deverá ou não responder. Indo do mais forte ao mais fraco, são os chamados da rocha, da aroeira dura e finalmente da madeira podre. Temos indicação acerca do valor simbólico da madeira podre na mitologia dos Jê: é um antialimento vegetal,[7] o único que os homens consumiam antes da introdução das técnicas agrícolas. Vários mitos jê, dos quais voltaremos a tratar, atribuem o dom das plantas cultivadas a uma mulher-estrela, que desce à terra para casar-se com um mortal. Antes, os homens comiam carne acompanhada de madeira podre à guisa de legume (Apinayé: Nim., 1939, p. 165; Timbira: Nim., 1946b, p. 245; Krahô: Schultz, 1950, p. 75; Kayapó: Banner, 1957, p. 40, Métraux, 1960, pp. 17-8). Pode-se concluir disso que, com respeito à oposição entre natureza e cultura, a madeira podre é o inverso das plantas cultivadas.

Ora, o episódio do ogro mostra o herói enganando seu raptor, deixando em seu lugar uma pedra para comer. A pedra, a rocha, aparecem, assim, como o termo simétrico e inverso da carne humana. Preenchendo a casa vazia com o único termo culinário ainda disponível, a carne animal, obtém-se o seguinte quadro:

---

7. A ideia se encontra também na América do Norte, sobretudo na região do noroeste, onde a história da "ogra do cesto" aparece em várias versões, cujos detalhes apresentam um paralelismo notável com as versões jê. Não há dúvida de que muitos mitos do Novo Mundo têm uma difusão pan-americana. Contudo, o noroeste da América do Norte e o Brasil Central possuem tantos traços em comum que um problema de história cultural não pode deixar de se colocar. Ainda não chegou o momento de abrir esse dossiê.

Fuga dos cinco sentidos

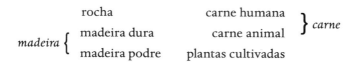

O que significa isso? A série dos três "chamados" recobre, na ordem inversa, uma divisão da alimentação em três categorias: agricultura, caça, canibalismo. Além disso, as três categorias, que poderíamos chamar de "gustativas", são codificadas nos termos de um outro sistema sensorial: o da audição. Finalmente, os símbolos auditivos possuem a notável propriedade de sugerir imediatamente duas outras codificações sensoriais: uma olfativa, outra sensorial, como se pode ver abaixo:

código:	auditivo	gustativo	olfativo	tátil
ROCHA	chamado ruidoso	plantas cultivadas	imputrescível	duro
MADEIRA DURA	↓	carne animal	↓	↓
MADEIRA PODRE	chamado doce	carne humana	pútrido	mole

Assim, compreende-se o sentido muito preciso que convém dar ao vocalismo da pedra e da madeira: os emissores de ruído devem ser escolhidos de tal modo que possuam igualmente outras conotações sensoriais. São operadores que permitem exprimir o isomorfismo de todos os sistemas de oposições relativos aos sentidos, e, portanto, colocar como um todo um grupo de equivalências que associa a vida e a morte, a alimentação vegetal e o canibalismo, a podridão e a imputrescibilidade, a moleza e a dureza, o silêncio e o ruído.

PODEMOS PROVÁ-LO, pois possuímos variantes dos mitos já examinados, provenientes das mesmas populações ou de populações mais ou menos vizinhas, mas nas quais se verifica a transformação de uma codificação sensorial numa outra codificação sensorial. Se os Apinayé codificam declaradamente a oposição entre a morte e a vida por meio de símbolos auditivos, os Krahô, por sua vez, utilizam uma codificação declaradamente olfativa:

M72 KRAHÔ: A VIDA BREVE

Certo dia, os homens roubaram os filhos dos Kokridhô, espíritos aquáticos que os dançarinos mascarados encarnam durante as cerimônias (segundo um informante de Schultz, seriam "percevejos-d'água").[8] À noite, os Kokridhô saíram da água e invadiram a aldeia para buscar os filhos. Mas seu fedor era tão forte que matou muita gente (Schultz, 1950, pp. 151-2).

Um informante krahô recupera a codificação auditiva acrescentando que os Kokridhô cantam forte "RRRRRRR", um som desagradável aos ouvidos.

Esse detalhe lembra que os Bororo designam por uma mesma palavra, *aigé*, os rombos e um espírito aquático (*EB*, v. I, pp. 17-26). Os Timbira, cujo mito de origem dos Kokrit (= Kokridhô) é um pouco diferente (M73), também insistem no mau cheiro deles (Nim., 1946b, p. 202). Os Jivaro (M74) acreditam que o cheiro de podre surgiu junto com os demônios (Karsten, 1935, p. 515). Um mito ofaié (M75) atribui a aparição da morte ao mau cheiro de um homem-jaratataca (um mustelídeo), que foi subsequentemente transformado nesse animal (Nim., 1914, p. 378).[9]

---

8. Que talvez possam ser comparados ao *mru kaok* dos Kayapó: monstro aquático em forma de cobra que nunca é visto, mas pode às vezes ser ouvido e farejado. Ele é responsável pelas congestões e síncopes (Banner, 1961, p. 37). O mesmo termo teria ainda o sentido de "falso, imitado" (id., ibid.).

9. A jaratataca (maritataca, jaritataca) é o cangambá (*Conepatus chilensis*), congênere sul-americano do *skunk* da América do Norte. Disseminado pelo Brasil central e meridional, considera-se que esse quadrúpede noturno e carnívoro possui uma imunidade natural ao veneno das cobras, que costuma caçar. Possui uma glândula anal que secreta um fluido nauseabundo, que lança sobre seus inimigos (Ihering, v. 34, pp. 543-44). Em Pernambuco, a palavra "tacaca" existe na língua corrente com o sentido de "transpiração fétida, mau cheiro do corpo humano" (loc.cit., v. 36, p. 242). Retornaremos várias vezes aos cangambás americanos (pp. 239, 243, 244, 269, 277, 331, 357, 358, 383, 418, 464), e aqui nos limitaremos a uma observação. Trata-se de um animal da família dos mustelídeos, que dissemina a morte entre os homens juntamente com seu mau cheiro (M75). Segundo M27, os antepassados bororo foram transformados em mustelídeos (lontras), pois se recusavam a exalar a fumaça perfumada do tabaco. Os Kokridhô de M72 são percevejos-d'água, animais aos quais conviria, muito mais do que à lontra, a definição da palavra bororo *ippie*, que dá Colbacchini e para cuja estranheza já chamamos a atenção (p. 156, n. 7). Desconfia-se aqui que exista alguma equivalência etnozoológica entre os mustelídeos e um inseto aquático não identificado. Nada na *EB* encoraja, é verdade, essa conjectura, a não ser, talvez, o fato de uma equivalência do mesmo gênero ser apontada a respeito de um outro animal: a palavra *okíwa* designa ao mesmo tempo a capivara (*Hydrochoerus*) e um inseto aquático que, como seu homônimo, vive à beira dos rios (loc.cit., v. I, p. 829). Um coleóptero aquático de movimentos rápidos, *y-amai*, é um dos animais primordiais da cosmogonia guarani (Cadogan, 1959, pp. 30, 35).

Fuga dos cinco sentidos

Os três chamados do mito apinayé se encontram, em codificação olfativa, entre os Shipaya, cujo mito de origem da vida breve quase poderia se chamar "os três cheiros":

M76 SHIPAYA: A VIDA BREVE

O demiurgo queria tornar os homens imortais. Disse-lhes que se colocassem à beira d'água e deixassem passar duas canoas, mas deveriam parar a terceira, para saudar e abraçar o Espírito que estaria nela.

A primeira canoa continha uma cesta cheia de carne podre, que fedia muito. Os homens correram ao seu encontro, mas o mau cheiro os fez recuar. Pensavam que aquela canoa transportava a morte. Mas a morte estava na segunda canoa e tinha a forma humana. Por isso os homens lhe deram as boas-vindas e a abraçaram. Quando surgiu o demiurgo na terceira canoa, constatou que os homens haviam escolhido a morte, ao contrário das cobras, das árvores e das pedras, que tinham esperado o Espírito da imortalidade. Se os homens tivessem feito o mesmo, trocariam de pele ao envelhecerem e remoçariam como as cobras (Nim., 1919-20, p. 385).

A codificação tátil já estava implicitamente dada na série rocha, madeira dura, madeira podre do mito apinayé. Aparece de modo mais explícito num mito tupi:

M77 TENETEHARA: A VIDA BREVE (1)

O primeiro homem, criado pelo demiurgo, vivia na inocência, embora seu pênis estivesse continuamente em ereção e ele tentasse amolecê-lo molhando-o com sopa de mandioca. Instruída por um espírito aquático (subsequentemente castrado e morto pelo marido dela), a primeira mulher ensinou-o a amolecer o pênis praticando o coito. Quando o demiurgo viu o pênis flácido, ficou furioso e disse: "De agora em diante, você terá um pênis mole, fará filhos e depois morrerá; seu filho crescerá, fará também um filho que, por sua vez, morrerá" (Wagley e Galvão, 1949, p. 131).[10]

---

10. Compare-se com o pênis de cera que se derrete ao sol, igualmente causador da vida breve, num mito ofaié (Ribeiro, 1951, pp. 121-3).

216   *Parte III*

Huxley (1956, pp. 72-87) evidenciou, em relação aos Urubu, que são uma tribo vizinha, o papel fundamental que as categorias "duro" e "mole" desempenham na filosofia indígena. Servem para distinguir modos do discurso, tipos de comportamento, gêneros de vida e, inclusive, dois aspectos do mundo.

O código visual irá reter-nos por mais tempo, pelos problemas de interpretação que suscita. Eis inicialmente um mito que combina o código visual a outros:

M78 KADIWÉU: A VIDA BREVE

Um famoso xamã foi visitar o criador para saber como rejuvenescer os velhos e fazer brotar as árvores mortas. Tomando-os pelo criador, dirige-se a vários habitantes do além, que lhe explicam que não passam de cabelos dele, pedaços de suas unhas, sua urina... Finalmente, ele chega ao seu destino e apresenta seu pedido. Seu espírito protetor lhe havia instruído que ele não deveria, sob pretexto algum, fumar o cachimbo do criador, aceitar o charuto que este lhe oferecesse (e que devia, ao contrário, arrancar das mãos dele brutalmente) ou olhar para a filha dele.

Tendo passado pelas três provas, o xamã consegue o pente que ressuscita os mortos e a resina (= seiva) que faz reverdecer a madeira. Ele já estava no caminho de volta, quando a filha do criador foi atrás dele para devolver-lhe um pedaço de tabaco que ele tinha esquecido. Ela chamou por ele, gritando muito alto. Involuntariamente, o herói virou-se para trás e viu um artelho da jovem, que, por essa mera olhadela, ficou grávida. Por isso o criador fez com que ele morresse assim que chegou, e chamou-o para junto de si, para que cuidasse de sua mulher e de seu filho. A partir de então, os homens não poderão evitar a morte (Ribeiro, 1950, pp. 157-60; Baldus, 1958, p. 109).

Utilizando uma codificação puramente visual, um segundo mito tenetehara dá uma interpretação da vida breve aparentemente diferente de M77:

M79 TENETEHARA: A VIDA BREVE (2)

Uma jovem encontrou uma cobra na floresta, que se tornou seu amante e de quem ela teve um filho, que já nasceu adolescente.

Todos os dias, o filho ia à floresta fazer flechas para a mãe, e todas as noites voltava para o ventre dela. O irmão da mulher descobriu o seu segredo e convenceu-a a se esconder assim que o filho partisse. Quando este voltou à noite, e quis entrar no ventre da mãe, como de costume, ela havia desaparecido.

O adolescente consultou a avó cobra, que o aconselhou a procurar o pai. Mas ele não tinha a menor vontade de ajudá-lo; assim, ao cair da noite, ele se transformou em raio de luz e subiu ao céu, levando o arco e as flechas. Ao chegar, quebrou as armas em pedacinhos, que viraram estrelas. Como todo mundo dormia, a não ser a aranha, ela foi a única testemunha do espetáculo. Por isso as aranhas (ao contrário dos homens) não morrem com a idade, mas trocam de pele. Antigamente, os homens e os outros animais também trocavam de pele quando ficavam velhos, mas, desde então, eles morrem (Wagley e Galvão, 1949, p. 149).

Voltamos a encontrar nesse mito a moça da cobra, cujo sexo é aberto, o que permite ao marido, ou filho, proteger-se nele à vontade (cf. pp. 178-9). Desse ponto de vista, os dois mitos tenetehara sobre a origem da vida breve são menos diferentes do que parece, já que no primeiro a mulher também é iniciada na vida sexual por uma cobra-d'água, que ela instiga ao coito batendo numa cabaça pousada sobre a água. Segundo uma versão urubu (M_{80}), essa cobra é o pênis de um quilômetro de comprimento, fabricado pelo demiurgo para satisfazer as mulheres, pois, na origem, os homens eram como crianças e assexuados (Huxley, 1956, pp. 128-9). No primeiro mito tenetehara (M_{77}), a morte da cobra priva a mulher de seu parceiro e a incita a seduzir o marido, motivo pelo qual aparecem a vida, a morte e a sucessão das gerações. No mito urubu, depois que a cobra foi morta, o demiurgo cortou seu corpo em pedaços e os distribuiu aos homens como pênis individuais; em consequência disso as mulheres irão conceber os filhos no ventre (e não mais num pote) e terão dores no parto. Mas como deve ser interpretado o segundo mito tenetehara?

O ponto de partida é o mesmo: conjunção de uma mulher (ou das mulheres, M_{80}) e de uma cobra. Essa conjunção é seguida de uma disjunção e depois, nos três casos, de uma fragmentação: pênis da cobra cortado (M_{77}), cabeça da cobra cortada e seu corpo fragmentado (M_{80}), filho-cobra definitivamente separado do corpo da mãe (M81). Mas, nos dois primeiros casos, a fragmentação se projeta na duração sob forma de periodicidade: o pênis masculino será alternadamente duro e mole, as gerações se sucederão, a vida e a morte se alternarão, as mulheres gerarão no sofrimento... No terceiro caso (M79), a fragmentação se projeta no espaço: o filho-cobra (ele também, como as outras cobras, morto para sua natureza ofidiana, já que não quer juntar-se ao pai) quebra seu arco e flechas em pedaços, que, espalhados no céu noturno, virão a ser as estrelas. É porque a aranha foi testemunha ocular dessa fragmentação que para ela, e apenas para ela, a periodicidade (troca de pele) tem valor de vida, ao passo que, para o homem, tem valor de morte.

Por conseguinte, o código visual fornece a M79 o meio de uma dupla oposição. Primeiramente, entre visível e não visível, já que as aranhas acordadas não foram apenas testemunhas de um espetáculo particular: antes, não havia nada para se ver; o céu noturno era escuro e uniforme e, para torná-lo "espetacular", era preciso que todas as estrelas viessem ao mesmo tempo ocupá-lo e iluminá-lo. Em segundo lugar, esse espetáculo original é qualificado, já que resulta da fragmentação em oposição à integridade.

Essa análise é confirmada por um grupo de mitos tukuna que também se referem à origem da vida breve, ainda que sob uma perspectiva muito diferente, talvez devido à antiga crença dos tukuna num rito que permite aos homens obter a imortalidade (Nim., 1952, p. 136).

M81 TUKUNA: A VIDA BREVE

Antigamente, os homens não conheciam a morte. Um dia, uma jovem, reclusa por ocasião de sua puberdade, deixou de responder ao chamado dos (deuses) imortais, que convidavam os humanos a segui-los. Em seguida, ela cometeu o erro suplementar de responder ao chamado do Espírito Velhice. Este entrou na cela em que ela estava, trocou de pele com a jovem e, imediatamente, o Espírito voltou a ser um adolescente, ao passo que a vítima se transformou numa velha decrépita... Desde então, os humanos envelhecem e morrem (Nim., 1952, p. 135).

Fuga dos cinco sentidos

Esse mito faz a transição entre o dos Apinayé (M9, tema dos chamados) e o segundo mito tenetehara (M79, troca de pele). Este último tema fica ainda mais claro no seguinte mito:

M82 TUKUNA: A VIDA LONGA

Confinada em sua cela de puberdade, uma virgem ouviu o chamado dos imortais. Respondeu imediatamente e pediu a imortalidade. Entre os convidados (a uma festa que ocorria naquele momento) havia uma jovem, que estava noiva de Tartaruga, mas o desprezava, pois ele se alimentava de orelhas-de-pau, e ela cortejava Falcão.

Durante toda a festa, ela ficou fora da cabana com seu bem-amado, a não ser por um instante, para beber cauim. Tartaruga notou sua saída apressada e lançou uma maldição: repentinamente, o couro de anta sobre o qual estavam sentados a virgem e os convidados elevou-se nos ares, sem que Tartaruga tivesse tempo de tomar seu lugar nele.

Os dois amantes veem o couro e seus ocupantes, já bem alto no céu. Os irmãos da jovem lançam um cipó até ela, para poderem subir até lá; mas ela não deve abrir os olhos! Ela desobedece e grita: "O cipó é muito fino! Vai rebentar!". O cipó cede de fato. Na queda, a jovem se transforma em pássaro.

Tartaruga quebrou as jarras repletas de bebida e esta, que estava cheia de vermes, se esparramou pelo chão, onde as formigas e as outras criaturas que trocam de pele a lamberam; por isso elas não envelhecem. Tartaruga transformou-se em pássaro e foi juntar-se aos seus companheiros no mundo do alto. O couro e seus ocupantes ainda podem ser vistos hoje em dia: formam o halo lunar (outra versão: as Plêiades) (Nim., 1952, pp. 135-6).

Dedicar-nos-emos mais adiante ao aspecto astronômico da codificação visual; aqui faremos apenas uma análise formal. Desse ponto de vista, é marcante o paralelismo entre esse mito e o segundo mito tenetehara de origem da vida breve (M79): uma mulher se une a um amante proibido (cobra, falcão); segue-se uma disjunção (causada pelo irmão em M79, à qual os irmãos tentam em vão remediar em M82), objetos são quebrados (no céu, M79; ou na terra, M82). Os insetos que trocam de pele são testemunhas dessa fragmentação e se tornam imortais. Corpos celestes aparecem.

O mito tukuna é, contudo, mais complexo do que o mito tenetehara, o que, parece-nos, se deve a duas razões. Em primeiro lugar, como já foi

220   *Parte III*

indicado, os Tukuna acreditavam que o homem podia alcançar a imortalidade. Essa imortalidade, que chamaremos de "absoluta", traz uma dimensão suplementar, que se acrescenta à imortalidade "relativa" dos insetos. O mito tenetehara (M_{79}) contenta-se em opor a imortalidade absoluta dos humanos à imortalidade relativa dos insetos, ao passo que os dois mitos tukuna (que se completam) supõem um sistema triangular cujos vértices são ocupados pela imortalidade e a mortalidade humanas, ambas absolutas, e pela imortalidade relativa dos insetos. O segundo mito tukuna (M_{82}) considera as duas formas de imortalidade, sendo que a dos humanos é superior — porque absoluta — à dos insetos; daí a inversão dos planos de fragmentação, e, de modo correlativo, dos objetos despedaçados: armas masculinas ou potes femininos, no céu (M_{79}) ou na terra (M_{82}). Quanto a isso, a passagem das estrelas (M_{79}) para o halo lunar ou as Plêiades (M_{82}) é particularmente significativa, na medida em que se trata, no segundo caso, de fenômenos celestes que (como veremos em relação às Plêiades, cf. adiante, p. 293-ss) se situam do lado do contínuo, que é também o da imortalidade absoluta, por oposição à imortalidade relativa ou periódica.[11]

Uma outra razão da complexidade de M_{82} talvez esteja ligada ao fato de os Tukuna parecerem ser especialmente sensíveis a um problema de lógica culinária, consequência da importância das bebidas fermentadas em sua vida cerimonial. Para eles, a cerveja é uma bebida de imortalidade, ou pode sê-lo:

M84 TUKUNA: A BEBIDA DA IMORTALIDADE

Uma festa de puberdade estava chegando ao fim, mas o tio da jovem virgem estava tão bêbado que não podia mais conduzir as cerimônias. Um deus imortal apareceu sob a forma de um tapir. Levou a jovem e casou-se com ela.

Muito tempo depois, ela voltou à aldeia com seu bebê e pediu aos parentes que preparassem uma cerveja especialmente forte para a festa de depilação de seu irmão mais

---

11. Os Bororo (M_{83}) apresentam a vida breve como resultado de uma discussão entre a pedra e o bambu: a primeira é eterna, o outro morre e renasce em seus brotos. O bambu leva a melhor em nome da periodicidade (Colb. e Albisetti, 1942, pp. 260-1).

Fuga dos cinco sentidos

novo. Ela assistiu à cerimônia em companhia do marido. Este havia trazido um pouco de bebida dos Imortais e deu um gole a cada participante. Quando todos ficaram ébrios, partiram com o jovem casal para se instalarem na aldeia dos deuses (Nim., 1952, p. 137).

Mas, ao mesmo tempo, esse mito, como M_{82}, gira em torno de uma bebida cujo preparo se situa a meio caminho entre a fermentação e a putrefação, ou, mais precisamente, em relação à qual parece que, devido à técnica indígena, as duas estão inevitavelmente juntas. Já fizemos alusão a isso (p. 120, n. 14). É tentador colocar essa dualidade em correlação com aquela, à primeira vista tão estranha, das heroínas: de um lado, submetida ao jejum, a virgem reclusa, que "fermenta", por assim dizer, ao atingir a puberdade; do outro, a moça devassa, que despreza o noivo Tartaruga porque ele é um "come-podre" e se apaixona por Falcão, um "come-cru" (essa espécie de falconídeos se alimenta de passarinhos, esclarece uma nota de Nimuendaju). Existem, portanto, três regimes alimentares presentes, assim como há três imortalidades; ou, se preferirem, e para ater-se à própria matéria do mito, duas imortalidades (uma simples — a dos humanos que se tornaram imortais —, a outra ambígua — a dos insetos que trocam de pele), e dois regimes alimentares (um simples mas inumano, o alimento cru; o outro humano, e até sagrado, mas ambíguo, o alimento que não pode fermentar sem apodrecer).

Seja como for, introduzimos esses mitos tukuna unicamente para definir melhor as unidades do código visual, e constatamos que nossas categorias linguísticas não servem para isso. A oposição pertinente é isomorfa à que existe entre objetos inteiros e objetos quebrados; à que existe entre céu sombrio e uniforme e céu luminoso, constelado de estrelas; finalmente, à que existe entre um líquido contido num recipiente onde forma uma massa homogênea e esse mesmo líquido esparramado e cheio de vermes. Portanto, entre inteiro e fragmentado, liso e grumoso, inerte e efervescente, contínuo e descontínuo. Essas oposições são, por sua vez, isomorfas a outras oposições, relativas a outras formas da sensorialidade: fresco e podre, duro e mole, barulhento e silencioso (quente e frio, numa pequena versão arikena, cf. Kruse, 1955, p. 409).

Esses códigos sensoriais não são simples, e nem os únicos a serem empregados. Assim o código visual existe sob a forma bruta de uma oposição entre visível e invisível. Mas, além de essa oposição ser imediatamente especificada, o código visual funciona em outros níveis. Na Parte IV, dedicaremos mais espaço ao código astronômico; e, na Parte V, a um código estético já em operação nos mitos que examinamos até o momento, que permite opor a seriema — pássaro lamuriento e feio, marido de uma mulher feia, responsável pela morte — ao jaguar ricamente pintado e enfeitado,[12] cujas presas e pele servem para fazer os mais belos adornos, assim como à sua prima, a suçuarana, que possui uma bela mulher, ao contrário da seriema (M29). Finalmente, na segunda parte, evidenciamos, em relação aos mitos de origem dos porcos-do-mato, uma verdadeira codificação sociológica utilizando oposições fundadas nas relações de aliança e de parentesco.

ANTES DE ABANDONAR provisoriamente os códigos sensoriais, é indispensável resolver uma contradição. Quando se passam em revista os mitos relativos à duração da vida humana, constata-se que, dependendo do exemplo escolhido, os polos de cada oposição sensível assumem valores diferentes. Tanto em M9 como em M70 e M81, diz-se que, para ter uma vida longa, ou a imortalidade, os homens não devem se mostrar receptivos em relação a um ruído fraco: chamado "doce" e "baixo" da madeira podre, grito longínquo da seriema, chamado do Espírito Velhice. Consideremos agora um outro mito sobre a vida breve, que provém, como M70, dos Karajá:

M85 KARAJÁ: A VIDA BREVE (2)

Depois de um sapo ter-lhe roubado o fogo que ele negava aos homens, o demiurgo casou-se com uma jovem índia. Por insistência do sogro, ele concordou em pedir ao urubu-rei os luminares celestes — estrelas, lua, sol —, que eram indispensáveis para iluminar a terra. O

---

12. A vaidade do jaguar causa seu fim (Métraux, 1960, pp. 10-2). Em troca da agilidade e da flexibilidade, ela deu ao lagarto "um pouco de beleza, pintando-lhe a pele dos dois lados" (Colb. e Albisetti, 1942, p. 258).

Fuga dos cinco sentidos

demiurgo então pediu ao urubu-rei que ensinasse aos homens, por seu intermédio, as artes da civilização. Depois disso, o pássaro (que o demiurgo havia atraído fingindo-se de morto) levantou voo. Nesse momento, a sogra do demiurgo teve a ideia de lhe perguntar como se podia devolver a juventude aos velhos. A resposta veio de muito longe e muito alto. As árvores e alguns animais puderam ouvi-las, mas os homens, não (Baldus, 1958, p. 82).

Voltamos a encontrar nesse mito a oposição entre morte e vida, que é o elemento invariante do grupo. Mas em vez de essa oposição ser codificada sob a forma ouvir/não ouvir, a ordem dos termos é invertida. Para viverem muito, os heróis de M_9, M_{10} e M_{81} não deveriam ter ouvido um ruído fraco. Agora é o contrário.

A mesma dificuldade se repete em relação ao código olfativo. Segundo os mitos krahô (M_{72}) e ofaié (M_{75}), a morte sobrevém aos homens porque eles sentiram o fedor. Mas para o mito shipaya (M_{76}) o erro consiste numa sensibilidade olfativa deficiente: se os homens tivessem sentido o fedor da morte, não a teriam escolhido. Consequentemente, num caso, teria sido preciso não sentir um cheiro forte; no segundo, sentir um cheiro fraco.

Vejamos agora o código visual. Um mito xerente, que será resumido mais adiante (M_{93A}, p. 232), associa a origem da vida breve à visão e à percepção olfativa de uma cena celeste. Ora, o mito tenetehara (M_{79}) fornece uma explicação inversa dessa origem: os homens morrem muito jovens porque, adormecidos, eles *não viram* o céu noturno e vazio se encher de estrelas. Trata-se, sem dúvida, de uma propriedade indeformável do subgrupo de que M_{79} faz parte, já que se encontra, idêntica, em variantes amazônicas, em código acústico (M_{86}): o filho-cobra, abandonado pela mãe, sobe ao céu onde se torna o arco-íris, depois de recomendar aos homens que respondam aos chamados que ele fará lá do alto. Mas sua avó, adormecida, não o ouve, diferentemente dos lagartos, cobras e árvores, que, por essa razão, rejuvenescem e trocam de pele (Barbosa Rodrigues, 1890, pp. 233-5, 239-43). A conclusão é a mesma numa outra variante (M_{86A}), em que o arco-íris é estranhamente designado como filho de um jaguar; é verdade que ela foi obtida de um mestiço destribalizado (Tastevin, 1925, pp. 183, 190). Um mito cashinaua (M_{86B}) também explica que, diferentemente das árvores e dos répteis, os homens tornaram-se mortais por não terem respondido, enquanto dormiam, aos chamados do antepassado que subia ao céu e gritava: "Troquem de pele!" (Abreu, 1914, pp. 481-90).

A antiga mitografia se teria desvencilhado sem maiores problemas de uma tal dificuldade, pois bastava-lhe, em casos desse tipo, imputar ao pensamento mítico a frouxidão e o caráter sempre aproximativo das análises com as quais se contentava. Nós partimos do princípio inverso: o aparecimento de uma contradição prova que a análise não foi suficientemente profunda e que certas características distintivas passaram despercebidas. Eis a prova disso no caso que nos ocupa.

O grupo de mitos relativos à vida breve encara-a sob dois aspectos, um prospectivo, o outro retrospectivo. Poder-se-ia prevenir a morte, isto é, evitar que os homens morram mais cedo do que gostariam? E, inversamente, será possível devolver a juventude aos homens que já ficaram velhos e ressuscitá-los se já estiverem mortos? A solução do primeiro problema é sempre formulada em termos negativos: não ouvir, não sentir cheiro, não tocar, não ver, não sentir gosto... A do segundo, sempre em termos positivos: ouvir, sentir cheiro, tocar, ver, sentir gosto. Por outro lado, a primeira solução interessa apenas aos homens, já que as plantas e os animais têm seu modo próprio de não morrer, que consiste em rejuvenescer trocando de pele. Ora, certos mitos consideram apenas a condição humana, e se leem, portanto, num único sentido (longa vida prospectiva, prescrição negativa); outros opõem a condição humana à dos seres que rejuvenescem, e admitem uma leitura nos dois sentidos (prospectivo e retrospectivo, negativo e positivo).

Essas transformações são observadas tão escrupulosamente que a adoção de um ponto de vista implica, para um mito e para uma população dados, uma mudança correlativa de todos os aspectos do mito da mesma população, onde prevalecia o ponto de vista oposto. Comparem-se os dois mitos karajá M_{70} e M_{85}. O primeiro se refere unicamente à imortalidade prospectiva dos humanos; esta lhes é negada porque eles foram de baixo para cima e escolheram se estabelecer na superfície da terra, onde encontram frutas e mel (produtos naturais) em abundância e a madeira morta, que irá permitir que acendam o fogo (de cozinha). M_{85}, por sua vez, opõe a condição humana à dos animais que trocam de pele. O problema não é mais prolongar a vida humana para além de sua duração normal, mas, como indica o mito, rejuvenescer os velhos. Correlativamente, trata-se de uma descida em vez de uma ascensão (descida do pássaro para a terra); da outorga da luz celeste em vez do fogo terrestre (que, como o mito se encarrega de declarar, os homens já possuem); da obtenção das artes da civilização, e não dos recursos naturais. Como vimos, a condição da imortalidade prospectiva teria sido não ouvir, em M_{70}; a da juventude retrospectiva, ouvir, em M_{85}.

A aparente contradição dos códigos sensoriais desaparece, assim, no esquema abaixo, que condensa nossa demonstração:

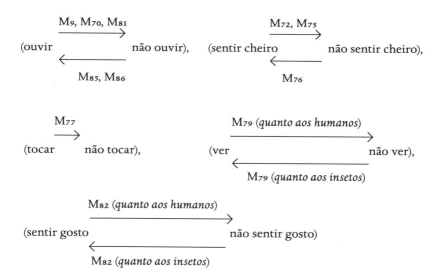

Apenas o mito kadiwéu ocupa uma posição intermediária, o que se explica de um triplo ponto de vista. Em primeiro lugar, ele recorre a códigos múltiplos: gustativo (não fumar o cachimbo); tátil (agarrar o criador pela axila, para tomar-lhe à força o charuto oferecido); visual (não ver a moça). Em seguida, essas três prescrições são: a primeira e a terceira negativas, a segunda positiva. Por último e principalmente, o problema da vida breve é nele colocado simultaneamente de dois modos: o herói tem por objetivo rejuvenescer (e ressuscitar) os velhos e as árvores; mas ele mesmo morrerá mais cedo do que deveria, pois, ao se tornar pai, ingressa no ciclo periódico das gerações. Em todos os outros, os códigos sensoriais invertem regularmente o valor de seus termos quer se trate de atrasar a morte ou de garantir a ressurreição. A fuga é acompanhada por uma contrafuga.

2. Cantata do sariguê

> Quero pintar em meus versos o modelo das mães,
> O sariguê, animal pouco conhecido entre nós,
> Mas cujos cuidados comoventes e ternos,
> Cujo carinho materno,
> Serão de algum interesse para vós.
>
> FLORIAN, *Fábulas*, Livro II, 1

a) Recitativo do sariguê

No trecho precedente, esperamos ter estabelecido várias verdades. Inicialmente, e de um ponto de vista formal, mitos muito diferentes na aparência, mas que se referem todos à origem da vida breve, transmitem a mesma mensagem e só se distinguem uns dos outros pelo código empregado. Em segundo lugar, esses códigos são do mesmo tipo: utilizam oposições entre qualidades sensíveis, promovidas, assim, a uma verdadeira existência lógica. Em terceiro, e como o homem possui cinco sentidos, os códigos fundamentais são cinco, mostrando assim que todas as possibilidades empíricas são sistematicamente inventariadas e aproveitadas. Em quarto, um desses códigos ocupa um lugar de destaque: aquele que se refere aos regimes alimentares — código gustativo, consequentemente —, de que os outros traduzem a mensagem, muito mais do que ele serve para traduzir a dos outros, já que são mitos de origem do fogo, portanto, da culinária, que comandam o acesso aos mitos de origem da vida breve, e, entre os Apinayé, a origem da vida breve constitui apenas um episódio no seio do mito da origem do fogo. Começamos, assim, a compreender o lugar realmente essencial que cabe à culinária na filosofia indígena: ela não marca apenas a passagem da natureza à cultura; por ela e através dela, a condição humana se define com todos os seus atributos, inclusive aqueles que — como a mortalidade — podem parecer os mais indiscutivelmente naturais.

Não se deve, entretanto, dissimular que, para obter esses resultados, passamos ligeiramente por duas dificuldades. De todas as versões jê, a apinayé é a única que contém o episódio da vida breve. Com efeito, no início da terceira parte, explicamos por que é legítimo, no caso dos Jê, suprir as lacunas de certas versões por meio de versões mais completas. Contudo, é indispensável pesquisar se os outros grupos jê não teriam uma ideia diferente da origem da vida breve, e descobri-la. Além disso, para garantir a convertibilidade recíproca dos códigos, propusemos a equação madeira dura $\equiv$ carne animal, e ela exige verificação. Tudo isso é, felizmente, possível, pois existe um grupo de mitos jê que associam o motivo da madeira dura e o da vida breve. Ora, se esses mitos — à diferença de M_9, no qual nos baseamos principalmente — não dizem respeito à origem do fogo, seu tema continua a ser essencialmente culinário, já que se trata da origem das plantas cultivadas. Enfim, esses mitos permitirão obter, por um desvio imprevisto, uma confirmação decisiva das conclusões às quais já tínhamos chegado.

M87 APINAYÉ: ORIGEM DAS PLANTAS CULTIVADAS

Um jovem viúvo, que dormia ao ar livre, se apaixona por uma estrela. Ela aparece para ele, primeiro na forma de uma rã e depois de uma bela jovem, com quem ele se casa. Naquela época, os homens não sabiam cultivar plantas, comiam carne com madeira podre no lugar dos legumes. Estrela traz para o marido batata-doce e inhame e o ensina a comê-los.

O rapaz esconde cuidadosamente a mulher numa cabaça, onde seu irmão mais novo a descobre. A partir de então, ele vive publicamente com ela.

Um dia, ao tomar banho com a sogra, Estrela se transforma em sarigueia e faz a velha reparar numa árvore grande carregada de espigas de milho. "É isso", diz ela, "que os humanos deveriam comer, em vez de madeira podre." Ela sobe na árvore e colhe espigas. Depois, volta a ser mulher e inicia a sogra na arte de preparar beijus.

Cantata do sariguê

Encantados com esse novo alimento, os homens resolvem derrubar a árvore de milho com um machado de pedra. Mas, sempre que eles param para respirar, o talho se solda novamente. Mandam dois adolescentes à aldeia em busca de um machado melhor. No caminho, eles capturam um sariguê, matam-no, assam-no e comem-no, embora essa carne seja proibida para os rapazes.[13] Mal terminam a refeição, transformam-se em velhos de costas arqueadas. Um feiticeiro consegue devolver-lhes a juventude.

Apesar das dificuldades, os homens conseguem finalmente derrubar a árvore. Estrela ensinou-lhes a limpar o terreno e fazer uma plantação. Quando o marido morreu, ela voltou para o céu (Nim., 1939, pp. 165-7).

Uma outra versão do mito apinayé (M87A) não contém nem o episódio do sariguê, nem o da árvore de milho. A partir dele, sabe-se apenas que Estrela trouxe do céu as plantas cultivadas e ensinou a cestaria aos índios. Mas o marido a trai com uma mortal, e ela volta para o céu (C. E. de Oliveira, 1930, pp. 86-8).

Como não pretendemos fazer uma análise completa desse grupo, mas apenas utilizar alguns de seus aspectos para completar uma demonstração de que já apresentamos o essencial, tornaremos mais leves as outras versões, limitando-nos a indicar as particularidades de cada uma.

M88 TIMBIRA: ORIGEM DAS PLANTAS CULTIVADAS

O herói apaixonado por uma estrela não é viúvo, e sim feio. Quando o esconderijo da jovem é descoberto pelo irmão mais novo do marido, ela revela a este último o milho (que aqui cresce em caules), mastigando os grãos verdes e cuspindo-os no rosto dele [na boca, M87A]. Depois, ela ensina os homens a prepará-lo. Durante a limpeza do mato para fazer uma plantação, os homens quebram o machado e mandam um rapaz buscar outro na aldeia. Ele encontra um velho cozinhando um sariguê. Apesar da proibição do velho, o rapaz insiste em comê-lo. Imediatamente, seus cabelos ficam brancos, e ele precisa de uma vara para apoiar as pernas cambaleantes.

Estrela teria revelado muitos outros segredos ao marido se ele não tivesse insistido em suas solicitações amorosas. Ela concorda, mas em seguida obriga o marido a ir com ela para o céu (Nim., 1946b, p. 245).

---

13. Usamos "sariguê" e "sarigueia" para diferenciar masculino e feminino. Mas neste caso o sexo não foi definido.

230 *Parte III*

M89 KRAHÔ: ORIGEM DAS PLANTAS CULTIVADAS (TRÊS VERSÕES)

Quando Estrela percebe que os homens se alimentam de "pau puba" (madeira podre; cf. p. 120), mostra ao marido uma árvore coberta de todos os tipos de milho, cujos grãos enchem o rio que lhe banha a raiz. Como na versão timbira, no início os irmãos ficam com medo da comida, achando que é venenosa; mas Estrela consegue convencê-los. Uma criança da família é surpreendida pelas outras pessoas da aldeia, que perguntam o que ela está comendo; ficam maravilhados com o fato de o milho vir do rio onde costumam se banhar. A notícia se espalha por todas as tribos, a árvore de milho é derrubada e a colheita, repartida. Depois Estrela revela ao marido e cunhados o uso da bacaba (palmeira que dá frutos comestíveis: *Oenocarpus bacaba*) e lhes ensina a fazer um forno escavado na terra, cheio de pedras quentes que são molhadas com água, para cozinhar as frutas no vapor... A terceira e última fase do ensinamento se refere à mandioca, seu cultivo, a fabricação de beijus.

Durante todo esse tempo, Estrela e o marido observavam uma castidade rigorosa. Um dia, quando o marido sai para caçar, um homem violenta a moça, cujo sangue é derramado. Então ela prepara um filtro e envenena toda a população. Depois ela volta para o céu, deixando as plantas cultivadas para os poucos sobreviventes.

A segunda versão indica que, na época da vinda de Estrela à terra, os homens se alimentavam de madeira podre e pedaços de cupinzeiros. Cultivavam o milho apenas como enfeite (o informante é um mestiço). Estrela ensina como prepará-lo e comê-lo. Mas o milho disponível não é suficiente. Estrela, já grávida, ensina o marido a limpar o mato e fazer uma roça. Volta para o céu, e de lá traz mandioca, melancia, abóbora, arroz, batata, inhame e amendoim. O relato termina com uma aula de culinária.

Na terceira versão, obtida de um mestiço, Estrela, já casada, mas ainda virgem, é vítima de um estupro coletivo, e pune os culpados cuspindo sua saliva mortífera em suas bocas. Depois, ela volta para o céu (Schultz, 1950, pp. 75-86).

Os Kayapó (Gorotire e Kubenkranken) parecem dissociar o mito da mulher-estrela, doadora ou não das plantas cultivadas, de um outro mito relativo à revelação dessas plantas por um animal pequeno. Somente o segundo desses mitos é conhecido entre os Gorotire:

Cantata do sariguê

M90 KAYAPÓ-GOROTIRE: ORIGEM DAS PLANTAS CULTIVADAS

No tempo em que os homens comiam apenas orelha-de-pau (urupê) e farelo de árvores podres, uma mulher que tomava banho soube por um ratinho da existência do milho, que crescia numa árvore enorme, onde as araras e os macacos brigavam pelos grãos. O tronco era tão grosso que foi preciso ir à aldeia pegar mais um machado. No caminho, os meninos mataram e comeram uma mucura e se transformaram em velhos. Os feiticeiros se esforçaram por devolver-lhes a juventude, mas não conseguiram. Desde então, a carne de mucura é absolutamente proibida.

Graças ao milho, os índios passaram a viver na abundância. À medida que se multiplicavam, foram aparecendo tribos de diferentes línguas e costumes (Banner, 1957, pp. 55-7).

Entre os Kubenkranken (M91: Métraux, 1960, pp. 17-8), Estrela é substituída por uma mulher gerada pela união entre um homem e a chuva. Para alimentar o filho, a mulher volta para o céu (onde nasceu) e traz as plantas cultivadas (batatas, abóboras e bananas). Vejamos agora um resumo do outro mito:

M92 KAYAPÓ-KUBENKRANKEN: ORIGEM DAS PLANTAS CULTIVADAS (MILHO)

Depois de os homens terem conseguido o fogo do jaguar (cf. M8), uma velha, que se banhava com a neta, foi importunada por um rato (*amyuré*), que, finalmente, mostrou-lhe a árvore de milho, cujas espigas caídas enchiam o rio a ponto de dificultar banhar-se nele. A aldeia faz um banquete com o que a velha cozinha e resolve derrubar a árvore de milho. Mas, todas as manhãs, encontram o entalhe feito na véspera soldado. Então os homens resolvem atacar a árvore com fogo e mandam um adolescente buscar mais um machado na aldeia. No caminho de volta, ele mata e assa um sariguê de cauda longa (*ngina*); seu companheiro o alerta contra um animal "tão feio". Mesmo assim ele o come e se transforma num velho "tão velho e tão fraco que suas faixas de algodão caíram até os tornozelos".

Os homens conseguem derrubar a árvore, que cai com grande estrondo; repartem o milho. Em seguida, os povos se dispersaram (Métraux, 1960, pp. 17-8).

Como os Kayapó, os Xerente dissociam os dois mitos, mas, como é de se prever numa sociedade claramente patrilinear, invertem a valência semântica do céu feminino (aqui, canibal), sem modificar o sentido da oposição sexual entre alto e baixo:

232   *Parte III*

M93 XERENTE: O PLANETA JÚPITER

Um dia, Estrela (Júpiter) desceu do céu para se casar com um jovem solteiro que tinha se apaixonado por ela. Ele esconde a mulher em miniatura numa cabaça, onde seus irmãos a descobrem. Irritada, Estrela carrega o marido para o céu; tudo lá é diferente. Para onde quer que olhe, o rapaz só vê carne humana defumada ou assada; a água em que se banha está cheia de cadáveres mutilados e carcaças estripadas. Ele foge escorregando pelo tronco da bacaba que permitira sua ascensão e, voltando para junto dos seus, conta sua aventura. Mas ele não sobreviveria por muito tempo. Quando morreu, sua alma retornou ao céu, onde virou uma estrela (Nim., 1944, p. 184).

Uma versão mais antiga (M93A) conta que, ao abrirem a cabaça, os irmãos ficam aterrorizados ao verem a jovem, que tomam por "um animal com olhos de fogo". Quando o homem chega ao céu, este lhe parece um "campo desolado". Sua mulher se esforça, em vão, para mantê-lo longe da cabana de seus pais, para que ele não visse a ceia canibal que lá ocorria, nem sentisse o cheiro pútrido que de lá vinha. Ele foge e morre assim que coloca os pés na terra (J. F. de Oliveira, 1912, pp. 395-6).

M94 XERENTE: ORIGEM DO MILHO

Uma mulher estava à beira de um charco com o filho, trançando uma nassa para pegar peixe. Aparece um rato com forma humana convidando-a a ir à sua casa comer milho, em vez de madeira podre, que era, naquela época, o alimento dos homens. Ele deixa a mulher levar um beiju, contanto que não diga de onde veio. Mas a criança é descoberta quando comia seu pedaço. Os aldeães fazem a mulher confessar e se dirigem à plantação, cujo proprietário foge, abandonando-a para os índios, depois de ter-se transformado em rato (Nim., 1944, pp. 184-5).

Esse importante grupo de mitos apresenta para nós um duplo interesse. Primeiramente, insiste na dureza da árvore em que crescia o primeiro milho. Esse detalhe aparentemente invalida nossa hipótese de uma congruência entre carne e madeira dura, no mito apinayé de origem do fogo. Mas, se o observarmos com maior atenção, veremos que ele a confirma.

Cantata do sariguê

Os mitos acima resumidos, assim como aqueles relativos à origem do fogo (na sequência dos quais se inscrevem, como é dito em M₉₂), opõem o estado de natureza ao estado de cultura, e até mesmo ao estado de sociedade: quase todas as versões fazem remontar à conquista do milho a diferenciação dos povos, das línguas e dos costumes. No estado de natureza, os humanos — terrestres — praticam a caça, mas ignoram a agricultura; alimentam-se de carne, crua segundo várias versões, e de podridão vegetal: madeira em decomposição e cogumelos. Ao contrário, os "deuses" — celestes — são vegetarianos, mas seu milho não é cultivado; ele cresce espontaneamente e em quantidade ilimitada numa árvore da floresta, cuja essência é especialmente dura (ao passo que o milho cultivado tem caules finos e quebradiços). Esse milho é, portanto, na ordem dos alimentos substanciais, simétrico à carne, alimento substancial dos homens no estado de natureza. Essa interpretação é confirmada pela versão xerente do mito da mulher-estrela (M₉₃), que inverte as outras versões jê do mesmo grupo. De acordo com essa versão, os homens já possuem as plantas cultivadas (cuja aquisição remonta, segundo os Xerente, ao tempo dos heróis civilizadores, cf. M₁₀₈); são os seres celestes que são carnívoros, na forma extrema de canibais que se alimentam de carne humana, cozida (assada ou defumada) ou podre (macerada na água).

Mas, principalmente, esses novos mitos renovam o tema da vida breve, incluindo-o num conjunto etiológico (origem das plantas cultivadas) paralelo ao da origem do fogo, já que se trata da origem da culinária em ambos os casos. O tema da vida breve é aí tratado de dois modos, aparentemente tão diferentes um do outro quanto cada um deles tomado em separado difere do modo como o tema era tratado pelo mito apinayé sobre a origem do fogo (M₉).

Com efeito, no grupo que acaba de ser considerado, a velhice (ou a morte) se impõe à humanidade como se fosse o preço a pagar pelas plantas cultivadas; e isso devido à vingança da mulher-estrela, cuja virgindade é tirada pelos cunhados (pois, até então, ela se unia ao marido apenas por castos sorrisos); ou porque adolescentes consumiram carne de sariguê, que lhes era proibida (ou que passou a sê-lo após essa funesta refeição). Ora,

234 *Parte III*

os mitos sobre a vida breve, precedentemente analisados, atribuíam-na a causas totalmente diversas: reação positiva ou negativa a ruídos, odores, contatos, espetáculos ou sabores.

Tínhamos então estabelecido que, para além dos códigos utilizados, que podem variar de um mito a outro, mas que se mantêm, entretanto, isomorfos, tratava-se sempre de exprimir a mesma oposição pertinente, de natureza culinária, entre alimento cozido e alimento cru ou podre. Mas eis que agora o problema se alarga, já que os mitos que acabamos de introduzir colocam-nos diante de outras causas da vida breve. Que relação pode haver entre, de um lado, a resposta ao chamado da madeira podre, a percepção olfativa do mau cheiro, a aquisição de um pênis mole, a não percepção de um espetáculo, a não ingestão de uma bebida cheia de vermes, e, do outro, o estupro de uma virgem e a ingestão de sariguê assado? Esse é o problema que nos cabe agora resolver, em primeiro lugar para validar a conexão, afirmada pelos mitos, entre a origem da vida breve e a das plantas cultivadas (demonstração paralela à que já foi feita da conexão entre a origem da vida breve e a do fogo de cozinha); em seguida, e principalmente, porque assim teremos uma prova suplementar em favor de nossas interpretações. A aritmética emprega a prova "dos 9". Mostraremos que também existem provas no campo da mitologia, e que a "do sariguê" pode ser tão convincente quanto a outra.

b) Ária em Rondó

O único zoólogo que, de nosso conhecimento, realizou pesquisas numa tribo jê nota, a respeito dos Timbira: "Não encontrei entre eles nenhum conceito correspondente à subclasse *Marsupialia*, e não me foram espontaneamente mencionados nem a bolsa marsupial, nem seu papel no desenvolvimento dos filhotes. Colhi apenas uma espécie, o gambá ou mucura (*Didelphys marsupialia*): *klô-ti*" (Vanzolini, 1956-58, p. 159). É fato que o sariguê ocupa um lugar bastante modesto nos mitos do Brasil Central, mas talvez, unicamente, em razão das incertezas que pairam

Cantata do sariguê

sobre a designação desse animal. Os autores antigos às vezes o confundiam com a raposa, com que o sariguê se parece fisionomicamente. Os próprios índios designam, ao que parece, como "rato" certas variedades de marsupiais; vimos acima que, de acordo com as versões do mito jê de origem das plantas cultivadas, a mulher-estrela (ou o dono do milho, M92) se transforma num animal chamado ora de sariguê, ora de rato. O nome timbira do sariguê, *klô-ti*, é igualmente significativo na medida em que parece indicar que os indígenas classificam no mesmo grupo que o preá (*klô*: cf. p. 185), por simples aposição do aumentativo. Se essa classificação fosse também encontrada em outras línguas, deveríamos nos perguntar se o preá, que desempenha um papel importante nos mitos bororo e ofaié, não estaria em correlação ou em oposição com o sariguê. Se os mitos raramente fazem menção ao sariguê, isso poderia ser atribuído ao fato de certas tribos classificarem-no com outros animais: pequenos marsupiais, roedores ou canídeos.

Igualmente desconcertante é a ausência quase completa de referência mítica à bolsa marsupial, exceto pelo breve episódio do mito de origem apapocuva de que trataremos adiante (p. 248). Com efeito, os temas de inspiração, digamos, marsupial, são frequentes, e já insistimos várias vezes num deles: o da amante (ou mãe) da cobra, cujo amante ou filho ofídio vive em seu ventre, de onde sai e entra à vontade.

O sariguê, chamado "mucura" no norte do Brasil, "timbu" no nordeste, "gambá" no sul, e "comadreja" na Argentina, é o maior marsupial sul-americano, o único a apresentar algum valor alimentício. São de menor importância o sariguê-d'água ("cuíca-d'água": *Chironectes minimus*), o sariguê de pelo ("*Mucura chichica*": *Caluromys philonder*) e espécies anãs do tamanho de um rato ("catita": *Marmosa pusilla, Peramys domestica*) (Gunther, pp. 168, 389; Gilmore, 1950, p. 364; Ihering, 1940, art. "Quica"). O sariguê propriamente dito mede de setenta a noventa centímetros de comprimento. O mesmo termo designa quatro espécies brasileiras: *Didelphys aurita* (do norte do Rio Grande do Sul ao Amazonas); *D. marsupialis* (Amazônia); *D. paraguayensis* (Rio Grande do Sul); *D. albiventris* (Brasil Central) (Ihering op.cit., art. "Gambá"). O sariguê aparece em vários tipos de relato

236   *Parte III*

que seríamos tentados, à primeira vista, a distinguir em mitos de origem, de um lado, e contos burlescos do outro. Examinemo-los sucessivamente.

Os personagens mais importantes da mitologia dos Tukuna são dois gêmeos chamados Dyai e Epi. Ao primeiro se deve a criação da humanidade, das artes, das leis e dos costumes. O segundo é um enganador, mexeriqueiro e descarado; quando quer assumir uma forma animal, costuma virar sariguê. É ele (M_{95}) que descobre, dentro da flauta onde Dyai a escondeu (cf. M_{87}a M_{89}, M_{93}), a esposa secreta do irmão, nascida do fruto da *Poraqueiba sericea* Tul. Para obrigá-la a se trair, ele a faz rir (cf. M_{46}, M_{47}) dos peixes que pulam para escapar do fogo, enquanto ele próprio desamarra o cinto e dança, de modo que seu pênis se agita como os peixes. Ele violenta a cunhada com tal ímpeto que o esperma jorra pela boca e pelas narinas da vítima. Imediatamente grávida, ela fica gorda demais para voltar ao esconderijo. Dyai pune o irmão, obrigando-o a raspar a própria carne, e lança essa pasta aos peixes (Nim., 1952, pp. 127-9).

A cena do estupro confirma a natureza sariguê de Epi. Com efeito, o pênis do sariguê é bifurcado, donde a crença, confirmada em relação a toda a América do Norte, de que esse animal copula pelas narinas e que a fêmea espirra os filhotes para dentro da bolsa marsupial (Hartmann, pp. 321-3).[14]

Notamos de passagem o parentesco desse mito com o grupo jê da esposa celeste de um mortal. Nesse grupo, Estrela é uma sarigueia, que é violentada pelos cunhados; aqui, a filha da árvore *Poraqueiba* (cujo fruto caiu [= des-

---

14. O enganador dos Mataco possui um *pênis duplo* (Métraux, 1939, p. 33) e seu homólogo toba é uma "raposa".

Essas crenças americanas suscitam um problema de mitologia comparada. São encontradas também no Velho Mundo (onde não há marsupiais), mas aplicadas às doninhas. Galanthis foi transformada em doninha por Lucina como castigo por ter ajudado Alcmena a dar à luz e condenada a partir de então a dar à luz pela boca, de onde tinha saído a mentira que enganara a deusa (Ovídio, *Metamorfoses*, L. ix, v. 297-ss). De fato, acreditava-se que as doninhas davam à luz pela boca (Plutarco, *Ísis e Osíris*, § xxxix); além disso, comparavam-se as más esposas a doninhas (Gubernatis 1872, v. 2, p. 53). O Novo Mundo, que conhece as doninhas, lhes atribui em compensação o papel de facilitar o parto, devido à facilidade com que esses animais escorregam para fora das tocas (Lévi-Strauss, 1962a, pp. 82-3). Finalmente, uma versão bororo do mito dos gêmeos (M_{46}), paralela ao mito tupi de que trataremos, menciona um mustelídeo (português, "irara": *Tayra* sp.) num papel que evoca o que os Tupi destinam ao sariguê (Colb., 1919, pp. 114-5; 1925, pp. 179-80).

ceu] à terra, assim como a estrela desceu à terra, inicialmente na forma de uma rã) é violentada pelo cunhado, que é um sariguê. Dos Jê aos Tukuna, a função sariguê é, portanto, invertida, e é interessante notar que, ao mesmo tempo, o dom das plantas cultivadas passa, entre os Tukuna, do sariguê para as formigas (M54; Nim., 1952, p. 130). Interpretaremos mais adiante essa transformação (pp. 245-ss).

Fica claro que o mito tukuna retoma, num outro contexto, um incidente de um dos mais célebres mitos (M96) dos Tupi antigos e modernos, de que Thevet colheu uma versão, no século XVI: a mulher do deus civilizador Maire Ate, grávida, viajava sozinha, e o filho que trazia no ventre conversava com ela e lhe indicava o caminho. Mas, como a mãe não queria "dar a ele pequenos legumes que havia pelos caminhos", ele ficou emburrado e não disse mais nenhuma palavra. A mulher se perde e chega à casa de um homem chamado Sarigoys. Durante a noite, ele abusa dela, "tanto que a engravidou novamente de um outro filho, o qual, no ventre, fazia companhia ao primeiro...". Como castigo por esse ato, ele foi transformado em sariguê (Thevet, 1575 apud Métraux, 1928, pp. 235-6).

O mesmo episódio se encontra entre os Urubu, os Tembé e os Shipaya, que dão ao sedutor respectivamente o nome de Mikúr, Mykúra e Mukúra, termos vizinhos do nome do sariguê em língua geral, mucura.

Na América do Sul, o sariguê aparece também como herói de um relato tragicômico. Para nos limitarmos a alguns exemplos, os Mundurucu (M97), os Tenetehara (M98) e os Vapidiana (M99) contam que Sariguê teve experiências desastrosas com os genros que havia escolhido. Cada um deles possuía um talento especial, para pescar, caçar ou cultivar a terra. Sariguê procura imitá-los, e fracassa; chega muitas vezes a ferir-se. A cada vez, ele manda a filha trocar de marido, mas os resultados são cada vez piores. Finalmente, Sariguê morre queimado ou de hemorragia (Kruse, 1946-49, pp. 628-30; Murphy, 1958, pp. 118-20; Wirth, 1950, pp. 205-8; Wagley e Galvão, 1949, pp. 151-4).

A versão mundurucu observa que esses acontecimentos ocorreram num tempo em que os sariguês eram homens. Mas os genros sucessivos, pássaro-pescador, percevejo, pombo, "raposa" papa-mel, colibri, lontra e carrapato, que também tinham forma humana, "eram animais de verdade". Esse detalhe, que curiosamente faz eco à crença dos Koasati, tribo do sudeste dos Estados Unidos de que os opossums míticos possuíam linguagem articulada (Swanton, 1929, p. 200), já permite entrever, para além da diversidade de tom, uma estrutura comum às "histórias de sariguê", quer sejam temas de mitos de origem ou de contos bufos. Os mitos de origem colocam em cena deuses com forma humana, mas com nomes de animais, e os contos, animais com forma humana. Sariguê sempre cumpre uma função ambígua: deus no mito tukuna (M_{95}), ele copula como se acredita que o sariguê faz naturalmente. Embora ele seja um animal no conto mundurucu (M_{97}), é um humano, à diferença dos outros bichos. Enfim, dependendo de considerarmos os mitos ou os contos, sua posição aparece invertida:

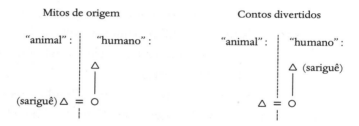

[NOTA] O mito tukuna toma o cuidado de precisar que a donzela transformada em fruta de *Poraqueiba* é a filha do cunhado (marido da irmã) dos gêmeos. No esquema da esquerda, o pai da mulher não é, portanto, introduzido por uma mera necessidade de simetria.

Huxley, que refletiu acerca do problema do simbolismo do sariguê, pretendeu dar conta de uma ambiguidade confusamente percebida por duas características: de um lado, e como vimos, o sariguê tem o pênis bifurcado, o que o tornaria especialmente apto a gerar gêmeos; do outro, quando ele se sente ameaçado, finge-se de morto e parece, portanto, ser capaz de ressuscitar (Huxley, 1956, p. 195). Além de nenhum mito atribuir ao sariguê a paternidade de dois gêmeos, mas apenas de um, nada nos parece mais frágil do que essas conjecturas tiradas de um folclore eclético, quando não improvisadas à medida das necessidades. Nunca se pode postular a interpretação; ela deve resultar dos próprios mitos, ou do contexto etnográfico;

Cantata do sariguê

e, sempre que possível, de ambos ao mesmo tempo. Se, para compreender a função semântica do sariguê, começamos por uma rápida incursão na mitologia do sudoeste dos Estados Unidos, não é apenas porque os grandes temas míticos do Novo Mundo têm uma difusão pan-americana bem comprovada, e porque é possível passar, através de toda uma série de intermediários, de um hemisfério ao outro: esse procedimento de exploração não servirá de demonstração. Apenas ajudará a formular uma hipótese, que os próprios mitos que consideramos até o momento confirmarão plenamente.

Os Creek e os Cherokee acreditavam que o opossum fêmea gera filhotes sem a intervenção do macho (Swanton, 1929, p. 60; Mooney, 1898, pp. 265, 449). Os Cherokee explicam em seus mitos que o opossum não tem mulher; que sua cauda, antigamente muito peluda, e de que ele era insuportavelmente orgulhoso, foi raspada pelo gafanhoto, obedecendo às instruções do coelho; e, finalmente, que suas patas nunca congelam (Mooney, op.cit., pp. 266, 269, 273, 431, 439). A história da cauda bela demais, tosquiada pelo gafanhoto, ou cujos pelos desapareceram sob a ação do fogo ou da água, também é conhecida pelos Creek, pelos Koasati e pelos Natchez. Foi nessa ocasião que o cangambá obteve a bela cauda do sariguê (Swanton, 1929, pp. 41, 200, 249). Acrescentadas às indicações já fornecidas, fica claro que essas qualificações do sariguê ou opossum evocam uma sexualidade ambígua: ao mesmo tempo deficiente (celibato do macho, procriação pela fêmea sozinha, castração simbólica pela perda da bela cauda) e excessiva (cópula impetuosa ou pelas narinas, feto ou esperma espirrado, pés sempre quentes).

Isso posto, voltemos à América do Sul, para introduzir um grupo de mitos em que a tartaruga desempenha o papel de termo constante, tendo como antagonista ora o jaguar, ora o jacaré — às vezes ambos ao mesmo tempo —, ou ainda o sariguê.

M100 KAYAPÓ-GOROTIRE: O JAGUAR E A TARTARUGA

O jaguar desprezava a tartaruga por sua lentidão e sua voz fraca. A tartaruga desafia o jaguar: cada um deveria se fechar num buraco, para ver quem resistiria mais tempo. Sem ar, sem água e sem comida, a tartaruga se mantém durante vários dias. O jaguar se sub-

240   *Parte III*

mete à prova em seguida, mas à medida que os dias vão passando, sua voz enfraquece. Quando a tartaruga abre o buraco, o jaguar está morto; resta apenas um enxame de moscas sobrevoando os restos (Banner, 1957, p. 46).

M101 MUNDURUCU: O JAGUAR, O JACARÉ E A TARTARUGA

Macacos convidam a tartaruga a comer frutas com eles no alto de uma árvore. Eles a ajudam a subir e vão embora, abandonando-a em cima da árvore.

Passa um jaguar, que aconselha a tartaruga a descer, com intenção de comê-la. A tartaruga se recusa a descer, o jaguar resolve ficar à espera, sem tirar os olhos de sua presa. Finalmente, o jaguar se cansa e baixa a cabeça. Então, a tartaruga se joga, e sua grossa carapaça quebra a cabeça do jaguar.[15] "Weh, weh, weh", exclama a tartaruga, rindo e batendo palmas. Ela come o jaguar, faz uma flauta com um de seus ossos e toca-a para comemorar a vitória.

Um outro jaguar ouve a flauta, resolve vingar a companheira e ataca a tartaruga, que se refugia num buraco. Um jacaré começa uma discussão com a tartaruga acerca do brotamento dos feijões: em cipós ou em árvores. Irritado porque ela o contradiz, o jacaré tapa o buraco e volta todos os dias para provocar a tartaruga; afirma que a floresta está cheia de orelhas-de-pau (de que as tartarugas se alimentam). Mas ela não se deixa enganar. Sai da velha carapaça, produz uma outra e foge.

O jacaré, sem obter mais respostas, abre o buraco para comer a tartaruga, que considera morta. Mas ela ataca o jacaré por trás, empurra-o para dentro do buraco e tapa-o, rindo "weh, weh, weh" e batendo palmas. Ela volta no dia seguinte e provoca, por sua vez, o inimigo, dizendo que o rio está cheio de peixe podre. Logo o jacaré seca (cf. M12) e enfraquece. Sua voz se torna inaudível e se extingue; o jacaré morreu. A tartaruga ri "weh, weh, weh", e bate palmas (Murphy, 1958, pp. 122-3; Kruse, 1946-49, pp. 636-7. Variante tenetehara, in Wagley e Galvão, 1949, pp. 155-6).

Numa outra versão mundurucu, a tartaruga ganha do jaguar porque consegue ficar mais tempo sem beber. A tartaruga desfila diante do jaguar com

---

15. Por transformação do episódio correspondente de M55 (o jaguar mantém a cabeça levantada e abre a boca), que, como já demonstramos (p. 188), pertence ao mesmo grupo do episódio inverso de M8.

Cantata do sariguê

a carapaça molhada de urina e manda a fera à procura da fonte que afirma ter descoberto (Murphy, 1958, p. 124).

O mesmo mito existe entre os Tenetehara, e em várias tribos amazônicas e guianenses, mas o lugar do jaguar (ou do jacaré) é frequentemente ocupado pelo sariguê:

M102 TENETEHARA: A TARTARUGA E O SARIGUÊ

A tartaruga desafia o sariguê a participar de uma competição de jejum. Ela se enterra primeiro. Durante duas luas, o sariguê vem todos os dias verificar o estado da tartaruga. Todas as vezes ela responde, com a voz firme, que pretende continuar. Na verdade, ela havia encontrado uma saída, e saía todos os dias para se alimentar. Quando chegou a vez do sariguê, ele não aguentou mais de dez dias, e morreu. A tartaruga convidou suas companheiras para comer os restos do sariguê (Wagley e Galvão, 1949, p. 154).

Para versões amazônicas quase idênticas, cf. Hartt, 1952, pp. 28, 61-3. Para as versões guianenses, cf. Roth, 1915, p. 223.

Certos aspectos desses mitos serão examinados alhures. Por enquanto, limitar-nos-emos a notar que o sariguê é permutável com o jaguar ou o jacaré, que, sabemos, são respectivamente os donos do fogo (M_7 a M_{12}) e da água (M_{12}).[16] Qual seria então a oposição pertinente entre a tartaruga (termo invariante) e o sariguê, o jaguar e o jacaré (termos permutáveis)? Os mitos são bastante explícitos quanto à tartaruga: ora esclarecem que a tartaruga pode ficar muito tempo debaixo da terra e passar sem beber e sem comer, pois é um animal que hiberna; ora descrevem-na como um animal que se alimenta de fungos e madeira decomposta (M_{101}; cf. também M_{82}; e para a mesma crença entre os Urubu, Huxley, 1956, p. 149). A tartaruga é, portanto, duplamente dona da podridão: porque é imputrescível e porque é "come-podre". O jacaré também consome carnes putrefatas (M_{101}), mas apenas na água, onde a podridão não exala seu fedor (cf. M_{72}: é quando saem da água que os espíritos aquáticos começam a feder). Enfim, sabemos

---

16. Às vezes, essas funções se invertem. Cf. Amorim, 1928, pp. 371-3 e C. E. de Oliveira, 1930, p. 97.

que o jaguar se define por referência ao eixo que une o cru e o cozido, excluindo assim o podre.

Em todos os nossos mitos, a oposição pertinente é entre fedorento e não fedorento, putrescível e imputrescível, eis o que se desprende claramente da recorrência do mesmo detalhe, formulado em termos muitas vezes idênticos, quaisquer que sejam os adversários da tartaruga e apesar do distanciamento das populações de onde provêm esses mitos. Quando a tartaruga já não obtém resposta do rival, ela abre o buraco e encontra, no lugar do jaguar ou do jacaré, "um enxame de moscas sobrevoando os restos" (M_{100}, M_{101}), ou, no lugar do sariguê, "uma multidão de moscas" (Amazônia; Hartt, 1952, p. 28; Tastevin, 1910, pp. 283-6), "muitas moscas" (rio Juruá; Hartt, op.cit., p. 62), "moscas, os únicos seres vivos sobre o cadáver do sariguê" (Warrau, Karib; Roth, 1915; p. 223).[17]

Voltemos agora ao episódio final dos contos do grupo "o sariguê e seus genros" (cf. p. 237). Uma versão amazônica termina com a desventura do sariguê, salvo depois de ter sido engolido por um tucunaré (*Chichla ocellaris*): desde então "ele ficou com o rabo feio e fedorento [...] devido ao calor da barriga do peixe" (Barbosa Rodrigues, 1890, pp. 191-4). Lembramos que a mesma palavra portuguesa "feio" serve para fundamentar a interdição de comer carne de sariguê, num dos mitos kubenkranken de origem das plantas cultivadas (M_{92}). As versões mundurucu e vapidiana de "sariguê e seus genros", entretanto, terminam com um episódio no qual o sariguê queima a cauda (mundurucu) ou cai no fogo (vapidiana). O mesmo acontece numa outra versão amazônica (id.ibid., pp. 173-7).[18]

---

17. Mesmo detalhe num conto apinayé em que o tatu faz o papel de vítima (C. E. de Oliveira, 1930, p. 97). A permutação do tatu e do sariguê também é comprovada, entre os Kayapó, pela transferência, ao tatu O'oimbre, de uma certa falta de jeito do sogro Sariguê no ciclo "sariguê e seus genros". Comparar Murphy, 1958, p. 119 (Mundurucu), e Métraux, 1960, p. 30 (Kayapó-Kubenkranken). Mas é porque, entre os Jê, o sariguê é chamado a cumprir outras funções, mais nobres.

18. E também, como nota Barbosa Rodrigues, no Popol Vuh (cf. Raynaud, 1925, p. 49). Evitamos intencionalmente utilizar os mitos das altas civilizações da América Central e do México, que, por terem sido transcritos por letrados, exigiriam uma longa análise sintagmática antes de qualquer emprego paradigmático. Mas não deixamos de notar que, em vários aspectos, eles têm um lugar em vários dos grupos que constituímos. Sobre a posição do sariguê no México antigo, cf. Sahagún, L. vi, cap. 28, e xi, cap. 4, § 4, e Seler 1961, v. 4, pp. 506-13.

Cantata do sariguê

Ora, vimos que, segundo os Creek, a cauda do sariguê fica pelada ou por ação do fogo ou da água. Em outras palavras, num caso ela é queimada; no outro, apodrecida. E não existem de fato dois modos de feder, por exposição prolongada ao fogo ou à água?

Certos mitos do sudoeste dos Estados Unidos associam intimamente o sariguê e o cangambá (*"skunk"*: *Mephitis mephitica, suffocans*). Os Hitchiti contam que o segundo salvou o primeiro dos lobos, cobrindo-os com o seu fluido empesteado (Swanton, 1929, p. 158). Os lobos têm, nesse mito, um papel paralelo ao dos jaguares em M_{101}; é notável que, no sudoeste dos Estados Unidos, a transferência ao cangambá de uma função alhures preenchida pela tartaruga seja acompanhada de uma subversão das relações entre o sariguê, a tartaruga e o jaguar: a tartaruga ajuda o sariguê, devolvendo-lhe seus filhotes perdidos e fabricando a bolsa marsupial que irá permitir que ele os guarde melhor (loc.cit., pp. 199-200); o sariguê ajuda o puma na caça, convencendo os veados de que a fera está morta, reduzida a uma carcaça da qual eles podem se aproximar sem medo; o puma aproveita a ocasião para matá-los (loc.cit., p. 200). Apesar da distância geográfica, estamos sem dúvida lidando com mitos pertencentes ao mesmo grupo.

Ora, os Cherokee têm um mito que explica o fedor do cangambá. Para puni-lo por ser um ladrão, os outros animais lançaram-no ao fogo; desde então, ele ficou preto e com cheiro de queimado (Mooney, 1898, p. 277). Por conseguinte, tanto na América do Norte como na América do Sul, os cheiros de queimado e de podre formam um par: são dois modos do mau cheiro. Ora esse par corresponde ao do cangambá e do sariguê, ora o sariguê é o único encarregado de exprimir uma ou outra modalidade.

Podemos concluir de nossa análise que a função semântica do sariguê é de *significar o mau cheiro*. Os Catawba, que viviam nos estados da Carolina do Norte e do Sul, designam o opossum por um termo cujo sentido aproximado é "o babão" (Speck, 1934, p. 7). Para os Taulipang, da Guiana, o sariguê é um animal fecal (K.G., 1916, p. 141). Num mito amazônico de origem indeterminada (M_{103}), uma jovem escapa das investidas amorosas do sariguê porque reconhece o animal pelo mau cheiro que exala (Couto de Magalhães, 1876, pp. 253-7; Cavalcanti, 1883, pp. 161-77). Um outro mito da mesma região (M_{104}), que, em termos razoavelmente obscuros, associa o sariguê ao envelhecimento, isto é, à vida breve, descreve a cabana de três velhas transformadas em sarigueias em que não se conseguia entrar "porque catingava demais" (Amorim, 1926, p. 450). Os Kaiowá do Brasil meridional contam como o sariguê venceu o cachorro na corrida regando-o com urina (Schaden, 1947, p. 117).[19] O sariguê, como vimos, é diversamente descrito nos mitos como "animal podre", "cauda podre", "cauda queimada". O mito tupinambá dos gêmeos (M96), a que já nos referimos, acentua propositalmente esse aspecto. Depois de ter abusado da mulher de Maire Ata, o sedutor "foi transformado num bicho, que leva o nome do homem mudado, a saber Sarigoys, aquele que tem a pele muito fedorenta..." (Thevet, 1575, apud Métraux, 1928, p. 236). Não menos do que os índios, os viajantes ficaram impressionados com esse detalhe: "o opossum espalha um odor fedorento", nota a *Enciclopédia*, de Diderot e D'Alembert (art. "Philandre"). Observadores mais recentes também acentuam que o sariguê "emite um cheiro deletério" (Gunther, p. 168), "extremamente repugnante" (Tastevin, 1910, p. 276); "Suas glândulas secretam um cheiro bastante desagradável" (Ihering, op.cit., art. "Gambá"); "ele espalha um cheiro horrível", e daí o nome — formado a partir do seu — dado ao arão aquático, que fede (Ahlbrinck, 1931, art. "aware").

Um mito boliviano reúne de modo convincente todas as afinidades do sariguê, segundo a filosofia natural dos índios sul-americanos:

M105 TACANA: ORIGEM DO SARIGUÊ

Havia uma mulher que aproveitava enquanto o tapir dormia para pegar os carrapatos que lhe cobriam o corpo. A mulher embrulhava os carrapatos numa folha, cozinhava-os numa panela e os comia [cf. M66].

O anu (*Crotophaga ani*), que costumava se alimentar dos bichos do tapir, queixou-se ao urubu dessa concorrência desleal. E o urubu prometeu vingá-lo transformando a mulher em sarigueia.

---

19. Esse mito do Brasil meridional encontra sua ilustração numa dança ritual dos Timbira orientais, em que o cangambá (em vez do sariguê) é representado por um dançarino carregando uma cabaça cheia de água, com que molha os cães que o perseguem, representados por mulheres. Elas fogem gritando, como os cães atingidos pelo fluido do cangambá (Nim., 1946b, p. 230).

Cantata do sariguê

O urubu sobrevoou a mulher e cobriu-a de excrementos, tanto que ela andava curvada e com dificuldade. Então o urubu jogou-a no chão, arrancou-lhe os cabelos e colou-os em todo o corpo com seus dejetos. A mesma cola ele utilizou para fixar o rabo de uma cobra nova ao traseiro da infeliz; ela foi diminuindo de estatura e ficou do tamanho de um sariguê. O urubu pegou uma raiz, mastigou-a e cuspiu nos pelos da sarigueia, para tingi-los de amarelo. Transformou o rosto da mulher num focinho colando um broto de palmeira.

O urubu disse à mulher que ela só geraria carrapatos e que aqueles que não fossem comidos pelo anu mais tarde se transformariam em sariguês. O sariguê só come cérebros e ovos de pássaros. Dorme de dia e caça de noite... (Hissink-Hahn, 1961, pp. 116-7).

Assim, compreende-se que os mitos jê possam atribuir a origem da vida breve a uma resposta dada ao chamado da madeira podre (M9) ou à inalação de um cheiro de podre, emanado dos espíritos aquáticos (M73), ou à ingestão da carne de sariguê (M87, M88, M90, M92). É a mesma coisa: putrefação recebida pela audição, pelo olfato ou pelo paladar. Quanto a essa primeira questão, nossas interpretações já estão validadas.

Subsiste, contudo, uma dificuldade. Por que, nos mitos jê de origem das plantas cultivadas, a mulher-estrela deve se transformar em sarigueia para revelar aos homens a existência do milho? Notemos, antes de mais nada, que nem sempre esse motivo aparece. Mas, onde falta, é substituído por outros: a mulher-estrela *cospe* o milho no rosto do marido (M88) ou na boca dele (M87); é, portanto, uma "babona", como o opossum catawba; ela *sangra* depois de ter sido violentada e se torna assassina (M89); após ter sido violentada, ela mata os cunhados *cuspindo* na boca deles (M89). Ela sempre é sujeira, ora sob a forma de um animal cuja pele exala um fluido fedorento; ora sob a forma de criatura humana, ao mesmo tempo agente e paciente do ato de sujar. Um mito do mesmo grupo, proveniente dos Aguaruna do alto Maranhão (M106), conta que a mulher-estrela transformou sua urina em alimento (Guallart, 1958, p. 68).

Tendo isolado esse traço invariante, podemos colocar em evidência a estrutura comum dos mitos de origem em que o sariguê intervém, isto é, de um lado, o conjunto tupi-tukuna, e do outro, o conjunto jê. Em ambos, os protagonistas são os mesmos: uma mulher, seu marido e o irmão (ou irmãos, ou às vezes "falso irmão") deste. Essa configuração de aliança é simétrica à que encontramos subjacente aos mitos de origem dos porcos-do-mato, que consistia em um homem, sua irmã ou suas irmãs e os maridos delas:

(1)   (2)

$$\text{O} = \triangle \qquad \triangle \qquad\qquad \triangle = \text{O} \qquad \triangle$$

É notável que entre os Jê, essas duas estruturas correspondam, uma (1) a um mito de origem de /plantas/cultivadas/, e a outra (2) a um mito de origem de /animais/selvagens/.

No conjunto tupi-tukuna, entretanto, o papel do sariguê é desempenhado pelo irmão do marido, estuprador de sua cunhada, ao passo que no conjunto jê é desempenhado por ela. Mas, em cada caso, o alimento é qualificado de um modo.

A esposa tukuna (M_{95}) é um fruto caído, transformado em mulher. Uma versão urubu (M_{95A}) acrescenta que esse fruto que cai está cheio de bichos (Huxley, 1956, p. 192).[20] Portanto, a mulher divina representa aqui a podridão vegetal, menos intensamente marcada do que a podridão animal, o que acarreta uma dupla transformação. Em primeiro lugar, a distância inicial que a separa dos homens é diminuída, já que ela cai de uma árvore como um fruto, em vez de descer do céu como estrela. Em segundo, sua função sariguê, metonímica no grupo jê (em que ela é o verdadeiro animal durante *uma parte* do relato), torna-se metafórica no grupo tupi: seu filho fala no ventre, *como se* já

---

20. Fruto da árvore apuí, que aparece várias vezes na mitologia dos Mundurucu com esse nome ou como "apoi": *"Apui* ou *iwapui*, árvore parasita que se instala nos galhos de outras árvores e lança raízes aéreas, algumas fincando-se no solo, enquanto as outras apertam o tronco da árvore portadora até sufocá-la (Tastevin, 1910, *addenda*:, p. 1285). É o poste que sustenta a abóbada celeste, e suas raízes saem, como muco, das narinas do enganador Daïïru. Elas também são cheias de bichos (Murphy, 1958, pp. 79, 81, 86). Uma outra versão conta que as raízes da árvore apuí saíram dos olhos, das orelhas, do nariz e do ânus do enganador (Kruse, 1951-52, v. 47, p. 1000; cf. também Strömer, 1932, p. 137). Há, portanto, uma dupla afinidade da árvore apuí com os dejetos e a podridão, que reforça sua conotação similar no mito urubu.

Cantata do sariguê 247

tivesse nascido e utilizasse o ventre materno à guisa de bolsa marsupial. Inversamente, a versão tukuna, em que este último motivo não aparece, realiza a transformação do cunhado estuprador de sariguê metafórico (copulação pelas narinas, *como* o sariguê) em sariguê metonímico: quando ele enche o interior de seu prepúcio com uma pasta branca e grudenta, usa a presença desse "sebo" como argumento para afirmar que ainda não perdeu a virgindade. Ora, essa sujeira também é de origem vegetal, já que o enganador utiliza a polpa da fruta da palmeira paxiubinha (*Iriartela sebigera* Mart.). Acrescente-se que, nessa versão tukuna em que a função sariguê é assumida pelo cunhado, o fruto cuja forma a esposa divina assume por um instante é o da árvore umari, cujo perfume é mencionado por vários mitos amazônicos (Amorim, 1926, pp. 13, 379), ao passo que o sariguê cheira mal. Finalmente, e ainda na mesma versão, a mulher tem relações sexuais com o marido — ao contrário do que ocorre nas versões jê —, sem dúvida a fim de salientar, como o faz um mito choco do mesmo grupo (M_{107}), que o marido "precisa exclusivamente dela na qualidade de cozinheira" (Wassen, 1933, p. 131). A podridão vegetal conota, portanto, a atividade sexual normal (= conjugal) da mulher, a castidade normal (= pueril) do homem. E a podridão animal, a atividade sexual anormal (= estupro) do homem e a castidade anormal (= conjugal) da mulher.

Resolvido o problema da inversão do sariguê (macho ou fêmea, estuprador ou estuprada), pode-se ver o que suas personificações têm em comum nos dois conjuntos, tupi e jê. Nos mitos tupi, o sariguê é um macho que abusa de uma humana, já mãe, dando-lhe um filho. Nos mitos jê, é uma sarigueia, não mãe (já que virgem, embora casada), de que os humanos abusam e que lhes presenteia os alimentos. A heroína tupi é uma mãe que se recusa a ser nutriz (ela maltrata o filho ainda em seu ventre). A heroína jê é uma nutriz que se recusa a ser mãe. Isso ocorre em todas as versões jê, exceto a dos Xerente (M_{93}), que, como vimos, transforma as valências semânticas do céu e da terra: a mulher celeste é qualificada negativamente, como filha de canibais, incapaz de salvar o marido. Ao mesmo tempo (M_{108}), o papel de doadora das plantas cultivadas (neste caso, a mandioca) passa para humanos — mulheres terrestres, portanto; e, além do mais, já mães e ansiosas por cumprirem seu dever de nutrizes. Preocupadas por terem abandonado seus bebês muito tempo por causa das tarefas agrícolas, elas voltam das roças correndo tão depressa que o leite jorra dos seios inchados. As gotas que caem no chão germinam na forma de pés de mandioca, doce e brava (Nim., 1944, p. 182).[21] Em última análise, a contradição expressa pelo personagem do sariguê se resolve num breve episódio do mito de origem dos Apapocuva (M109): após a morte prematura da mãe, o "mais velho" dos gêmeos não sabe como alimentar o irmão mais novo, ainda lactente. Pede ajuda a uma sarigueia, e esta, antes de se tornar nutriz, lambe as mamas, para tirar as secreções fétidas. Como recompensa, o deus lhe dá a bolsa marsupial e lhe promete que doravante ela parirá sem dor (Nim., 1914, p. 326).[22] O mito apapocuva realiza, portanto, a síntese das duas características do sariguê, que o mito tupinambá, de um lado, e os mitos jê, do outro, apresentavam separadamente. Do primeiro, a sarigueia apapocuva empresta o mau cheiro; dos últimos, a função de nutriz. Mas a síntese só é possível porque a função aparentemente ausente se manifesta de modo disfarçado em ambos os casos: entre os Tupinambá, onde o sariguê é homem, ele engravida uma mulher (é a maneira masculina

---

21. Note-se de passagem que esse mito xerente segue um procedimento inverso ao do mito bororo de origem das doenças (M5). Neste último, uma mãe que abandona o filho e que se ingurgita de peixe transpira as doenças. No mito xerente, mães que se aproximam dos filhos e que regurgitam generosamente o leite transpiram certas plantas cultivadas. O fato de se tratar da mandioca, inclusive de suas variedades venenosas, irá adquirir todo o seu significado quando tivermos constituído o grupo de origem do veneno, de que M5, justamente, faz parte (cf. adiante, p. 367).

22. Cadogan fornece uma outra variante guarani (M109A), segundo a qual, enquanto o mais velho dos gêmeos trata de reconstituir o corpo da mãe, o mais novo, esfomeado, se precipita sobre o seio ainda inacabado e destrói toda a obra (id. em versão guarani M109B, de Borba, 1908, p. 65). Desanimado, o mais velho transforma a mãe em paca (*Coelogenys paca*, guarani, "*jaicha*", mas o texto diz também "*mbyku*", que é o termo traduzido por "sariguê" em Montoya 1876). Desde esse dia, o sol demora a nascer sempre que uma paca caiu numa armadilha durante a noite (Cadogan, 1959, pp. 77-8, 86-7, 197, 202).

Sob uma forma um pouco alterada, o episódio do mito apapocuva reaparece entre os Mundurucu:

M109C MUNDURUCU: INFÂNCIA DE KARUSAKAIBE

Uma mulher adúltera procurava livrar-se do filho bastardo de todas as formas; abandonava-o no chão ou num riacho; chegou até a enterrá-lo vivo. Mas a criança resistia a tudo.

Finalmente, uma sarigueia recolheu-o e amamentou-o. É por isso que os sariguês dão à luz sem dor (Kruse, 1951-52, v. 46, p. 920. Cf. adiante M144 e 145, e p. 358, n. 35).

Cantata do sariguê

de "nutri-la"); entre os Jê, onde a sarigueia é uma mulher, ela suja os homens que se nutrem dela (realmente, quando a comem; metaforicamente, quando a violentam e ela sangra), transformando-os em velhos decrépitos ou cadáveres.

Um mito karajá permite fechar a transformação, mostrando o que acontece quando a "nutriz" assume o sexo masculino, deixando de ser uma sarigueia, mas mantendo a missão de introduzir as plantas cultivadas:

M110 KARAJÁ: ORIGEM DAS PLANTAS CULTIVADAS

Nos tempos antigos, os Karajá não sabiam limpar o mato. Eles se alimentavam de frutos silvestres, peixe e carne de caça.

Uma noite, a mais velha de duas irmãs contemplava a estrela vespertina. Disse ao pai que gostaria de tê-la para brincar, e ele riu dela. Mas, no dia seguinte, a estrela desceu, entrou na casa e pediu a moça em casamento. Era um velho curvado, enrugado, de cabelos brancos; ela não o quis. Como ele chorava, a mais nova ficou com pena e se casou com ele.

No dia seguinte, o homem foi falar com o rio e andou sobre a água. Entre suas pernas afastadas, ele pegou, enquanto a água corria, espigas de milho, brotos de mandioca e grãos de todas as plantas que os Karajá cultivam atualmente. Depois ele foi para a floresta, proibindo a mulher de segui-lo. Ela desobedeceu, e viu o marido transformado num jovem muito bonito, enfeitado e coberto de pinturas corporais. A mais velha reivindicou-o por marido, mas ele continuou fiel à mais nova; a outra se transformou em pássaro noturno (*Caprimulgus*) de canto triste (Baldus, 1950, pp. 19-21; 1958, p. 87; Botelho de Magalhães, 1921, pp. 274-6).

Em relação ao grupo jê, há várias mudanças notáveis. O herói velho ou feio, amante da solidão, torna-se uma jovem que tem parentes e conversa com eles. O homem se apaixona imediatamente pela estrela; a mulher a deseja apenas como brinquedo. Em vez de o encontro acontecer no mato, ocorre dentro da casa. O herói jê se casa com a mulher-estrela, e seus irmãos abusam dela. A heroína karajá rejeita o homem-estrela, e é a irmã que se casa com ele. As plantas cultivadas ou são objetivamente reveladas por uma mulher, na floresta, ou simbolicamente procriadas por um homem, na água. Sobretudo, a mulher-estrela jê transforma os humanos adolescentes em velhos. O homem-estrela karajá transforma a si mesmo de velho em jovem. Seu duplo personagem preserva, assim, a ambiguidade do sariguê. Contudo, enquanto os mitos jê evocam uma situação real (a periodicidade da vida humana) por intermédio de uma metáfora zoológica, o mito karajá descreve uma situação irreal (o rejuvenescimento dos velhos), exprimindo-se, porém, no sentido próprio.

Ao abordarmos o estudo da vida breve, havíamos formulado a hipótese (p. 213) de que, em todos os nossos mitos, a podridão era o simétrico e o inverso das plantas cultivadas. A "prova do sariguê" acaba de confirmá-la, pois tal é, efetivamente, a posição assumida por esse animal pútrido (e podre). Incomestível, a não ser para os velhos que não têm por que temer a corrupção, pertencente ao reino animal e não ao reino vegetal, o sariguê personifica duplamente uma antiagricultura, que é também uma pré e uma pró-agricultura. Pois nesse "mundo ao contrário" que era o estado de natureza antes do nascimento da civilização, era preciso que todas as coisas futuras já tivessem sua contrapartida, embora sob um aspecto negativo, que era como que o penhor de seu surgimento. Forma côncava da agricultura ausente, o sariguê ilustra-lhe a forma por vir, ao mesmo tempo que pode ser, como contam os mitos, o instrumento graças ao qual os homens irão obtê-la. A introdução da agricultura pelo sariguê resulta, portanto, de uma transformação de um modo do ser em seu converso.[23] Uma oposição lógica se projeta no tempo sob a forma de uma relação de causa e efeito. Quem melhor do que o sariguê para conciliar essas fun-

---

23. O solo do cerrado não é cultivável, apenas o da floresta. Ora, no mito karajá da origem da vida breve (M70) os homens se tornam mortais por terem respondido ao chamado da seriema, "ave do cerrado". E parece de fato que os mitos jê de origem das plantas cultivadas (e da vida breve) distinguem duas espécies de sariguê, uma espécie da floresta, cuja forma a mulher-estrela empresta para revelar aos homens a existência do milho, *na floresta*, mas com a condição de que eles fossem para lá, e uma espécie do cerrado consumida pelos rapazes imprudentes, que por isso se transformam em velhos, quando tinham saído da floresta para pedir um machado na aldeia (cf. M87, M90). A dualidade das espécies analisa a ambiguidade inicial transpondo-a para o plano ecológico. Uma espécie traz a vida, que está — no presente momento — fora dela; a outra, a morte, que está dentro.

Em favor de nossa interpretação do papel do sariguê, note-se que, entre as populações da Costa Rica pertencentes ao grupo linguístico talamanca, apenas os coveiros profissionais tinham o direito de tocar nos cadáveres, nos urubus e nos opossums (Stone, 1962, pp. 30, 47).

Cantata do sariguê 251

ções? Por sua natureza de marsupial casa atributos antitéticos, mas que se tornam complementares apenas nele. Pois a sarigueia é a melhor das nutrizes; e fede.

c) Segundo recitativo

Sob vários aspectos, os mitos jê de origem da vida breve apresentam uma característica notável. Em primeiro lugar, sua distribuição é particularmente densa; além disso, sua densidade se manifesta também no conteúdo. Os mitos organizam em sistema coerente temas que, fora deles, se encontram no estado dissociado: de um lado, o casamento da mulher-estrela com um mortal e a origem das plantas cultivadas; do outro, a descoberta da árvore dos alimentos e a origem da morte ou da vida abreviada.

Ao sudoeste da área jê, os Mataco e os Ashluslay do Chaco conhecem a história da árvore dos alimentos (M_{111}); mas ela é descrita como uma árvore cheia de peixes, cuja casca, furada por um imprudente, deixa jorrar as águas que cobrem a terra e destroem a humanidade. A história da mulher-estrela, por sua vez, existe no Chaco entre os Toba e os Chamacoco (M_{112}): uma deusa se casa por piedade com um homem feio e desprezado, que as mulheres, para se divertirem, cobrem de ranho. Durante a seca, a deusa obtém colheitas milagrosas, e se retira para o céu com o marido. Mas o homem fica congelado no céu, pois é proibido de se aproximar do fogo, que é canibal. Ou então a mulher-estrela, descoberta dentro da cabaça em que o marido a escondeu, explode no nariz dos mortais indiscretos e os queima (Métraux, 1943, passim).

Ao norte da área jê, isto é, na Guiana, o tema da mulher-estrela esposa de um mortal enfraquece e se inverte: o contraste entre a estrela e a sarigueia é amortecido no personagem da filha do urubu, originária do céu atmosférico em vez do céu empíreo, e por quem um homem se apaixona, apesar de estar coberta de vermes, suja e malcheirosa. E, como indica o título de "visita ao céu" pelo qual esse grupo é geralmente conhecido (M_{113}), refere-se às aventuras de um mortal no reino celeste, em vez de

252   *Parte III*

uma imortal na terra. Já fizemos alusão a isso (p. 199), e a isso voltaremos mais adiante (p. 420-ss).

Em compensação, o mito da árvore dos alimentos é fartamente representado entre os Aruak e os Karib da Guiana, e até a Colômbia; antigamente (M_{114}), o tapir ou a cutia eram os únicos a conhecer seu segredo e se recusavam a compartilhá-lo com os homens. Estes mandaram um esquilo, um rato ou um sariguê para espioná-los. Quando descobriram a localização da árvore, os homens resolveram derrubá-la. De sua raiz, jorra a água (K.G., 1916, pp. 33-8; Wassen, 1933, pp. 109-10), que se transforma em dilúvio e destrói a humanidade (Brett, 1880, pp. 106-10, 127-30; Roth, 1915, pp. 148-9; Gillin, 1936, p. 189; Farabee, 1924, pp. 83-5; Wirth, 1943, p. 259). Os Wapixana e os Tarumá da Guiana britânica contam (M_{115}) que Duid, irmão do criador, alimentava os homens com os frutos da árvore de vida, mas eles descobriram onde ele se abastecia e resolveram servir-se. Furioso com essa insubordinação, o criador derrubou a árvore, e a água do dilúvio jorrou de sua raiz (Ogilvie, 1940, pp. 64-7).

Uma versão que opõe o chamado da pedra e o chamado da água mostra claramente que se trata de um mito de origem da vida breve, ligado à introdução das plantas cultivadas e pertencente ao mesmo grupo que os mitos jê. Se os homens só tivessem ouvido o chamado da pedra, viveriam tanto quanto a rocha. Eles provocam o dilúvio dando ouvidos aos espíritos, que liberam as águas (Brett, op.cit., pp. 106-10).[24]

Voltaremos várias vezes a esses mitos. Por enquanto, apenas assinalaremos dois traços essenciais. Uma versão karib (M_{116}) diz que, depois de os homens terem obtido as plantas cultivadas, o pássaro bunia lhes ensinou a cultivá-las e cozinhá-las (Roth, 1915, p. 147). Esse pássaro desempenha,

---

24. Brett foi muitas vezes acusado de fantasiar, devido a suas transcrições em verso. Mas ele não podia conhecer os mitos de origem da vida breve que mostramos acima. Confirmando o testemunho de Brett, outras variantes guianenses foram colhidas posteriormente entre os Warrau e os Aruak: "Os habitantes da aldeia tinham sido avisados de que à meia-noite os Espíritos Hisi ('fedorento') e Kakë ('vivo') passariam. Deviam ficar acordados e chamar os Espíritos por seus nomes. Hisi passou primeiro, mas todos dormiam. De madrugada, foi a vez de Kakë passar, e todos acordaram gritando 'Hisi'. Desde então, os homens se tornaram mortais" (Goeje, 1943, p. 116). Diz-se que um mito do mesmo grupo existia antigamente no Panamá (Adrian, in Wassen, 1962, p. 7).

Cantata do sariguê

portanto, em parte, o papel da sarigueia dos mitos jê. Ora, o bunia (*Ostinops* sp.) é chamado de "pássaro-fedorento", devido ao cheiro nauseabundo de suas penas (loc.cit., p. 371).[25] Representa, portanto, uma "função sariguê" codificada em termos de animais alados. Diz-se que o bunia produz, com seus excrementos, as raízes aéreas de uma planta epífita, o kofa (*Clusia grandifolia*, loc.cit., pp. 231-2, 371). O herói tukuna Epi (M₁₁₇), que costuma adotar a forma de um sariguê (M₉₅ e Nim., 1952, p. 124), lança do alto de uma árvore um jato de urina que endurece e se torna um cipó espinhoso (*Philodendron* sp.),[26] enquanto seu irmão dá origem a uma variedade lisa pelo mesmo procedimento (ibid.; cf., p. 187, n. 1; M₁₆₁).

As tribos do Chaco, por sua vez, fazem da mulher-estrela a dona do fogo destruidor e da água criadora; e veem na árvore cheia de peixes a dona — por assim dizer — da água destruidora. A árvore dos alimentos vegetais dos mitos guianenses também governa a água destruidora.

Ora, há um ponto dos mitos jê correspondentes que silenciamos e sobre o qual convém chamar a atenção. Em M₈₇, M₈₉ (segunda versão), M₉₀, M₉₁ e M₉₄, a proximidade entre o primeiro milho e a água é acentuada com especial insistência. É uma mulher no banho que recebe a revelação; ou explica-se que os grãos ou as espigas caídas enchem o rio. Entre os Jê, assim como na Guiana, consequentemente, a árvore dos alimentos é associada à água, que lhe banha o pé ou se encontra dentro de suas raízes. Na forma interiorizada, essa água é destrutiva. Na forma exteriorizada, ela é, senão criativa (M₁₁₀), pelo menos conservadora dos grãos ou das espigas.

Essa dupla transformação (interno → externo; destruição → conservação) do valor semântico atribuído à água terrestre é acompanhada de uma outra, que afeta a atitude em relação às plantas alimentares. Nos mitos guianenses, elas são generosamente dispensadas aos homens por

---

25. O bunia guianense é idêntico ao japu do Brasil central e meridional. É um pássaro da família dos icterídeos, a que pertence igualmente o japim (*Cassicus cela*), cujo cheiro desagradável também foi notado (Ihering, v. 36, p. 236).

26. Trata-se do cipó ambé ou cipó guembé. Os Kaiowá, que colhem e consomem os frutos desse *Philodendron* (Watson, 1952, p. 28), contam que Sol veio pedir comida ao sariguê e não conseguiu nada, porque "só tinha cipó guaimbé" (Schaden, 1947, p. 112).

um demiurgo alimentador, ou maldosamente desviadas unicamente em proveito do tapir (ou da cutia), proprietário ciumento da árvore de vida. Como castigo (M_{116}), o tapir será privado da água e condenado a bebê-la numa peneira (Roth, 1915, p. 147; cf. akawai, in Brett, op.cit., p. 128), e também das plantas cultivadas, pois lhe deixam como único alimento os frutos caídos da ameixeira selvagem (id. ibid.; Amorim, 1926, p. 271). Rigorosamente inversa é a sorte dos homens que não quiseram ser tratados como crias: eles terão as plantas cultivadas, mas serão destruídos pela água, que jorra em quantidade excessiva das raízes da árvore cortada (Ogilvie, loc.cit.). O egoísmo e a ingratidão são simetricamente castigados.

Os mitos jê conseguem manter-se equidistantes desses dois perigos. O abuso das plantas alimentares assume neles uma outra forma. Ele não consiste nem na decisão dos homens — a quem, no entanto, bastava deixar-se viver — de assumir ativamente os trabalhos agrícolas (M_{115}), nem na de guardar para si os frutos da árvore (M_{114}, M_{116}). Os textos jê são extremamente instrutivos a esse respeito. Informados pela sarigueia, dona generosa e desinteressada da árvore de vida (ao contrário do tapir), os habitantes da aldeia poderiam ter guardado para si o segredo da árvore, e continuariam a gozar da vida longa. Porque uma criança se deixou ver, outras famílias, ou outras aldeias, ficam sabendo da existência da árvore. A partir de então, ela já não supre as necessidades, é preciso derrubá-la, repartir os grãos que servirão de sementes para todos, e plantar. E é durante o cumprimento dessa tarefa que adolescentes experimentam a carne de sariguê, permitindo assim que a vida breve (intermediária entre a morte violenta e a vida prolongada) se instaure.

Por conseguinte, a função mediatriz do sariguê, que o situa a igual distância do demiurgo imperiosamente nutridor e do tapir egoísta dos mitos guianenses, faz surgir uma solução intermediária para os problemas filosóficos levantados pela introdução de um gênero de vida agrícola. Essa solução consiste, no plano sincrônico, na partilha equitativa dos recursos, entre povos que se multiplicam e se diversificam devido à abundância; e, no plano diacrônico, na periodicidade do trabalho da terra. Ao mesmo tempo, a água se torna conservadora da vida, nem criadora, nem destrui-

Cantata do sariguê

dora, já que não vivifica a árvore internamente, e não destrói os homens externamente; está estagnada ao pé da árvore, desde sempre.

De um ponto de vista metodológico, a análise precedente ensina duas lições. Em primeiro lugar, confirma um ponto sobre o qual já insistimos, a saber, que, para a análise estrutural, os problemas de etimologia devem ser mantidos separados dos problemas de significação. Em nenhum momento invocamos um simbolismo arquetípico da água; na verdade, deixamos esse problema cuidadosamente de lado. Basta-nos poder demonstrar que, em dois contextos míticos particulares, uma variação do valor semântico da água é função de outras variações e que no decorrer dessas transformações as regras de um isomorfismo formal são constantemente respeitadas.

Em segundo, podemos fornecer uma resposta ao problema colocado pela ausência, entre os antigos Tupinambá, da versão guarani (que é, no entanto, comprovada em relação a quase todas as tribos tupi do Brasil) do mito da origem do fogo, roubado do urubu por um demiurgo que se finge de morto e putrefato. Localizamos, com efeito, entre os Jê, duas séries míticas estreitamente paralelas, para dar conta da passagem da natureza à cultura. Num caso, a cultura começa com o roubo do fogo do jaguar; no outro, com a introdução das plantas cultivadas. Mas, sempre, a origem da vida breve está ligada ao surgimento da vida civilizada, concebida mais como cultura lá onde se trata da origem do fogo (conquista dos "bens do jaguar", M_8: fogo de cozinha, arco e flechas, algodão fiado), e mais como sociedade quando se trata das plantas cultivadas (M_{90}: multiplicação dos povos, diversificação das línguas e dos costumes). Finalmente, dependendo do grupo, o surgimento da vida breve está ligado ou à origem do fogo e da cultura (Apinayé) ou à das plantas cultivadas e da sociedade (outros Jê); da Guiana ao Chaco, está ligado à origem da água e à (destruição da) sociedade.

Limitando-nos aqui apenas aos Jê e aos Tupi, fica claro que, entre os Apinayé, a origem da vida breve ("chamado da madeira podre") é uma função da origem do fogo (M_9), ao passo que entre os outros Jê a origem da vida breve ("chamado do sariguê", animal podre) é uma função da origem das plantas cultivadas. Chegamos assim à seguinte hipótese: já que o tema da podridão (deus-criança) existe entre os Guarani e os Tupi contemporâneos como uma

256   *Parte III*

função do mito da origem do fogo, a ausência de um tal mito entre os Tupi-nambá não se explicaria em razão de uma transferência do tema da podridão ao mito de origem das plantas cultivadas? Ora, de acordo com Thevet (M_{118}; apud Métraux, 1948), os Tupinambá atribuíam-na a uma criança milagrosa, em que bastava bater para que as plantas alimentares caíssem de seu corpo: ou seja, uma criança, senão morta, pelo menos "mortificada", e "apodre-cida" por uma surra. Uma lenda amazônica de proveniência tupi conta que a primeira mandioca nasceu do túmulo de uma criança concebida por uma virgem (Couto de Magalhães, 1876, p. 167).[27] De modo que parece que os Tu-pinambá diferiam dos Guarani e da maior parte dos outros Tupi do mesmo modo que os outros Jê diferem dos Apinayé, isto é, situando o problema da vida breve numa perspectiva sociológica e não cultural.

d) Ária final: O fogo e a água

Admitimos várias vezes, de modo mais ou menos explícito, que o pensa-mento mítico sul-americano distingue dois tipos de água: uma criadora, de origem celeste, e outra destruidora, de origem terrestre. Haveria, para-lelamente, dois tipos de fogo: um celeste e destruidor, o outro, terrestre e criador, que é o fogo de cozinha. Veremos em breve que as coisas são mais complexas. Mas, antes disso, convém aprofundar o sentido da oposição fundamental entre a água e o fogo.

Voltemos para tanto ao mito de referência, que, como demonstramos (p. 194-ss), é um mito de origem do fogo travestido em mito de origem da água, e recoloquemos esse mito na série dos mitos jê de origem do fogo (M_7 a M_{12}). Embora os Bororo, por sua estrutura social matrilinear e matrilocal, se oponham aos Xerente patrilineares e patrilocais mais com-pletamente do que a qualquer outra tribo jê (e, talvez, por isso mesmo),

---

27. O esquema existe na América tropical, entre os Kaingang (vítima cujo cadáver, arrastado pelas plantações, dá origem ao milho; Borba, 1908, p. 23); na Guiana (plantas cultivadas, trans-piradas, excretadas ou procriadas por uma velha); entre os Bororo e entre os Pareci (plantas cultivadas, nascidas de cinzas de jovens, incestuosos ou não, que morrem numa fogueira).

observa-se uma simetria notável entre os mitos desses dois grupos cujo herói é um desaninhador de pássaros (M_1 e M_{12}, respectivamente).

Em primeiro lugar, e únicos nesse aspecto no conjunto M_1 a M_{12}, esses mitos tratam simultaneamente da água e do fogo. O mito bororo invoca a água para destruir o fogo, ou mais precisamente para fazer do herói o dono do fogo. O mito xerente afirma que, para se tornar dono do fogo, foi preciso que o herói antes se pusesse em posição de dono da água: aniquilando-a, diríamos, já que ele a bebe inteiramente. Lembramo-nos com efeito de que, após ter sido recolhido pelo jaguar, o herói se queixa de uma sede intensa, que só consegue aplacar secando o riacho que pertence ao jacaré (*Caiman niger*), e sem deixar uma só gota. Esse incidente fica esclarecido graças a um mito kaiowá (M_{62}), que indica que o jacaré é o dono da água e que tem por missão evitar que a terra fique seca; "Jacaré é capitão da água, para não secar todo o mundo" (Schaden, 1947, p. 113).[28]

Além disso, o herói dos dois mitos se afirma como enganador, no início (onde o contraste é maior entre as versões kayapó e xerente: ovos jogados que se transformam em pedras, e pedras jogadas que se transformam em ovos, respectivamente) ou no final: o desaninhador de pássaros bororo engana os seus por muito tempo, na forma de um lagarto; seu homólogo xerente também os engana, dizendo que a carne cozida do jaguar ficou apenas exposta ao sol. Em ambos os casos, ele age com uma desconfiança injustificada.

Esse excesso corresponde a um outro traço próprio dos dois mitos. Não se trata, como na versão apinayé, de uma vida humana cuja duração será doravante *limitada*, mas de morte seguida de ressurreição. O motivo aparece duas vezes no mito bororo, em que o herói se trai por ocasião de uma "festa dos ancestrais" e depois consegue voltar ileso de sua expedição ao reino das almas. O mito xerente, por sua vez, sugere que, se o

---

28. A respeito do par jaguar-jacaré (dono do fogo, dono da água), notamos que os tupinólogos compararam o nome tupi do jaguar, *iagua*, à palavra jacaré, que poderia ser decomposta em *iaguaré*, "o outro tipo de jaguar". Não sabemos qual é a opinião dos filólogos acerca dessa etimologia. Mas é interessante notar que ela foi afastada, imediatamente após ter sido formulada, pelo simples motivo de que não existiria nenhuma equivalência concebível entre as duas espécies (Chermont de Miranda, 1942, pp. 73-4).

herói ficou por muito tempo escondido dos seus, é porque morreu. Com efeito, ele só reaparece por ocasião dos ritos funerários *aikman*, que são celebrados em homenagem a defuntos ilustres (cf. p. 121). Por pouco que se recorra aos textos, poder-se-á, portanto, dizer que o herói medroso obtém para os homens uma vida limitada, ao passo que o herói atrevido lhes traz uma promessa de ressurreição. Essa oposição, entre vida prolongada e vida abreviada, de um lado, morte e ressurreição, do outro, parece ser isomorfa à que se percebe entre mitos que são apenas mitos de origem da culinária ($\equiv$ fogo) ou das plantas cultivadas ($\equiv$ água), e mitos que são, de forma solidária, de origem do fogo e da água.

COMECEMOS ESTABELECENDO, por meio de um lema, que existe de fato no pensamento indígena uma relação tal que:

$$\text{fogo} = \text{água}^{(-1)}$$

Um dos mitos sul-americanos mais difundidos, que está bem documentado entre os Jê, tem por tema um desafio entre os gêmeos míticos Sol e Lua ou o tamanduá e o jaguar, a respeito de seus respectivos regimes alimentares. Dependendo das versões, esses regimes consistem respectivamente em frutos maduros e frutos verdes, em carne (alimento cru) e em formigas (alimento podre, cf. M_{89} e M_{54} em razão da transformação sariguê $\rightarrow$ formigas; supra, p. 238), em alimento animal e alimento vegetal etc.:

(Sol : Lua; tamanduá : jaguar) :: (podre : cru; maduro : verde; vegetal : animal...)

A não ser por essa diferença, o tamanduá-bandeira e o jaguar poderiam ser declarados intercambiáveis. O folclore brasileiro é rico em relatos que colocam em pé de igualdade os dois animais mais fortes do "sertão": um pelo abraço de suas patas dianteiras, o outro pela mordida de seus caninos. Conta-se que no cerrado o jaguar invariavelmente vence o tamanduá, mas

Cantata do sariguê

na floresta é o contrário, o tamanduá se levanta apoiando-se num tronco de árvore com seu rabo e sufoca o jaguar entre seus braços.

Cada um dos animais afirma, pois, que consome o mais "forte" dos alimentos; e, para decidir o conflito, resolvem defecar de olhos fechados e depois comparam os excrementos. O tamanduá finge que tem dificuldades e aproveita o atraso para trocar sub-repticiamente seus excrementos pelos do jaguar. Segue-se uma briga, na qual o tamanduá arranca os olhos do jaguar. Ou, então, conta-se às vezes:

M119 KAIOWÁ: OS OLHOS DO JAGUAR

A cigarra conta ao jaguar que o sapo e o coelho lhe roubaram o fogo enquanto ela caçava e que o levaram para o outro lado do rio. O jaguar chora; aparece um tamanduá, e o jaguar lhe propõe um concurso de excrementos. Mas o tamanduá faz uma substituição: ele pega os excrementos que contêm carne crua e convence o jaguar de que os seus são os que consistem apenas em formigas.

Para se vingar, o jaguar convida o tamanduá a fazer malabarismos com os olhos fora das órbitas. Os do tamanduá voltam para o lugar, mas os do jaguar ficam presos no alto de uma árvore. Ele fica cego.

A pedido do tamanduá, o macuco faz para o jaguar olhos de água, que lhe permitirão ver no escuro.

Desde então, o jaguar só sai à noite; perdeu o fogo; e come carne crua. Ele nunca ataca o macuco [versão apapocuva: o inhambu, também um tinamídeo] (Schaden, 1947, pp. 110-1, 121-2).

Essa versão é particularmente instrutiva, pois associa a rivalidade entre o jaguar e o tamanduá ao tema do jaguar dono do fogo que, desde o início deste trabalho, serve de fio condutor para nossas investigações. De acordo com o informante de Schaden, essa ligação é ainda mais forte do que parece de imediato, pois, se o jaguar tivesse recuperado o fogo roubado pelos animais, ele o teria utilizado para incendiar a terra. A perda, por parte do jaguar, de seus olhos originais ("onde brilhava o reflexo do fogo", M_7) garante definitivamente a humanidade contra esse perigo; a partir de então, até os olhos do jaguar são "pura água"...

Como, então, deve ser interpretada a conexão entre o jogo dos excrementos e o jogo dos olhos? Dissemos que, a não ser por seus regimes alimentares antitéticos, o jaguar e o tamanduá são permutáveis. Ora, em matéria de permutabilidade, os excrementos e os olhos estão em antítese, digamos, anatômica: os excrementos constituem uma parte do corpo eminentemente permutável, já que só existem para deixá-lo, ao passo que os olhos são irremovíveis. O mito coloca pois simultaneamente:

a) fogo = água $^{(-1)}$
b) jaguar = tamanduá $^{(-1)}$
c) excrementos = olhos $^{(-1)}$

Se os excrementos são intercambiáveis, mas os olhos não, resulta que a troca dos olhos (ao contrário da troca dos excrementos) não pode consistir numa mudança de proprietário, com as partes do corpo mantendo-se idênticas, mas numa mudança de partes do corpo, com o proprietário mantendo-se idêntico. Em outras palavras, num caso o jaguar e o tamanduá trocam excrementos entre si; no outro, o jaguar troca consigo mesmo os próprios olhos, perdendo seus olhos de fogo, que condiziam com sua natureza de dono do fogo; e, como perdeu o fogo, tem seus olhos substituídos por olhos de água, que é o contrário do fogo.

O fato de, em outras versões do mesmo mito, os olhos do jaguar serem feitos de resina e não de água apenas dá continuidade à equação da página 258:

:: (...vegetal : animal; água : fogo).

REENCONTRAMOS, portanto, através desse lema, a inversão do fogo e da água que nos parecera caracterizar a oposição entre o mito bororo (M_1) e o mito xerente (M_{12}). Um aniquila o fogo e cria a água, o outro aniquila a água e cria o fogo. Mas essas águas não são de mesma natureza: celeste, maléfica e exteriorizada (tempestade), em M_1; terrestre, benéfica e interiorizada (água potável), em M_{12}. Finalmente, em cada uma das estruturas, a morte não se introduz do mesmo modo:

M1 :	ÁGUA	FOGO
	obtida	retirado
(morte) ↗		(morte) ↖
M12 :	retirada	obtido

Em outras palavras, a morte do herói bororo é a *condição* da água obtida, e o fogo obtido tem por *consequência* a morte do herói xerente.

Já lembramos que os Bororo e os Xerente se opõem pela organização social. Mas, para dar conta dessa inversão de seus mitos de origem do fogo e da água, é mais conveniente referirmo-nos a outros aspectos da cultura dos dois grupos. Diferentemente das tribos jê, os Bororo não viviam exclusivamente no planalto ou nos vales que o cortam. Habitavam sobretudo a sua borda ocidental e sua base, nas terras baixas que se inclinam para o sudoeste, para logo submergirem sob as águas de um dos maiores pântanos do mundo, o Pantanal. Em consequência disso, seu modo de vida tornou-se meio terrestre e meio aquático. A água é para eles um elemento familiar, e eles até acreditam que, mascando determinadas folhas, podem mergulhar durante várias horas para pescar (Von den Steinen, 1940, p. 452). Esse modo de vida acompanha crenças religiosas em que a água também ocupa um lugar importante. Os Bororo praticam a dupla inumação. O primeiro enterro sumário ocorre na praça da aldeia, onde, durante várias semanas, os parentes do morto choram copiosamente sobre o cadáver para acelerar a decomposição. Quando ela já está suficientemente avançada, a tumba é aberta, e o esqueleto lavado até que fique limpo de toda a carne. Os ossos, pintados de vermelho e enfeitados com mosaicos de penas coladas com resina, são colocados num cesto e solenemente imersos no fundo de um rio ou de um lago, "moradas das almas". A água e a morte sempre são, portanto, associadas pelo pensamento indígena. Para obter uma, é preciso suportar a outra. É exatamente isso o que, a seu modo, o mito bororo do desaninhador de pássaros afirma.

Não parece que os Xerente, habitantes do vale do Tocantins, estejam especialmente sujeitos aos riscos da seca. Apesar disso, esse temor os obceca a um ponto em nenhum outro lugar igualado. Seu maior medo é que o sol, irritado, seque e consuma a terra. Para aplacar o astro, os homens adultos se submetiam antigamente a um longo jejum, que durava várias semanas, e terminava com um ritual complicado a cujos detalhes voltaremos (p. 377-ss).

Fixemos aqui apenas que, para o pensamento xerente, a humanidade vive sob a ameaça de uma conflagração universal. A essa crença num fogo que é a causa principal da morte corresponde um mito que, como vimos, afirma que é preciso passar pela morte para obter o fogo.

É unicamente levando em conta todos esses fatores, ecológicos e religiosos, que se pode compreender a inversão dos mitos bororo e xerente. Os Bororo vivem (e principalmente pensam) sob o signo da água; para eles, ela conota a morte, e muitos de seus mitos — em que as plantas cultivadas, ou outros bens culturais, surgem das cinzas de heróis que morrem, às vezes voluntariamente, em fogueiras (cf., por exemplo, M20, M27; e Colb. e Albisetti, 1942, pp. 199, 213-4) — comprovam que existe para eles uma conexão entre o fogo e a vida. Para os Xerente, é o inverso: eles pensam em termos de seca, isto é, de água negativada. Em seus mitos, e com muito mais força do que alhures, o fogo conota a morte; e eles lhe opõem uma água, não letal (nos ritos do longo jejum, água parada é oferecida aos participantes apenas para que eles a recusem), mas vivificante. E, no entanto, toda a água do mundo mal basta para refrescar um sedento.

Para confirmar essa oposição, note-se que os Bororo, assim como seus vizinhos Bakairi, possuem também um mito do fogo destruidor. Mas, significativamente, este aparece na forma derivada, como uma consequência da perda da água; e seu perigo é facilmente afastado:

M120 BORORO: O FOGO DESTRUIDOR

Antigamente Sol e Lua moravam na terra. Um dia, eles ficaram com sede e foram visitar os pássaros aquáticos, que guardavam a água em grandes e pesados potes.

Desobedecendo aos pássaros, Sol quis levantar um pote até a boca. Mas o pote escorrega, quebra e a água derrama. Os pássaros ficam bravos, Sol e Lua fogem, os pássaros os alcançam na cabana em que eles se refugiaram.

Agora, Sol ficou quente demais. Incomodados pela sua presença, os pássaros agitam seus abanos de palha, produzindo um vento cada vez mais forte, que levanta Sol e Lua e faz com que subam ao céu, de onde eles não irão mais descer (Colb. e Albisetti, 1942, pp .237-8; versão bakairi (M120A), in Von den Steinen, 1940, pp. 482-3).

Cantata do sariguê 263

Outros mitos relativos a Sol e Lua mostram-nos destruindo o fogo com água ou (M121) urinando sobre o fogo das lontras (Colb. e Albisetti, 1942, p. 233), ou (M122) enchendo de água o dos homens (id. ibid., p. 231). Consequentemente, aqui também se afirma o primado da água sobre o fogo.[29]

Não basta dizer que, para os Bororo, a água é a causa final da morte, ao passo que, para os Xerente, o fogo é sua causa eficiente. Essa diferença é acompanhada de uma outra, que se manifesta na série paralela dos mitos de origem das plantas cultivadas. Os Xerente dissociam completamente essa origem da do fogo. Contrariamente aos outros Jê, inserem o mito das plantas cultivadas no ciclo cosmogônico das aventuras terrestres dos dois heróis culturais, Sol e Lua (M108). Inversamente, para os Bororo a origem das plantas cultivadas é tema de relatos legendários mais do que de míticos. Para eles, trata-se menos de explicar a origem da agricultura como arte da civilização do que de legitimar a posse, a título de epônimo, de uma determinada planta e até de uma determinada variedade da mesma espécie, por diferentes clãs. Esses privilégios remontam ao sacrifício de heróis clânicos que se submeteram voluntariamente à morte na fogueira (fogo destruidor ≠ fogo de cozinha). Em todos os aspectos, portanto, as mitologias bororo e xerente relativas à passagem da natureza à cultura ocupam posições extremas, ao passo que a mitologia dos outros Jê se de-

---

29. Em toda uma série de mitos bororo sobre a origem do fogo, ele é apagado pela chuva (M1), pela água derramada (M122), pela urina (M121). No grupo sobre a origem das plantas cultivadas, o mito xerente (M108) faz germinar a mandioca das gotas de leite espalhadas pelas mães. Tem-se a transformação:

$$(\textit{Série fogo}) \begin{bmatrix} \text{urina} \rightarrow \text{fogo } (-) \end{bmatrix} \rightarrow (\textit{Série plantas}) \begin{bmatrix} \text{leite} \rightarrow \text{plantas } (+) \end{bmatrix}$$

É interessante notar que um mito mexicano da região de Nayarit (M123) fornece a transformação inversa, permitindo voltar ao primeiro termo partindo do segundo: o iguana leva o fogo para o céu, o corvo e o colibri não conseguem recuperá-lo. O sariguê consegue, fingindo que quer apenas se aquecer (volta a M56 pela transformação sariguê → preá). Mas ele derruba o fogo, e todo o mundo arde em chamas. Terra consegue, contudo, apagar o fogo com o seu leite (Preuss, 1912, v. I, pp. 169-81).

Já notamos (p. 196, n. 15) que os Cuna do Panamá invertem, como os Bororo, a origem do fogo em origem da água, quer se trate da chuva que apaga todas as fogueiras menos uma (comp. M1, M61) ou da urina que apaga uma única fogueira (comp. M121, M61).

senvolve na zona intermediária. Bororo e Xerente associam fogo e água, atribuindo-lhes funções opostas: água > fogo / fogo > água; água exteriorizada/água interiorizada; água celeste e maléfica /água terrestre e benéfica; fogo culinário/pira funerária etc.; e os grandes acontecimentos, aos quais uns e outros se referem, estão situados, ora num plano sociológico e lendário, ora num plano cosmológico e mítico. Finalmente, os Bororo e os Xerente acentuam igualmente a ressurreição e não a vida abreviada.

Como vimos alhures, os outros Jê dissociam a origem da culinária (ligada ao fogo) da das plantas cultivadas (ligada à água); os dois temas são tratados paralelamente e de modo independente, em vez de formarem um par assimétrico no seio de uma mesma série mítica. Além disso, eles associam as plantas cultivadas ao podre e não ao queimado, como os Bororo, ou ao fresco, como os Xerente.

Todas essas relações podem ser ilustradas por um diagrama (fig. 8).

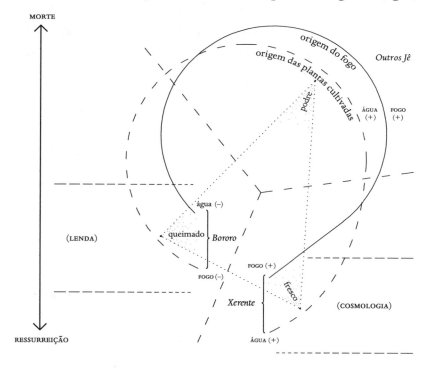

8. Integração dos mitos bororo e dos mitos jê
relativos à origem do fogo ou das plantas cultivadas.

PARTE IV

A astronomia bem temperada

1. Invenções a três vozes

Convencionamos chamar de *armação* um conjunto de propriedades que se mantêm invariantes em dois ou mais mitos; *código*, o sistema das funções atribuídas por cada mito a essas propriedades; *mensagem*, o conteúdo de um mito determinado. Retomando então as considerações com que se encerra a nossa Parte III, podemos tornar mais precisa a relação entre o mito bororo (M_1) e o mito xerente (M_{12}), dizendo que, quando se passa de um mito ao outro, a *armação* se mantém, o *código* se transforma e a *mensagem* se inverte.

Os resultados dessa análise seriam definitivamente validados se fosse possível chegar à mesma estrutura de oposição por um procedimento regressivo, que seria, de certo modo, uma demonstração *a contrario*. O problema assim colocado pode ser formulado como segue.

Suponhamos dois mitos, que chamaremos de M_x e M_y e que se encontram entre si em relação de transformação:

$$M_x \rightarrow M_y$$
$$(f)$$

Admitindo que $M_y = f M_x$, existirá um mito $M_z = f M_y$, em relação ao qual seja possível demonstrar que restitui M_x por meio de uma transformação simétrica, mas em sentido inverso àquela que M_y produzia a partir de M_x?

Dito de outro modo, estabelecemos anteriormente que um mito xerente de origem do fogo (M_y) é uma transformação de um mito bororo de origem da água (M_x). Seria possível agora encontrar entre os Xerente um mito (M_z) de origem da água que nos leve de volta ao mito bororo de que partimos, verificando ao mesmo tempo o isomorfismo:

$$\begin{bmatrix} Mz \to Mx \\ (f) \end{bmatrix} \approx \begin{bmatrix} Mx \to My \\ (f) \end{bmatrix} ?$$

Tal mito existe, efetivamente, entre os Xerente:

M124 XERENTE: HISTÓRIA DE ASARÉ

Era uma vez um homem, casado e pai de vários filhos já adultos, exceto o mais novo, que se chamava Asaré. Um dia, quando esse homem estava caçando, os irmãos mandaram o caçula chamar a mãe, para que ela fosse à casa dos homens, sob pretexto de cortar-lhes os cabelos e pintá-los. E lá, um de cada vez, eles a violentaram.

Denunciados por Asaré, os culpados recebem do pai um rude castigo. Para se vingar, eles põem fogo na casa. Os pais se transformam em gaviões, da espécie que gosta de voar na fumaça das fogueiras, e conseguem escapar pela abertura do teto.

Sozinhos no mundo, os filhos resolveram ir para bem longe. Durante a viagem, Asaré tem sede, e a água das nozes de tucum (*Astrocaryum tucuma*) quebradas pelos irmãos não basta para saciá-la. Então um dos irmãos começa a cavar a terra com sua lança, e jorra tanta água que Asaré, apesar do incentivo dos irmãos, não consegue bebê-la toda. A água se espalha; pouco a pouco, ela forma o oceano.

Entrementes, Asaré se lembra de que esquecera uma valiosa flecha na outra margem. Ele atravessa a água a nado, recupera a flecha e volta do mesmo modo. Bem no meio do rio, ele se vê cara a cara com um jacaré, nascido de uma multidão de lagartos que ele mesmo havia matado durante a viagem e que foram carregados pelas águas que subiam. Asaré pede ao jacaré que o leve até o outro lado, e, como ele se nega a fazê-lo, insulta-o e ri de seu nariz feio. O jacaré começa a persegui-lo. Enquanto isso, os irmãos vêem a flecha flutuando à deriva. Concluem que o caçula se afogou, e seguem adiante.

Asaré chega à margem, seguido de perto por seu perseguidor. Esconde-se no mato e vê pica-paus rasgando a casca das árvores, para comer os insetos que há dentro dela. A pedido dele, os pássaros o escondem sob um monte de cascas e indicam ao jacaré uma pista falsa. Passado o perigo, Asaré retoma a caminhada, atravessa um segundo rio em que encontra outro jacaré, com as mesmas consequências. Dessa vez, ele escapa graças às perdizes que desenterram amendoins (*Arachis hypogea*) e concordam em escondê-lo sob a palha. Os mesmos acontecimentos se repetem durante a travessia de um terceiro rio, mas

Invenções a três vozes

dessa vez Asaré se esconde debaixo das cascas das vagens de jatobá que os macacos estão comendo. Tagarela por natureza, um dos macacos quase revela o segredo: mas um outro o faz calar-se batendo em sua boca.

Finalmente Asaré chega à casa de seu tio Cangambá, que fica esperando o jacaré e o envolve em seu fluido nauseabundo. O jacaré morre asfixiado. Cangambá convoca os inhambus pequenos (*Tinamus* sp.), que carregam o cadáver até o rio e o lançam nele. Asaré se instala na casa do tio.[1]

Quando o oceano se formara, os irmãos de Asaré quiseram imediatamente banhar-se nele. E ainda hoje, no final da estação das chuvas, ouve-se do lado do oeste o barulho que eles fazem se debatendo na água. Pouco depois, aparecem no céu, limpos, renovados, na forma das sete estrelas Sururu, as Plêiades (Nim., 1944, pp. 185-6).

Dedicaremos bastante tempo a esse mito. Comecemos por estabelecer, como anunciamos, que ele restitui fielmente, graças a um certo número de transformações que afetam ora a mensagem, ora o código, o mito bororo (M_1) do desaninhador de pássaros.

A situação inicial é a mesma: estupro de uma mãe pelo (ou pelos) filho (ou filhos). Contudo, há duas diferenças: no mito bororo, a mãe é violentada na floresta, onde foi cumprir uma missão reservada às mulheres. Aqui, é o pai que está na floresta, dedicando-se à caça, atividade masculina; e o estupro é cometido não na aldeia, mas dentro da casa dos homens, onde as mulheres normalmente não podem entrar. Em segundo lugar, M_1 frisava a juventude do filho culpado (ele ainda não foi iniciado), ao passo que M_{124} apresenta os culpados como adolescentes iniciados, obrigados a residir na casa dos homens (cf. Nim., 1942, p. 49).

Dessas duas diferenças decorre uma terceira, por consequência: o pai bororo desconhece seu infortúnio e faz uma averiguação para verificar suas suspeitas; quando elas são confirmadas, ele procura matar o filho. O pai xerente, por sua vez, é imediatamente informado, e são os filhos que querem matá-lo.

---

1. O cangambá é identificado no texto ao *Mephitis suffocans* (Maciel, 1923, p. 431). De fato, o congênere sul-americano do *skunk* da América do Norte é um *conepatus* (cf. p. 214, n. 9).

O pai bororo recorre à água para realizar sua vingança (o fogo aparecerá mais tarde); com o mesmo intuito, os filhos xerente empregam o fogo (a água aparecerá mais tarde).

Os pais xerente escapam da morte na forma de gaviões, amigos do fogo culinário; o filho bororo escapa da morte graças a salvadores em forma de urubus, inimigos do fogo culinário (já que o mito acaba de descrevê-los como se alimentando de carniça e carne crua).

A disjunção vertical (baixo → alto) afeta o filho bororo, os pais xerente. Por outro lado, se, no primeiro caso, o filho é separado verticalmente — pelo ar — de seus ascendentes, o herói xerente o é horizontalmente, de seus irmãos, pela água.

Afastado da aldeia depois de ter subido ao alto de um rochedo, o herói bororo tem fome; afastado da aldeia por um caminho já longo, o herói xerente tem sede. Ambos tentam sucessivamente duas soluções, que são postas em contraste pelos dois mitos. Em M_1, trata-se inicialmente de um alimento animal cru, que se putrefaz porque excessivo; depois, de um alimento vegetal cru, que nunca é suficiente, porque o herói não consegue guardá-lo. Em M_{124}, tratava-se, em primeiro lugar, de uma bebida vegetal escassa, depois de uma água não vegetal (subterrânea), que é tão abundante que o herói não consegue esgotá-la. Nos dois casos, o remédio quantitativamente insuficiente é vegetal e benéfico (água de noz de palmeira, frutos frescos); o remédio quantitativamente suficiente (e até excessivo) é de origem não vegetal, e maléfica (os lagartos podres, a água do oceano, que ameaçam causar a morte do herói).

O mito bororo e o mito xerente apresentam-se ambos como mitos de origem da água, mas sob forma de chuva, água celeste, no primeiro caso, e água subterrânea, que jorra da terra, no segundo.

O herói bororo tem de atravessar a água para trazer instrumentos litúrgicos: o herói xerente a atravessa para trazer uma flecha, arma de caça.

Três vezes seguidas, o herói xerente encontra um jacaré, nascido dos lagartos que ele havia matado antes de a água se espalhar. Lagartos foram igualmente mortos pelo herói bororo, para aplacar sua fome e constituir uma reserva de víveres; são essas provisões, que apodrecem rapidamente, que atraem a ele os urubus.

Invenções a três vozes

Se nos limitássemos ao texto de M₁, o episódio ficaria incompreensível. Mais precisamente, a ausência de contexto sintagmático levaria, se insistíssemos em buscar uma interpretação, a lançar mão ao acaso de toda a mitologia americana, que acabaria fornecendo respostas demais: o lagarto é um alimento pré-cultural para os Kubenkranken (Métraux, 1960, p. 14); dono do fogo para os Warrau, os Choco e os Cuna (cf. p. 196, n. 15); em outras partes, dono do sono, porque não tem pálpebras; e um símbolo de incesto e de feitiçaria para povos tão afastados quanto os Jicarilla Apache da América do Norte e os Amuesha do Peru...

Mas, assim como uma busca da etimologia (diríamos: a "mitomologia") do lagarto seria perigosa, a de seu sentido não o é. Como indica sem rodeios o mito xerente, o lagarto é a contrapartida terrestre do jacaré aquático. M₁ e M₁₂₄ se esclarecem, portanto, mutuamente: um se passa na terra, e faz do herói um caçador de lagartos, pela mesma razão que o outro, que se passa na água, faz do jacaré um "caçador de heróis". Essa reciprocidade de perspectivas, entre um mito bororo e um mito jê, talvez permita esclarecer o primeiro com o auxílio de uma glosa apinayé: "Diz-se que quando nasce um Apinayé homem, os urubus se alegram, porque será mais um caçador para deixar para eles a carne morta, no mato. Mas, quando nasce uma menina, são os lagartos que se alegram, pois cabe às mulheres preparar o 'berubu', as refeições, cujas migalhas derramadas servem de refeição para esses lacertídeos" (C. E. de Oliveira, 1930, p. 67).

Se a extrapolação fosse legítima, disporíamos de uma dupla oposição. Uma, interna a M₁, entre lagartos e urubus, com a dupla valência fêmea/macho, cozido/cru.[2] E a outra externa, englobando M₁ e M₁₂₄, entre lagartos e jacaré, também com uma dupla valência, terra/água, cozido/cru.

Finalmente, sabemos que os Xerente consideram o jacaré dono da água, e o jaguar, dono do fogo (M₁₂). É, pois, perfeitamente coerente que o seu mito de origem da água terrestre (M₁₂₄) confronte o herói com um jacaré,

---

2. E talvez também vegetal/animal, se seguirmos uma outra indicação da mesma fonte, em que os lagartos são agrupados com os gafanhotos, os ratos e os coelhos, como parasitas das roças (loc.cit., p. 65).

assim como o mito de origem do fogo terrestre (M12) o confrontava com um jaguar. E, como estabelecemos (p. 258-ss) que fogo = água$^{(-1)}$, não é menos coerente que, nos dois mitos, os respectivos comportamentos do animal e do herói se invertam. O herói de M12 se mostra cortês para com o jaguar, que lhe oferece auxílio; o de M124 trata com insolência o jacaré, que lhe nega auxílio.

CONCENTREMO-NOS AGORA no episódio dos animais ajudantes, situado no início do mito bororo e no fim do mito xerente. Indo do mais ao menos eficaz, esses animais são, no mito bororo, o colibri, o pombo e o gafanhoto. Embora o mito xerente se cale quanto ao valor respectivo dos pica-paus e das perdizes, indica que os macacos são os menos eficientes de todos, já que quase traem seu protegido. Assim, podemos partir de uma correspondência hipotética entre as duas séries:

BORORO		XERENTE	
colibri	(1)	pica-paus	(1)
pombo	(2)	perdizes	(2)
gafanhoto	(3)	macacos	(3)

Contudo, essa correspondência parece se inverter quando se tenta qualificar as espécies em relação ao alto e ao baixo. Na série xerente, os macacos comem frutas (alto), os pica-paus atacam a casca dos troncos (médio) e as perdizes desenterram grãos (baixo). Se levarmos em conta que, na série bororo, o gafanhoto ocupa por natureza uma posição mais baixa do que os pássaros, e que a missão respectiva dos três animais consiste em se apossar do grande e do pequeno maracás (que são levados nas mãos e, portanto, relativamente "do alto" e de tamanhos diferentes) e também guizos de tornozelos (baixo), deveríamos ter:

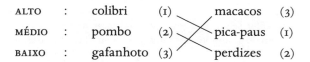

Invenções a três vozes 273

Vejamos se é possível superar essa dificuldade. Como vimos, o mito xerente de origem do fogo (M_{12}) fornecia uma outra série de três animais, que desempenhavam o papel de donos da água. Eram eles, pela ordem:

urubus (1)
"pássaros pequenos" (2)
jacaré (3)

Não sabemos quais seriam esses "pequenos pássaros"; a não ser que se trate dos inhambus do mito de Asaré, também qualificados como "pequenos". Os inhambus vivem no chão e voam pouco, ou pesadamente. Situam-se, assim, talvez, entre o urubu e o jacaré, em relação ao alto e baixo. Por outro lado, os antigos Tupi da costa utilizavam as penas desses pássaros, brancas com manchas pretas, para enfeitar suas armas quando partiam para a guerra ou quando se preparavam para executar seus prisioneiros (Claude d'Abbeville, 1614, p. 237). Esse emprego corresponde bem ao papel de coveiro que cabe aos pequenos inhambus do mito de Asaré (embora os "inhambu-tin" de que fala a fonte antiga pudessem ser uma espécie maior).

Os mitos anteriormente examinados mencionam repetidas vezes os galináceos (famílias dos tinamídeos e cracídeos), e sempre, ao que parece (a não ser por M_{14}, numa passagem pouco significativa), dando-lhes um valor fraco, senão francamente sinistro. Fracos demais para carregarem o fogo, os galináceos eliminam seus vestígios (M_8, M_9, M_{12}). O inhambu é um tipo inferior de caça, que dá um caldo amargo (M_{143}), cuja troca por carne de caititu, caça mais nobre, é recusada (M_{16}); é o único alimento de um rapaz enclausurado (Murphy, 1958, p. 74; Strömer, 1932, p. 133). Uma constelação do céu noturno é a mãe dos tinamídeos (M_{28}); se o jaguar não ataca os pássaros dessa família, e se adquiriu hábitos noturnos, é porque deve aos tinamídeos seus olhos de água, substitutos dos olhos de fogo que perdeu (M_{119}). A ligação entre estrelas, noite e galináceos é sem dúvida explicada pelo costume, registrado entre os Xerente, "de contar as horas de acordo com o sol durante o dia; e à noite, a partir das estrelas e do canto do inhambu" (J. F. de Oliveira, 1912, p. 394).[3]

Possuímos indicações mais precisas quanto ao valor semântico dos outros animais. De acordo com mitos jê analisados mais adiante (M_{163}), os pica-paus são os donos do fogo destruidor, o que os coloca em correlação e oposição com o macaco, que um mito bororo já examinado (M_{55}) apresenta como dono do fogo construtivo (fogo de cozinha). Quanto ao pombo, é um dono da água, como mostram não somente o mito de referência, mas também um mito xerente (M_{138}), no qual se vê uma família escapar do dilúvio graças a uma carcaça de pombo (*Leptoptila rufaxilla*), que, ao crescer miraculosamente, torna-se uma espécie de Arca de Noé (Nim., 1942, p. 92). Em várias versões de "sariguê e seus genros" (M_{97}, M_{98}), Pombo (que é um deles) pesca os peixes num lago, secando-o, depois de beber toda a água que continha (Murphy, 1958, p. 119; Wagley e Galvão, 1949, p. 152). Essa água, que o pombo tem de vencer ou absorver, define-se por propriedades negativas, assim como o fogo destruidor. Pode-se, pois, admitir que o pombo e o pica-pau são isomorfos com relação à água e ao fogo.

O mito bororo (M_1) define o gafanhoto (mammori: *Acridium cristatum*, *EB* v. 1, p. 780) por seu voo lento (análogo à perdiz), que o expõe a risco de vida durante a sua missão. Na série xerente, ele corresponde, portanto, de um lado, aos macacos (um dos quais também quase malogra em sua missão) e, do outro, às perdizes, que, na forma de inhambus pequenos, entram em contiguidade (física e não moral) com a morte, já que desempenham o papel de coveiros. Se postularmos que o mito (M_{124}) se apoia principalmente na segunda dessas homologias, só nos restará interpretar o colibri, sobre cuja posição semântica estamos menos informados. Os mitos jê falam pouco do colibri; é preciso ver mais longe.

---

3. A mesma crença é registrada por Ihering (art. "Inhambu") em relação ao *Crypturus strigulosus*, que é por essa razão popularmente conhecido como "inhambu-relógio". Cf. também Cavalcanti, 1883, pp. 159-60: o pássaro cujubim (cracídeo) anuncia a aurora, mas o inhambu canta à noite. É finalmente o mutum, que também é cracídeo, "canta à noite com tal precisão que pode ser ouvido a cada duas horas [...] por isso ele representa para os indígenas uma espécie de relógio da floresta" (Orico, 1937, p. 174).

Na mitologia da Guiana, o colibri aparece em correlação e oposição com o pássaro bunia (p. 252); juntos, eles ajudam um homem preso no alto de uma árvore a descer e voltar à sua aldeia. E se o bunia é um pássaro fedorento, cujos dejetos se transformam em cipós (Roth, 1915, pp. 209, 371), o colibri exala um perfume delicioso, ainda que às vezes fique sujo de excrementos (loc. cit., pp. 335, 371). Temos, portanto, uma dupla oposição: cheiro ruim/cheiro bom e agente/paciente do ato de sujar. Por outro lado, o papel geralmente atribuído ao colibri nos mitos guianenses é o de buscar o tabaco para os homens. Esse tabaco cresce numa ilha, no meio de um lago que o colibri consegue atravessar, como no mito bororo; esse tabaco servirá, notam os mitos, para "chamar" os espíritos, contanto que seja utilizado juntamente com os maracás rituais (Roth, 1915, p. 336), que o colibri está encarregado de trazer, no mito bororo. Deixando temporariamente de lado o problema do tabaco, a que voltaremos alhures (*Mitológicas* 2), notemos a relação entre o colibri e a água, que mitos do sudoeste dos Estados Unidos permitem esclarecer. Esses mitos, de que temos versões natchez, alabama, koasati, hitchiti, creek e cherokee, opõem o colibri ao grou como diurno/noturno (na Guiana, segundo um mito warrau, paciente/agente da sujeira, Roth, 1915, p. 335); explicam, ainda, como o colibri apostou — e perdeu — a água e os peixes numa corrida: por isso o colibri nunca bebe (Swanton, 1929, pp. 202, 273, passim).

No Brasil, os Botocudo e os Kaingang contavam histórias muito semelhantes: antigamente dono de toda a água do mundo, o colibri perdeu-a para as outras criaturas (Nim., 1946a, p. 111; Métraux, 1946-59, v. 1, p. 540; Baldus, 1937, p. 60). Um mito krahô coloca-o em relação negativa com a água, já que ele é o único capaz de atravessar as chamas (Schultz, 1950, p. 127). Ele separa o fogo e a água segundo um mito surara,* fazendo rir o jacaré, que guardava o fogo na boca, para roubá-lo e dá-lo aos homens (Becher, 1959, p. 105). Ele rouba o fogo num mito toba (Métraux, 1946, pp. 107-8, 110).

Se, a título de hipótese, generalizarmos essas indicações convergentes, o colibri se definirá em função da água, mas de modo negativo, e se situará em correlação e em oposição com o pombo, grande bebedor.[4]

---

* Yanomami (N. T.)

4. Um mito dos Pima, do Arizona, associa o colibri a uma divindade chamada El Bebedor, responsável pelo dilúvio (Russel, 1908, p. 226, nota). Por negação da água levada ao limite, o

Obter-se-ia então um sistema coerente:

BORORO (M1)		XERENTE (M124)	
(1)	colibri (≠ água) —————————	(1)	pica-pau (≡ fogo destruidor)
(2)	pombo (≡ água)	(3)	macaco (≡ fogo criador)
(3)	gafanhoto (vida / morte)	(2)	"perdiz" (vida / morte)

em que se encontraria, de um lado, a oposição água/fogo e, do outro, a ligação de um ou outro elemento à passagem da vida à morte, que nos parecera caracterizar a problemática dos Bororo e a dos Xerente, respectivamente.

Situemo-nos agora numa outra perspectiva. Durante sua missão, os animais prestativos entram em contato com coisas: instrumentos musicais salvadores, no mito bororo, materiais que servem de esconderijo, não menos salvadores no mito xerente:

BORORO (M1)			XERENTE (M124)		
colibri	:	grande maracá	pica-paus	:	cascas de árvore
pombo	:	pequeno maracá	"perdizes"	:	palha
gafanhoto	:	chocalho	macacos	:	cascas

As coisas do mito bororo são objetos sonoros que *não devem ser ouvidos*. As do mito xerente certamente impedem o jacaré *de ver* o herói; mas também apresentam a característica notável de serem restos alimentares, isto é, coisas que *não devem ser comidas*. São, portanto, antialimentos, formando uma série comparável, nesse sentido, à do mito apinayé M9 — rocha, madeira dura, madeira podre — que também são antialimentos, mas — como os instrumentos bororo — "consumíveis" pela orelha, quando não pela boca.

---

colibri pode se confundir com o pica-pau, dono do fogo destruidor. Isso ocorre num mito kaingang (M124A), em que o pica-pau e o colibri roubam conjuntamente o fogo do jaguar (Baldus, 1958, p. 122). Mas é interessante notar que nesse momento é o personagem do pica-pau que se transforma: primeiro, ele se molha, em seguida torna-se dono do fogo de cozinha; mas não completamente, já que esse fogo (que se torna destruidor) incendeia a terra, e o fogo criador (de cozinha) passa, portanto, a ter o papel de fator subordinado.

Invenções a três vozes

Dessa vez por intermédio de M_9, a simetria entre M_1 e M_{124} é novamente confirmada.

Tanto em M_1 quanto em M_{124}, um personagem prestativo vem se juntar à série dos três animais: avó num, tio animal (é um cangambá) no outro. A primeira salva o herói emprestando-lhe seu bastão mágico, o segundo, lançando seu fluido empesteado. Voltaremos a esse paralelo, que contém outras lições (p. 357, infra).

Finalmente, para terminar a comparação, M_1 evoca a chegada das chuvas, ou seja, o fim da estação seca, ao passo que as últimas linhas do texto de M_{124} se referem ao seu início.

Até mesmo nos menores detalhes, a correlação de M_1 e M_{124} fica, portanto, verificada. Provamos de fato que, se $M_y = f\, M_x$, existe um mito $M_z = f\, M_y$, cuja relação com M_x é análoga à de M_x e M_y.

A DEMONSTRAÇÃO PODE SER ainda mais aprofundada. A que precede tinha como ponto de partida um mito bororo de tema duplo: aparição da água celeste, desaparecimento do fogo de cozinha. Estabelecemos que esse mito estava em relação de transformação com um mito xerente cujo tema, também duplo, contrastava com o outro por uma dupla inversão, já que se tratava então da aparição do *fogo* e do recuo da *água*, e essa água era *terrestre* e não *celeste*.

Avançando mais um passo, perguntamo-nos se existia um mito xerente de aparição da água terrestre, e se esse mito não restituiria os contornos do mito bororo inicial, sobre a aparição da água celeste. Após ter sido dada uma resposta afirmativa a essas duas questões, vem naturalmente ao espírito uma terceira: existiria um mito xerente de introdução da água celeste do qual, em compensação, um mito bororo pudesse ser a transformação?

Não conhecemos tal mito. Talvez simplesmente porque Nimuendaju não o tenha obtido. Talvez ainda porque sua presença seria inconcebível entre os Xerente, para quem o céu é morada de divindades canibais (M_{93}), dominado por um sol sempre pronto a exaurir a chuva e incendiar a terra (cf. p. 262 e p. 378). Em compensação, o mito existe entre os outros Jê, cuja mitologia, como estabelecemos, ocupa uma posição intermediária entre a dos Bororo e a dos Xerente.

278   *Parte IV*

Na verdade, os Jê não têm um mito da água celeste, mas dois. Aparentemente, distinguem dois tipos de chuva, uma benfazeja, outra nefasta. Os Kubenkranken (Métraux, 1960, p. 17) e os Gorotire (Lukesch, 1956, p. 983) atribuem a boa chuva à filha celeste de um mortal, introdutora das plantas cultivadas (M91), cujo pai, por sua vez, é diretamente responsável pelas tempestades. Como o mito de referência também diz respeito à origem das tempestades, concentraremos nossa atenção mais sobre o pai do que sobre a filha:

M125 KAYAPÓ: ORIGEM DA CHUVA E DA TEMPESTADE

Caçadores mataram um tapir. Um deles, chamado Bepkororoti, foi encarregado de limpar e cortar o animal. Enquanto ele lavava as tripas no rio, os outros homens repartiram entre si toda a carne, deixando-lhe somente duas patas [as tripas, Lukesch, 1956, 1959]. Bepkororoti protestou, em vão. De volta à aldeia, pediu que a mulher lhe raspasse a cabeça e o pintasse de vermelho e preto, com urucum e jenipapo. Depois, contou a ela o ocorrido e disse-lhe que iria retirar-se para o alto de uma montanha. Por fim, disse-lhe que se abrigasse quando visse uma nuvem preta.

Bepkororoti confeccionou um arco e flechas e uma borduna grande e grossa, cuja extremidade untou com sangue de tapir. Fez-se acompanhar do filho no retiro no alto da montanha. Ao chegar ao local, começou a gritar com um bando de porcos-do-mato [como os homens, quando caçam porcos; Lukesch, 1959]. Os índios se dirigiram ao lugar de onde vinha o ruído, para caçar. Então, um relâmpago cortou o céu, o trovão ressoou, e Bepkororoti fez cair raios, que mataram muita gente. Ele e o filho subiram ao céu (versão kubenkranken: Métraux, 1960, pp 16-7; versões gorotire: Banner, 1957; Lukesch, 1956, 1959).

Versões gorotire (M125A, B) associam a injustiça sofrida pelo herói ao fato de que antes (por negligência) ou depois (por indignação), ele se havia apresentado aos companheiros com as mãos sujas de sangue. Antes de se retirar para a montanha (ou para um lugar alto), ele inventa, e introduz entre os índios, a prática da tonsura e da pintura corporal, assim como o uso do suco de jenipapo e o hábito de ungir de sangue as bordunas no momento de partir para a guerra. De seu retiro, o herói insulta e desafia os antigos companheiros, fulminando-os assim que eles atacam. Depois, sobe ao céu e desaparece. Pouco tempo depois sobrevém a primeira tempestade. Desde então, sempre que a tempestade

Invenções a três vozes

ameaça, os índios, armados e enfeitados como para a guerra, tentam afastá-la com ameaças e gritos (Lukesch, 1956, p. 983; Banner, 1957, pp. 46-9).[5]

Não será difícil identificar o mito bororo de que esse mito kayapó é a transformação; trata-se, evidentemente, do mito de Baitogogo (M_2), em outras palavras, um mito de origem da água, mas terrestre em vez de celeste, benéfica e não maléfica.

Eis o quadro das operações:

M_2	coleta feminina	mulheres + homem "tapir"	o homem "tapir" violenta uma mulher	o herói sangra sua vítima ("tapir") devagar demais
M_{125}	caça masculina	homens + tapir (animal)	os homens caçadores matam um tapir	o herói sangra sua vítima (tapir) depressa demais

M_2	um filho privado de mãe	se separa do pai	que é esmagado sob uma árvore	herói envergonhado
M_{125}	um filho privado de alimento	se junta ao pai	que se eleva a uma montanha	herói furioso

M_2	criação da água terrestre	árvore absorvida sob a água	música ritual	origem dos enfeites e dos ritos funerários
M_{125}	criação da água celeste	montanha exaltada (até o céu)	gritos iguais aos de animais de caça	origem dos enfeites e dos ritos guerreiros

M_2	índios que matam	} população disseminada
M_{125}	índios que são mortos	

---

5. Aqui também (cf. p. 207, n. 2) um mito, integral no Brasil Central, sobrevive na Guiana como um vestígio desprovido de função estrutural, mero episódio incorporado a uma gesta: a de Macunaíma (Arekuna, M_{126}). O jovem herói mata um tapir e seu irmão mais velho se arroga o direito de cortá-lo e reparti-lo, deixando-lhe apenas as tripas. Louco de raiva, Macunaíma transporta magicamente a casa da família para o alto de uma montanha e depois faz com que desça novamente (K.G., 1916, p. 43).

Nota-se que, fiéis ao nosso método, admitimos que o mais ínfimo detalhe possa ser pertinente. Quando os informantes a quem devemos M_{125} comparam os gritos de Bepkororoti aos dos porcos-do-mato (ou dos caçadores de porcos), não estão se entregando a nenhuma fantasia. Pois os Tenetehara associam do mesmo modo o porco-do-mato ao trovão, de quem ele é o animal predileto: "Quando os índios matam muitos porcos, o trovão se zanga: escurece o céu ou manda a tempestade" (Wagley, 1940, p. 259, n. 23). O fato de o estuprador bororo pertencer ao clã do tapir tampouco é fortuito, já que esse animal também aparece no mito kayapó. Voltaremos a esse tema mais adiante (p. 359). Finalmente, um detalhe do mito bororo, que era incompreensível quando encarado do ângulo das relações sintagmáticas, se esclarece quando comparado a um detalhe correspondente do mito kayapó. O refinamento minucioso que o herói de M_2 emprega para matar seu rival, infligindo-lhe ferimentos sucessivos, dos quais apenas o último é mortal, preserva, sob uma forma invertida (já que as mensagens dos dois mitos o são), o comportamento negligente e precipitado do herói de M_{125}, que se apresenta à refeição com as mãos ainda sujas de seu ofício de açougueiro (cf. M_{71}).

A única divergência entre os dois mitos consiste no desenrolar do mito bororo, que analisa o erro do herói em três momentos sucessivos, cada um deles correspondente a um aspecto do erro único do herói kayapó:

M_2	o herói dispõe do homem "tapir" devagar demais	ele estrangula a mulher (sem derramamento de sangue)	fica sujo de excremento
M_{125}	o herói dispõe do tapir (animal) depressa demais	ele esquarteja o animal derramando seu sangue	fica sujo desse sangue

Nota-se, portanto, em M_2 uma espécie de dialética da sujeira:

$$^1[\text{sangue } (+)] \ \rightarrow \ ^2[\text{sangue } (-)] \ \rightarrow \ ^3[\text{dejeto}]$$

que parece faltar no mito kayapó; a menos que — lembrando que as condições do assassinato da esposa bororo implicavam uma recusa de sepultura

Invenções a três vozes 281

aquática — se substitua o segundo termo da fórmula acima, sangue evitado, por um outro, água evitada, de que o mito kayapó possui equivalente (abluções evitadas), o que permitiria construir as séries paralelas:

M_2 =	sangue (+)	água (−)	excremento de pássaro (dejeto animal)
M_{125} =	sangue (+)	água (−)	tinta de jenipapo (dejeto vegetal)

Vê-se, portanto, que os quatro mitos de origem da água, que foram comparados, estão unidos por relações de transformação que opõem, num quiasma, as versões bororo e as versões jê:

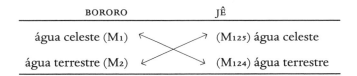

Por outro lado, lembrando que, se M_1 diz respeito simultaneamente à água e ao fogo, existe um mito M_{12} que diz respeito simultaneamente ao fogo e à água,[6] poderíamos completar o quadro acima incluindo nele o último mito. Obtém-se então um grupo de transformações com duas torções:

Trata-se, sempre, ou da *inserção* ou da *retirada* de um elemento que pode ser a *água* ou o *fogo*. Cada elemento é analisável em duas modalidades, uma

---

6. Assim como M_{125}, aliás, se considerarmos uma indicação de Lukesch (1956, p. 70), segundo a qual os índios teriam recebido de Bepkororoti a técnica de produção do fogo por giração.

282   *Parte IV*

celeste e outra *terrestre* (o fogo de cozinha, de que se trata exclusivamente nesse grupo, é terrestre, por oposição ao fogo celeste, destruidor. Esse ponto será demonstrado posteriormente, cf. p. 385); finalmente, o acontecimento pertinente resulta de uma disjunção, que pode ser *vertical* ou *horizontal*:

	M_1	M_{12}	M_{124}	M_2	M_{125}
Inserção / retirada	+ / (−)	+ / (−)	+	+	+
Fogo / água	− / (+)	+ / (−)	−	−	−
Terrestre / celeste	−	+	+	+	−
Horizontal / vertical	−	−	+	+	−

É notável que, limitando-nos às quatro oposições do quadro, M_2 e M_{124} sejam idênticos. São, entretanto, dois mitos que diferem no conteúdo a tal ponto que ninguém sonharia em compará-los, a não ser por intermédio de M_{125}, que, por sua vez, difere de ambos por duas transformações: terrestre → celeste, horizontal → vertical.

Para dar conta dessa anomalia, salientaremos que as oposições do quadro dizem respeito apenas às mensagens, que são transmitidas com a ajuda de códigos. Estes, por sua vez, consistem numa gramática e num léxico. Nossa análise permitiu estabelecer que a armação gramatical desses códigos é invariante para todos os mitos considerados. Mas isso não se aplica nem às mensagens, nem aos léxicos. Comparada às dos outros mitos, a mensagem de qualquer um dos mitos pode parecer mais ou menos transformada, ou idêntica. Mas essas diferenças afetam igualmente os léxicos. Dois mitos de um mesmo grupo podem ser tanto mais próximos quanto mais profundamente transformadas forem as mensagens correspondentes; e, se o âmbito da transformação se reduzir no plano da mensagem, tenderá a crescer no do léxico. É, portanto, possível, como aliás fizemos, adicionar duas mensagens parcialmente invertidas e recuperar o léxico inicial, segundo a regra de que duas meias transformações no nível das mensagens equivalem a uma no nível do léxico, embora cada meia transformação tomada em separado deva afetar a composição do léxico mais do que teria feito uma transformação inteira. Quanto mais a transformação da mensagem é parcial, mais o léxico inicial tende a se embaralhar, a ponto de se tornar irreconhecível quando a transformação das mensagens as reduz à identidade.

Completaremos assim o esquema da página 281 notando que os mitos que ocupam os ângulos superiores do quadrilátero utilizam o mesmo léxico para codificar mensagens invertidas, ao passo que os situados nos ângulos inferiores transmitem a mesma mensagem com léxicos diferentes.

Já observamos que todas as tribos consideradas subdividem o fogo em duas categorias: fogo celeste e destruidor, fogo terrestre (ou de cozinha) e criador. Esse ponto ficará bem mais claro na sequência, mas, com base nas indicações já fornecidas, sabemos que essa oposição é pouco marcada na mitologia bororo (cf. M120). Inversamente, a análise da água parece ser menos aprofundada na mitologia xerente de que dispomos do que na dos outros Jê. A primeira reconhece, na verdade, uma única água, o mar, prolongado pela rede hidrográfica à semelhança de um tronco de que saem galhos ramificados (representação explícita no mito choco de origem das plantas cultivadas, cf. Wassen, 1933, p. 109). Os mitos dos outros Jê não parecem reservar um lugar especial para a rede hidrográfica, mas, em compensação, distinguem duas águas celestes, a chuva de tempestade e a chuva leve, ligadas respectivamente ao "pai" e à "filha" da chuva (M125, M91). Quanto aos Bororo, subdividem a água em três categorias bem distintas, a água terrestre, constituída pela rede hidrográfica (M2), e duas águas celestes, a chuva de tempestade (M1) e a chuva calma e leve:

M127 BORORO: ORIGEM DA CHUVA LEVE

Maltratados pelas mães e pelas irmãs, homens do clã Bokodori Ecerae se transformaram em pássaros xinadatáu ("galinha do bugre") e desapareceram nos ares. As mulheres só conseguiram segurar um menino. Os pássaros disseram a esse irmãozinho que se ele sentisse sede ou muito calor bastaria imitar seu grito: toká, toká, toká, toká, ká, ká. Assim eles ficariam sabendo que ele precisava de água e fariam aparecer uma nuvem de chuva leve e calma. Esse tipo de chuva é associado aos espíritos Butaudogue, enquanto as tempestades, acompanhadas de ventos e trovoadas, são associadas aos espíritos Badogebague (Colb. e Albisetti, 1942, pp. 229-30).

A interpretação desse mito esbarra em duas dificuldades. Em primeiro lugar, quais são os pássaros chamados xinadatáu em bororo, e "galinha do bugre" em português regional? Ihering, que conhece o segundo termo, diz-se incapaz de identificar a espécie. Poderia tratar-se, pensa, do jacamim ou "corneteiro", *Psophia crepitans*. Mas o grito desse pássaro, tal como ele o transcreve — "hû-hû-hû-hû, com a última sílaba muito prolongada e como que ventríloqua" (art. "Jacamim") —, não apresenta nenhuma semelhança com o descrito em M127. A *Enciclopédia Bororo*, no artigo "ˇCinadatáo", diz o seguinte: "Onomatopeia [ave que com o canto parece dizer ˇcinadatáo]: Cancã (*Nomonyx dominicus*)" (v. I, p. 542). Apesar de sua concisão, essa definição esbarra em várias objeções. Em primeiro lugar, e como acabamos de lembrar, o mito bororo evoca com precisão o canto do pássaro, e a transcrição fonética que fornece é completamente diferente da palavra indígena, que não pode ser, portanto, uma onomatopeia. Em segundo, a palavra "cancã" designa em português regional um falconídeo (Ihering op.cit., art. "Cancã"); ora, Jacques Berlioz, professor do Museu, teve a gentileza de nos explicar que *Nomonyx dominicus* é um marreco mergulhador da família *Anatídeos*.* Parece, portanto, excluída a ideia de que a taxonomia popular seja responsável pelo solecismo que consiste em aplicar o termo "galinha" a um pato. Na verdade, o termo vernacular "galinha do bugre" só parece ser aplicável — por antífrase — ao cancã, que é um carniceiro que não teme a presença do homem, ou a um pássaro diretamente assimilado pelo pensamento indígena a um galináceo. Em ambos os casos, esse pássaro poderia ser oposto ao porco-do-mato no seio de um par, seja pelas razões acima indicadas (p.

---

* Conhecido como paturi ou cancã (cf. Ihering). (N. T.)

273), seja porque sua oposição se reduziria a uma oposição entre animal tecnófilo e animal tecnófobo.

Em segundo lugar, não sabemos exatamente qual é essa "chuva leve" de que fala o mito. Vimos que Colbacchini a atribui aos espíritos Butau-dogue, o que parece ser contradito, algumas linhas acima, pela afirmação de que esses mesmos espíritos "atormentam os índios com o frio, o vento e a chuva" (Colb. e Albisetti, 1942, p. 229). No vocabulário de Magalhães (1918, p. 26), a palavra "butau" significa "inverno, estação das chuvas". Segundo a *EB* (v. I, pp. 295-6), os espíritos Butao-doge presidem à estação das chuvas, que vai do início de outubro ao final de abril. O resto do ano é ocupado pela estação seca, *boe ki*, "tempo de seca", ou *erubutu*, "queimada". Entretanto, a língua sagrada parece associar a esses espíritos Butao-doge o chuvisco (id.ibid., p. 975). Finalmente, a *EB* não contém nenhuma referência aos espíritos Badogebague, sendo o termo Baado Jebage ali citado apenas em acepções sociopolíticas (id.ibid., pp. 190-3).

Apesar dessas incertezas, o mito estabelece claramente que os Bororo concebem dois tipos de água celeste, que estão entre si correlacionados e em oposição; uma calma e leve, a outra violenta; uma benéfica, já que refresca e mata a sede, a outra nefasta. Estabelecemos que existe uma relação de transformação direta entre os mitos kayapó e bororo de origem da água, seja terrestre (bororo, M2), seja celeste (kayapó, M125). Vemos agora que existe também uma relação de transformação direta entre o mito kayapó (M125) de origem da água celeste (maléfica) e o mito bororo (M127) de origem da água celeste (benéfica). Em ambos os casos, observa-se uma disjunção vertical, resultado de maus-tratos infligidos, ora no seio de um grupo funcional (caçadores) e unissexuado (macho) ora no seio de um grupo familiar e bissexuado. A vítima disjunta se transforma em inimigo (kayapó) ou em aliado (bororo), dependendo de se seu jovem parceiro (filho ou irmão) o acompanha ao céu ou fica na terra. O herói vingador atrai os antigos companheiros imitando os gritos dos porcos-do-mato, caça superior; os companheiros fiéis serão atraídos pelo herói se ele imitar o grito dos pássaros, caça inferior. No primeiro caso, sobrévem a chuva de tempestade, acarretando a morte; no segundo, a chuva leve, assegurando o bem-estar e a vida.

Além disso, sabemos que os Bororo tratam da estação das chuvas num outro mito (M₁), cuja simetria com o mito xerente (M₁₂₄) — que trata do início da estação seca — foi demonstrada. Consequentemente, não pode se tratar da estação das chuvas em M₁₂₇, mas sim, certamente, dessas chuvas raras e benéficas para as roças que às vezes caem durante a estação seca e que são chamadas, dependendo da região, "chuva de preguiça" (pois só elas são finas o bastante para penetrar o pelo do bicho-preguiça), "chuva de cigarra" (pois acompanham a eclosão das cigarras) (Barbosa Rodrigues, 1890, p. 161), e, mais ao sul, "chuvas de caju" (pois fazem crescer os cajus). Se essa hipótese for correta, a sistemática bororo da água seria a seguinte:

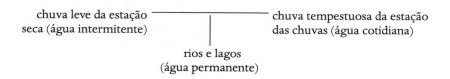

Os Mundurucu parecem possuir também uma classificação tripartite da água na forma: 1) chuva e vento; 2) chuva de tempestade; 3) chuva fina (Murphy, 1958, p. 21; cf. também Kruse, 1951-52, v. 47, pp. 1002-5).

Aqui precisamos voltar a um detalhe de M₁. Esse mito de origem do vento e da chuva (correspondente, portanto, à estação das chuvas, como ficou estabelecido por comparação com M₁₂₄, e como será diretamente demonstrado mais adiante) termina com o assassinato do pai, afogado nas águas de um lago que está mais para pântano (cheio de plantas aquáticas). Ora, todos aqueles que viajaram pelo Pantanal sabem que ele é intransitável durante a estação das chuvas (pela qual o herói do mito é responsável), mas fica parcialmente seco durante o inverno tropical (abril a setembro). Assim, a rede hidrográfica e o pântano se opõem duplamente como: água corrente/água parada; não periódica (o ano todo)/periódica (a metade do ano). O mesmo mito diz ainda que o pântano é a morada dos espíritos canibais, os peixes buiogoe (piranhas); enquanto um outro mito bororo (M₁₂₈) explica que a criação da rede hidrográfica pelo herói Baitogogo ficou incompleta, pois faltavam os peixes. Foi preciso então que um certo

Baiporo ("abertura da cabana"), do clã paiwoe, se encarregasse de completar a obra de seu predecessor e criasse as várias espécies de peixes (o mito toma o cuidado de excluir as piranhas), jogando no rio ramos de diversas espécies florais (Colb. e Albisetti, 1942, p. 211).

As três categorias da água correspondem, portanto, a três regimes alimentares: o canibalismo é associado ao pântano, ele mesmo função relativa da estação das chuvas; a pesca, correspondente à caça, em relação à água, é associada à rede hidrográfica permanente; a alimentação vegetal, às chuvas intermitentes da estação seca.

Essa tríade da água é homóloga à dos três chamados provenientes dos antialimentos (M_9): rocha (inverso do canibalismo), madeira dura (inverso de carne) e madeira podre (inverso de plantas cultivadas), em conformidade com a nossa demonstração das páginas 211-ss, cuja homologia provamos em relação à tríade do mito xerente (M_{124}) de origem da água terrestre, por sua vez homóloga à tríade inicial dos três instrumentos musicais no mito de referência (M_1).

2. Duplo cânon invertido

> Existe um terceiro tipo de cânons muito raros, tanto em razão da excessiva dificuldade, quanto porque, sendo geralmente desprovidos de ornatos, têm como único mérito a exigência de muito trabalho para sua elaboração. São o que se poderia chamar de duplo cânon invertido, tanto pela inversão que neles se introduz, no Canto das Partes, quanto pela que se encontra entre as próprias Partes, ao serem cantadas. Existe um tal artifício nessa espécie de cânon que, sejam as partes cantadas na ordem natural, ou seja o papel virado para cantá-las numa ordem retrógrada, de modo que se começa pelo fim e que o baixo se torne alto, sempre se tem uma boa harmonia e um cânon regular.
>
> ROUSSEAU, art. "Canon", *Dictionnaire de Musique*

VOLTAREMOS AO MITO de Asaré (M124), de que havíamos deixado provisoriamente de lado um aspecto essencial. Lembramos que a conclusão evoca os irmãos do herói brincando na água do lado do oeste; então "eles se apresentam no céu, limpos e renovados, como Sururu, as Plêiades". Em sua monografia sobre os Xerente, Nimuendaju (194, p. 85) informa que Asaré é a estrela x da constelação de Orion e que o pensamento indígena coloca em oposição x de Orion e as Plêiades: a primeira é associada ao sol divinizado e ao clã "estrangeiro" prasé, da metade shiptato, e as últimas, à lua divinizada e ao clã "estrangeiro" krozaké, da metade sdakran (para a mesma oposição entre os protagonistas do mito de origem do fogo M12, cf. p. 121, onde mostramos que o mais velho dos cunhados é sdakran, e o mais novo, shiptato). Contudo, fica muito claro a partir de M124 que as duas constelações estão juntas do mesmo lado da oposição entre estação das chuvas e estação seca,

290   *Parte IV*

já que seu retorno coincide com o início da segunda. Um detalhe inexplicado do mito confirma a associação: os irmãos de Asaré tentam em vão aplacar-lhe a sede quebrando nozes de tucum (*Astrocaryum*), para que ele beba a água. Ora, mais ao sudoeste (lat. 18° a 24° S), por volta de meados do século XVIII, os Kadiwéu celebravam grandes festas na metade do mês de junho, ligadas ao retorno das Plêiades e — diz uma fonte do início do século XIX — à maturação das nozes (*Acrocomia*) (Ribeiro, 1950, p. 68).[7]

O enorme desenvolvimento do ritual das Plêiades entre as tribos do Chaco apresenta problemas que não abordaremos aqui. Fazemos menção a ele apenas para melhor comprovar a ligação que existe, em toda a América tropical, entre as Plêiades e as estações (cf. a esse respeito, Von den Steinen, 1894).

Em relação aos Xerente, possuímos indicações bem precisas, que ajudam a compreender o texto um tanto enigmático — do ponto de vista astronômico — de M124: "Eles contam os meses em lunações; seu ano começa em junho, quando aparecem as Plêiades e o sol deixa a constelação de Touro. Eles chamam às Plêiades Sururu, e essa constelação é bem conhecida por todos os indígenas do Brasil. Aproximadamente uma semana depois aparecem as *pluvias Hyades* e o cinturão de Orion, que os Xerente também conhecem. Quando as estrelas aparecem de manhã, acreditam que é sinal de vento. Os índios contam várias lendas sobre as Plêiades. Seu nascer helíaco (antes do sol) e seu nascer cósmico (com o sol) são notados. Entre esses dois nasceres das Sururu, os Xerente contam treze luas (treze *oá-ité*) que perfazem um ano = *oa-hú* (*hú* = coleção?)".

"Eles dividem o ano em duas partes: 1º) quatro luas de estação seca, aproximadamente de junho a setembro; 2º) nove luas de chuva (*a-ké-nan*)

---

7. Os Kadiwéu têm dois mitos diferentes acerca da origem de nibetad, as Plêiades. Seriam crianças transformadas em estrelas como castigo por terem feito muito barulho ao brincarem após o cair da noite (comparar em M124 o barulho que fazem os irmãos de Asaré ao se banharem e, mais adiante, M171, p. 393), ou um homem-estrela que desce do céu para se casar com uma mortal, à qual dá o milho e a mandioca, que, naquela época, amadureciam assim que plantados (Ribeiro, 1950, p. 138). A transformação da Estrela em personagem masculino, típica da mitologia norte-americana, existe na América do Sul entre os Karajá (M110) e os Umotina (Baldus, 1946, pp. 21-2).

Duplo cânon invertido

de setembro a maio. Durante os dois primeiros meses da estação seca, eles limpam um pedaço de floresta derrubando as árvores maiores. Durante os dois meses seguintes, queimam o mato e semeiam, para aproveitar as chuvas do fim de setembro e de outubro." (J. F. de Oliveira, 1912, pp. 393-4).

O mesmo em relação aos Tapirapé, que vivem aproximadamente na mesma latitude (10° S), um pouco mais a oeste: "As Plêiades... são acompanhadas com atenção, e com uma impaciência crescente à medida que as chuvas diminuem, pois o desaparecimento das Plêiades no horizonte ocidental em maio assinala o fim da estação das chuvas. É o momento da maior festa do ano. A posição das Plêiades também serve para marcar a data de várias cerimônias que ocorrem no auge da estação das chuvas, ou seja, entre novembro e abril" (Wagley, 1940, pp. 256-7). Os Timbira (3° a 9° S) se preparam para a estação das chuvas, que dura de setembro a abril, quando as Plêiades (*krot*) ficam visíveis no horizonte ocidental após o pôr do sol; é hora de trabalhar nas roças. E quando, ao anoitecer, elas se tornam invisíveis na mesma direção, começa o período controlado pelas metades chamadas "da estação das chuvas" (Nim., 1946b, pp. 62, 84, 163). Para os Bororo, o surgimento das Plêiades no horizonte antes da aurora, no final do mês de junho, é o sinal de que a estação seca já está bem avançada (*EB*, v. 1, p. 296).

Na Amazônia, as Plêiades desaparecem em maio e reaparecem em junho, anunciando as cheias, a muda dos pássaros e a renovação da vegetação (Barbosa Rodrigues, 1890, p. 221, n. 2). Segundo esse autor, os indígenas acreditam que, durante seu curto período de invisibilidade, as Plêiades se escondem no fundo de um poço no qual os sedentos matam a sede. Esse poço lembra o que os irmãos de Asaré — que encarnam as Plêiades — cavam para matar a sede do herói.

Mais ao norte, o desaparecimento das Plêiades anuncia para os Taulipang (3° a 5° N) a chegada das chuvas e da abundância; sua aparição marca o início da estação seca (K.G., 1916, p. 12; t. III, p. 281-ss). Na Guiana Francesa (2° a 5° N), "as Plêiades são conhecidas por todos os indígenas... elas saúdam com alegria sua volta ao horizonte, porque coincide com o início da estação seca. Seu desaparecimento, que ocorre no início do mês de maio, vem acompanhado de um aumento das chuvas que torna... a navegação...

impossível" (Crevaux, 1883, p. 215). Igualmente significativas eram as Plêiades para os antigos Tupinambá da costa: "Assim", escreve Thevet, "acham que a estrela sete-estrelo é aquela que faz crescer sua mandioca, da qual eles fazem sua farinha" (1575, apud Métraux, 1928, p. 51, n. 3). Diz-se dos Tupi do século XVII: *"Annos suos numerant ab exortu Heliaco Pleiadum quos Ceixu vocant atque ideo annum eodem nomine denotant: accidit autem is ortus mense nostro maio"* (Piso, 1648, p. 369).[8]

Embora todos assinalem a importância das Plêiades, esses testemunhos às vezes parecem divergentes. Acabamos de ver que o aparecimento das Plêiades está ligado, para os Taulipang, ao início da estação seca; os Palikur, que vivem na mesma latitude, utilizam-no para pressagiar a chegada das chuvas (Nim., 1926, p. 90). Mas, além de os textos não especificarem a hora da noite em que se faz a observação, nem a conjuntura considerada significativa (nascer cósmico ou nascer helíaco, visibilidade ou não visibilidade no horizonte ocidental após o pôr do sol etc.),[9] convém atentar também para os gêneros de vida: a abundância de que falam os Taulipang é a de peixe nos rios, que não coincide necessariamente com a da caça ou dos produtos vegetais. Na região guianense, distinguem-se quatro estações em vez de duas: há uma "pequena" e uma "grande" estação das chuvas, e uma "pequena" e uma "grande" estação seca (Ahlbrinck, 1931, art. "weyu"), e esses termos têm um valor apenas relativo, já que as precipitações só variam de intensidade ao longo do ano e nunca se interrompem totalmente. Finalmente, não se pode esquecer que, no Brasil, o regime pluvial se inverte quando se vai da costa nordeste para o planalto central, e da costa norte para a costa sul (fig. 9).

Seja como for, pretendemos aqui nos limitar aos problemas específicos colocados pelo mito de Asaré. Esse mito (M124) diz respeito a uma estrela

---

8. A ligação entre o primeiro nascer das Plêiades e as queimadas da estação seca explica sem dúvida que o sariguê escolha essa data para atear fogo à sua cauda (Barbosa Rodrigues,1890, pp. 173-7).
9. Com efeito, é raro encontrar na literatura indicações tão precisas quanto esta: "Quando à noite, e após as estrelas terem se tornado visíveis, as Plêiades nascem no oriente, para eles [índios do Orinoco] começa o ano novo [estação das chuvas]... (Gumilla, 1791, v. 2, p. 281)...".
"... de fato, de leste a oeste, em toda a região guianense, do Orinoco a Caiena, a reaparição das Plêiades no horizonte oriental, pouco após o pôr do sol de dezembro, marca a mudança de ano" (Roth, 1924, p. 715).

Duplo cânon invertido

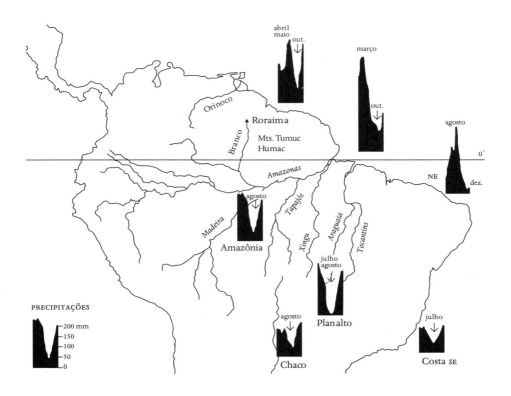

9. Regime pluvial na América tropical (segundo P. Gourou, *Atlas classique, v. II*. Paris: Hachette, 1956)

da constelação de Orion, e às Plêiades. Coloca-se simultaneamente em correlação — são irmãos — e em oposição — um irmão é inocente, os outros são culpados e, embora irmãos, pertencem a metades diferentes. Ora, essa dupla relação ocorre também no Velho Mundo, onde o aparecimento das duas constelações não pode, contudo, ter as mesmas implicações meteorológicas, já que as estações se invertem quando se passa de um hemisfério ao outro.

Para os antigos, Orion estava ligada à má estação: *"Cum sudito adsurgens fluctu nimbosus Orion"* (Virgílio, *Eneida*, I, p. 535). Por outro lado, um rápido levantamento dos adjetivos que qualificam Orion e as Plêiades nos poetas latinos mostra que, de um ponto de vista meteorológico, as duas

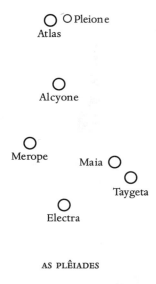

10. A constelação das Plêiades (o raio das estrelas é proporcional ao seu brilho).

constelações estavam intimamente associadas. Orion é *"nimbosus"*, *"aquosus"*, *"nubilus"*, *"pluvius"*; as Plêiades são *"nimbosae"*, *"aquosae"*, *"pluviae"*, ou, ainda, *"udae"*, úmidas; *"imbriferae"*, causas de chuva; *"procellosae"*, tempestuosas. Por extensão, elas podem até servir para designar a tempestade: *"Haec per et Aegaeas hiemes, Pliadumque nivosum Sidus"* (Estácio, *Silves* I, 3, 95; in Quicherat, 1881). Na verdade, embora apareça uma conexão etimológica entre a primavera e o nome latino das Plêiades (*"vergiliae"* de "ver", primavera), os marinheiros acreditavam que elas traziam chuvas e tempestades.

Intimamente ligadas no plano simbólico, as duas constelações se opõem frequentemente pelo espírito que preside à sua designação. Isso já aparece na nossa terminologia. "As Plêiades" — antigamente "a Plêiade" — é um coletivo que engloba uma pluralidade de estrelas, mantendo-as indistintas. O mesmo ocorre com os nomes populares: "les Chevrettes", "la Poussinière" em francês; em italiano, "Gallinelle"; em alemão, "Gluckehenne"...* A constelação de Orion, ao contrário, é objeto de um recorte. Nela as estrelas ou grupos de estrelas são diferenciadas por associação a indivíduos, partes do corpo ou objetos: joelho direito, pé esquerdo, ombro direito, ombro esquerdo; e escudo, espada, cinturão ou ancinho — em alemão, "Jacobsstab"; em espanhol, "las tres Marías" ou "los tres Magos" (cf. Hoffman-Krayer, 1941, pp. 667-89).

É impressionante o fato de a mesma oposição ocorrer em muitas línguas sul-americanas. "Para os índios bakairi, essa estrela [Sirius] forma

---

* Em português, "sete-estrelo", "sete-cabrinhas", "enxame". (N. T.)

Duplo cânon invertido 295

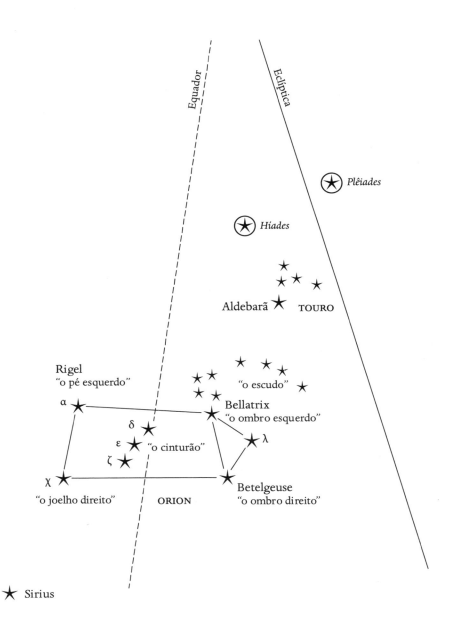

11. A constelação de Orion

um grupo com Aldebarã e as Plêiades. Orion é uma grande estrutura de madeira para secar a mandioca, as estrelas principais são as pontas das estacas; assim, Sirius é a extremidade de uma viga horizontal que sustenta longitudinalmente a estrutura. As Plêiades... representam um punhado de farinha espalhado no chão" (Von den Steinen, 1940, p. 461). Os Tupi da costa do nordeste associavam às Plêiades uma constelação que chamavam de *seichujura* (colmeia de abelha): "constelação de nove Estrelas dispostas em forma de grelha que lhes pressagia as chuvas".

"Temos aqui as Plêiades que eles conhecem muito bem e a chamam Seychou. Ela só começa a aparecer em seu hemisfério por volta de meados de janeiro, e assim que aparece eles esperam ter chuva, que de fato começa imediatamente após seu aparecimento" (Abbeville, 1614, p. 316). Em vez de *seichu*, Von den Steinen (1894, p. 245) dá, como nome tupi das Plêiades, termos foneticamente vizinhos: *eischu, eiruçu*, "enxame".

Segundo os Macuxi, o cinturão de Orion é formado de três pedaços de um cadáver desmembrado (Barbosa Rodrigues, 1890, pp. 227-30). Os Tamanako chamam as Plêiades de "O Mato"; os Kumanagoto e os Chayma, de "cesto gradeado" (comp. com o motivo da figura 12); os Mojos, de "os Pequenos Papagaios" (Von den Steinen, 1894, pp. 243-6). Os Karajá também chamam as Plêiades de *teraboto*, "os Periquitos", e Orion, de *hatedäotä*, "a queimada" (isto é, o pedaço de floresta limpo e queimado para uma roça; Ehrenreich, 1891, p. 89). Os Astecas chamavam as Plêiades de "o Ajuntamento" ou "o Mercado" (Seler, 1961, v. 1, p. 621). Os Hopi opõem-nas ao cinturão de Orion, como "estrelas amontoadas" ou "estrelas enfileiradas" respectivamente (Frigout, 1962; Tewa: Harrington, 1916, p. 50). Em relação aos Bororo, as informações são contraditórias. Orion ou partes de Orion seriam chamadas de "cágado" (Von den Steinen, 1940, p. 650; EB, v. 1. pp. 612-3), "Garça" (Magalhães, 1918, p. 44) ou "Cegonha Viajante" (Colb., 1925, p. 220), "Grande Carroça" (ibid.), "Vara Branca" (Colb. e Albisetti, 1942, p. 219); enquanto as Plêiades teriam o nome de "Buquê de Flores" ou "Penugem Branca" (o que dá no mesmo, já que a palavra *akiri*, "penugem", designa, em língua sagrada, flores do

Duplo cânon invertido

campo, cf. *EB*, v. I, p. 975). Apesar dessas incertezas, às quais voltaremos, fica claro que, em todos os casos, a forma da oposição se mantém igual.[10]

Todas essas designações, sejam elas europeias ou americanas, remetem, portanto, ao mesmo contraste, diferentemente figurado: de um lado, a Plêiade, as Cabritinhas (*"les Chevrettes"*), a Gaiola dos Pintinhos (*"la Poussinière"*), os Periquitos, o Enxame de Abelhas,[11] o Ninho de Tartaruga, o Punhado de Farinha Espalhada, o Mato, o Cesto Gradeado, a Penugem Branca, o Buquê de Flores; do outro, o Ancinho ou o Cinturão (a Espada, o Escudo etc.), a Construção, a Queimada, a Colmeia, a Vara etc. Ou seja, de um lado, designações reduzidas a um termo coletivo, que evoca uma distribuição aleatória de elementos mais ou menos próximos; e, de outro, termos analíticos, que descrevem um arranjo sistemático de elementos claramente individualizados, frequentemente objetos manufaturados e compósitos. Certas analogias são ainda mais impressionantes. Entre elas a comparação, feita pelos Tukuna, entre as Plêiades e um grupo de pessoas elevadas ao céu por uma pele de anta (M82), e a antiga designação das Plêiades pela locução "o tecido dos mercadores" (racionalizada, contudo: diz-se que os mercadores tiravam das Plêiades o augúrio de que o inverno seria frio e eles venderiam muito tecido). Do mesmo modo, a análise da constelação de Orion em "ombros" e "joelho" tem seu equivalente entre os Tukuna: a palavra Venkiča designa Orion e o gancho de suspensão em forma de N utilizado para pendurar os utensílios de cozinha na parede das casas. Um dos mitos tukuna que trata de Orion (M129A) conta como o deus Venkiča ficou com o joelho paralisado em flexão (o que explica a forma de gancho) e virou Orion, "o Gancho Ce-

---

10. Compare-se com várias designações de Orion na América do Norte: "As linhas pendentes" (Zuñi) e, entre os Esquimós do estreito de Bering, "as Varetas para esticar peles", em oposição a "a Ninhada de Raposinhas" para as Plêiades (Nelson, 1899). Os Esquimós do Alasca também designam as Plêiades por um termo coletivo, "os Caçadores" (Spencer, 1959, p. 258).

11. "O telescópio", escreve um astrônomo contemporâneo a propósito das Plêiades, "revela uma associação pelo menos da ordem de várias centenas de estrelas, que se parece um pouco com um enxame de abelhas. E, se o movimento aparente dessas estrelas pudesse ser acelerado milhares de vezes, a analogia seria ainda mais marcada, pois ver-se-ia cada indivíduo lançar-se numa direção diferente, enquanto o enxame em si conservaria sua coerência" (Limber, 1962, p. 58).

leste" (Nim., 1952, pp. 15, 142, 149). Num outro mito tukuna (M129b) Orion é um herói perneta (Nim., 1952, p. 147),[12] o que lembra, de um lado, mitos da Guiana, dos quais um já nos ocupou (M28), do outro, na América do Norte, especialmente entre as tribos do alto Missouri (Mandan, Hidatsa), a identificação das três estrelas do cinturão, e das estrelas colocadas abaixo, a uma mão cortada, cuja história é contada por mitos (Beckwith, 1938, pp. 41-2).

Não pretendemos afirmar que essa oposição, que — para falar sumariamente — coloca as Plêiades do lado do contínuo e Orion do lado do descontínuo, esteja universalmente presente. Para nos limitarmos à América do Sul, é possível que ela ainda subsista, enfraquecida, entre os Ipurina,

---

12. Apesar de obscuro, esse mito apresenta um interesse especial. Por seu início, que coloca em cena dois irmãos, o mais velho se comportando discretamente, e o mais novo indiscretamente, em relação a um ogro, ele remete a M28, que também diz respeito à origem de Orion. Mas, ao mesmo tempo, trata-se aqui de uma história de cozinha: o erro do mais novo consiste em comer as batatas cozidas do ogro. Este, avisado por uma batata falante, faz o culpado dormir tão profundamente que seu irmão mais velho não consegue acordá-lo, nem queimando-o com uma brasa. Então o ogro lhe arranca uma perna e a devora.

Apesar de sua mutilação, o perneta se mostra um caçador talentoso, e até milagroso, já que pega um pedacinho da carne da caça que matou e, de volta à aldeia, o fragmento cresce até cobrir completamente a mulher do herói, inicialmente desapontada ao ver caça tão ínfima. Finalmente, o herói mata um tapir e o oferece aos urubus, com a condição de que eles o transportem para o céu, onde ele se torna a constelação de Orion (Nim., 1952, p. 147).

Nesse mito, consequentemente, tudo parece acontecer ao contrário: o ogro é o dono do alimento vegetal cozido, a refeição ingerida fala, o perneta é mais rápido do que se tivesse duas pernas, a cozinheira é sepultada sob a carne que deveria colocar na panela...

Ora, o episódio final inverte claramente o mito tupi de origem do fogo. O herói oferece um tapir fresco aos urubus, em vez de se transformar ele mesmo em tapir em começo de decomposição (mas tendo sido queimado por uma brasa, o que significa um uso anticulinário e "canibal" do fogo de cozinha); e desse modo consegue ser transportado ao céu na forma de estrela (fogo celeste) em vez de trazer para a terra o fogo de cozinha, até então reservado a uma utilização canibal. Trata-se, portanto, de uma disjunção do eixo céu-terra, cuja origem está num paradoxo culinário (o ogro se alimenta de tubérculos vegetais, como um humano civilizado), ao passo que, no mito tupi, a condição da culinária é roubada dos urubus canibais devido a uma conjunção no eixo céu-terra. No primeiro caso, o herói é efetivamente desmembrado para ser comido fresco; no segundo, finge se oferecer intacto, para (não) ser comido podre.

Quando se consideram os dois mitos nessa perspectiva, deve-se reconhecer que sua transformação só é concebível num sentido. É admissível que M65 gere M129B por inversão de todos os elementos. A hipótese contrária levantaria dificuldades insolúveis. Eis, portanto, um exemplo típico dos ensinamentos que a análise estrutural, mesmo mantida ao nível mais formal, pode dar acerca das relações históricas e concretas entre os povos.

Duplo cânon invertido

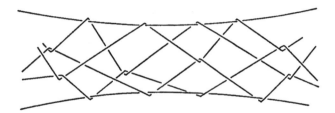

12. Jogo de barbante dos índios toba, representando a constelação das Plêiades (segundo Lehmann-Nitsche, 1924-25a, p. 183).

que veem nas Plêiades uma cobra e em Orion, um escaravelho. As coisas se complicam com a terminologia dos Urubu, em parte conforme à nossa hipótese, já que chamam as Plêiades de "Avô Muitas-Coisas" e Orion de "Os Três Olhos", mas que dela se afasta na medida em que identifica cada estrela das Plêiades a um homem ricamente paramentado (Huxley, 1956, pp. 184-5). Os Toba e outras tribos do Chaco chamam as Plêiades ou de "O Avô" ou "Os Netos" (fig. 12) e veem, em Orion, três velhas instaladas em sua casa ou em sua roça (fig. 13).

Mas recortes diferentes também são conhecidos. Os Mataco unem numa só constelação, que chamam de "a Grande Cegonha", as Plêiades (a cabeça), as Híadas (o corpo) e o nosso cinturão de Orion (a pata). Noutras partes, a Ursa Maior e Orion seriam ambas imaginadas como um homem ou um animal perneta (Lehmann-Nitsche, 1924-25c, pp. 103-43).

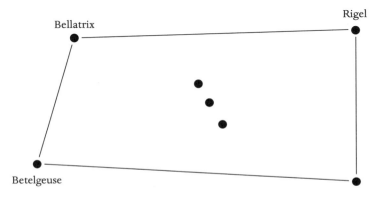

13. A constelação de Orion, segundo os índios toba (Lehmann-Nitsche, 1923b, p. 278).

14. Pintura australiana sobre casca dos indígenas de Groote Eylandt representando as Plêiades (em cima) e Orion (embaixo) (segundo *Australia. Aboriginal Paintings-Arnhem Land*. New York Graphic Society-Unesco, 1954). Note-se a complexidade das oposições presentes: convergente/divergente, arredondado/anguloso, contínuo/descontínuo; correspondentes, no plano mítico, a outras oposições: fêmea/macho, passivo/ativo etc. (cf. Mountford, Ch. P.: *The Tiwi, their Art, Myth and Ceremony*. Londres-Melbourne, 1958p. 177 e pr. 62 B).

Os índios da Guiana aparentemente procedem segundo outro princípio. Não basta dizer que, para eles, o cinturão de Orion representa um membro cortado. Esse detalhe se inscreve numa sequência complexa de acontecimentos: as Plêiades são uma mulher que tenta alcançar o marido (as Híadas), que acaba de ter uma de suas pernas amputada (o cinturão) (M_{28}); ou, ainda, as Plêiades são uma mulher seduzida por um tapir cuja cabeça é representada pelas Híadas, e o olho por Aldebarã, enquanto o marido (Orion) persegue os amantes (Brett, 1880, pp. 199-200). Finalmente, segundo os Taulipang, as Plêiades, o grupo de Aldebarã, e uma parte de Orion formam um único personagem, correspondendo respectivamente à cabeça, ao corpo e à única perna que lhe resta após a mutilação (K.G., 1916, p. 57).[13]

Apesar de todas essas exceções, das nuanças que deveriam ser introduzidas e das correções indispensáveis, acreditamos que existe, em todo o mundo, uma relação de correlação e de oposição entre Orion e as Plêiades, que aparece com suficiente frequência, e em regiões suficientemente afastadas, para que se lhe reconheça um valor significativo. Ora, essa significação parece dever-se a duas características notáveis apresentadas por essas constelações. Tomadas em conjunto, Orion e as Plêiades podem ser definidas, na diacronia, em termos de presença ou de ausência. Por outro lado, durante seu período de visibilidade, elas se

---

13. O esquema "diacrônico" guianense da perseguição se encontra também entre os Esquimós centrais (Cf. Boas, 1888, pp. 636, 643).

opõem uma à outra — dessa vez na sincronia — como um sistema bem articulado e um sistema desarticulado ou, se preferirem, como um recorte claro do campo e uma forma confusa no campo:

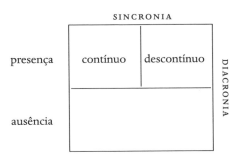

Esse segundo contraste, que ao mesmo tempo interioriza e redobra o primeiro, faz do par Orion-Plêiades um significante privilegiado da alternância sazonal à qual está empiricamente ligado, que pode ser concebida de vários modos, dependendo das regiões e das sociedades: verão e inverno, estação seca e estação das chuvas, tempo estável e tempo instável, trabalho e lazer, abundância e escassez, regime carnívoro e regime vegetariano etc. Apenas a forma da oposição é constante; mas os modos como é interpretada, os conteúdos que lhe são dados, variam segundo os grupos e de um hemisfério ao outro. Neste último caso, mesmo para uma oposição com conteúdos idênticos, as funções comuns de Orion e das Plêiades serão, evidentemente, invertidas.

Entretanto, sem que isso tenha aparecido claramente, estamos diante de um problema curioso. A Antiguidade clássica associava Orion à chuva e à tempestade. Ora, vimos que, no Brasil Central, Orion também é associada à água, mas terrestre em vez de celeste. Orion greco-latina fazia *cair* a chuva. Na pessoa de Asaré, o herói sedento, Orion é a causa de a água *surgir* das profundezas da terra.

Compreende-se facilmente, já que se trata de uma evidência cosmográfica, que a mesma constelação que suscita as chuvas no hemisfério boreal anuncie a seca no hemisfério austral; entre o equador e o trópico de Capricórnio, a estação das chuvas corresponde aproximadamente, nas regiões do interior, ao outono e ao inverno europeus, e a estação seca, à primavera e ao verão. O mito de Asaré apresenta de modo fiel a versão "austral" dessa verdade de fato, já que as Plêiades, e Orion que as segue de perto, nele anunciam o início da estação seca. Até aí, nada de surpreendente. Mas o mito vai muito mais longe; ele desdobra o tema da água na forma de um par, água celeste retirada/água terrestre suscitada; ou seja, de um lado, chegada da estação seca; de outro, origem do oceano e da rede hidrográfica. Nesse sentido, o mito de Asaré preserva a associação boreal de Orion com a água, mas com uma água invertida.

Como é possível que, num hemisfério, Orion seja associada à água celeste de acordo com a experiência meteorológica e, no outro hemisfério, mas sem que nenhuma referência à experiência possa ser invocada, a simetria seja preservada por meio de uma conexão, à primeira vista incompreensível, entre Orion e uma água de origem subterrânea, isto é, uma água celeste de certo modo imaginada às avessas?

Apresenta-se uma primeira hipótese, que é preciso, antes de mais nada, descartar. Os pré-historiadores estimam que os índios americanos chegaram do Velho Mundo no Paleolítico médio; poderíamos admitir que a mitologia de Orion remontasse a um período tão antigo e que tivesse vindo com eles. Eles a teriam simplesmente adaptado às novas condições astronômicas e meteorológicas do hemisfério austral. O problema colocado pela precessão dos equinócios não suscitaria grandes dificuldades, muito pelo contrário, visto que o ciclo global é da ordem de vinte e seis mil anos, correspondendo aproximadamente ao início do povoamento do Novo Mundo (ao menos no estado atual de nossos conhecimentos). Naquela época, portanto, a localização das constelações no zodíaco era aproximadamente a mesma que atualmente. Mas, por outro lado, nada garante (e inúmeras indicações desmentem) que as condições meteorológicas fossem então idênticas na América do Sul ao que são hoje, nem que tenham se mantido constantes ao longo dos milênios. E, principalmente, a explicação que aventamos esbarra numa outra dificuldade, que é muito mais considerável. Para associar Orion à origem da água terrestre, não bastaria que os antepassados remotos dos

Xerente tivessem se contentado em inverter o simbolismo meteorológico dessa constelação; seria também preciso que eles soubessem que a Terra é redonda e em seguida tivessem transformado (logicamente, mas apenas com essa condição) a chuva, que cai do céu no Velho Mundo, numa água que sobe das profundezas da terra, no Novo Mundo.

Isso nos remete à única explicação aceitável. O mito xerente de Orion, em que os astros cumprem, em relação à água, uma função simétrica à que lhes é atribuída no hemisfério boreal, deve ser redutível a uma transformação de um outro mito do hemisfério austral, em que a função assumida pelo herói seja precisamente idêntica à de Orion no hemisfério oposto. Ora, esse mito existe, e nós o conhecemos, visto tratar-se do mito de referência, o do desaninhador de pássaros bororo, responsável pela origem da tempestade, do vento e da chuva, herói ao qual se aplica perfeitamente o epíteto de "nimbosus", que foi o de Orion — "astro horrível", esclarece Plínio — na bacia do Mediterrâneo.

Esse herói se chama Geriguiguiatugo, nome acerca do qual já evocamos problemas de etimologia (cf. pp. 196-7). Indicamos então que a etimologia proposta pelos salesianos seria mais tarde confirmada. Eles decompõem esse nome em *atugo*, "jaguar" (ponto cujo interesse foi frisado, já que o herói bororo se encontra em posição de dono do fogo, como o jaguar dos mitos jê), e *geriguigui*, "cágado", que é também o nome da constelação do Corvo. Seria, portanto, possível que Geriguiguiatugo fosse o Corvo, assim como Asaré é *x Orionis*.

É o próprio Colbacchini, escrevendo só ou em colaboração com Albisetti, que cita várias vezes a palavra *"geriguigui"* com o sentido de "constelação do Corvo: cágado" (Colb., 1919, p. 34; 1925, pp. 219, 254, 420). A *Enciclopédia Bororo*, do mesmo Albisetti, abandona repentinamente o primeiro sentido por uma outra constelação situada na vizinhança imediata de Orion, retomando assim, aparentemente, uma velha lição há muito tempo colhida por Von den Steinen para uma parte de Orion, "Carapaça de Jabuti" (Jabuti-Schildkröte, Steinen, 1940, p. 399 do texto alemão). De fato, no Mato Grosso, as palavras "jabuti" e "cágado" são empregadas com uma certa latitude, e às vezes se confundem (cf. Ihering op.cit., art. "Cágado"; *EB*, v. I,

p. 975: em língua sagrada, o jabuti é chamado de "grande cágado"). Segundo a EB, a palavra "ˇjerigigi" designaria, além de "uma espécie de cágado" (pp. 185, 689), uma pequena constelação de cinco estrelas em forma de tartaruga, cuja cabeça seria representada por Rigel (p. 612). Notemos de passagem que essa constelação poderia ser idêntica àquela descrita por Koch-Grünberg, "composta de Rigel e de quatro estrelas menores, situadas ao norte e ao sul", e que os índios da Guiana chamam de "o banco de Zilikawei", isto é, do herói para eles representado por Orion (K.G., 1916, t. iii, p. 281).

Impõem-se algumas observações acerca dessas divergências entre as fontes salesianas. Em primeiro lugar, já Von den Steinen notava, há oitenta anos, que os Bororo "nem sempre concordavam entre si quanto ao significado das constelações" (1940, p. 650). Já citamos (p. 297) exemplos significativos dessa instabilidade do vocabulário astronômico, cuja prova pode ser encontrada na modernidade de certas designações, como "Grande Carroça" para a Ursa Maior (Colb., 1925, p. 220), "Espingarda Grande" e "Espingarda Pequena" para duas outras constelações (EB, v. 1, pp. 612-3). Decorre disso que uma designação não exclui necessariamente qualquer outra e que um certo grau de suspeita paira sobre as mais recentes. Dito isso, parece inconcebível que Colbacchini tenha podido confundir, de modo insistente, o Corvo com uma parte de Orion, já que estão a uma distância de mais de 100° (sendo as ascensões retas respectivas de doze e de cinco horas). Desde sua primeira obra (Colb., 1919, pp. 33-4), esse autor se mostrava capaz de identificar, além do Corvo, as constelações tão modestas quanto o Telescópio, Argo e o Pavão, ao passo que seus continuadores são quase sempre vagos e confusos, situando, por exemplo, "na vizinhança de Orion" a constelação que Colbacchini declarava quase idêntica a Argo, e isso apesar de as ascensões retas respectivas diferirem em três horas, e as declinações, em 60°.

Por todas essas razões, não colocamos em dúvida que os informantes de Colbacchini, há meio século, entendiam por *geriguigui* a constelação do Corvo, mesmo que esse sentido tenha se perdido depois, como resultado de uma confusão independentemente comprovada entre palavras designando tartarugas de espécies diferentes, ou de uma transferência

Duplo cânon invertido

do nome primitivo do Corvo a uma parte de Orion. Longe de excluir a segunda hipótese, a primeira, na verdade, aumenta sua probabilidade.

Entre o mito de Geriguiguiatugo (M1) e o de Asaré (M124) aparece então uma nova conexão. De modo independente, demonstramos que os dois mitos estão em relação de transformação. Essa demonstração não apenas se estende para um outro campo, visto que agora engloba equivalências astronômicas. Obtemos também dois resultados essenciais.

Em primeiro lugar, entendemos por que os Xerente consideram Orion como origem ou signo da água terrestre. Como se podia supor, não existe nenhuma relação direta entre a astronomia popular do Velho Mundo e a do Novo Mundo; mas existe uma relação indireta, e esta, sim, perfeitamente plausível. Os gregos e os latinos associavam Orion à estação chuvosa por razões empíricas. Basta postular, primeiramente, que em seu hemisfério os Bororo seguiam um procedimento comparável, associando o Corvo à estação das chuvas, e, em seguida, que Orion e o Corvo dominam o céu austral em períodos diferentes, para que decorra que, se dois mitos se opõem entre si tão sistematicamente quanto M1 e M124, ainda que recorrendo ao mesmo léxico, e se um diz respeito à origem da água celeste, o outro, à origem da água subterrânea (cf. esquemas, pp. 280-1), enfim, se um desses mitos remete à constelação do Corvo, então o outro remeterá, necessariamente, à de Orion, sob a única condição de que uma oposição entre as duas constelações seja efetivamente concebida pelo pensamento indígena.

A explicação precedente é condicional. Mas sua verificação acarretará um outro resultado, ainda mais importante do que o primeiro. Pois, em última análise, damo-nos conta de que, em sua totalidade (na medida em que suas diversas partes estavam logicamente encadeadas), o procedimento que seguimos desde o início é passível de uma verificação objetiva. As relações de transformação que descobrimos entre os mitos eram até agora uma questão de interpretação. Sua veracidade depende agora de uma — e apenas uma — hipótese: que a constelação do Corvo seja adequada para cumprir, no hemisfério austral, a mesma função que a de Orion no hemisfério boreal, ou que já o tenha sido antigamente. Essa hipótese pode ser demonstrada de dois modos. Pela etnografia, se verificarmos que os índios do Brasil efetivamente observam o Corvo com essa intenção; ou então comprovando que existe, no céu austral, uma defasagem entre a evolução do Corvo e a de Orion, aproximadamente correspondente à defasagem das estações.

Em relação ao primeiro ponto, é lastimável que a etnografia sul-americana não forneça indicações tão ricas e precisas quanto as que provêm, em latitudes semelhantes, de várias ilhas do Pacífico, em que o Corvo parece ter desempenhado o papel postulado pela nossa hipótese. Assim, nas Carolinas, *sor-a-bol* ("Corvi"), literalmente "o vigia das plantações de taro", porque é visível durante a estação do taro (Christian, 1899, pp. 388-9); nas Marquesas, *me'e* ("Corvus"), comparável talvez a *mei*, fruta que se colhe na estação das chuvas, que é também aquela em que a pesca é mais abundante (Handy, 1923, pp. 350-2); em Pukapuka, Te Manu (um pássaro) ("Corvus"), cuja ascensão matinal anuncia a estação da pesca coletiva nos recifes (Beaglehole, 1938, p. 350). Esses dados são ainda mais interessantes na medida em que, na Polinésia, as Plêiades desempenham um papel análogo ao que lhes é atribuído pelos índios sul-americanos, e que lá se encontram, para explicar a origem de certas constelações, mitos cuja armação é idêntica à dos mitos americanos (cf. infra, p. 322).

Quanto à América tropical, temos de nos contentar com informações mais vagas. Certamente jamais saberemos se a constelação, visível durante as chuvas no nordeste do Brasil, imitando a forma de um coração, que os antigos Tupi chamavam de "urubu" (Abbeville, 1614, cap. LI), era ou não o Corvo. Em favor da afirmativa, note-se que as tribos dos afluentes da margem direita do rio Negro também dão a essa constelação o nome de um pássaro, "a Garça Voadora" (K.G., 1905, p. 60); portanto, eles imaginam as diagonais que unem duas a duas as estrelas localizadas nos vértices do trapézio, em vez dos lados, como ocorre com os Bororo e o próprio Abbeville, quando falam de "carapaça de tartaruga" ou de "coração". No entanto, convém ser prudente, já que vimos (p. 293) que esses mesmos Tupi da costa, ao contrário dos Xerente do interior, associavam as Plêiades à estação das chuvas, e talvez também Orion. Os Palikur, uma outra tribo costeira estabelecida alguns graus mais ao norte, viam quatro constelações como "donos da chuva". Duas dessas constelações seriam Orion e o Escorpião, as outras não puderam ser identificadas (Nim., 1926, p. 90).

Com o nome de Pakamu-sula-li, "o moquém do peixe" (*Batrachoides surinamensis*; Ahlbrinck, 1931, art. "pakamu"), a constelação do Corvo desempenhava, na cosmologia dos Karib da Guiana, um papel importante, mas obscuro. Seu nascer — certamente vespertino — coincidia, segundo diziam, com a "pequena" estação seca da zona equatorial (meados de fevereiro a meados de maio) e, nessas condições mal determinadas, sua culminação diurna deveria anunciar o fim deste mundo e o nascimento de um novo (Penard, in Goeje, 1943, p. 118).[14]

Com o nome de Tauna, descreve-se, no interior da Guiana, uma divindade malfazeja, responsável pelas tempestades e que destrói as árvores com raios. Tauna pode ser visto no céu, de pé entre seus dois moquéns "taunazualu", formados pelas quatro estrelas principais da Ursa Maior e do Corvo, respectivamente (K.G., 1916, t. III, pp. 278-ss). Essa informação apresenta para nós um triplo interesse. Em primeiro lugar, ela contém uma referência expressa ao Corvo, associado, como entre os Bororo, ao vento, à tempestade e à chuva. Em segundo, o personagem masculino de Tauna, castigando os homens com ventanias e relâmpagos, lembra imediatamente Bepkororoti do mito jê (M125A, B), que, como já foi demonstrado, mas em outras bases, está em relação de transformação com o mito de referência (cf. pp. 277-83). Se o homólogo guianense do herói jê representa, como o herói bororo, a conste-

---

14. À primeira vista, hesita-se em admitir que os indígenas possam se referir à culminação diurna de uma constelação como se fosse um fenômeno observável. Contudo, sua acuidade visual, certamente graças ao exercício, é muito superior à nossa. Assim, notou-se entre os Bororo "um maravilhoso desenvolvimento do sentido da visão [...] que lhes permite, por exemplo, indicar a um companheiro a posição do planeta Vênus em pleno dia" (*EB*, v. I, p. 285). Os astrônomos consultados mostraram-se céticos, e totalmente incrédulos, em relação à culminação diurna do Corvo. Mas não é necessário admitir que essa culminação seja efetivamente observada (não mais, aliás, do que o nascer cósmico das Plêiades mencionado à página 290), para compreender como os mitos podem se referir a noções dessa ordem. Bastaria que a posição diurna de astros tais como Vênus (seiscentas vezes mais luminoso do que o Corvo, informa-nos J.-C. Pecker) fosse perceptível para olhos mais treinados do que os nossos e que o pensamento indígena se sentisse assim autorizado a postular, no céu diurno, acontecimentos comparáveis àqueles que nós só somos capazes de notar no céu noturno.

lação do Corvo (ou um conjunto de constelações que inclui o Corvo), este é um argumento suplementar em favor de nossa reconstrução. Finalmente, a fabulação guianense ressalta que as quatro estrelas principais da Ursa Maior (que ocupam os vértices de um trapézio) e as do Corvo apresentam a mesma disposição, têm ascensões retas muito próximas (a diferença é da ordem de alguns minutos). Talvez Tauna, de pé entre essas constelações, deva ser identificado a estrelas ou a um grupo de estrelas com a mesma ascensão reta que elas, e diferentes apenas pela declinação, intermediária entre a da Ursa Maior (+ 60°) e a do Corvo (– 20°). A Cabeleira de Berenice, que satisfaz as duas condições, estaria assim apta a desempenhar nos mitos o papel de variante combinatória do Corvo. Ora, essa pequena constelação ocupa um lugar importante entre os Kalina da Guiana, mas, por um paradoxo que será rapidamente resolvido, ela é ostensivamente associada não às chuvas, como seria de esperar, dada a sua posição no zodíaco, mas à "grande" estação seca, que é inclusive designada pelo seu nome (Ahlbrinck, 1931, art. "sirito", 5c; "weyu", 8).

Para resolver a dificuldade, é preciso olhar mais de perto. A grande estação seca vai de meados de agosto a meados de novembro, e, na terra dos Kalina, a Cabeleira de Berenice torna-se visível no mês de outubro (loc. cit., art. "sirito"), ou seja, quando a estação seca está entrando em declínio. Em kalina, a constelação se chama *ombatapo*, que significa "rosto". O mito de origem (M130) explica que uma velha esfomeada roubou um peixe da rede do genro. Este, furioso, instigou os peixes pataka (*Hoplias malabaricus*) a devorá-la. Reduzida à cabeça e à parte superior do tronco, a velha conseguiu voltar para a margem. Resolveu subir ao céu e se transformar em estrela. Para se vingar, ela decidiu exterminar os peixes: "Quando chegar o tempo seco, vou aparecer e secar o pântano e os buracos dos peixes. Os peixes vão morrer... Que eu seja a mão direita do sol para fazê-los pagar por isso" (loc.cit., art. "ombatapo"). Dessas várias indicações, resulta que: 1) é no seu nascer matinal que a Cabeleira de Berenice está associada à estação seca; 2) essa associação remete a um período em que a estação seca está bem avançada e, portanto, capaz de secar as lagoas e os pântanos e de matar os peixes; pouco tempo, pois, antes da volta das chuvas. É, portanto,

Duplo cânon invertido

concebível que duas populações vizinhas façam usos diferentes da mesma constelação; que ela seja, para uma, o símbolo da seca prolongada que causa seus últimos estragos e, para a outra, a anunciadora das chuvas próximas. É neste último papel que a Cabeleira de Berenice seria uma variante combinatória do Corvo.

A análise que precede é ainda confirmada pela existência, na Guiana, de um par de oposições definível em termos de pesca. Veremos com efeito que Orion e as Plêiades prometem abundância de peixe (M_{134}, M_{135}) e verificamos desde já que uma constelação que ocupa o lugar do Corvo tem como função, na mesma região, significar o desaparecimento do peixe. Assim,

$$\text{CORVO} : \text{ORION} :: \begin{array}{c} \text{(Bororo-Jê)} \\ \end{array} \Big[\text{chuvas} (+) : \text{chuvas} (-) \Big] ::$$

$$\begin{array}{c} \text{(Guiana)} \\ \end{array} \Big[\text{peixe} (-) : \text{peixe} (+) \Big] \Big(= \text{chuva prospectiva} : \text{chuva retrospectiva} \Big)$$

transformação compreensível, visto que a oposição entre estação seca e estação das chuvas é ao mesmo tempo menos marcada e mais complexa na zona equatorial do que no Brasil Central, o que acarreta sua transferência, de um eixo propriamente meteorológico, para o das consequências biológicas e econômicas do clima, onde uma oposição, comparável à outra pela simplicidade, pode ser restabelecida do modo mais econômico. Lembremos que, além disso, embora a chegada dos peixes coincida com as cheias, pesca-se melhor nos lagos e rios quando há menos água. E, no entanto, certos elementos estruturais subsistem, quando se passa do mito bororo de origem do Corvo (M_1) para o mito kalina de origem da Cabeleira de Berenice (M_{130}). Em ambos os casos, um aliado que comete um erro (homem ou mulher) é devorado por peixes. As *vísceras* de um sobem à superfície da água e lá ficam; a *cabeça* da outra nada e em seguida sobe ao céu. Esse paralelismo coloca um problema ao qual voltaremos (pp. 321-5).

Um certo número de provas foi assim acumulado em favor de uma conexão, direta ou indiretamente concebida pelo pensamento indígena, entre a estação das chuvas e a constelação do Corvo. Resta agora tratar

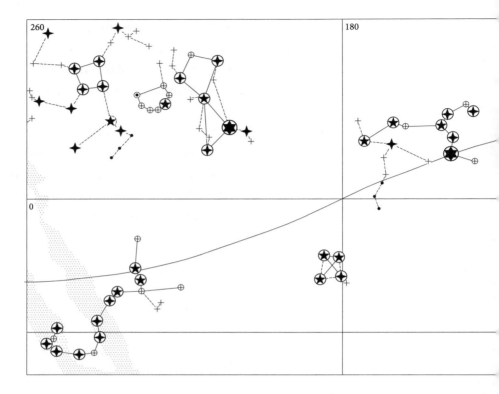

o problema pelo outro método, procurando a ligação entre o Corvo e Orion, de um lado, e a alternância das estações. Assim, deparamo-nos com uma dificuldade já evocada, aquela suscitada pela precessão dos equinócios. Grosso modo, já há uma distância de dois a três mil anos entre as épocas em que as tradições greco-latina e americana foram fixadas pela tradição escrita. Essa distância é provavelmente negligenciável, visto que em ambos os casos os mitos devem ser de formação muito mais antiga. Além disso, a precessão dos equinócios só colocaria dificuldades reais se estudássemos separadamente mitos do Velho Mundo ou mitos do Novo Mundo, e se pretendêssemos, através de uma busca da correlação entre o conteúdo dos mitos e o avanço das estações, chegar a uma ideia aproximada quanto à antiguidade dos primeiros. Quanto ao Novo Mundo, duas variáveis permaneceriam incógnitas: a evolução climática do hemisfério

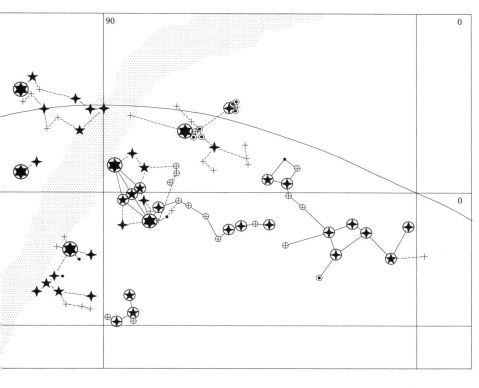

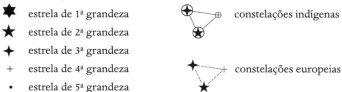

* estrela de 1ª grandeza
★ estrela de 2ª grandeza
✦ estrela de 3ª grandeza
+ estrela de 4ª grandeza
• estrela de 5ª grandeza

constelações indígenas

constelações europeias

15. O céu equatorial (segundo K.G., 1905). Da esquerda para a direita: Hércules ("o pacu") e o Boieiro ("a piranha") enquadrando a Coroa Boreal ("o tatu"); embaixo, à esquerda, o Escorpião ("a cobra grande"), seguido, à direita, pelo Corvo ("a garça voadora"); em seguida, logo acima, Leão ("o caranguejo"), depois Gêmeos, o Cão Maior com a Pomba abaixo, e, subindo ao longo da Via Láctea, Orion e Erídano ("o machado de dança"). Para os índios, esse conjunto (menos Erídano) representa três lontras roubando o peixe colocado sobre um moquém (a Pomba), por um pescador com uma rede (esticada entre Rigel, Betelgeuse e três estrelas da constelação de Orion). No alto, para a direita, as Híadas e as Plêiades ("os meninos", "o enxame de vespas"); à extrema direita, a Baleia ("o jaguar"). A Via Láctea é indicada em pontilhado; a parte no centro e à direita é aquela a que os mitos se referem.

austral no decorrer dos dez ou vinte últimos milênios (embora a geologia lance algumas luzes sobre isso) e, principalmente, o movimento das populações atuais e daquelas que as precederam, de uma ponta à outra do continente. Mesmo durante os três últimos séculos, as tribos jê e tupi se deslocaram consideravelmente.

Mas não há necessidade de nos colocarmos essas questões. Com efeito, não procuramos qual seria, numa determinada época e numa determinada região, a correlação entre o tempo do nascer ou da culminação de uma constelação e certas ocorrências meteorológicas. Perguntamos apenas qual a relação entre a marcha de uma constelação *a* num hemisfério e a de uma constelação *b* no outro. Essa relação é constante, qualquer que seja o período a que decidamos nos referir. Para que nossa pergunta tenha sentido, basta, portanto, admitir — o que é verossímil — que conhecimentos astronômicos elementares, e sua utilização para a determinação das estações, remontam a uma época muito antiga na vida da humanidade, que deve ter sido aproximadamente a mesma para todas as suas frações.

O eminente astrônomo Jean-Claude Pecker teve a gentileza de responder ao problema colocado nos termos que acabamos de enunciar, elaborando três gráficos que reproduzimos aqui, pelos quais lhe agradecemos (fig. 16). Decorre deles: 1) que, por volta do ano 1000 a.C., o nascer vespertino de Orion deixava de ser observado no final do mês de outubro, período coincidente com o início das geadas (depois disso, Orion já se tinha levantado quando as estrelas se tornavam visíveis após o crepúsculo); 2) que nessa época, em que Orion possuía seu pleno significado meteorológico, estava sensivelmente em oposição ao Corvo tal como se pode observá-lo hoje em dia; o que qualificaria esta última constelação para desempenhar em nossa época no hemisfério sul — mas por seu nascer matinal — o papel antigamente atribuído a Orion no hemisfério norte.

Finalmente, se levarmos em conta que, observada em qualquer época (contanto que seja a mesma), a relação de fase entre Orion e o Corvo é de aproximadamente 120° e que essa relação corresponde, no Brasil Central, à duração relativa da estação seca e da estação das chuvas (respectivamente cinco e sete meses, e com mais frequência quatro e oito, segundo os

Duplo cânon invertido

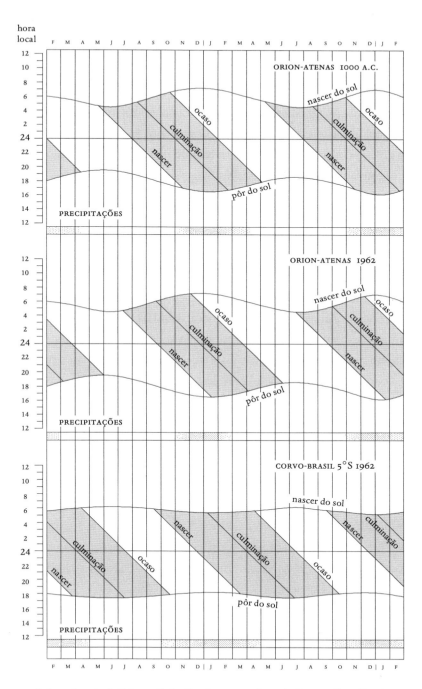

16. O movimento de Orion no Velho Mundo comparado ao do Corvo no Novo Mundo.

cômputos indígenas), reconheceremos que a astronomia fornece a verificação externa dos argumentos de ordem interna que nos tinham instigado (p. 280-1) a colocar em oposição os mitos M_1 e M_{124}. De fato, resulta de todos esses dados que, se Orion pode ser associado à estação seca, então o Corvo poderá sê-lo à estação das chuvas. E, correlativamente, se o Corvo é associado à água celeste, a relação de Orion com a água deverá ser estabelecida com o contrário da água celeste, que não pode ser senão uma água proveniente de baixo.

Essa segunda consequência é verificável de outro modo, buscando obter um reflexo suplementar, que se acrescente a todos aqueles que nosso jogo de espelhos já captou. No Corvo sul-americano, reconhecemos o simétrico de Orion. Também nos pareceu que, passando do hemisfério boreal para o hemisfério austral, as funções de Orion se invertiam em dois eixos, o das estações, que a constelação qualifica como úmida ou seca, e o do alto e do baixo (céu e terra), em relação ao qual os valores precedentes são permutáveis, visto que é igualmente verdadeiro que Orion sempre conota a água, ou a do alto, quando a constelação anuncia a estação chuvosa, ou de baixo, quando anuncia a estação seca (M_{124}).

Avancemos agora mais um passo e coloquemos uma nova questão. Se o Corvo cumpre, na América do Sul continental, uma função inversa à de Orion, e se a função atribuída a Orion também se inverte quando se passa de um hemisfério ao outro, deveria seguir-se que, também de um hemisfério ao outro, as funções respectivas de Orion e do Corvo se reproduzem. Entabulamos essa demonstração comparando a mitologia de Orion no Velho Mundo à do Corvo no Novo Mundo. Mas será possível levá-la a cabo? Ou, mais precisamente, existiria, no Velho Mundo, uma função do Corvo que fosse, dessa vez, homóloga àquela atribuída pelos índios da América tropical a Orion?

Instigados por uma alusão da *Grande Encyclopédie du XIXe siècle*, de que "entre os antigos, alguns viam nessa constelação o Corvo que Apolo condenou a uma sede eterna...", recorremos ao saber de nosso colega J.-P. Vernant, que teve a bondade de nos fornecer as seguintes indicações. Em primeiro lugar, uma passagem de *Os fenômenos* de Aratos associa as três

Duplo cânon invertido

constelações vizinhas de Hidra (cobra-d'água), da Taça e do Corvo: "No meio da espiral (da Hidra) está colocada a Taça, e na extremidade da imagem do Corvo, que parece bater nela com o bico" (*Arati Phenomena*, ed. J. Martin, Biblioteca di Studi Superiori, v. xxv, Florença, 1956, p. 172). Três variantes de um relato bastante antigo (visto que, lembra Vernant, se encontra eco dele em Aristóteles, ed. Rose, fragm. 29) dão conta dessa associação. Essas variantes se encontram em: Pseudo-Eratóstenes, *Catasterismoi*, 41; Eliano, *De nat. an.*, 1, 47; Dionísio, *Peri ornithôn* (in *Anedocta Graeca* e cód. manuscritos Bibliothecae Regiae Parisiensis, 1, pp. 25, 20). Sob fabulações diversas, trata-se do corvo a quem Apolo pediu que trouxesse água, mas que para num campo de trigo verde, ou perto de uma figueira, e espera que os grãos ou as frutas amadureçam para cumprir sua missão. Apolo o castiga, condenando-o a ter sede durante o verão. Vernant completa essas informações com a observação de que em vários textos e certos ritos os corvos (e também gralhas e chucas) são pássaros atmosféricos, sinais do tempo e, mais especificamente, anunciadores da chuva.

Como o herói Asaré de M124, no qual os índios reconhecem uma estrela da constelação de Orion, o corvo do mito grego, protótipo da constelação que levará seu nome, é um *sedento*. Para matar a sede de Asaré, os frutos *maduros* não bastam, é preciso cavar um poço, de onde surgirá o oceano. O corvo grego desdenha uma fonte onde nasce uma água igualmente de origem terrestre e insiste em esperar que os grãos ou frutos fiquem *maduros*; por isso, ele não mais poderá matar a sede.

No primeiro caso, os frutos amadurecem ao final da estação das chuvas (durante a qual vão se enchendo de água); no segundo, amadurecerão ao final da estação seca, por efeito da insolação prolongada. Assim, era na condição de constelação associada à estação seca que, na Grécia antiga, o Corvo podia anunciar as chuvas. O pássaro chama a água celeste ausente, porque tem sede; e tem sede porque desdenhou uma água terrestre presente, e mostrou-se ávido demais dos benefícios do tempo ensolarado. Ora, lembramos que Asaré havia desdenhado os benefícios da estação chuvosa (a água contida nas nozes) e que, para saciar sua sede ávida, foi preciso que a água terrestre se tornasse não apenas presente como também superabun-

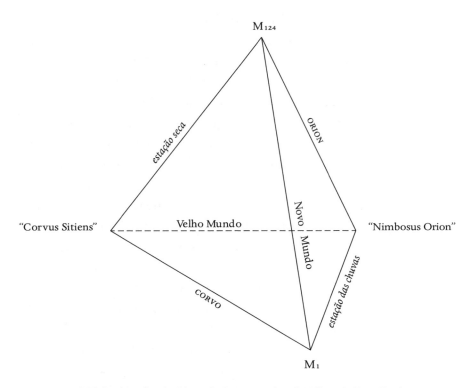

17. Posição respectiva de Orion e do Corvo nos mitos do Velho e do Novo Mundo.

dante, permitindo que o herói matasse a sede e refrescasse o corpo todo, antes de instalar a estação seca; ao passo que, por causa dela, a voz do corvo ficará rouca e sua garganta, seca. Numa das variantes do mito grego, o corvo acusa uma cobra, dona da fonte, de lhe proibir o acesso à água; o que um jacaré, dono da água no mito brasileiro, pretende efetivamente fazer.

Vê-se, portanto, que os dois mitos, o do Velho Mundo e o do Novo Mundo, refletem um ao outro, como havíamos postulado; as aparentes inversões provêm apenas do fato de que, sendo ambos relativos à estação seca, um mito a considera em seu início (depois das chuvas) e o outro, em seu fim (antes das chuvas). No Velho Mundo e nas regiões meridionais do Novo Mundo, consequentemente, mitos relativos a Orion e o Corvo formam pares contrastados e igualmente organizados em relação à boa e à má estação:

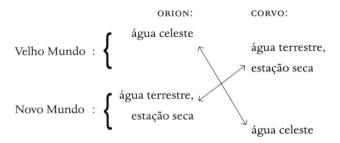

Ou seja, quatro tipos de mitos formando um quiasma, e cada um deles definido em função de três oposições: Velho e Novo Mundo, estação seca e estação chuvosa, Corvo e Orion (fig. 17).

3. Tocata e fuga

a) As Plêiades

Ao concedermos um sentido astronômico aos mitos, não pretendemos de modo algum voltar aos hábitos da mitologia solar do século passado. Para nós, o contexto astronômico não fornece uma referência absoluta; portanto, não basta remeter-lhe os mitos para pretender tê-los interpretado. A verdade do mito não está num conteúdo privilegiado. Ela consiste em relações lógicas desprovidas de conteúdo, ou, mais precisamente, cujas propriedades invariantes esgotam o valor operativo, visto que relações comparáveis podem se estabelecer entre os elementos de um grande número de conteúdos diferentes. Mostramos assim que um tema, como o da origem da vida breve, se encontrava em mitos que aparentemente diferem uns dos outros pelo conteúdo, e que, em última análise, essas diferenças se reduziam a outros tantos códigos, constituídos com o auxílio das categorias sensoriais: paladar, olfato, audição, tato, visão... Nas páginas precedentes, não fizemos senão estabelecer a realidade de um outro código, também visual, mas cujo léxico é formado por pares contrastados, extraídos de um conjunto espaço-temporal que consiste, de um lado, na periodicidade diacrônica do ano e, de outro, na organização sincrônica do céu estrelado. Esse código cosmográfico não é mais verdadeiro do que os outros; e não é melhor, a não ser do ponto de vista do método, na medida em que suas operações podem ser controladas de fora. Mas não está excluído o fato de que os progressos da bioquímica possam um dia fornecer referências objetivas igualmente precisas, para controlar o rigor e a coerência dos códigos formulados na linguagem dos sentidos. Os mitos são construídos com base numa lógica das qualidades sensíveis que não faz uma nítida distinção entre os estados da subjetividade e as propriedades do cosmos. Contudo, não se deve esquecer que essa distinção correspondeu, e ainda corresponde, em enorme medida, a uma etapa do desenvolvimento do conhecimento científico e que, de direito, senão de fato, está condenada ao desaparecimento. Nesse sentido, o pensamento mítico não é pré-científico; antes, antecipa em relação ao estado futuro de uma ciência que progride sempre no mesmo sentido, como mostram seu movimento passado e sua orientação atual.

De qualquer modo, a emergência, em alguns de nossos mitos, de uma codificação astronômica nos encoraja a verificar se esse código não existe também, de forma manifesta ou latente, em mitos onde não o teríamos percebido. É evidente que o mito bororo de origem das estrelas, já analisado (M34), apresenta um conteúdo astronômico, mas não seria possível precisar o conteúdo aparente do mito — em que as estrelas aparecem a título geral — e restringi-lo mais especificamente à origem das Plêiades? Em disjunção vertical, as crianças, instigadoras de um alimento vegetal superabundante (que elas consomem gulosamente), podem ser a contrapartida dos irmãos de Asaré (M124), que, colocados em disjunção horizontal, são os instigadores de uma bebida "mineral" superabundante, que distribuem generosamente (insistindo junto ao irmão caçula para que não deixe nenhuma gota dela).

A aproximação é ainda mais plausível na medida em que um mito mataco, cuja armação é muito semelhante à do mito bororo de origem das estrelas (M34), remete explicitamente às Plêiades:

M131A MATACO: ORIGEM DAS PLÊIADES

Antigamente, os índios costumavam subir para o céu por uma grande árvore. Lá encontravam mel e peixe em abundância. Um dia, descendo de volta à terra, encontraram ao pé da árvore uma velha que lhes pediu um pouco de suas provisões, mas eles negaram. Para se vingar da avareza, a velha ateou fogo à árvore. Os índios que tinham ficado no céu se transformaram em estrelas e formaram a constelação das Plêiades (Campana, 1913, pp. 318-9).

Tocata e fuga

Indicamos que outros mitos do Chaco remetem a origem das Plêiades ao rapto de crianças, que se comportam de modo muito barulhento após o cair da tarde e são levadas para o céu. Ora, conhece-se na América do Sul uma proibição, muito difundida, em relação às refeições noturnas. Várias tribos do alto Amazonas justificam-na com a crença de que o alimento que fica a noite toda no estômago não pode mais ser digerido; daí a prática dos vômitos matinais, por excitação da garganta com uma pena. Os Aruak da Guiana acham que qualquer pessoa que comer após o pôr do sol se transformará em bicho (Roth, 1915, p. 295; cf. mito, ibid., pp. 184-5).

A hipótese de uma equivalência entre o abuso do ruído e o abuso do alimento é confirmada, no caso das Plêiades, por um mito macuxi muito próximo ao mito bororo de origem das estrelas, que ao mesmo tempo reproduz os mitos do Chaco de origem das Plêiades, por simples transformação das crianças barulhentas (Bororo = gulosas) em crianças insaciáveis:

M131B MACUXI: ORIGEM DAS PLÊIADES

Um homem tinha sete filhos, que não paravam de chorar, pedindo comida. A mãe ralhava com eles e dizia: "Ah! meus filhos, eu dou de comer a vocês e nunca chega! Vocês são gulosos!". Cansada de discutir, ela tirou da grelha uma mandíbula de tapir[15] e a jogou para eles. "Isto não chega para nós!", protestaram os esfomeados, e, depois de repartirem a carne entre os mais jovens, resolveram se transformar todos em estrelas. De mãos dadas, cantando e dançando, começaram a subir. Vendo isso, a mãe grita: "Para onde vão vocês? Aqui está para vocês comerem!". Os meninos explicam que não guardam rancor, mas já tomaram sua decisão. E vão sumindo aos poucos (Barbosa Rodrigues, 1890, p. 223).

Ora, esse mito da Guiana constitui, por assim dizer, uma articulação entre o mito bororo (M_{34}) e vários mitos norte-americanos de origem das Plêiades, que são exatamente simétricos ao mito bororo, com inversão semântica (crianças que os pais deixam esfomeadas, em vez de elas os deixarem esfomeados), como era de se prever, dada a mudança de hemisfério. Eis a versão wyandot:

---

15. Representando provavelmente as Híadas; cf. Roth, 1915, p. 266; e Goeje, 1943 (p. 103): "as Híadas [...] chamadas de mandíbula de tapir pelos índios…".

M132 WYANDOT: ORIGEM DAS PLÊIADES

Sete meninos brincavam e dançavam à sombra de uma árvore. Depois de um certo tempo, ficaram com fome. Um deles foi correndo buscar pão, mas a velha mandou-o embora. Eles recomeçaram a brincar, e, mais tarde, um outro foi pedir algo para comer. A velha recusou novamente. Os meninos fabricaram um tambor e começaram a dançar.

Imediatamente, eles se elevaram nos ares, sempre dançando. Subiam cada vez mais alto. A velha os viu quando eles já estavam acima da árvore. Correu para lá no mesmo instante, com provisões. Mas era tarde demais. Eles não lhe deram ouvidos, embora ela estivesse disposta a lhes dar de comer. Desesperada, a velha se pôs a chorar.

Foi porque lhes negaram comida que os sete meninos se tornaram Hutinatsija, "o Grupo", que vemos atualmente no céu (Barbeau, 1960, pp. 6-7).[16]

Conhece-se na Polinésia, nas ilhas Hervey, um mito quase idêntico, mas que diz respeito à constelação do Escorpião (Andersen, 1928, p. 399). Nas regiões amazônica e guianense, o Escorpião se reveza com as Plêiades para anunciar as chuvas de novembro e dezembro, e as cheias repentinas que elas causam (Tastevin, 1925, p. 173).

É também verossímil que o mito de referência (M1), cujo herói, como vimos, leva o mesmo nome que a constelação do Corvo, contenha uma outra referência astronômica, dessa vez às Plêiades. Lembramos que, no final do mito, o herói transformado em veado joga o pai nas águas de um lago onde as piranhas "canibais" o devoram inteiro, exceto as vísceras, que sobem à superfície e se transformam em plantas aquáticas.

Esse motivo apresenta uma difusão pan-americana, a ponto de ser encontrado praticamente sem nenhuma modificação entre os Esquimós do Alasca (M133). A mulher do mais velho de cinco irmãos detestava o mais novo, e o matou. Quando os irmãos descobriram o cadáver, ele estava cheio de vermes. Resolveram então que a mulher teria o mesmo destino, e

---

16. As relações de transformação entre os mitos da América tropical e os das regiões central e setentrional da América do Norte deverão ser tratadas num outro trabalho; aqui apenas mencionaremos um mito blackfoot sobre a origem das Plêiades, que faz a transição entre os mitos do tipo acima e o de Asaré (Wissler e Duvall, 1908, pp. 71-2).

Tocata e fuga

levaram-na para a beira de um lago, com o pretexto de fazerem uma competição de corrida em volta dele. A mulher era mais lenta. Depois de tê-la ultrapassado, o marido a agarrou por trás e a jogou na água. Seus irmãos já tinham atraído os vermes da água com carne, e estes se lançaram sobre a mulher, devorando-lhe a carne. Após algum tempo, só haviam restado os pulmões, que boiavam na superfície (Spencer, 1959, pp. 73-4).[17]

Tanto entre os Esquimós como entre os Bororo, o motivo das vísceras flutuantes parece não possuir referência astronômica. Mas o mesmo não ocorre na zona intermediária. Os Zuñi atribuem a origem das "pequenas estrelas" aos pulmões de um ogro desmembrado (Parsons, 1930, p. 30). De modo inverso, seus vizinhos Navaho contam que os animais aquáticos provêm das entranhas submersas de um urso monstruoso (Haile e Wheelwright, 1949, pp. 77-8). Ora, um mito da Guiana justapõe essas duas interpretações:

M134 AKAWAI (?): ORIGEM DAS PLÊIADES

Um homem, que desejava a mulher do irmão, matou-o e apresentou à cunhada o braço cortado do marido, como prova de sua morte. Ela aceitou casar-se com ele, mas, avisada pelos lamentos do fantasma, ela entendeu a verdade e rejeitou o criminoso. Este então provocou a morte da infeliz e de seu filho, prendendo-os numa árvore oca. Naquela noite, o fantasma apareceu para o homem e lhe disse que não lhe queria mal por causa de seus crimes, pois sua mulher e seu filho haviam se transformado em animais ("cutia" e "cutiaiá", respectivamente)[18] e já se encontravam a salvo. Mas o fantasma exigiu que o

---

17. É ainda mais curioso encontrar a mesma associação entre a água, as vísceras e as plantas aquáticas na Austrália: "Dos lírios-d'água azuis, que cobrem aos milhares a superfície das lagoas, os indígenas comem as flores, cujo crescimento é, segundo acreditam, favorecido pelas ossadas dos mortos" (Spencer e Gillen, 1904, p. 546). Por outro lado, no sudoeste da província de Victoria, os indígenas consumiam a carne dos cadáveres dos parentes assada, mas não as vísceras e os intestinos, que eram queimados junto com os ossos (Frazer, 1910, v. IV, p. 262). Comparadas aos fatos americanos, essas observações sugerem a existência de uma oposição maior entre as vísceras e os ossos no plano anatômico e um relacionamento desse par com a água e o fogo, de modo que o fogo sobrepuja a oposição (conjunção das vísceras e dos ossos), enquanto a água a atualiza (disjunção dos ossos — no fundo — e das vísceras — na superfície —, na forma de plantas aquáticas).
18 . "Cutia" é *Dasyprocta agouti*, e "cutiaiá" designaria uma espécie pequena de cavídeos (Goeje, 1943, p. 67), ou, segundo Roth (1924, p. 164), *Dasyprocta acuchy*. Cf. M1 e M55 e p. 152).

Parte IV

irmão sepultasse seu cadáver mutilado e prometeu-lhe peixe em abundância, se ele enterrasse apenas o corpo e espalhasse as entranhas.

O assassino concordou e viu as entranhas flutuarem nos ares e subirem até o céu, onde se tornaram as Plêiades. Desde então, todos os anos, na época em que as Plêiades aparecem, os peixes se tornam abundantes nos rios (Roth, 1915, p. 262).

O herói do mito taulipang de origem das Plêiades (M135) declara também: "Quando eu chegar ao céu, haverá tempestades e chuva. Então virão os cardumes de peixes, e você terá muito o que comer!" (K.G., 1916, p. 57). A ligação entre as Plêiades e as vísceras flutuantes é igualmente atestada no seguinte mito:

M136 AREKUNA: JILIJOAIBU (AS PLÊIADES) MATA A SOGRA

A sogra de Jilijoaibu alimentava o genro com peixes extraídos de seu útero. Ao descobrir isso, Jilijoaibu quebrou cristais e espalhou os cacos na beira do rio aonde a sogra ia, escondendo-os debaixo de folhas de bananeira. A sogra tropeçou e caiu, as lascas cortaram-lhe os braços, as pernas e o corpo todo; ela morreu. As pedras pularam na água e se transformaram em piranhas, e é por isso que elas se tornaram canibais. O fígado da velha também caiu na água e ficou boiando. Ainda pode ser visto, na forma de "mureru brava", planta aquática de folhas vermelhas. O coração da velha é a semente (K.G., 1916, p. 60).

É quase desnecessário notar que esse mito, cujo herói é a constelação das Plêiades, recobre exatamente o episódio final do mito de referência, cujo herói é a constelação do Corvo. Ora, para os Bororo, este é responsável pela chuva, papel que cabe às Plêiades segundo os índios da Guiana.

Os mitos acima sugerem que, como termo de código, o motivo das vísceras flutuantes pode cumprir duas funções distintas; é, de certo modo, bivalente. Em código "aquático", as vísceras são côngruas aos peixes e às plantas do pântano. Em código "celeste", são côngruas às estrelas e, mais especificamente, às Plêiades. Se, na região que ocupavam os Bororo há dois séculos, e em cuja parte central (15° a 20° S, 51° a 57° O) eles ainda vivem, o nascer das Plêiades ocorre no meio da estação seca, é normal que o mito (M34)

Tocata e fuga

de origem das estrelas (= Plêiades) se apresente também como um mito de origem dos animais selvagens. A referência declarada é à caça, já que a estação seca é particularmente favorável a esse tipo de atividade numa região em que as chuvas tornam a circulação difícil. Em compensação, o mito da estação das chuvas utiliza ostensivamente o código aquático, graças ao motivo das vísceras flutuantes, mas evita qualquer referência direta às Plêiades.

Tocamos aqui em duas características fundamentais do pensamento mítico, que ao mesmo tempo se completam e se opõem. Em primeiro lugar, como já demonstramos a partir de um outro exemplo (p. 93), a sintaxe mítica nunca está totalmente livre dentro dos limites de suas regras. Ela também sofre constrangimentos da infraestrutura geográfica e tecnológica. Entre todas as operações teoricamente possíveis quando encaradas apenas do ponto de vista formal, algumas são irrevogavelmente eliminadas, e esses buracos — como que escavados com um vazador numa peça que, de outro modo, teria sido regular — traçam em negativo os contornos de uma estrutura dentro de uma estrutura, e que é preciso integrar à outra para obter o sistema real das operações.

Em segundo lugar, e apesar do que acabamos de dizer, no pensamento mítico, tudo se passa como se o sistema dos significantes opusesse uma resistência própria aos ataques que as coisas significadas sofrem de fora. Quando as condições objetivas excluem algumas dessas coisas, os significantes correspondentes não são abolidos simultaneamente. Pelo menos durante um certo tempo, continuam a marcar o lugar dos termos ausentes cujos contornos então aparecem em côncavo e não em relevo. Na região guianense, o motivo das vísceras flutuantes pode ter um duplo sentido, já que a aparição das Plêiades no céu coincide objetivamente com a dos peixes nos rios. Essa coincidência não ocorre em toda parte.

Atualmente, entre os Bororo, o nascer das Plêiades antes da aurora ocorre no meio da estação seca, por volta do final do mês de junho ou início de julho. Os indígenas então celebram uma festa chamada *akiri-doge e-wure kowudu*, "para queimar os pés das Plêiades", para, dizem, retardar seu avanço e assim prolongar a estação seca, favorável às atividades nômades (*EB*, v. I, p. 45). Vê-se, portanto, que, como os Xerente, os Bororo associam as Plêiades à estação seca — embora, ao que parece, não as observem no mesmo momento —, mas, ao contrário dos Xerente, atribuem às Plêiades uma conotação negativa.

Contudo, tanto entre os Esquimós do Alasca quanto entre os Bororo do Brasil Central, a coisa que deixa de ser positivamente significada (as Plêiades) mantém seu lugar virtual no sistema dos significantes.[19] Um dos códigos simplesmente desaparece, enquanto o outro passa para o estado latente, como que para sutilizar a chave do isomorfismo entre os dois. Finalmente, os dois fenômenos são acompanhados de uma mudança de léxico, por transformação idêntica entre os Esquimós, onde vísceras → vísceras, e por transformação diferente entre os Bororo, onde vísceras → plantas (≠ animais) aquáticas.

b) O arco-íris

Retomemos um outro mito bororo já analisado (M5), que tampouco parece conter qualquer referência astronômica, e comecemos abrindo um breve parêntese.

Na América do Sul, o arco-íris possui um duplo significado. De um lado, como em outras partes, anuncia o fim da chuva; de outro, é considerado responsável pelas doenças e por diversos cataclismos naturais. Quanto ao primeiro aspecto, o arco-íris opera a disjunção do céu e da terra, anteriormente unidos por intermédio da chuva. Quanto ao segundo, substitui a conjunção normal e benéfica por uma conjunção anormal e maléfica, que ele mesmo faz entre o céu e a terra, em lugar da água.

A primeira função aparece claramente na teoria timbira: "O arco-íris, 'pessoa da chuva', tem as duas extremidades apoiadas nas bocas abertas de duas sucuriús, que produzem a chuva. Aparece como um sinal de que a chuva cessou. Quando o arco-íris desaparece, dois peixes semelhantes a enguias, pu-

---

19. Assim como, ao que parece, entre os Shipaya, de forma ainda mais enfraquecida. Cf. Nim, 1919-20, p. 1033.

Tocata e fuga

peyre (português: muçum), sobem ao céu, onde pulam numa lagoa. Quando há chuva forte, eles voltam a cair na água terrestre" (Nim., 1946b, p. 234).

A segunda função do arco-íris é documentada desde a Guiana até o Chaco: "Sempre que não encontra nada para comer no céu, o arco-íris faz o índio karib adoecer... Assim que ele aparece no céu, os indígenas se escondem em suas casas e acham que há um espírito misterioso e rebelde que procura alguém para matar" (La Borde, in Roth, 1915, p. 268). No Chaco, os Vilela têm um mito (M_{173}) relativo a um menino arisco e solitário, caçador de pássaros, que se transforma em cobra multicolorida e assassina, o arco-íris. Lehmann-Nitsche, que publicou várias versões desse mito, também mostrou o quão frequente, na América do Sul, é a assimilação do arco-íris a uma cobra (1924-25b, pp. 221-3). Ele aceita ainda a tese de que a árvore dos alimentos dos mitos da Guiana e do Chaco (cf. supra, pp. 249-ss) seria, por sua vez, assimilável à Via Láctea. Teríamos assim uma equivalência:

a) Via Láctea : arco-íris : : vida : morte

Essa equivalência não é certamente aplicável a toda a mitologia do Novo Mundo, pois há bons motivos para se supor que ela se encontre invertida em vários sistemas míticos da América do Norte. Mas sua validade parece ser indiretamente confirmada, em relação à América tropical, por certas observações de Tastevin. Num estudo que consagrou às representações míticas do arco-íris na bacia amazônica, esse autor frisa que, segundo seus informantes, a cobra Boyusu se manifesta de dia na forma do arco-íris e à noite na forma de uma mancha negra na Via Láctea (1925, pp. 182-3). A contrapartida noturna do arco-íris seria, pois, a não presença da Via Láctea num ponto em que ela deveria normalmente estar, ou seja, a equação:

b) arco-íris $=$ Via Láctea$^{(-1)}$

que confirma a precedente.

Após essas explicações preliminares, admitir-se-á mais facilmente que, embora o texto de M_5 não o diga especificamente, a mãe das doenças seja transformável em arco-íris. Em relação às doenças, ambos estão igualmente qualificados, já que ambos constituem a sua causa. O episódio final do mito reforça essa hipótese. Lembramos que os irmãos da mulher culpada cortam-lhe o corpo em dois pedaços e jogam um deles num lago a leste, o outro num lago a oeste.[20] Vimos que os Timbira relacionam as duas pontas do arco-íris a duas cobras, e esse aspecto "dual" do arco-íris ocupa um lugar importante nos mitos sul-americanos, seja de forma simples ou de uma forma ela própria desdobrada: "Os Katawishi distinguem dois arco-íris, Malawi a oeste e Tini a leste. Eram dois irmãos gêmeos... Tini e Malawi causaram o dilúvio que inundou toda a terra e matou todos os vivos, menos duas jovens, que salvaram para serem suas companheiras. Não convém fitar nenhum dos dois. Olhar para Malawi é condenar-se a ficar indolente, preguiçoso, azarado na caça e na pesca. Olhar para Tini torna o homem tão desajeitado que ele não pode dar um passo sem tropeçar e ferir os pés em todos os obstáculos do caminho, nem pegar um instrumento cortante sem se cortar" (Tastevin, 1925, pp. 191-2).[21] Os Mura também acreditavam que existiam dois arco-íris, um "superior" e outro "inferior" (Nim., 1946-59b, v. III, p. 265). Assim como os Tukuna, que distinguiam o arco-íris do leste e o do oeste; ambos demônios subaquáticos, respectivamente dono dos peixes e dono da argila de cerâmica (Nim., 1946--59c, v. III, pp. 723-4). A segunda associação é comentada por Tastevin (loc. cit., pp. 195-6). Além disso, os índios da Guiana relacionam diretamente a argila de cerâmica e as doenças: "Estão convencidos de que a argila só pode ser extraída durante a primeira noite da lua cheia [...] Nessa noite, há grandes reuniões, e na manhã seguinte, os indígenas retornam às suas aldeias com enormes provisões de argila. Acreditam firmemente que recipientes feitos com argila extraída em qualquer outro momento não só teriam

---

20. Na Guiana, para se defender da cobra mítica camudi, que matava sua vítima asfixiada com suas emanações malcheirosas, agia-se do mesmo modo: "Por isso, nunca se viaja só... É preciso que sejam, sempre, pelo menos dois, para que, se o buio... atacar um, o outro possa, com seu cabelo ou um ramo de árvore, bater e cortar o ar que fica entre o companheiro e o monstro" (Gumilla, 1791, v. 2, p. 148).

21. Essa última crença também foi verificada no Chaco (Grubb, 1911, p. 141).

Tocata e fuga 329

tendência a rachar, como também provocariam várias doenças naqueles que deles comessem" (Schomburgk, 1922, v. 1, p. 203; no mesmo sentido, cf. Ahlbrinck, 1931, art. "orino").

Detenhamo-nos um momento nessas concepções amazônicas. Os dois arco-íris são os donos dos peixes — animais aquáticos — e da argila de cerâmica, que também é um modo da água, visto que os mitos tukuna sempre deixam claro que é extraída do leito dos rios (Nim., 1952, pp. 78, 134), o que, aliás, é confirmado pela observação etnográfica: "Em todos os riachos da terra tukuna encontra-se, em maior ou menor abundância, argila de cerâmica plástica e de boa qualidade" (ibid., p. 46; cf. também Schomburgk, loc. cit., v. 1, pp. 130, 203). A extração dessa argila é rigorosamente proibida às mulheres grávidas.

A heroína bororo é o contrário de uma mulher grávida, na medida em que é mãe de uma criança bem nova. Como o arco-íris ocidental dos Tukuna, ela assume — ou, antes, usurpa — o papel de dona dos peixes. Mãe desnaturada, ela abandona o filho num galho (e, portanto, em posição exterior, ao contrário de uma mulher grávida, cujo filho está no interior) e provoca sua transformação em cupinzeiro, terra dura e ressecada, inverso da argila maleável e úmida dos riachos. Ao mesmo tempo que se une fisicamente à água, para alimentar-se dos peixes mortos que flutuam à deriva, ela separa o céu e a terra, o que o mito indica de dois modos: a criança que estava numa árvore, em situação elevada, se polariza em forma terrena, e assume essa função terrena no modo da secura, dado que é pela secura e pela dureza que a argila dos cupinzeiros se opõe à do ceramista. Lembramos que, nos mitos jê, os pedaços de cupinzeiro são um dos recursos alimentares da humanidade ainda no estado de natureza; ao contrário, a argila de cerâmica constitui uma das matérias-primas da cultura. Finalmente, já opostas em relação à terra e à água, ao seco e ao úmido, à natureza e à cultura, as duas argilas também o são com respeito ao cru e ao cozido. Os pedaços de cupinzeiro de que os homens se alimentavam no estado de natureza eram crus, já que eles não conheciam o fogo. A terra de cerâmica tem de ser cozida. Quanto a isso, a teoria kayapó do arco-íris está a meio caminho entre a dos Bororo e a dos Tukuna. Para os Gorotire, o arco-íris é o "grande forno da terra" onde a mulher de Bepkororoti, dono da tempestade (M_{125}), cozinha sua mandioca. Inversamente, a mãe das doenças bororo consome os peixes crus.

É curioso que todos esses fios soltos do mito bororo de origem das doenças levem a um mito toba (M_{137}), em que se unem, mas numa meada tão confusa que seria demasiado longo, e arriscado, tentar desembaraçá-la. Nesse mito, o herói cultural aparece como um dono dos peixes egoísta e Raposa declara-se simultaneamente seu rival e seu sucessor. Para puni-lo por essa petulância, o arco-íris provoca um dilúvio. Raposa se refugia num galho de árvore e se transforma em cupinzeiro, que os homens destroem. Como consequência disso, eles são ameaçados por uma epidemia (Métraux, 1946, pp. 137-8). As doenças, o arco-íris, a água e o cupinzeiro estão aqui declaradamente ligados.

Concentrar-nos-emos no mito bororo, já que a hipótese de sua codificação astronômica latente também pode ser validada de outro modo. Naquele mito, a heroína se manifesta sob dois aspectos. Em primeiro lugar, é uma má nutriz, que abandona o filho para mais facilmente se empanturrar de peixe; em seguida, exsuda os peixes pelo corpo todo, na forma de doenças que matam grande quantidade de humanos.

Ora, caracterizamos anteriormente o sariguê por duas modalidades comparáveis àquelas que acabam de ser invocadas. A sarigueia, dizíamos, é uma boa nutriz e fede. Dando a essas duas modalidades as notações (1) e (2) respectivamente, obtém-se a transformação da sarigueia na heroína bororo, com a dupla condição:

$$(1) \rightarrow (-1)$$
$$(2) \rightarrow (2^n)$$

Dito de outro modo, a heroína bororo é uma sarigueia cuja modalidade positiva se transforma em seu inverso e cuja modalidade negativa é elevada a uma potência indeterminada, mas alta. É uma sarigueia cujo fedor (que se torna mortal para toda a humanidade) passa a excluir a virtude nutriz.

Isso dito, é ainda mais notável que os índios da Guiana chamem o arco-íris de *yawarri*, "sariguê" (*Didelphys* sp.), "devido ao pelo avermelhado

Tocata e fuga

desse animal, que para eles lembra a cor do arco-íris" (Roth, 1915, p. 268). Qualquer que seja a fonte — talvez indígena — dessa racionalização, percebe-se que ela se mantém na superfície das coisas.[22] A sarigueia é marcada pela ambiguidade. Como nutriz, ela está a serviço da vida. Como ser fedorento ou podre, ela antecipa a morte. Basta fazer variar esses atributos antitéticos em sentido inverso para obter um valor limite do sariguê, que se confunde com o valor, normal, do arco-íris, por sua vez assimilado à cobra. Voltaremos a esse aspecto do problema num trabalho ulterior.

Por enquanto, constatamos que a codificação astronômica enriquece certos mitos com uma dimensão suplementar, e torna-se possível, considerando-os sob esse aspecto, articulá-los a outros mitos, cuja codificação declaradamente astronômica mostra, assim, não ser fortuita. Fazendo variar em sentido inverso os valores semânticos do sariguê, obtém-se sua transformação em arco-íris. E já sabemos que ao fazê-los variar, igualmente em sentido inverso para uma e para outra, mas em direções opostas, obtém-se a transformação da sarigueia em estrela. Com efeito, a estrela esposa de um mortal é uma "supernutriz" (doadora das plantas cultivadas), e nada fedorenta, já que é uma segunda sarigueia — ou a mesma, mas depois de um estupro ter alterado sua natureza — que, como introdutora da vida breve, assume toda a carga da função negativa:

---

22. O valor semântico atribuído a esse cromatismo é ainda mais curioso na medida em que o nome norte-americano do sariguê, "opossum" (*Didelphys virginiana*, Kerr), é derivado de um dialeto indígena da Virgínia, em que a palavra "apasum" significa "o animal branco". Os índios delaware chamam o opossum de *woap/ink*, que tem exatamente o mesmo sentido (Mahr, 1962, p. 17). É tentador comparar essa inversão de valores cromáticos do sariguê e a que parece às vezes afetar, quando se passa da América do Sul para a América do Norte, as funções simbólicas respectivas do arco-íris e da Via Láctea se não fosse pelo fato de o sariguê da América do Norte ser geralmente cinzento, às vezes branco, e de terem sido encontrados verdadeiros albinos (Carter, 1957, p. 209). Em favor da hipótese de que uma necessidade lógica presidiria à inversão da valência cromática do sariguê, quando se passa da América do Sul à América do Norte, pode-se invocar a mitologia dos índios pawnee, em que o cangambá, e não o sariguê (mas já mostramos que os dois formam um par de oposições), é associado ao arco-íris. Concomitantemente, os mitos pawnee atribuem ao cangambá o poder exclusivo de ressuscitar os mortos, inverso do poder sobre a vida breve, que pertence ao sariguê nos mitos da América tropical (cf. Dorsey, 1904, pp. 71-3, 342).

ESTRELA:	SARIGUEIA:	ARCO-ÍRIS:
($f$máxima) $\longleftarrow$ f nutriz	$\longrightarrow$ ($f$negativa)
($f$negativa) $\longleftarrow$ f fedorenta	$\longrightarrow$ ($f$máxima)

Ora, os Xerente, que silenciam sobre a função nutriz da mulher-estrela (= planeta Júpiter, M93), reforçam consideravelmente a outra função num mito construído a partir do mesmo esquema, onde um homem-estrela (= planeta Vênus) ocupa, assim, um lugar exatamente intermediário entre o da sarigueia estelar (todos os outros Jê) e o do sarigueia meteórica (Bororo):

M138 XERENTE: O PLANETA VÊNUS

Vênus (personagem masculino) vivia entre os homens com forma humana. Seu corpo era coberto de úlceras malcheirosas, sempre cobertas de moscas barulhentas. Todos tapavam o nariz quando ele passava. Não o deixavam entrar nas casas.

Waikaura foi o único que recebeu o infeliz, ofereceu-lhe uma esteira nova para sentar-se e interrogou-o delicadamente. Vênus explicou que estava perdido.

Waikaura pediu água quente para lavar as feridas e insistiu em fazê-lo dentro da cabana, e não fora, como queria o hóspede. Até mandou vir sua filha virgem, e fez Vênus sentar-se sobre as suas coxas nuas. Graças a esses cuidados, o visitante ficou curado.

Ao cair da noite, ele perguntou a Waikaura: "O que você deseja?". E, como o outro não entendia, ele explicou: "Viver ou morrer?". Porque o sol estava irritado com os homens, que matavam uns aos outros e sacrificavam até crianças pequenas. Vênus aconselhou seu benfeitor a se preparar para partir, em segredo. Mas, antes, ele devia matar uma pomba (*Leptoptila rufaxilla*).

Quando Waikaura voltou da caça, Vênus disse que tinha se aproveitado de sua ausência para violentar a filha virgem e se disse disposto a pagar uma compensação. Mas Waikaura não aceitou nada.

Com a carcaça da pomba, Vênus fez uma arca, em que Waikaura se instalou com os seus, enquanto Vênus subia ao céu num grande turbilhão. Podia-se ouvir ao longe o estrondo das águas, que logo invadiram a aldeia. Aqueles que não morreram afogados pereceram de frio e de fome (Nim., 1942, pp. 91-2).

Tocata e fuga

Esse mito requer duas ordens de considerações.

Em primeiro lugar, e como indicamos acima, M_{138} se aproxima de M_5 amplificando ao extremo a função negativa da sarigueia.[23] Mas há uma diferença. Em M_5, o mau cheiro se manifestava em direção ao exterior: sob a forma de doenças, atingia os outros e não o próprio sujeito. Ocorre o inverso em M_{138}, já que Vênus só incomoda seus próximos devido à doença da qual ele é vítima. Ora, apenas a primeira fórmula exprime — metaforicamente — a realidade zoológica: o sariguê não é afetado por seu próprio mau cheiro, que tampouco resulta de um estado patogênico. Constata-se, portanto, que o mau cheiro, externo antes de ser interno, supõe uma "sarigueia" (cf. M_5 e a série jê sobre o tema da estrela, esposa de um mortal), ao passo que o mau cheiro interno antes de ser externo implica uma transformação fêmea → macho, com inversão correlativa de todos os termos. Em lugar de uma virgem, visitante celeste, M_{138} apresenta uma virgem, anfitriã terrestre, cujas funções, complacentemente descritas pelo mito, formam uma espécie de quiasma com as de uma mãe que amamenta: a estrela feminina de M_{87} a M_{92} era nutriz, ativa; a jovem de M_{138} é uma enfermeira, passiva. O papel da primeira se estendia num sentido metafórico; ela "nutria" os homens impondo-lhes à força o uso das plantas cultivadas. O papel da outra transcorre na contiguidade, ela faz o doente sentar-se sobre suas coxas nuas.

Mas isso não é tudo. A mulher-estrela, virgem violentada, tornava-se agente da sujeira, introdutora da morte. Em M_{138}, o ser celeste muda de sexo e de função: já sujo pelas úlceras que lhe cobrem o corpo, ele se torna violentador de uma virgem e salva a vida de seus protegidos. Finalmente, a mulher-estrela mata seus aliados por meio de uma água interna quanto à origem ou o destino: poção venenosa administrada ou saliva letal expectorada; e ela poupa os outros homens. Vênus masculino mata os outros homens por meio de uma água externa (o dilúvio) e poupa seus aliados.

---

23. Note-se que os Bororo, ao contrário, parecem associar o planeta Vênus à beleza física (*EB*, v. I, p. 758).

334 *Parte IV*

Em segundo lugar, fomos levados a M_{138}, que, como acabamos de ver, pertence ao grupo "casamento da estrela" (M_{87} a M_{92}), por intermédio do mito de Asaré (M_{124}), embora este mito apresente, à primeira vista, muito poucos pontos comuns com os outros. Esse procedimento será justificado retroativamente, se pudermos demonstrar que existe um conjunto, de que o grupo de Asaré e o grupo de Estrela constituem dois subconjuntos. Isso é possível por meio de um mito krahô que aparece justamente como interseção dos dois:

M139 KRAHÔ: HISTÓRIA DA AUTXEPIRIRE

Um homem era traído pela esposa; assim, ele resolveu abandoná-la e ir para longe. Levou os filhos e a filha, que era a mais jovem de todos. Ao chegarem à mata, todos se transformaram em veados para andar mais depressa, mas a menina não conseguiu se metamorfosear. Eles encontram o ogro Autxepirire, pescando com timbó, e os homens se transformam em mergulhões para roubar-lhe os peixes. A menina novamente não consegue se transfigurar, e aproxima-se imprudentemente do ogro, que a vê, apaixona-se por ela e a pede em casamento. O ogro quer uma pintura tão bonita quanto a de sua noiva, e os homens lhe dizem que para isso ele deve ser assado num moquém. O ogro concorda, e morre queimado.

A moça percebe que tinha esquecido uma cabaça [outra versão: uma pulseira] perto do moquém e volta para pegá-la. Ela remexe as cinzas e pega um pedaço do pênis do ogro, que está ressuscitando naquele momento. Ela foge, e o monstro a persegue.

Há dois rios no caminho. Ela os atravessa um após o outro, levada por um jacaré, que aceita carregá-la, contanto que ela o insulte logo que chegar à margem (*sic*). Apesar de suas promessas, ele começa a correr atrás dela, para comê-la. A heroína se refugia junto à ema e depois com os marimbondos, que a escondem em sua casa. Finalmente, ela alcança sua família, e todos escapam com muitas dificuldades dos espíritos canibais autxepirires que os atacam na árvore em que eles se refugiaram. Eles conseguem cortar a corda pela qual os perseguidores sobem. Estes caem e se transformam em caranguejos.

Novamente perdida e abandonada, a menina chega à aldeia das seriemas, dos urubus e dos urubus-reis. Ela se esconde perto de uma fonte e quebra, com cusparadas, todas as cabaças com as quais os pássaros vêm pegar água (cf. M_{120}). Por vingança, os pássaros se reúnem e a submetem a um estupro coletivo, sem pouparem nem os olhos, nem as orelhas, nem as narinas, nem o espaço entre os dedos do pé. Amortecida pelo tratamento, a jovem morre, e os animais a cortam em pedaços. Cada um deles pega um pedaço de sua vulva e o pendura numa vara, pronunciando palavras mágicas. Imediatamente, todos os pedaços crescem e cobrem o teto da casa. O gavião, que foi o primeiro a servir-se, ficou com uma casa bonita, mas o pedaço do urubu continuou pequeno e duro (cf. M_{29}, M_{30}) (Schultz, 1950, pp. 144-50; Pompeu Sobrinho, 1935, pp. 200-3).

Não tentaremos fazer uma análise completa desse mito, de que fornecemos apenas um resumo bastante sucinto. Interessa-nos nele sobretudo o fato de ser, de certo modo, transversal a outros mitos já conhecidos, e recortá-los em vários pontos. A primeira parte é uma transformação evidente do mito de Asaré. Ambos iniciam com o deslocamento horizontal de um grupo familiar, seguido de um incidente cujo pretexto é fornecido pela água (M_{124}) e pelo fogo (M_{139}). Asaré, herói masculino, perde-se ao procurar uma flecha; sua homóloga feminina de M_{139} tem o mesmo destino ao procurar uma cabaça ou uma pulseira. Ambos atravessam rios em que encontram jacarés. À página 272, fornecemos a regra que permite transformar esse episódio no do encontro com o jaguar, no grupo M_7 a M_{12}. Uma nova transformação dá conta das particularidades desse encontro em M_{139}:

M_7 a M_{12} } um jaguar	oferece ajuda ao herói,	contanto que seja respeitosamente tratado	eixo vertical: alto-baixo
M_{124} } um jacaré {	nega ajuda ao herói;	por isso é desrespeitosamente tratado	} eixo horizontal: água-terra
M_{139}	oferece ajuda à heroína,	contanto que seja desrespeitosamente tratado (!)	

Note-se que as exigências do jacaré de M_{139}, absurdas no plano sintagmático, tornam-se coerentes de um ponto de vista paradigmático, já que cor-

336 *Parte IV*

respondem a uma permutação dos elementos da terceira célula, que, por hipótese, deve ser diferente das duas outras permutações.[24]

A segunda parte de M_{139}, por sua vez, é uma transformação, de um lado, do mito de origem *das mulheres*, como o demonstra a conclusão, que recobre exatamente a de M_{29} e M_{30}, e de modo apenas ligeiramente menos literal, a dos outros mitos desse grupo (M_{31}, M_{32}); e, de outro, do mito de origem *da mulher*: estrela que desce à terra (M_{87} a M_{92}), ou fruto apodrecido metamorfoseado (M_{95}, M_{95A}). Mas, aqui também, a transformação repousa numa tripla inversão. Em M_{139}, a mulher é dada de saída — tão completa e totalmente humana que não consegue, como o pai e os irmãos, adotar uma forma animal — e regride, apenas no final do mito, ao estado de coisa podre. O mito evoca, portanto, a perda da mulher e não sua origem. Além disso, essa perda está relacionada a animais (pássaros), ao passo que alhures o aparecimento das mulheres beneficiava humanos. Compreende-se assim por que esse mito da perda da mulher respeita a lógica procedendo a uma terceira inversão, a do episódio final de M_{29}, em que cada pedaço da primeira mulher, colocado *dentro* das casas, engendrava uma esposa para um homem, uma dona de casa, ao passo que aqui esses mesmos pedaços pendurados *fora* das casas engendram apenas telhados novos, guardiões inertes da casa.

Consequentemente, respeitando-se as transformações que foram assinaladas, M_{139} toma a metade de sua armação emprestada do mito de Asaré (M_{124}) — rapaz que escapa da água e, portanto, da podridão, e é subsequentemente transformado em estrela — e a outra metade dos mitos tupi-tukuna (M_{95}, M_{95A}) relativos a uma fruta podre transformada em mulher (que também escapa da podridão). E descobre-se que, colocados

---

24. Numa versão karajá obscura e fragmentária, o jacaré exige que a heroína ceda a seus desejos, mas ela consegue enganá-lo (Ehrenreich, 1891, pp. 87-8). Esse grupo, que também existe na América do Norte, comporta outras transformações. Para nos limitarmos aqui apenas à América tropical: um jacaré pede ao herói que o insulte para poder devorá-lo (tembé, Nim., 1915, p. 209); acusa-o de tê-lo insultado para poder devorá-lo (kayapó, Métraux, 1960, p. 31); é efetivamente insultado pelo herói quando não pode mais devorá-lo (mundurucu, Murphy, 1958, p. 97) etc. Os problemas de conjunto colocados pelo "barqueiro suscetível" serão tratados num outro volume, em relação aos exemplos norte-americanos.

em sequência, esses dois fragmentos recompõem a armação dos mitos relativos a um corpo celeste transformado em humano (macho ou fêmea), sob a condição de ser tomado pela podridão. O que fica patente com a mera inspeção do esquema à esquerda, que evidencia: 1) a simetria invertida de M124 e M139; 2) sua propriedade aditiva por meio de uma inversão de sinal, já que as estruturas I e V, adicionadas uma à outra, restituem o domínio global das estruturas II, III e IV.

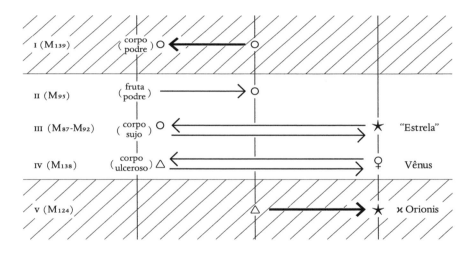

18. Sistema dos mitos relativos à encarnação de uma estrela.

4. Peça cromática

Os MITOS RELATIVOS A UM personagem sobrenatural, que põe à prova a generosidade dos humanos sob o aspecto de um velho, um enfermo ou um miserável, são conhecidos de um extremo ao outro do Novo Mundo. Para nos limitarmos à América tropical, tais mitos existem desde a Colômbia e o Peru (Davila, 1918, pp. 125-7) até o Chaco. Já deparamos com um mito (M107) dos índios choco, cujo herói coberto de chagas incuráveis é Lua e se encontra entre uma esposa malevolente e uma jovem compadecida (Wassen, 1933, pp. 110-1). Num mito toba correspondente, o herói é um cão sarnento recolhido por uma família caridosa, que ele salva do dilúvio como agradecimento (Lehmann-Nitsche, 1924-25a, pp. 197-8). Essas variantes confirmam a equivalência introduzida à página 333:

$$(\textit{Mau cheiro}) \left[\text{exterior} : \text{interior} \right] :: \left[\text{fêmea} : \text{macho} \right]$$

Pode-se dar a razão disso?

A mãe das doenças do mito bororo (M5) se manifesta durante uma expedição coletiva de pesca de um tipo conhecido como tinguijada.Consiste em sufocar os peixes lançando na água pedaços grosseiramente socados de plantas de várias espécies, em geral cipós (Dahlstedtia, Tephrosia, Serjania, Paullinia etc.), cuja seiva dissolvida impede, por razões provavelmente físicas, a alimentação de oxigênio do aparelho respiratório. Distinguem-se duas categorias de venenos de pesca, chamadas respectivamente "timbó" e "tingui". Convencionaremos designar todos os venenos de pesca pelo termo "timbó", que é o mais frequentemente empregado.

Não está definitivamente comprovado que a pesca com timbó seja, no Brasil Central, uma ocupação puramente masculina, cabendo às mulheres carregar o peixe até a aldeia, para evitar que os pescadores percam a sorte na pesca. Esta última regra parece ser imperativa na Guiana (cf. M28). No que se refere mais especificamente à pesca com timbó, as mulheres poderiam também estar excluídas das funções ativas, como sugerem as seguintes indicações, relativas aos Mundurucu: "Os homens encarregados de envenenar a água sobem o rio, enquanto os outros homens, com as mulheres e as crianças, ficam rio abaixo esperando a chegada dos peixes atordoados, carregados pela corrente". E, mais adiante: "As mulheres usam redes para recolher os peixes, os homens arpoam-nos com flechas de pesca ou espancam-nos" (Murphy, 1960, p. 58).

A esse respeito, o mito bororo contém uma indicação curiosa. O texto indica que a pescaria ocorreu na véspera do assassinato da avó, e que, naquele dia, os índios trouxeram seus peixes e os comeram. Só no dia seguinte as mulheres foram até o rio buscar o restante dos peixes mortos, e é por ocasião dessa conjunção das mulheres com a água que a heroína, em vez de carregar os peixes até a aldeia como suas companheiras, os devora no local e, ao voltar à aldeia, exala as doenças. Se nossa hipótese de uma divisão sexual do trabalho durante a pesca com timbó estiver correta, decorrerá que, em M5, o aparecimento das doenças deve ser relacionado a uma violação das proibições.[25] Mas antes de prosseguirmos, é necessário abrir um parêntese.

Os Kayapó-Gorotire têm um mito de origem das doenças, diferente do mito bororo, em que está presente o motivo da pesca com veneno. Esse

---

25. A pesca com timbó, tal como é praticada pelos Bororo, é muito frutífera. Mas os peixes têm de ser imediatamente preparados, ou apodrecem, e seria então perigoso consumi-los. Quando estão longe da aldeia, os indígenas moqueiam o que pescam com tanta arte que o conservam em bom estado durante vários dias (Colb., 1919, p. 26). Mas isso nem sempre acontece, tanto que é dito acerca dos Oayana da Guiana Francesa (e muito mais no espírito do mito bororo): "O peixe moqueado conserva-se mal e pode provocar graves intoxicações, observadas principalmente algum tempo depois das grandes pescarias com veneno, que às vezes se parecem com grandes epidemias de disenteria e acarretam mortes" (Hurault, 1963, p. 89).

Peça cromática

mito (M140) fala de um pássaro aquático (garça) capturado e domesticado, cuja natureza misteriosa se manifesta durante a tempestade: cai um raio, que faz ferver a água do tanque arrumado para o pássaro num pilão velho, e o pássaro fica rodeado de fumaça, sem se incomodar. Pouco depois, mulheres que esperam à beira da água para pegar os peixes mortos que os homens envenenam rio acima percebem o pássaro pousado num galho. Repentinamente, ele se lança na direção delas, não fere ninguém, mas as mulheres morrem "como o peixe envenenado". É a origem das doenças. O pássaro akranré é especialmente responsável pela ancilose que acompanha a malária e pelos desabamentos de terra (Banner, 1961, p. 137). Em gorotire, a palavra *kapremp* designa tanto as doenças quanto os desmoronamentos (Banner, 1957, pp. 61-2). Os índios da Amazônia, por sua vez, atribuem ao arco-íris não só as doenças, como também os desmoronamentos de encostas (Tastevin, 1925, p. 183).

Por mais obscuro que seja esse mito, devido à falta de variantes e à ausência de contexto etnográfico, pode-se pressentir que sua armação repousa numa dupla equivalência: de um lado, entre a água (fervente) conjugada ao fogo e a água (espumante devido à seiva do timbó) conjugada ao veneno mortal; e do outro, entre o veneno "que mata sem ferir" e a doença. Essa interpretação pode se apoiar na assimilação, feita pelos Guarani mais ao sul, entre a doença, substância depositada no corpo humano, e o fogo, substância depositada na madeira, como afirmam os Kayowá-Guarani, que consideram a febre como prova dessa concepção (Schaden, 1955, p. 223).

Seria arriscado avançar mais na análise do mito, que levanta um problema etnográfico delicado. Com efeito, a atribuição das encostas erodidas e privadas de vegetação à ação destruidora de um pássaro sobrenatural se encontra palavra por palavra entre os Iroqueses. "A Águia ('Dew-Eagle') é tão terrível que suas asas escondem o sol e, quando pousa, cava com suas garras grandes sulcos no solo e deixa barrancos à sua passagem" (Fenton, 1953, p. 114).

Ora, do ponto de vista das qualidades médicas, a águia iroquesa é simétrica à garça kayapó; esta mata, aquela cura. É especialmente interessante notar que, para especificar a natureza das doenças a que se refere o mito kayapó e aproximá-las dos despenhadeiros, Banner emprega as palavras "convulsões e fenômenos semelhantes" (1957, p. 62), ao passo que, entre os Iroqueses, a dança da Águia serve principalmente para tratar das "convulsões, que simbolizam o modo como a águia alça voo" (Fenton, 1953, p. 114).

Tudo isso poderia ser pura coincidência, se não se constatasse, além disso, que o mito kayapó pode ser interpretado como uma transformação, simples e direta, do mito iroquês fundador da dança da águia.[26] Este mito (M141) refere-se a um jovem caçador que se abriga numa árvore oca e é transportado por uma águia para além das brumas e nuvens, para o céu. Como ele aceita servir de ama para os filhotes da águia — cortando em pequenos pedaços a caça trazida pela águia com sua faca de sílex —, ela resolve finalmente levá-lo de volta para junto dos homens, aos quais o herói ensina os ritos da dança (id. ibid., pp. 80-91). Assim teríamos o grupo de transformações:

M140 {	a garça conjunta à água,	levada por um homem e colocada num tronco oco (cheio de água)	à aldeia (disjunção água → terra);	fogo (céu) conjunto à água pela fumaça (quente)
M141 {	a águia conjunta ao fogo (céu),	leva um homem colocado num tronco oco (cheio de ar)	para longe da aldeia (disjunção terra → céu);	fogo (céu) disjunto da terra por brumas e nuvens (frio)

M140 {	as mulheres no rio, transformadas em cúmplices de um assassinato (pegam os peixes que não mataram);	as mulheres sucumbem à doença;	garça assassina
M141 {	o homem no céu, transformado em ama (corta a caça que não matou);	o homem vence a doença;	águia curandeira

Mas isso não é tudo. Embora nenhuma variante comprovada do mito kayapó tenha sido colhida entre os outros Jê, ele apresenta semelhanças incontestáveis com outros mitos apinayé e timbira, relativos a uma ave

---

26. Não seria este, aliás, o único exemplo de mito de estilo iroquês colhido em pleno Brasil Central: ver o mito mundurucu de origem do tabaco em Kruse, 1951-52, v. 46, p. 918.

Peça cromática   343

de rapina sobrenatural (ou duas) que captura os homens para comê-los ou corta-lhes a cabeça com um golpe de asa. Na versão apinayé (M142), os pássaros são mortos pelos gêmeos míticos Kenkuta e Akreti depois de eles terem se imposto o isolamento (trata-se de um mito fundador de uma fase do ritual de iniciação), e em condições muito particulares: eles sobem um rio, banham-se e depois se estendem sobre um tronco grosso caído transversalmente. No dia seguinte, o avô, preocupado com o desapareci-mento deles, parte à sua procura, primeiro rio abaixo, e então rio acima, onde finalmente os encontra. Os irmãos dizem que ficarão deitados sobre o tronco, e o avô constrói ao lado uma armação de galhos cuja plataforma emerge ao nível da água. Todos os dias, ele coloca alimento sobre ela. Foi assim que os irmãos ficaram grandes e fortes (Nim, 1939, pp. 171-2). Numa outra versão, a armação de galhos é substituída por uma palafita (C. E. de Oliveira, 1930, pp. 74-5), alhures, pelo protótipo da casa dos homens (Pompeu Sobrinho, 1935, p. 192). De qualquer modo, o motivo parece ser uma transformação da árvore oca (iroquês) e do pilão cheio de água (kayapó):

M_{140} {	árvore oca, água interior	conj. vertical: céu $\longrightarrow$ água	heroínas ambíguas (mães assassinas)
M_{141} {	árvore oca, ar interior	disj. vertical: terra $\nrightarrow$ céu	herói ambíguo (homem alimentador)
M_{142} {	árvore cheia, água exterior	disj. horizontal: rio abaixo $\nrightarrow$ rio acima	heróis ambíguos (crias heroicas)

M_{140} {	disjunção horizontal: rio acima $\nrightarrow$ rio abaixo	garça assassina
M_{141} {	conjunção vertical: céu $\longrightarrow$ terra	águia curandeira
M_{142} {	disjunção vertical: céu $\nrightarrow$ terra	águias (mais) assassinas

O tronco oco aparece, assim, como um mediador, ou entre a água e o céu (M_{140}), ou entre a terra e o céu (M_{141}), enquanto o tronco cheio desempenha o mesmo papel entre a terra e a água (M_{142}).

344 *Parte IV*

VOLTEMOS AGORA AO MITO bororo de origem das doenças (M5), cujos detalhes adquirem toda a sua significação quando comparado àqueles relativos à origem do timbó:

M143 MUNDURUCU: ORIGEM DO VENENO DE PESCA

Havia uma vez um homem que nunca era bem-sucedido na caça. Ele trazia para a mulher só inhambus (cf. M16 e p. 228), cujo caldo é amargo. Um dia, ele ouve um comentário desagradável da mulher, e se embrenha na floresta, onde encontra um bando de micos (*Cebus* sp.) [crianças transformadas em macacos]. Tenta capturar uma fêmea, depois um macho, agarrando-os pelo rabo, mas os macacos se jogam sobre ele, matam-no e devoram-no inteiro, deixando apenas uma perna. Então eles tomam a forma humana e vão presentear a viúva com a perna do marido. Mas ela não se deixa enganar pelos visitantes que querem convencê-la de que no cesto há apenas carne de caça comum. Ela reconhece a perna, não revela nada, e foge com a filha.

Perseguida pelos macacos, ela encontra sucessivamente uma cobra venenosa, uma aranha e todos os bichos da floresta, mas nenhum deles quer ajudá-la. Finalmente, uma formiga dirige-a a uma rã mágica [o feiticeiro Uk'uk, assim chamado porque canta "uk'uk" durante a noite], que protege as fugitivas com seu corpo, arma-se com arcos e flechas e mata os macacos e os outros animais que se preparam para comer as infelizes.

Depois de terminar a carnificina, a rã ordena à mulher para limpar as vítimas, colocá-las para moquear e queimar as peles. Havia tantas, que a mulher ficou completamente enegrecida de fuligem. A rã manda-a lavar-se no rio, recomendando-lhe que permaneça voltada para rio acima e não olhe para trás.

A mulher obedece, e a sujeira que lhe cobria o corpo deixa a água preta. A sujeira age como o timbó: os peixes sobem à superfície e morrem, depois de agitarem as caudas três vezes. O barulho surpreende a mulher, que se vira para ver de onde ele vem. Imediatamente, os peixes ressuscitam e fogem. Nesse meio tempo, a rã chega para pegar os peixes mortos. Não vê nenhum, interroga a mulher, e esta confessa o erro. A rã lhe diz que, se ela tivesse obedecido, os índios teriam sido dispensados de sofrer pegando cipós selvagens na mata.[27] Os peixes morreriam mais facilmente, envenenados pela sujeira que as mulhe-

---

27. Essa precisão é indispensável, pois além dos cipós selvagens, os Mundurucu utilizam um arbusto que cultivam em suas plantações [Murphy, 1960, pp. 57-8; Frikel, 1959, p. 12. Tocantins (1877, 122-3) já havia notado o cultivo de *Paullinia pinnata* pelos Mundurucu].

Peça cromática   345

res soltassem durante o banho (Murphy, 1958, pp. 112-3; Kruse, 1946-49, p. 618). Acerca desta última versão, cf. infra p. 363, n. 38).

M144 VAPIDIANA: ORIGEM DO VENENO DE PESCA

Uma mulher entregou o filho para uma raposa criar. Como a criança chorava muito, a raposa se desfez dela, entregando-a a uma anta. Quando o menino cresceu, a anta casou--se com ele. Logo ela engravidou, e pediu ao marido que a matasse a flechadas e tirasse a criança de seu cadáver. Ele obedeceu, e descobriu que, sempre que lavava a criança no rio, os peixes morriam. Quando a criança morreu por sua vez, transformou-se em timbó-ai-yaré, de onde se extrai o veneno de pesca (Wirth, 1943, pp. 260-1).

Uma versão muito mais rica do mesmo mito provém de uma outra tribo guianense:

M145 AREKUNA: ORIGEM DOS VENENOS DE PESCA AZA E INEG

Como não suporta mais o choro do filho, uma mulher o abandona, para que a raposa o comesse. A raposa o recolhe, cria-o e o alimenta, mas uma anta o rouba. A criança cresce, totalmente coberta de carrapatos, que são as pérolas da anta.

Quando cresce, a anta toma-o por marido. Ela lhe ensina o significado diferente que as coisas e os seres têm para as antas: a cobra venenosa é uma chapa para assar beijus, mas o cão é uma cobra venenosa...

A anta, grávida, arrasa a plantação dos parentes do marido. Em seguida, ela diz ao marido que vá visitá-los, aconselhando-o a manter a união em segredo. O rapaz é caloro-samente recebido, mas todos se espantam ao vê-lo coberto de carrapatos. Ele diz que se perdeu na floresta.

No dia seguinte, descobrem a plantação devastada e os rastros da anta. Resolvem matá-la. Então o rapaz confessa que ela é sua mulher, e que está grávida. Podem matá--la, mas sem atingir o ventre, somente a axila, a cabeça ou as pernas. Ele pede à mãe que siga os caçadores, para extrair a criança do corpo do bicho assim que ele morrer.

Como o herói também havia anunciado, a mãe constata que, sempre que lava a criança no rio (em segredo, seguindo a recomendação do filho), os peixes morrem em grande quantidade. Assim, ela lava a criança sempre que falta comida.

346   *Parte IV*

Mas os aliados (maridos das irmãs) do herói ficam intrigados com essa misteriosa abundância, e mandam crianças espionar a sogra. Desse modo, descobrem o segredo da velha. A partir de então, o banho e a coleta dos peixes mortos ocorrerão em público, com a ajuda de todos.[28]

Assim, os pássaros piscívoros ficam sabendo que o banho da criança garante uma pesca milagrosa. O pássaro tuyuyu (*Mycteria mycteria*) pede ao pai que lave o filho para eles, e sugere que o banho seja feito não num rio, mas numa lagoa ao pé de uma queda d'água, onde o peixe é mais abundante. O pai amedrontado protesta: "Vocês vão matar meu filho!". Mas o pássaro insiste tanto que o pai, vencido pelo cansaço, juntamente com o filho e toda a família, vai inspecionar a lagoa.

Lá encontram os pássaros, que marcaram encontro nesse local. Constata-se que a lagoa está cheia de peixes. O pai manda o filho mergulhar, mas ele fica com medo da água profunda e ameaçadora. O pai insiste; o filho, ultrajado, se joga na água, mergulhando várias vezes seguidas. Então o pai lhe diz: "Basta, filho! Já há muitos peixes mortos. Agora volte". Mas o menino, irritado, não obedece. Os peixes mortos se acumulam. Finalmente, o nadador sobe numa pedra no meio da lagoa e se deita de bruços sem dizer uma palavra. Estava com frio, pois havia se jogado na água queimando de raiva e coberto de suor. E, enquanto os homens e os pássaros estão ocupados pegando os peixes, ele morre em silêncio. Durante um de seus mergulhos, Keieme — que é o arco-íris, na forma de uma grande cobra-d'água — o tinha ferido com uma flechada. Keieme é o avô dos pássaros aquáticos; a porta de sua morada subterrânea se encontrava no fundo da lagoa onde ocorrera a pesca fatal.

Kulewente (é o nome do pai), amargurado, culpa os pássaros pela morte do filho, e instiga-os a vingá-lo. Um após o outro, os pássaros tentam mergulhar até o fundo da lagoa, mas não conseguem. Depois deles, os pássaros terrestres e os quadrúpedes também falham.

Restam apenas três pássaros (um galináceo, *Grypturus* sp. e dois mergulhões, *Colymbus* sp.), que se mantêm à distância, pois não haviam pedido nada ao pai e, portanto, não tinham a menor responsabilidade quanto à morte do rapaz. Apesar disso, eles concordam

---

28. É exatamente isso o que o mito diz, e não há razão alguma para seguir Koch-Grünberg, quando propõe corrigir a lição do informante: "A velha convidou todos os parentes a colher os peixes..." por "A velha convidou... a comer..." (loc.cit., p. 71, n. 1).

em intervir, mergulham e matam Keieme no fundo da água. Com um cipó amarrado em volta do pescoço, os homens e os animais conseguem içar o monstro à terra. Limpam-no e cortam-no em pedaços, que são repartidos. Dependendo do tipo e da cor do pedaço que cabe a cada um, os animais adquirem o grito, as particularidades anatômicas, os pelos ou as penas que a partir de então serão característicos de cada espécie.

Kulewente coloca o corpo do filho num cesto e vai embora. A avó pega o cesto e parte. Do cesto escorregam o sangue e depois as carnes decompostas, dando origem ao timbó, de onde se extrai o veneno de pesca. Os ossos e as partes sexuais deram a variedade fraca, e o resto do corpo, a variedade forte. A avó finalmente se transformou em ave pernalta, comedora dos vermes que os homens utilizam como isca na pesca (K.G., 1916, pp. 68-76).

Eis uma outra versão guianense:

M146 ARUAK: ORIGEM DO VENENO DE PESCA

Um dia, um velho que gostava muito de pescar levou o filho para o rio. Em todos os lugares em que o menino nadava os peixes morriam. Mesmo assim, eram comestíveis.

O pai recorria cada vez mais ao filho, e os peixes resolveram matá-lo. Mas não ousavam aproximar-se dele dentro da água. Então pensaram em aproveitar o momento em que o menino, como de costume, se deitava numa árvore caída para tomar sol.[29] Lá os peixes o atacaram e a raia feriu-o mortalmente. O pai levou o filho para a floresta. Antes de expirar, o menino chamou a atenção do pai para as estranhas plantas que nasceriam nos lugares em que seu sangue tivesse molhado a terra; e anunciou que as raízes dessas plantas iriam vingá-lo (Brett, 1880, p. 172).

O motivo do veneno de pesca gerado pela sujeira de uma criança também está documentado na mitologia dos Guarani meridionais (Cadogan, 1959, p. 81). Inversamente, os Tukuna contam a história (M146A) de uma virgem fecundada por uma raiz de timbó, que se torna mãe de uma criança que, colocada na água, mata os peixes. Os Tukuna, aparentemente, tiveram no passado o costume de lavar ritualmente as jovens púberes com uma solução de timbó, para garantir pescas abundantes (Nim., 1952, pp. 91-2).

---

29. Como a pedra de M145, este tronco deve ser aproximado do de M142.

348   *Parte IV*

A complexidade desses mitos irá obrigar-nos a discuti-los por fragmentos e a adiar a análise da terceira parte de M_{145} (origem da plumagem, da pelagem e do ruído de cada espécie animal).

Começaremos estabelecendo que, apesar de uma fabulação diferente, esse mito pertence ao mesmo grupo que o mito mundurucu de origem do timbó (M_{143}). A transformação se faz por intermédio de um curioso mito amazônico, certamente proveniente da margem esquerda do rio Negro:

M147 AMAZÔNIA: HISTÓRIA DE AMAO

Era uma vez uma jovem virgem, chamada Amao. Fecundada fortuitamente por um peixe que havia penetrado em sua vulva, ela deu à luz um menino. O bebê tinha dois meses, quando um dia ela foi pescar peixes pequenos e deixou-o sobre uma pedra. Por volta do meio-dia, voltou para buscá-lo. Ele estava morto.

Ela chorou a noite toda. De manhã, a criança começou a falar e lhe explicou que os animais a tinham matado de medo. Se a mãe quisesse se defender de suas perseguições, teria de defumá-los com um fogo de resina, até que virassem pedras.

Ao cair da noite, Amao enterrou o filho. À meia-noite, todos os animais tinham virado pedras, exceto a cobra grande, a raia, o porco-do-mato e a anta, que tinham ido para o lado da cabeceira do rio onde a criança morrera.

Amao foi até lá, espancou o porco-do-mato e a anta, esquartejou-os e jogou a carne no riacho, deixando apenas uma coxa de cada animal, que colocou sobre a pedra, onde se petrificaram.

Em seguida, ela laçou a cobra grande e a raia, que nadavam no fundo da água. Com a resina, transformou-as em pedra.

Depois ela voltou, para ensinar aos seus a culinária e as artes da civilização. Então, desapareceu, ninguém sabe para onde (Amorim, 1926, pp. 289-90).

Pelo motivo da criança deitada sobre uma pedra à beira da água e morta por animais hostis (entre os quais, a cobra grande), esse mito se liga ao grupo M_{144} a M_{146}. Pelo motivo da culinária, que aqui se desdobra em anticulinária (mas enegrecedora como a outra) e culinária verdadeira (e até então desconhecida), liga-se a M_{143}.

Peça cromática 349

Chega-se ainda mais perto de M₁₄₃ com um pequeno mito amazônico (M₁₄₈) que conta como o curupira, espírito do mato, matou um caçador, tirou-lhe o fígado e o levou, como se fosse carne de caça, para a mulher da vítima, cuja aparência havia assumido. Ela ficou desconfiada e fugiu com o filho. A mãe e o filho colocaram-se sob a proteção de uma rã, que besuntou uma árvore com a resina extraída de seu corpo. Tentando subir na árvore, o curupira ficou colado e morreu (Barbosa Rodrigues, 1890, pp. 63-74).

O autor a quem devemos esse mito descreve alhures os curiosos hábitos do sapo arborícola canauaru (na verdade, uma rã, *Hyla venulosa* segundo Schomburgk, 1922, v. 2, pp. 334-5): "Este bactracio para se aninhar ajunta a resina do breu-branco (*Protium heptatyllum*) e com ella faz uns cylindros, que dentro são infundibuliformes, nos quaes deposita os ovos. Pelo furo que fica no centro, sobe a água e n'ella elles se conservam. Acreditam que esses ninhos são feitos de resina própria do sapo, pelo que é conhecido por *Cunauaru icica* ou resina de cunauaru. Empregam contra dores de cabeça, em fumigações" (Barbosa Rodrigues, 1890, p. 197, n. 1).

Essas explicações são oferecidas como comentário a um mito (M₁₄₉) que remete diretamente ao grupo do desaninhador de pássaros (M₁, M₇-M₁₂). Um homem solteiro tinha relações proibidas com a cunhada. O marido, que era meio feiticeiro, pegou uma arara pela cauda e a colocou na cavidade de um tronco. Depois convenceu a mulher a pedir o pássaro ao seu rival, para que ela pudesse criá-lo. O homem subiu na árvore, mas foi pego pela "coisa ruim" — um espectro. Pediu socorro ao irmão, em vão, e se transformou em sapo cunauaru (loc.cit., pp. 196-7).

Seria ainda mais tentador explorar essa via de retorno na medida em que existe um mito arekuna (M₁₄₉ₐ) da vida breve, cujo herói é um desaninhador, não de pássaros, mas de rãs. No momento de ser capturado no alto de uma árvore, o batráquio leva o homem a nado para uma ilha, onde o abandona ao pé de uma árvore, da qual o infeliz não pode se afastar, tão pequena é a ilha, apesar de os urubus cobrirem-no de excrementos. Vênus e a Lua se recusam sucessivamente a ajudá-lo. O Sol concorda, aquece-o, lava-o, veste-o e lhe dá uma de suas filhas em casamento. Mas o homem a engana com uma filha dos urubus. Por causa disso, sua juventude e sua beleza terão curta duração (K.G., 1916, pp. 51-3).

350   *Parte IV*

Para não sobrecarregar a exposição, deixaremos por aqui esse paradoxal desaninhador de batráquios que perde a juventude eterna por ter ce-
dido, como o desaninhador de araras de M9, ao doce chamado da podridão.
Percorrendo rapidamente o grupo de mitos "de rã", tínhamos na verdade
um único objetivo: estabelecer a realidade de uma série paraculinária cujos
termos são a fumaça de resina, a fumaça preta de uma culinária muito
gordurosa, a sujeira do corpo humano e o timbó. Para que essa série se
feche sobre si mesma, basta admitir que a "rã" de M143 é o cunauaru. A
rã do mito mata os animais perseguidores com flechadas. O cunauaru
projeta, à distância de um metro, uma secreção cáustica e inodora, que,
em contato com a pele, provoca o aparecimento de uma bolha que deixa
a derme exposta (Chermont de Miranda, 1942, art. "Cunauaru"). Ele é,
portanto, ao mesmo tempo um produtor de resina e de veneno.[30]

Voltemos ao veneno de pesca, cuja origem o mito vapidiana (M144)
retraça de modo bastante esquemático. Apesar (ou por causa) de sua po-
breza, essa versão é preciosa, pois fornece um intermediário entre o mito
mundurucu de origem do timbó (M143) e um outro, de que se possuem
inúmeras versões (mundurucu, tenetehara, tupari, apinayé, kayapó, krahô,
ofaié, toba, tacana etc.): o da amante do tapir, e com mais frequência das
mulheres que se tornaram amantes do Tapir. Seu(s) marido(s) descobre(m)
o segredo, mata(m) o Tapir e castiga(m) a ou as mulheres, fazendo com que
ela ou elas coma(m) o pênis do Tapir, ou usando-o para matá-la(s), enfiando
brutalmente o membro cortado em sua vagina.

Ora, é apenas por referência a esse mito que se pode interpretar o mito
mundurucu de origem do veneno de pesca. Sua simetria aparece imedia-

---

30. "Quando se pega esse animal, suas orelhas secretam um líquido esbranquiçado. Passei
um pouco dele, inadvertidamente, no rosto, para espantar insetos, e senti a pele queimar.
No dia seguinte, as marcas tinham ficado pretas e, alguns dias mais tarde, toda a pele saiu"
(Schomburgk, 1922, v. 2, p. 335). De Goeje (1943, pp. 48, 127-8) teve o mérito de perceber que o
cunauaru coloca um problema. Mas não compreendeu as razões que explicam que o animal
mítico seja dono da caça e que o animal real seja utilizado como talismã para a caça. Essas
razões supõem toda a problemática indígena do veneno. Cf. pp. 363-ss, 413-ss. Em favor disso,
compare-se M143 com os dois mitos guianenses "de cunauaru", in Roth, 1915, pp. 213-5, por
sua vez, variantes de M177, de que trataremos adiante (p. 403).

Peça cromática   351

tamente em suas respectivas conclusões. O mito de origem do veneno de pesca faz deste um substituto (poderíamos dizer um *ersatz*) da sujeira física de uma mulher louca por culinária — e não por seu corpo, como a amante do Tapir. De fato, a heroína de M143 despreza o marido devido a reclamações culinárias, e é uma empresa culinária imoderada que causa sua sujeira. No ciclo do Tapir sedutor, as mulheres adúlteras são afastadas dos maridos por um erotismo excessivo, que o animal satisfaz melhor. Sua sujeira é moral, como mostra a expressão do informante indígena, que qualifica a amante do tapir, em seu português ingênuo, de "sem-vergonha muito suja" (Ribeiro, 1951, p. 134). Mesmo entre nós, ainda hoje, o linguajar popular trata tais mulheres de "sujeira". Ora, as mulheres entupidas de tapir (por baixo ou por cima, dependendo da versão) se vingam transformando-se em peixes. Meio vegetal de pesca em alguns mitos (M143), tornam-se seu objeto animal em outros.

Entremos agora em detalhes. Os dois tipos de mito se correspondem com precisão. O marido de M143 é um mau caçador. As amantes do tapir negligenciam a cozinha e os filhos. Na versão mundurucu do mito do tapir sedutor (M150), a heroína tem tanta pressa de se encontrar com o amante que se esquece de amamentar o bebê. A criança se transforma em pássaro e sai voando.[31]

Por outro lado, como compreender, em M143, o episódio do marido envergonhado, que encontra um bando de macacos e sobe na árvore para tentar pegar uma fêmea pela cauda, enquanto ela exclama: "Largue, ela é frágil!", e então agarra a cauda de um macho, que se vira e lhe morde o nariz, sem se referir ao tapir sedutor que as mulheres encontram no banho (mundurucu, kayapó; apinayé com transformação tapir → jacaré), ao pé de uma árvore (krahô) ou chamando-a do alto de uma árvore (tupari), sobre

---

31. Compare-se a M5:

$\left\{\begin{array}{l}\text{M150: mulheres transformadas em peixes; mãe (água)/criança (céu)}\\ \text{M5: peixes ["transformados"] em mulher; mãe (água)/criança (terra)}\end{array}\right.$

Lembramos também que, em M5, o sedutor da mulher de Baitogogo é um homem do clã do tapir.

cujo enorme pênis tantas versões insistem? Para validar essa interpretação, basta considerar a espécie a que pertencem os macacos, em M_{143}. São, diz o mito, "macacos-prego", nome que se explica pela ereção constante de seu pênis, cuja extremidade é achatada como a cabeça de um prego. Quanto à indecência, o macaco-prego é, portanto, homólogo do tapir, como confirmam as glosas indígenas: os Tupari, que não tiram o estojo peniano, especialmente estrito, nem no banho, comparam os civilizados, que tomam banho nus, expondo o pênis, "a antas e macacos" (Caspar, 1953, p. 209).

Os homens, assassinos do tapir, fazem as mulheres ou as crianças consumirem sua carne; ou servem o pênis à mulher culpada (M_{150} a M_{155}). Os macacos, assassinos do marido, cortam-lhe a perna e a oferecem à mulher à guisa de carne de caça (M_{143}); como que para melhor cercar o sentido próprio, essa transposição metafórica se segue a outras três: macaco fêmea agarrada pela cauda "frágil demais", macaco macho que recebe o mesmo tratamento e reage mordendo o nariz do caçador... No ciclo do tapir sedutor, as mulheres se separam dos homens, tornando-se peixes no fundo da água (M_{150}, M_{151}, M_{153}, M_{154}), ou fundando uma aldeia distante (M_{155}, M_{156}). No caso do mito mundurucu sobre a origem do timbó (M_{143}), elas tentam fugir, na terra, dos macacos e outros animais da floresta que as perseguem. A mulher de M_{143} deixa de ser o timbó que mata os peixes; por causa de seu erro, volta a ser a mulher cujo papel se limita a recolher os peixes que ela não mata. As amantes do tapir querem ser peixes; mas, pescadas pelos homens, transformam-se novamente em mulheres.

Não é surpreendente que um mito de origem do timbó seja construído por inversão de um mito de origem dos peixes. Estes são um alimento e inclusive um alimento excepcionalmente abundante quando pescados com timbó,[32] que um mito mundurucu situa claramente no limiar do campo semântico que agrupa todos os produtos alimentares — meio de obter alimento, sem ser ele próprio um alimento:

---

32. "A eficácia dessa técnica de pesca é notável. Minha mulher e eu participamos de uma pescaria [...] que reunia cem pessoas originárias de diversas aldeias. A quantidade de peixes mortos chegou a duas toneladas" (Murphy, 1960, p. 59).

Peça cromática

M157 MUNDURUCU: ORIGEM DA AGRICULTURA

Antigamente, não havia nem roças, nem plantas cultivadas.

Uma velha era atormentada pelo jovem sobrinho, que tinha fome e pedia alimentos agrícolas, que ainda não existiam.

Ela mandou limpar e queimar um pedaço de floresta e ensinou aos homens tudo o que ali cresceria: milho, batatas, cana-de-açúcar, bananas, mandioca-doce, cará, macaxeira, melão, caju, ingá, feijão... E ela disse quando colher, como cozinhar e como temperar cada planta.

Mas ela disse que o timbó (veneno de pesca) era venenoso e não podia ser comido. Os homens deviam arrancá-lo, amassá-lo na água e convidar todo mundo para comer os peixes mortos que, eles sim, podiam ser comidos.

Então ela mandou que a enterrassem na roça, e de seu corpo brotaram todas as plantas... [Murphy, 1958, p. 91. Uma versão bastante diferente do mesmo mito, in Kruse, 1946--49, pp. 619-21; 1951-52, pp. 919-20, será discutida num outro contexto (*Mitológicas* 2)].

O veneno de pesca é, portanto, incluído na categoria dos alimentos vegetais; mas é, digamos assim, um alimento incomestível. Ora, existem entre os Ofaié duas variantes do mito relativo à união de um ser humano e uma anta, que apresentam um interesse especial, porque estão, mais diretamente do que as outras, ligadas a temas alimentares e vegetais e porque, entre uma variante e a outra, os sexos dos parceiros respectivos se encontram invertidos.

Numa delas (M158), trata-se de um jovem que se casa com uma mulher anta, com quem tem uma filha (versão bem próxima, portanto, da dos Vapidiana, M144). Ele volta para viver junto dos seus, explicando-lhes que, graças às antas, eles poderão, como ele, se fartar de alimentos prodigiosos (o que remete aos mitos guianenses M114 a M116, em que o tapir é dono da árvore da vida). Mas as mulheres não suportam a presença das antas, que saqueiam as roças e sujam os caminhos. São agricultoras muito meticulosas (nas versões tacana, é o homem que se mostra um gourmet muito exigente; cf. Hissink e Hahn, 1961, p. 297). Abatidos, o homem e sua família anta desaparecem. A humanidade ficará para sempre privada do alimento prodigioso (Ribeiro, 1951, pp. 128-9).

A segunda versão (M_{159}) evoca o tempo em que os homens apenas caçavam, cabendo exclusivamente às mulheres todo o trabalho agrícola. Mas uma mulher não cuidava de sua roça e rejeitava o marido. Este resolveu vigiá-la e descobriu uma pocilga de anta cheia de excrementos bem no meio da plantação. Lá, todos os dias, a mulher se encontrava com um amante, e parecia mais preocupada em satisfazê-lo com boa culinária do que com carícias. Auxiliado pelo irmão, o marido matou o tapir, cujo pênis a mulher conseguiu guardar, para seu prazer solitário. Mas ela foi descoberta, sua cabana foi queimada enquanto ela tomava banho, e o pênis virou cinza. A mulher morreu de melancolia (loc.cit., pp. 133-5).

A primeira versão termina, portanto, com uma denegação alimentar, a segunda, com uma denegação sexual. Consideremos mais de perto o aspecto alimentar, nas versões em que aparece melhor.

Os mitos vapidiana e arekuna de origem do veneno de pesca contam como uma substância incomestível (embora faça parte da categoria dos alimentos) e vegetal chegou até os homens.

A primeira versão ofaié conta como um alimento vegetal prodigioso, supremamente comestível, foi negado aos homens.

Os mitos de origem dos peixes contam como os homens obtiveram um alimento animal e comestível, por sua vez função de um alimento vegetal incomestível (o timbó), que permite obter o outro em quantidades prodigiosas.

Como qualificar, então, o mito mundurucu de origem do timbó? Este não é retirado, mas deixado; a denegação afeta um veneno supremo, a sujeira feminina, que se distingue do outro por características muito particulares: é de origem animal, pois provém do corpo humano, e sua causa é ao mesmo tempo cultural, já que a sujeira em questão é a de uma mulher em seu ofício de cozinheira.

Quanto ao aspecto alimentar, os mitos que estão sendo comparados podem, portanto, ser classificados por meio de quatro oposições:

	M144, M145: origem do timbó	M158: perda do alimento prodigioso	M143: perda do timbó prodigioso	M150 etc.: origem dos peixes
Comestível / incomestível	–	+	–	+
Animal / vegetal	–	–	+	+
Cultural / natural	–	–	+	–
Obtido / negado	+	–	–	+

Além do aspecto alimentar, todos esses mitos também apresentam um aspecto sexual. Assim como no resto do mundo, as línguas sul-americanas mostram que os dois aspectos estão estreitamente ligados. Os Tupari exprimem o coito por locuções cujo sentido próprio é "comer a vagina" (*kümä ka*), "comer o pênis" (*ang ka*) (Caspar, 1953, pp. 233-4). O mesmo acontece em mundurucu (Strömer, 1932, p. 133). Os dialetos kaingang do sul do Brasil possuem um verbo que quer dizer indistintamente "copular" e "comer"; em certos contextos, pode ser necessário completar "— com o pênis", para evitar a anfibologia (Henry, 1941, p. 146). Um mito cashibo (M160) conta que, assim que foi criado, o homem pediu para comer; e o sol lhe ensinou como semear ou plantar o milho, a bananeira e outras plantas comestíveis. Então o homem perguntou ao próprio pênis: "E você, o que quer comer?". O pênis respondeu: "O sexo feminino" (Métraux, 1948, pp. 12-3).

Contudo, é interessante notar que, nos mitos supracitados, o código sexual fica aparente apenas em suas referências masculinas: pênis do tapir, explicitamente designado e fartamente descrito. Quando as referências são femininas, o código sexual passa ao estado latente e se dissimula sob o código alimentar: meio de pesca (timbó), objeto de pesca (peixe), obtidos; alimento prodigioso, ou peixe prodigioso, perdidos...

Para compreender essa ausência de paridade entre os dois códigos, é preciso levar em conta um fato etnográfico. Em sua vida sexual, os índios do Brasil se mostram especialmente suscetíveis aos cheiros do corpo feminino. Os Tupari acreditam que o odor vaginal de uma velha causa dores de cabeça no parceiro masculino, ao passo que, isolado, o de uma jovem é inofensivo (Caspar, 1953, p. 210). Diante de uma fruta podre e cheia de vermes, Mair, o demiurgo urubu, exclama: "Isso poderia dar uma mùlher bonita!", e a fruta se transforma imediatamente em mulher (Huxley, 1956, p. 190). Num mito tacana, o jaguar desiste de violentar uma índia depois de farejar sua vulva, cujo cheiro é para ele parecido com o de carne podre (Hissink e Hahn, 1961, pp. 284-5). Um mito mundurucu já citado (M58) conta que, depois que os animais fizeram uma vagina para as primeiras mulheres, o tatu esfregou todas com um pedaço de noz podre; daí seu cheiro característico (Murphy, 1958, p. 79).[33]

Voltamos assim a encontrar, dessa vez em termos de código anatômico, o mau cheiro e a podridão, que, como já estabelecemos, conotam a natureza por oposição à cultura. E a mulher é em todo lugar natureza, mesmo entre os Bororo matrilineares e matrilocais, onde a casa dos homens, estritamente proibida para o sexo oposto, desempenha o papel de santuário para a vida religiosa, ao mesmo tempo que apresenta a imagem da sociedade das almas, para os vivos.

Assim como no estado de natureza a humanidade se alimentava de madeira podre, portanto de um alimento incomestível; assim como o veneno de pesca — também da ordem do alimento incomestível — pode ser o equivalente de uma sujeira infantil, se a criança é originária da conjunção direta de um homem com um animal, isto é, com a natureza, ou da sujeira feminina, se esta for de origem culinária, resultado de uma conjunção direta da mulher com a cultura; do mesmo modo o mau cheiro é a manifestação natural, sob forma incomestível, da feminilidade, cuja outra manifestação natural — o leite — apresenta o aspecto comestível. O odor vaginal é, portanto, a contrapartida da função nutriz: sendo-lhe anterior, apresenta sua imagem invertida e pode ser considerado como sua causa, já que a precedeu no tempo. O código anatômico e fisiológico restitui, desse modo, um esquema lógico que se nos apresentou primeiramente em termos de código culinário, de acordo com o qual o sariguê, congruente à podridão que os homens consumiam antes da introdução

---

33. Certamente pela mesma razão, um mito warrau encarrega o bunia, pássaro fedorento (pp. 253-ss), de fabricar vagina da primeira mulher (Roth, 1915, p. 131). Inversamente, o demiurgo Macunaíma deu gosto às frutas da palmeira inajá (*Maximiliana regia*), originariamente insípidas, esfregando-as em seu pênis (K.G., 1916, pp. 33-ss).

Peça cromática

da agricultura, podia estar na origem desta última (p. 252).[34] Mas trata-se, nesse caso, de uma sarigueia virgem. De fato, é ao se tornar mãe que a mulher é comparável à sarigueia nutriz. Ao adentrar a vida sexual, simplesmente cheira mal.

Tudo isso é implicitamente afirmado pelo mito bororo de origem das doenças (M_5). Vimos que a jovem heroína, gulosa de peixe, introdutora da morte, é transformável em "serigueia", cujos atributos fizemos variar levando-os ao limite (p. 330). Sob esse aspecto, ela reproduz a avó morta, que envolvia o neto em gases intestinais e assim cumpria a função de cangambá (cf. p. 243). Esta última assimilação é corroborada indiretamente pelo mito de Asaré (M_{124}) e pela simetria que este apresenta com o mito do desaninhador de pássaros (M_1), que pertence ao mesmo grupo que M_5. O cangambá com seus peidos mortíferos também aparece em mitos toba e mataco (Métraux, 1946, pp. 128-9; 1939, pp. 22-3). Ele origina a morte num mito ofaié (M_{75}).

Demonstramos o paralelismo dos animais prestativos que intervêm em M_1 e M_{124}. Naquela ocasião, notamos que, em cada um dos mitos, surge por último um quarto personagem, que não é mais um simples animal e sim um parente: avó em M_1, que age positivamente, dando um bastão mágico ao herói; tio em M_{124}, que age negativamente, matando o jacaré com seu fluido deletério, pois esse tio é um cangambá. Entre um mito e o outro, observa-se, portanto, uma transformação:

a) $^{(M_1)}$ avó prestativa (humana) $\longrightarrow$ $^{(M_{124})}$ tio prestativo (animal = cangambá)

E, como demonstramos igualmente que M_1 e M_5 são simétricos entre si, não é surpreendente que, por intermédio de M_{124}, se verifique agora a transformação:

b) $^{(M_1)}$ avó prestativa (humana) $\longrightarrow$ $^{(M_5)}$ avó hostil (humana =- cangambá)

---

34. Note-se que, nas versões krahô do mito de Estrela (M_{89}), esta, violentada e suja, envenena os cunhados culpados, com sua saliva ou com uma infusão de casca de árvore, preparado análogo ao timbó.

358 *Parte IV*

Isso posto, percebe-se que, em seus dois episódios sucessivos, o mito de origem das doenças ilustra as duas maneiras concebíveis, para uma mulher, de não se comportar como mãe: uma maneira física quando se trata de uma avó, mulher que passou da idade de procriação; e uma maneira moral, quando se trata de uma jovem já mãe, cujo apetite ávido leva a desdenhar o filho. Uma mata metonimicamente com seus peidos (parte do corpo), a outra, com as doenças que exsuda metaforicamente, na impossibilidade de evacuar o alimento ingerido. Por mais diferentes que sejam, essas duas soluções dizem respeito a uma única demonstração: tire-se a maternidade da feminilidade e restará o mau cheiro.

O QUE PRECEDE é apenas um novo modo de efetuar a "prova do sariguê" (pp. 234-51). Voltaremos agora ao mito arekuna, para encará-lo sob outros aspectos, que, aliás, irão conduzir-nos sempre ao mesmo ponto, ou quase.

Comecemos por considerar um detalhe que, por uma via diferente daquela que tomamos, permitirá consolidar o grupo do "tapir sedutor". Nem é preciso dizer que esse grupo mereceria um estudo à parte, que não pode ser feito aqui, onde nos contentamos com esboçar-lhe os contornos.[35]

---

35. Assim, para elucidar a função semântica da "raposa" de M_{144} e M_{145}, será necessário construir um grupo que explore de modo contrapontístico, apesar de sua aparente simplicidade, um número considerável de oposições: recluso/excluso; alimentado/antialimentado; humano/animal; mãe verdadeira/mãe adotiva; mulher nutriz/ogra; mãe/esposa; cangambá/raposa; timbó/peixe:

M_5 {	criança (1) reclusa	antialimentada por mãe vicariante ≡ cangambá	
	criança (2)		excluída por mãe humana — antinutriz, gulosa de peixe pescado com timbó
M_{144} M_{145} {	criança excluída	alimentada por mãe vicariante ≡ raposa	recolhida por nutriz animal (anta) → esposa, fecundada em timbó para pescar peixes

Depois disso, devemos seguir as transformações da "raposa" desde a Amazônia (cf. M_{109c} em que é uma sarigueia) até o extremo sul do continente, entre os Yamana, onde a raposa, mãe

Peça cromática   359

Quando os índios de M₁₄₅ resolvem matar a anta que devastou suas plantações, o herói — de quem a anta é mulher, ainda por cima grávida — suplica-lhes nestes termos: "Se vocês querem matar essa anta, atirem--lhe uma flecha na axila, mas não no ventre... Vocês podem matá-la, mas não no ventre! Podem atirar na cabeça, ou nas patas, mas não no ventre!" (K.G., 1916, p. 70). Esse esboço de enumeração das diversas partes do corpo que as flechas podem atingir, excluindo apenas uma, traz imediatamente à memória um desenvolvimento análogo de um mito bororo resumido no início deste livro (M₂, 87-8), que já consideramos (p. 279). Para vingar-se do homem que violentou sua mulher, Baitogogo atira-lhe sucessivamente várias flechas, exclamando: "Tome uma ferida no ombro, mas não morrerá! Tome uma ferida no braço, mas não morrerá! Tome uma ferida na coxa, mas não morrerá! Tome uma ferida na nádega, mas não morrerá! Tome uma ferida na perna, mas não morrerá! Tome uma ferida na cara, mas não morrerá! Tome uma ferida nas costas, e morrerá" (Colb. e Albisetti, 1942, pp. 202-3).[36] Ora, lembramos que a vítima é membro do clã do tapir e, portanto, também um "tapir sedutor". Tínhamos anteriormente invocado esse argumento para colocar M₂ (mito de origem da água terrestre e benfazeja) em correlação e em oposição com o mito Kayapó de Bepkororoti (M₁₂₅), que explica a origem da água celeste e maléfica, onde a anta, como animal e como caça, é morta, limpa e cortada, de um modo desajeitado e precipitado, que contrasta com o suplício refinado que M₂ inflige ao homem-tapir. O mito arekuna completa e enriquece essa comparação, já que contém um episódio do mesmo tipo e que, como o mito bororo, coloca em cena uma anta sedutora (fêmea em vez de macho; e um animal em vez de um humano). Em M₁₂₅, por conseguinte, a anta que conserva

---

adotiva de gêmeos oriundos do desdobramento de uma criança abandonada porque chorava sem parar, planeja em seguida comê-los; atitude que os indígenas explicam pelos gostos necrófagos da espécie (Gusinde, 1931-39, t. II, pp. 1141-3).

36. A respeito de outros mitos, Koch-Grünberg (1905, pp. 270-ss) já havia sublinhado o valor tópico desse recurso narrativo. Seria interessante pesquisar se os mitos que ele cita como exemplo, e aqueles que estamos comparando no mesmo sentido, poderiam também formar um grupo. Além disso, encontram-se em Colbacchini (1925, [25], n. 2) vários exemplos de emprego do mesmo recurso no discurso.

360   *Parte IV*

sua natureza animal — e, pode-se dizer, para facilitar a comparação com
M_2 e M_{125}, que sofre uma transformação idêntica (a si mesma) — é vítima
de um assassinato realizado às pressas, ao passo que, em M_2 e M_{145} (que
se opõem entre si duplamente no tocante a macho-fêmea e humano-ani-
mal), a anta é vítima de um assassinato realizado com cuidado, mas com
intenções bastante diversas, já que se trata de feri-la por todo o corpo antes
de matá-la (M_2), ou (M_{145}) de matá-la em qualquer lugar, antes de feri-la
em um ponto determinado (o ventre, onde a criança poderia ser atingida):

$$M_{125} \text{ (tapir} \rightarrow \text{ tapir)} \quad = \quad f \text{ (assassinato às pressas)}$$
$$M_2 \quad \text{ (tapir} \rightarrow \text{ humano)} = \quad f \text{ (assassinato com cuidado : ferir} > \text{matar)}$$
$$M_{145} \text{ (humano} \rightarrow \text{ anta)} = \quad f \text{ (—} \qquad \text{—} \quad \text{—} \qquad \text{: matar} > \text{ferir)}$$

Para justificar esse sistema de equações, precisemos que o homem do clã
tapir de M_2 é redutível a uma "função tapir" assumida por um humano,
ao passo que a anta de M_{145} o é a uma "função humana" (mãe e esposa)
assumida por um animal.

Passemos agora a um segundo aspecto de M_{145} (versão arekuna) e M_{144}
(versão vapidiana): por que a origem do veneno de pesca está ligada ao motivo
do tapir sedutor? Como nos propomos a mostrar que essa ligação supõe uma
concepção muito particular do lugar dos venenos vegetais no sistema dos
seres, introduziremos inicialmente um novo mito, o da origem do curare,
que é um veneno de caça e não de pesca. Provém de uma pequena tribo de
língua karib, que habita o curso médio dos rios Trombetas e Cachorro:

M161 KACHÚYANA: ORIGEM DO CURARE

Era uma vez um jovem solteiro que vivia longe dos seus, numa cabana isolada. Voltando de
uma caçada especialmente profícua, cozinhou sua caça e comeu-a, deixando apenas uma
fêmea guariba (*Alouatta* sp.), que colocou para moquear até o dia seguinte. Depois, foi dormir.

Ao levantar-se, quis comer o macaco antes de partir para a caça, mas teve nojo diante do
corpo de pelos queimados. Ficou furioso: "O que essa macaca está fazendo comigo? Estou
com fome e não posso comê-la!". Mas deixou-a no moquém, e foi caçar.

Peça cromática 361

À noite, jantou o que tinha caçado naquele dia, e disse: "Amanhã vou comer a macaca...". No dia seguinte, repete-se a mesma cena; basta-lhe pousar os olhos na macaca para que passe a vontade de comê-la, de tão gorda e bonita lhe parece. Após um último olhar em direção à macaca, ele suspira: "Se ela pudesse se transformar em mulher para mim!".

A comida estava pronta quando ele voltou da caça: carne, caldo, beijus... E também no dia seguinte, após a pescaria. O índio fica intrigado, investiga, e acaba achando uma bela mulher deitada em sua rede. Ela lhe diz que é a macaca que ele desejou como esposa.

Terminada a lua de mel, o homem leva a mulher para a aldeia, para apresentá-la aos parentes. Depois é a vez de a mulher apresentar o marido aos seus, uma família de macacos, cuja casa fica no alto de uma árvore. A mulher ajuda o homem a subir; no dia seguinte, ela se afasta com os outros macacos. Nenhum deles volta, e o herói, incapaz de descer sozinho, fica preso no topo da árvore.

Certa manhã, passa por lá um urubu-rei. Ele interroga o homem, que lhe conta sua história e explica sua difícil situação. "Espere um pouco!", diz o urubu, forçando-se a espirrar. O ranho que sai do nariz vai até o chão e se transforma em cipó. Mas era um cipó tão fino, que o homem achou que podia se romper com seu peso. Então o urubu chamou o gavião-real, que também espirrou, e seu ranho formou um cipó mais grosso, pelo qual o herói desceu [cf. M_{116}-M_{117}]. Antes de deixá-lo, o gavião-real ofereceu-lhe um meio de se vingar. Ele deveria cortar o cipó, chamado "flecha do gavião-real", prepará-lo de acordo com suas instruções e, depois de ter devidamente invocado seu protetor, devia ir caçar os guaribas.

O homem seguiu as instruções do gavião, e todos os guaribas foram mortos, a não ser um filhote, de que descendem os macacos atuais (Frikel, 1953, pp. 267-9).

Muito poderia ser dito sobre esse mito. De fato, o veneno de caça (e, antigamente, talvez de guerra) dos Kachúyana é extraído de um cipó. Seu preparo exige uma longa abstenção de qualquer contato, direto ou indireto, com o corpo feminino. Por isso, cabe frequentemente a rapazes solteiros. Os indígenas consideram o gavião-real o feiticeiro mais poderoso do além.[37]

---

37. "Lá no alto se encontra toda a ciência do urubu", dizem os indígenas do Suriname, para explicar o lugar ocupado pelo pássaro em seus mitos (Coll, 1907-08, p. 482). As verdadeiras águias (_Aquila_) não existem no Brasil, onde o termo "gavião-real" costuma designar uma das quatro espécies de harpia, duas espécies do gênero _Spizaetus_ (também chamadas de "gavião--pega-macaco"), e _Morphnus guianensis_ e _Thrasaetus harpya_, cuja envergadura pode atingir dois metros (Ihering, art. "Harpia").

362   *Parte IV*

Finalmente, embora o veneno sirva hoje em dia principalmente para caçar macacos cuatás (sua carne é mais apreciada, e eles são consumidos
ritualmente), é com um pincel de pelos de guariba — macacos barbudos
— que os indígenas besuntam suas flechas de veneno (loc.cit. pp. 269-74).
Essa espécie parece ser duplamente marcada em relação ao veneno e à
podridão. Os guaribas são, como os outros macacos, normalmente caçados com flechas envenenadas. Mas, "mesmo gravemente ferido, o bugio
[= guariba] fica pendurado à árvore, com o corpo balançando e suspenso
pela cauda. Dizem que pode ficar assim durante vários dias e que só cai
quando já está meio apodrecido" (Ihering, 1940, v. 33, p. 261). Portanto, é
preciso que o guariba esteja podre para ceder ao veneno, ao contrário da
sarigueia dos mitos jê, que, podre ou suja, se torna ela mesma veneno. De
qualquer modo, para não nos afastarmos de nosso objetivo, que é isolar as
características comuns aos mitos de origem dos venenos vegetais, conside-
raremos apenas alguns aspectos de um problema complexo.

Uma primeira característica salta aos olhos: o veneno sempre provém
de uma sujeira corporal: sujeira feminina (M_{143}), sujeira infantil (M_{144} a
M_{146}), ranho (M_{161}), em que se veem duas espécies de cipó nascerem do
ranho dos pássaros protetores, se bem que, somos obrigados a reconhecê-lo, nada indica que a espécie venenosa tenha a mesma origem. Além
disso, essa sujeira é hiperbólica nos principais mitos. Resulta de uma atividade culinária desmedida (M_{143}), pertence a uma criança duplamente
"natural" (nascida fora do casamento, filho de um bicho: M_{145}), ou a um
pássaro, dono do veneno, cujo ranho é descrito (por oposição ao de um
outro pássaro) como particularmente copioso (M_{161}).

Principalmente, dir-se-ia que, para chegar ao veneno, os mitos devem
todos passar por uma espécie de desfiladeiro cuja estreiteza aproxima sin-
gularmente a natureza e a cultura, a animalidade e a humanidade.

A mulher mundurucu (M_{143}) se coloca sob a proteção de uma rã e ser-
ve-a como cozinheira, isto é, enquanto agente cultural. O herói arekuna
(M_{145}) deixa-se seduzir por uma anta; o herói kachúyana (M_{161}), por uma
macaca. Sempre, a natureza imita o mundo da cultura, mas ao inverso. A
cozinha exigida pela rã é o contrário da dos homens, já que ela manda a

Peça cromática

heroína limpar a caça, colocar a carne no moquém e as peles no fogo, o que significa agir contra o *bom senso*, já que os animais são moqueados com a pele, em fogo baixo.[38] Com o mito arekuna, essa característica de mundo ao contrário fica ainda mais acentuada: a anta cobre o filho adotivo de carrapatos à guisa de miçangas: "Ela os colocou em volta do pescoço dele, nas pernas, nas orelhas, nos testículos, debaixo dos braços, no corpo todo" (K.G., 1916, p. 69); para ela, a cobra venenosa é uma chapa para assar os beijus de mandioca, o cão é uma cobra venenosa... O herói kachúyana fica obcecado com a aparência humana do cadáver moqueado de uma macaca.

Não basta, portanto, dizer que, nesses mitos, a natureza e a animalidade se invertem em cultura e humanidade. A natureza e a cultura, a animalidade e a humanidade, tornam-se aqui mutuamente permeáveis. Passa-se livremente e sem obstáculos de um reino ao outro; em vez de existir um abismo entre os dois, misturam-se a ponto de cada termo de um dos reinos evocar imediatamente um termo correlativo no outro reino, próprio para exprimi-lo assim como ele por sua vez o exprime.

Ora, esse sentimento privilegiado de uma transparência recíproca da natureza e da cultura, traduzido poeticamente pelo comportamento do herói esfomeado de M_{161}, e, no entanto, incapaz de consumir uma caça cuja forma lembra a de uma graciosa esposa que lhe falta, não poderia ser devidamente inspirado por certa concepção do veneno? Entre a natureza e a cultura, o veneno opera uma espécie de curto-circuito. É uma substância natural que, como tal, vem se inserir numa atividade cultural, caça ou pesca, e que a simplifica ao extremo. O veneno ultrapassa o homem e os meios ordinários de que ele dispõe, amplifica seu gesto e antecipa-lhe os efeitos, age mais depressa e de modo mais eficaz. Seria, portanto, compreensível que o pensamento indígena visse nele uma intrusão da natureza na cultura. A primeira invadiria momentaneamente a segunda: por alguns instantes, ocorreria uma operação conjunta, onde suas partes respectivas seriam indiscerníveis.

---

38. Esse episódio falta na versão Kruse, 1946-49 de M_{143}, em que todos os termos se deslocam para o lado da humanidade: os macacos são crianças transformadas, a rã é um feiticeiro com forma humana, mas cujo grito característico revela a verdadeira natureza. Cf. pp. 344-5.

Se interpretamos corretamente a filosofia indígena, o emprego do veneno aparecerá como um ato cultural, diretamente engendrado por uma propriedade natural. Dentro da problemática índia, o veneno definiria assim um ponto de isomorfismo entre natureza e cultura, resultante de sua compenetração.

Ora, esse ser natural que se manifesta sem intermediário no processo da cultura, mas para alterar-lhe o curso, apresenta a própria imagem do *sedutor*, contanto que seja descrito exclusivamente como tal. De fato, o sedutor é um ser desprovido de status social relacionado ao seu comportamento — senão, ele não seria exclusivamente um sedutor —, agindo unicamente em virtude de suas determinações naturais, beleza física e potência sexual, para subverter a ordem do casamento. Por conseguinte, ele também representa a intrusão violenta da natureza no seio da cultura. A partir disso, compreende-se que o veneno de pesca possa ser filho de um tapir sedutor, ou pelo menos de uma sedutora. Pois a sociedade humana, que é antes de mais nada uma sociedade de homens, recusa a paridade entre a sedução de uma mulher por um homem e a de um homem por uma mulher. Se a oposição entre natureza e cultura pode ser superposta àquela entre fêmea e macho, como acontece praticamente no mundo inteiro — e, de qualquer modo, entre as populações aqui consideradas —, então, a sedução de uma humana por um animal macho só pode ter um produto natural, segundo a operação:

a) natureza + natureza = natureza

e, por conseguinte, as mulheres seduzidas por um tapir se tornarão peixes, ao passo que a sedução de um homem por um bicho fêmea satisfaz a operação:

b) cultura + natureza = (natureza ≡ cultura)

com o veneno de pesca como produto: ser misto, de sexualidade ambígua, que o mito arekuna (M_{145}) descreve como uma criança, macho sem dúvida,

Peça cromática

mas cujos testículos ainda não atingiram a maturidade e só geram uma variedade fraca de veneno. Mas as duas operações pertencem a um mesmo grupo, o que ressalta bem do fato de que, na primeira, as mulheres não se tornam um animal qualquer. Como peixes, restabelecem com o timbó uma relação de complementaridade. Elas são a matéria de sua ação.[39]

A técnica da pesca também respeita a complementaridade mítica, já que homens e mulheres cumprem funções distintas. Eles têm um papel ativo, preparam e manipulam o timbó e enfrentam os peixes vivos. O papel delas é passivo; consiste em agrupar-se rio abaixo para esperar a chegada dos peixes mortos, levados pela correnteza, e que as mulheres apenas pegam.[40] Ou seja:

[Plano mítico]   [Plano empírico]

$$
\text{a)} \qquad (\text{M}_{143})\frac{\text{mulheres}}{\text{peixes}} : (\text{M}_{145})\frac{\text{criança macho}}{\text{timbó}} :: \frac{\text{homens}}{\text{timbó}} : \frac{\text{mulheres}}{\text{peixes}}
$$

sendo o quiasma resultante do fato de que, no plano mítico, a transformação das mulheres em peixes é ativamente realizada, a da criança em timbó, passivamente sofrida, ao passo que, no plano empírico, a atividade cabe aos homens e a passividade, às mulheres.

Prova disso é o erro cometido pela heroína mundurucu de M_{143}. Ela teria conservado sua preciosa toxicidade fisiológica, se seu olhar tivesse se fixado rio acima, de modo a que lhe fosse impossível ver os peixes ainda vivos à sua volta — se, portanto, ela tivesse respeitado o princípio da

---

39. Uma estranha crença sobre os hábitos do tapir explica que o veneno de pesca seja seu filho: "Ao encontrar lagoas bem povoadas, deposita lá seus excrementos, mergulha e amassa-os com os pés; os peixes, atraídos, vêm pelo cheiro, comem, ficam tontos, vão para a superfície e viram comida de tapir. Os caboclos, por causa de sua esperteza, esperam-no à beira das lagoas e levam os restos de sua refeição". Diz-se que "seus excrementos, semelhantes aos do cavalo, deixam os peixes, que os apreciam muito, tontos" (Pitou, 1807, v. II, p. 44). Espantoso exemplo de desnaturação do real, sob a influência de um mito incompreendido.

40. Cf., por exemplo, este episódio de um mito mundurucu: "No quinto dia, Perisuát encontrou um casal de jaguares pescando com timbó. O marido estava rio acima, dissolvendo o timbó, enquanto a mulher ficava rio abaixo, para apanhar os peixes" (Murphy, 1958, p. 99; cf. também Kruse, 1946-49, pp. 644-5).

alocação dos lugares de pesca aos dois sexos. É o princípio que ela viola, voltando-se em direção à foz para ver morrer os peixes, já que os homens, que ficam rio acima entre os peixes vivos, olham rio abaixo, ao passo que as mulheres procuram rio acima os peixes mortos que descem com a correnteza. Usurpação de papel que acarreta uma tripla consequência: a transformação do veneno animal em vegetal; de cultural em natural; de bem feminino em bem masculino.

Note-se igualmente que a equação:

[Plano empírico]

b) (homens : mulheres :: rio acima : rio abaixo)

subsiste, à custa de um reforço das duas oposições, no mito arekuna (M_{145}), em que são confrontados, não os homens e as mulheres, mas os humanos e os pássaros piscívoros. Estes estão para os humanos como, na pesca, as mulheres estão para os homens, visto que um outro mito guianense descreve os pássaros aquáticos nos seguintes termos: "Todos os pássaros que atualmente vivem à beira das águas paradas, no lodo, se alimentam de peixe e carne podres" (K.G., 1916, p. 262). O pássaro tuyuyu (nome amazônico do gênero *Mycteria*, chamado jabiru mais ao sul), que desempenha, como embaixador dos pássaros aquáticos, um papel fatal em M_{145}, personifica uma espécie cujos representantes aparecem aos milhares após as cheias, para devorar os peixes, entulhados em tal quantidade que se acredita que, se não fossem os pássaros, a atmosfera seria infectada pela corrupção orgânica (Ihering, 1940, v. 36, pp. 208-9). Os pássaros, que esperam que os peixes morram para comê-los, são, portanto, transformáveis nas mulheres que, na pesca, esperam que os peixes morram (pelo trabalho dos homens) para pegá-los. O episódio em que os pássaros exigem que a pescaria seja feita em águas profundas se explica pela transformação:

c) (homens/ mulheres) : (rio acima/ rio abaixo) :: (humanos/ pássaros) : (rio/ lagoa ao pé da queda)

Esta última equação é importante, pois permite demonstrar que a perda do timbó de origem humana tem a mesma causa em M_{145} e em M_{143}. Neste último, a mulher do timbó perde seu poder, pois se coloca — por culpa sua — em posição masculina. No primeiro, o menino do timbó morre por ter-se colocado — por culpa dos pássaros, transformação das mulheres pescadoras — em posição baixa (ao pé da queda-d'água), côngrua a rio abaixo, que é a posição feminina. Essa inversão de um esquema comum aos dois mitos é acompanhada por uma inversão de suas respectivas conclusões: perda do timbó extraordinário (M_{143}), origem do timbó ordinário (M_{145}).

Voltemos à problemática do veneno. O mito arekuna atribui sua origem à intervenção do arco-íris, e nós sugerimos (p. 326-ss) que a heroína do mito bororo de origem das doenças (M_5), ávida de peixes pescados com timbó, poderia estar relacionada a esse fenômeno atmosférico. Ela é, com efeito, a mãe das doenças, e estabelecemos que, em toda a América tropical, estas são geralmente imputadas ao arco-íris, pelo menos quando assumem forma epidêmica. Trataremos de aprofundar essa concepção.

À diferença da velhice, dos acidentes e da guerra, as epidemias cavam enormes lacunas na trama demográfica. Elas provocam o mesmo efeito que o veneno de pesca, que, como vimos, faz na população dos rios estragos desproporcionais com os resultados que se pode obter por outros meios. Essa conexão entre doença e pesca com veneno não é especulativa, já que fornece o argumento de um mito guianense:

M162 KARIB: ORIGEM DAS DOENÇAS E DO VENENO DE PESCA

Nos tempos antigos, os homens não conheciam as doenças, o sofrimento ou a morte. Não havia brigas. Todos eram felizes. Naquele tempo, os Espíritos da floresta viviam junto com os homens.

Um dia, um deles havia tomado a forma de uma mulher que amamenta seu bebê, e foi visitar os homens, que lhe ofereceram uma comida tão quente e tão apimentada que a mulher sobrenatural ficou queimada "até o coração". Ela logo pediu água, mas sua anfitriã malévola alegou não ter mais. Então o Espírito correu ao rio para matar a sede, deixando o filho na cabana. Assim que saiu, uma mulher má jogou-o na panela que estava no fogo.

Ao voltar, o Espírito procurou o filho por toda parte, e quando, ao passar perto da panela, mexeu instintivamente a comida com uma colher, viu o pequeno cadáver subir à superfície. Coberta de lágrimas, censurou a todos e anunciou que, a partir de então, para que eles chorassem como a haviam feito chorar, seus filhos morreriam. As mulheres também sofreriam as dores do parto. Quanto aos homens, não mais lhes bastaria mergulhar as cabaças no rio para pegar peixes, e enchê-las novamente para que o peixe fosse abundante. A partir de então, teriam de trabalhar, penar e fazer esforços para envenenar as lagoas com raízes. Finalmente, o Espírito da floresta matou a mulher culpada e ofendeu as crianças insultando grosseiramente a memória de sua mãe. Como os Espíritos têm horror desse tubérculo, ele só desapareceu quando a palavra "batata" foi pronunciada (Roth, 1915, p. 179. Para análise desse mito, cf. p. 400-ss).

Nos mitos bororo (M_5) e kayapó (M_{140}) de origem das doenças, é uma aldeia, ocupada numa pescaria coletiva que é vítima, também coletiva, da primeira epidemia. Dois mitos bororo (M_2, M_3) subordinam o surgimento da cultura ao massacre de uma população. Do exame desses dois mitos, inferimos (pp. 89-95) que a passagem da natureza à cultura corresponde, no pensamento indígena, à do contínuo ao descontínuo.

Ora, a problemática do veneno de pesca sugeriu-nos que este se situa, de um ponto de vista semântico, num lugar onde a passagem da natureza à cultura se opera sem solução de continuidade, ou quase. Digamos que na noção que os indígenas têm do veneno de origem vegetal, o intervalo entre natureza e cultura — que sem dúvida existe sempre e por toda parte — encontra-se reduzido ao mínimo. Por conseguinte, o veneno de pesca ou de caça pode ser definido como um contínuo máximo que engendra um descontínuo máximo, ou, se preferirem, como uma união da natureza e da cultura que determina sua disjunção, já que uma diz respeito à quantidade contínua e a outra, à quantidade discreta.

Não é, pois, por acaso que o mito arekuna (M_{145}) de origem do veneno de pesca contém um episódio — ao qual voltaremos e que aqui apenas evocaremos rapidamente — que atribui à fragmentação do arco-íris a descontinuidade anatômica das espécies vivas, isto é, o surgimento de uma ordem zoológica que, como a dos outros reinos, garante à cultura um poder sobre a natureza (Lévi-Strauss, 1962a, 1962b; passim). Sob essa justaposição de temas aparentemente heteróclitos, percebe-se de modo confuso

Peça cromática

o funcionamento de uma dialética dos pequenos e grandes intervalos, ou, para empregar termos apropriados à linguagem musical, do cromático e do diatônico. É como se o pensamento sul-americano, decididamente pessimista por sua inspiração, diatônico por sua orientação, atribuísse ao cromatismo uma espécie de maleficência original, tal que os grandes intervalos, indispensáveis na cultura para que ela exista, e na natureza, para que o homem possa pensá-la, só possam resultar da autodestruição de um contínuo primitivo, cuja força ainda se faz sentir nos raros pontos em que sobreviveu: ou em proveito do homem, na forma dos venenos que veio a comandar; ou contra ele, no arco-íris, que não pode controlar.

O cromatismo do veneno é de ordem ideológica, já que está ligado à noção de um intervalo minúsculo entre a natureza e a cultura. O do arco-íris é empírico e sensível. Mas se, na linha das considerações acima, fosse possível admitir que o cromatismo, como categoria do entendimento, implica a apreensão consciente ou inconsciente de um esquema colorido, certas reflexões de Jean-Jacques Rousseau sobre o cromatismo adquiririam um interesse ainda maior: "Essa palavra vem do grego χρῶμα, que significa *cor*, ou porque os gregos marcavam esse Gênero com caracteres vermelhos ou de cores diversas; ou, dizem os Autores, porque o gênero cromático é intermediário entre os dois outros, assim como a cor está entre o branco e o preto; ou, segundo outros, porque esse gênero varia e embeleza o Diatônico com seus semi-Tons, que produzem, na Música, o mesmo efeito que a variedade de cores produz na Pintura" (*Dictionnaire de Musique*, art. "Cromático").

É praticamente desnecessário lembrar que, como G. Rouget (que colocou de modo magistral o problema do cromatismo primitivo num artigo recente [1961]), tomamos esse termo na acepção bastante ampla de emprego de pequenos intervalos, que recobre o sentido grego e o sentido moderno, diferentes em outros aspectos, e que preserva o significado comum que a palavra "cromatismo" pode ter em música e em pintura. Continuaremos, aliás, citando Rousseau, para mostrar que a concepção sul-americana do cromatismo (inicialmente pensado em termos de código visual) nada tem de estranha ou exótica, já que, desde Platão e Aristóteles, os ocidentais demonstram em relação a ela (neste caso, porém, no plano musical) uma igual desconfiança e lhe atribuem a mesma ambiguidade; associando-a, como os índios do Brasil fazem com o arco-íris, ao sofrimento e ao luto: "O Gênero *Cromático* é admirável para expressar a dor e a aflição: seus Sons reforçados, ao subirem, cortam o coração. Ele não é menos enérgico ao descer; dir-se-ia então ouvir verdadeiros gemidos... De resto, dada a energia do gênero, não deve ser esbanjado. Como os pratos delicados, cuja abundância logo enjoa, fascina quando sobriamente utilizado, e na mesma medida torna-se repugnante quando desperdiçado" (loc.cit.). Ao que Littré, que cita o início do artigo de Rousseau, acrescenta: "Na conversação, o cromático, algo cromático, significa passagem lânguida, fraca, lamurienta" (art. "Cromático").

Cabe lembrar aqui que na Guiana o arco-íris é chamado pelo nome do sariguê. Um raciocínio muito diferente deste que seguimos no momento tinha nos levado a ver, nessa assimilação, o efeito do mínimo intervalo que, no personagem do sariguê tal como os mitos o concebem, distingue funções logicamente opostas: a de doador de vida e a de doador de morte (p. 330). Consequentemente, o sariguê também é, um ser "cromático". Aliás, não é ele que serve veneno a seus sedutores em M89, e é ele mesmo veneno nos outros mitos do mesmo grupo?

Não chegaremos a sugerir que Isolda seja redutível a uma "função sariguê". Mas o fato de a análise dos mitos sul-americanos ter-nos levado a fazer do veneno de pesca ou de caça uma variante combinatória do sedutor, envenenador da ordem social, e que, entre natureza e cultura, ambos tenham aparecido como duas modalidades do reino dos pequenos intervalos, é por demais persuasivo de que o filtro de amor e o filtro de morte são intercambiáveis devido a outras razões além da contingência, e convida a refletir sobre as causas profundas do cromatismo de *Tristão*.

PARTE V

Sinfonia rústica em três movimentos

Mas, além disso, vês bem que não são histórias que muito se assemelhem às fábulas difusas e às vãs ficções que os poetas e outros fabulosos escritores inventam a seu bel-prazer, exatamente como as aranhas que, por si mesmas, sem qualquer matéria ou razão, fiam e tecem suas teias, também se percebe que contêm acidentes e lembranças de alguns inconvenientes: do mesmo modo como os Matemáticos afirmam que o arco-íris é apenas uma aparência de diversa pintura de cor, pela refração de nossa visão contra uma nuvem; também esta fábula é aparência de alguma razão que recua e remete nosso entendimento à consideração de alguma outra verdade.

PLUTARCO, *Ísis e Osíris*, § x

1. Divertimento sobre um tema popular

VOLTEMOS AO MITO de referência e determinemos as coordenadas. Em que ponto estamos?

Estabelecemos que os mitos bororo (M1 e M5) e jê (M7 a M12) pertencem ao mesmo grupo e que é possível passar de um mito a outro por intermédio de certas transformações. A principal dessas transformações se situa no plano etiológico, já que mitos cujo herói é sempre um desaninhador de pássaros apresentam-se, ora como mitos de origem da água (M1), ora como mitos de origem do fogo (M7 a M12). Os Bororo ilustram o primeiro caso; os Jê, o segundo. Vale ainda lembrar que não se trata de um fogo qualquer, nem de uma água qualquer. O fogo é o da fogueira doméstica, e a água, a que apaga as fogueiras domésticas, sob forma de tempestade de chuva.

Essa oposição é recortada por outra. Em todos os mitos, o sucesso do herói no decorrer de uma expedição que o leva, ou ao reino das almas, donas da água (Bororo), ou à casa do jaguar, dono do fogo (Jê), está direta ou indiretamente subordinado a certas precauções em relação ao ruído: não fazer ruído, não ser provocado pelo ruído; digamos, para simplificar, *um comportamento de mutismo* ou um *comportamento de surdez*. Mesmo o mito xerente (M12), de que esse motivo está aparentemente ausente, alude a ele no final, como que por uma espécie de arrependimento: de volta à aldeia carregando carne assada, indagado pelos parentes, o herói *finge que não ouve*, afirmando que a carne foi apenas cozida ao sol (p. 116). Seu comportamento de surdo é simétrico, portanto, ao comportamento de mudo do herói bororo, ao passo que o herói apinayé (M9) ouve bem demais (escuta o chamado da madeira podre), e o do mito timbira (M10) faz muito ruído ao comer. Sob essa perspectiva, a linha de demarcação se desloca e atravessa o grupo jê, colocando de um lado os mitos bororo e timbira (comportamento de mutismo, mais ou menos eficaz), e do outro os mitos apinayé e xerente (comportamento de surdez, também mais ou menos eficaz).

De forma negativa e positiva, todos os mitos se referem à origem do cozimento dos alimentos. Opõem esse modo de se alimentar a outros: o dos carnívoros, comedores de carne crua, e o dos carniceiros, comedores de carne podre. Mas — esta é uma terceira diferença — os mitos evocam várias formas de canibalismo: aéreo (os urubus) e aquático (as piranhas) no mito bororo; terrestre nos mitos jê, mas, então, ora natural, relativo à carne crua (animal carniceiro), ora sobrenatural, e relativo à carne cozida (ogra apinayé).

Após essa esquematização, poderíamos considerar cumprida a nossa tarefa, se não subsistissem duas dificuldades.

Em primeiro lugar, por que os Bororo ligam a origem da tempestade da chuva (o antifogo) às consequências de um incesto e falta o tema correspondente nos mitos jê? Na verdade, o tema não está totalmente ausente, já que o antagonismo entre pai e filho (que, em filiação matrilinear, são aliados) é neste caso substituído pelo antagonismo entre os dois cunhados, um adulto, outro criança. Mas, em vez da inversão direta que se poderia prever,[1] há aqui apenas um enfraquecimento da oposição, que é uma constante do grupo, entre dois homens de gerações diferentes, relacionados através de uma mulher. Esse enfraquecimento deve ser explicado.

Em segundo lugar, como interpretar a estranha conexão, comum a todas ou quase todas as versões, entre o cozimento dos alimentos e a atitude em relação ao ruído?

Na verdade, os dois problemas constituem um único problema, e, assim que se percebe isso, a solução aparece. Para bem conduzir essa difícil demonstração, permitir-nos-emos recorrer a um método pouco ortodoxo, que consiste em deixar de lado nossos mitos brasileiros por um momento, em favor de algumas excursões rápidas ao campo da mitologia geral e do folclore. Esses aparentes desvios serão, na verdade, atalhos.

---

1. Veremos adiante, pp. 383-4, que a inversão existe, mas de forma indireta.

Divertimento sobre um tema popular

Se fosse perguntado ex abrupto a um etnólogo quais são as circunstâncias em que o ruído desordenado é prescrito pelo costume, pode-se apostar que ele imediatamente citaria dois: o charivari da tradição europeia e a algazarra que produzem ou produziam numerosas sociedades ditas primitivas (e também civilizadas), por ocasião de eclipses solares e lunares. Consideremo-las sucessivamente.

A *Enciclopédia* de Diderot e D'Alembert define o charivari do seguinte modo: "Essa palavra [...] significa e descreve o ruído zombeteiro que se faz à noite com frigideiras, panelas, caldeirões etc., diante das portas de pessoas que se casam pela segunda ou terceira vez, e também daquelas que se casam com pessoas de idade muito diversa da sua.

"Esse abuso tinha, antigamente, se espalhado tanto, que nem mesmo as rainhas que se casavam de novo eram poupadas" (art. "Charivari").

Van Gennep enumera as circunstâncias e as pessoas que suscitam charivaris: casamento entre cônjuges de idades muito diferentes, segundas núpcias de viúvos, maridos surrados pelas mulheres, moças que trocam um namorado bem visto por todos por um pretendente mais rico, muito velho, ou estrangeiro, moças que levam uma vida desregrada, noivas grávidas que se casam de branco, moços que se "vendem" a uma mulher por dinheiro, mulheres casadas adúlteras, moças cujo amante é um homem casado, maridos condescendentes, casamentos que violam os graus proibidos. Segundo Du Cange, existiria uma possibilidade de remissão, pagando um direito de compensação ao Abade da Juventude. Na maior parte dos casos, nota Van Gennep (1946-58, t. I, v. II, pp. 614-20), o charivari é feito mais para o homem do que para a mulher.

A algazarra por ocasião dos eclipses, por sua vez, teria como seu objetivo declarado assustar e fazer fugir o animal, ou o monstro, que se preparava para comer o astro. O costume foi notado no mundo todo, na China, na Birmânia, na Índia, na Malásia, na África, principalmente no Daomé e territórios vizinhos, na América, do Canadá ao Peru, passando pelo México. Também era conhecido pelos antigos, já que Tito Lívio e Tácito o mencionam, e parece ter sobrevivido até uma época recente, sob sua forma tradicional ou reduzido ao mito que o explica, na Itália, na Escandinávia, e até na França, com a crença de que o eclipse é causado por um lobo que ataca a Lua ou o Sol.

O que há de comum entre os dois casos e qual é realmente o resultado que se procura obter, fazendo barulho?

À primeira vista, a resposta parece fácil. O charivari sanciona as uniões repreensíveis, e o eclipse parece ser o efeito de uma conjunção perigosa, a do monstro devorador e do corpo celeste que lhe serve de presa. A interpretação corrente da algazarra por ocasião dos eclipses convenceria definitivamente que o ruído deve afugentar o monstro cosmológico que devora o astro neste caso, e no outro o "monstro" sociológico que "devora" sua presa não menos inocente. Contudo, basta percorrer os exemplos de Van Gennep para perceber que essa explicação não se aplica a todos os casos. Às vezes, o charivari é dirigido à suposta vítima e não àquele ou àquela que se comporta de modo abusivo.

Procuraremos, pois, limitar mais as coisas. A dificuldade provém do fato de que, dependendo dos casos considerados, o ruído parece sancionar, ou uma conjunção repreensível, ou uma disjunção cheia de riscos. Mas não é fato que a conjunção não constitui o fenômeno primeiro? No caso do casamento, assim como no do eclipse, ela se define inicialmente de modo negativo: é a ruptura de uma ordem que faz se alternarem, por um encadeamento regular, o Sol e a Lua, o dia e a noite, a luz e a escuridão, o calor e o frio, ou então, no plano sociológico, homens e mulheres, que têm entre si uma relação de conveniência recíproca, do ponto de vista do estado civil, da idade, da fortuna etc.:

a, b, c, d, e, ... f, g, h, ... l, m, n, ...

O que essa algazarra sanciona não é uma simples conjunção entre dois termos da cadeia sintagmática, ou seja, uma situação do tipo:

a, b, c, $\overbrace{\text{d e}}$ .... f, g, h, ... l, m, n, ...

mas algo mais complexo, que consiste, de um lado, na *ruptura* da cadeia sintagmática, e, de outro, na *intrusão* de um elemento estranho a essa

Divertimento sobre um tema popular

mesma cadeia: elemento que *capta* — ou procura captar — um termo da cadeia, desse modo provocando a desunião desta.

$$a, \overset{\frown}{b,} \; c, \overset{\frown}{d,} \; e \; / \; f \overset{\nearrow}{}^{\displaystyle x} \; / \; g, \overset{\frown}{h,} \; \ldots\ldots\ldots l, \overset{\frown}{m,} \; n, \overset{\frown}{o,} \; \ldots\ldots\ldots\ldots$$

A noção de captação permite que se ultrapasse a antinomia da disjunção e da conjunção, sobretudo se notarmos que ela pode afetar tanto um dos termos de um par virtual como o termo que desempenha o papel de intermediário entre os termos desse par virtual.

Um estudo inédito sobre o charivari dos viúvos, empreendido por Fortier-Beaulieu, e que, graças a Georges-Henri Rivière, conservador-chefe do Museu das Artes e Tradições Populares, pudemos utilizar, confirma a análise precedente. Embora ali se mencionem, entre as causas de charivari, as diferenças de idade entre os cônjuges, o mau comportamento de um deles, o casamento de uma filha grávida e a recusa a oferecer um baile por ocasião das núpcias, é notável que a resposta à questão formulada seja positiva em 92,5% dos casos recenseados, que com efeito dizem respeito ao recasamento, principalmente acompanhado de diferenças de idade ou de fortuna, ou entre cônjuges muito idosos, ou ocorrido após um comportamento reprovável durante a viuvez. Esses tipos de recasamento parecem sem dúvida exorbitantes. Mas além disso eles tornam manifesta a natureza profunda do recasamento, que consiste sempre na captação — por um indivíduo que, devido à viuvez, deveria ter ficado, por assim dizer, fora do circuito — de um cônjuge que deixa de estar disponível a título geral e cujo aliciamento vem romper a continuidade ideal da cadeia das alianças matrimoniais. Aliás, é isso que, no estudo citado acima, um informante (de Eyguières, Bouches du Rhône) explica, dizendo que o charivari serve para exercer "represálias contra um viúvo ou uma viúva que privem moças ou rapazes de um parceiro ou uma parceira".

A demonstração acima tem valor emblemático. Permite que se estabeleça, em caráter preliminar, qual é o verdadeiro papel atribuído ao ruído, tanto no charivari como por ocasião dos eclipses. Esse papel consiste em assinalar uma anomalia no desenvolvimento de uma cadeia sintagmática. Dois termos da cadeia são desconectados e, correlativamente, um desses

378   *Parte V*

termos estabelece uma ligação com um outro termo, embora este último seja exterior à cadeia.

Muito bem: que importância tem para nós esse resultado?

No decorrer deste trabalho, muitas vezes referimo-nos à equivalência, praticamente universal, entre a oposição dos sexos e a do céu e da terra. Os mitos jê da mulher-estrela casada com um mortal (M_{87} a M_{93}) atribuem ao céu uma conotação feminina e à terra, uma conotação masculina. A relação se inverte nos mitos correspondentes da América do Norte, e às vezes mesmo da América do Sul (cf., por exemplo, M_{110}). Apenas a forma da equação permanece:

céu : terra :: sexo x : sexo y

Ora, de acordo com todos os nossos mitos, a descoberta da culinária afetou profundamente as relações até então existentes entre o céu e a terra. Antes de conhecerem o fogo e o cozimento dos alimentos, os homens estavam reduzidos a colocar a carne sobre uma *pedra* para expô-la aos raios do *sol* (atributos terrestre e celeste por excelência).[2] Por meio da carne, atestava-se assim a proximidade entre o céu e a terra, entre o sol e a humanidade. Um mito diz expressamente: "Antigamente, os Tenetehara não conheciam o fogo. Eles cozinhavam a carne ao calor do sol, *que, naquele tempo, ficava mais perto da terra* [grifo nosso]..." (Wagley e Galvão, 1949, p. 133).

Não é certamente por acaso que entre os Jê, que formulam implicitamente a mesma hipótese, existe uma tribo que vivia antigamente tomada pelo medo de uma tal aproximação.

Os Xerente acreditavam que os períodos de seca se deviam à cólera do sol contra os homens. Para amainar seu furor, celebravam uma cerimônia

---

2. Essa hipótese mitológica não é obrigatória. As tribos dos estados de Oregon e Washington, na América do Norte, que formulam os problemas mitológicos em termos espantosamente próximos dos Jê, dizem que antes do roubo do fogo pelo herói civilizador os homens colocavam a carne sob as axilas ou sentavam-se nela para aquecê-la. Mas seus vizinhos do rio Thompson, na Colúmbia Britânica, têm a mesma teoria que os Jê, ao passo que na América do Sul os Jivaro, Tukuna e Mundurucu associam as duas teorias.

Divertimento sobre um tema popular

que, pela duração e pelo rigor, era o mais importante de seus ritos. Durante três semanas, os homens adultos jejuavam e cantavam quase sem interrupção, e não podiam dormir. Também era proibido que se lavassem, ou, mais precisamente, que utilizassem a água. Ao final desse período de mortificação, os penitentes, magros, sujos e queimados pelos raios do sol, supostamente ouviam e viam vespas pretas trazendo flechas; toda a população da aldeia imediatamente baixava os olhos e cobria o rosto, mas, se um único penitente visse os insetos, o jejum devia continuar até que aparecessem novamente.

A partir daí, as visitas das vespas tornavam-se mais frequentes, e elas deixavam cair flechas em miniatura, que os penitentes recolhiam. Assim que cada um deles tinha uma flecha, ocorria o primeiro banho, seguido do corte dos cabelos e outros cuidados corporais que acompanhavam o retorno às casas familiares.

As etapas seguintes comportavam uma caçada coletiva, uma distribuição de alimento e uma "corrida de toras". Em seguida, erguia-se, durante a noite, um mastro de dez metros de altura e quarenta centímetros de diâmetro, chamado "caminho do céu". Aquele que subisse primeiro no poste, sempre um membro do clã kuze da metade shiptato (cf., pp. 121 e 289), implorava ao sol que lhe desse o fogo, e o punhado de fibras que levava se inflamava imediatamente. As fibras serviam para reacender todos os fogos da aldeia. Então outros subiam no mastro, e cada um por sua vez perguntava às almas dos parentes mortos, que lhe apareciam no alto, quanto tempo que lhe restava de vida (J. F. de Oliveira, 1918, p. 23). Cada um deles deixava ainda cair do alto do mastro um objeto — pena, folha, grão etc. —, ilustrando a forma visível em que reencarnaria. O último a subir recebia, por intermédio de um arauto celeste, a resposta do céu: manifestação de satisfação pelo bom andamento do ritual e garantia de que mandaria a chuva como prova de sua compaixão.

No dia seguinte, o mastro era derrubado antes do amanhecer e jogado na água. Depois, pela última vez, os penitentes se reuniam, agrupados por metades, e o oficiante que tinha sido encarregado de recolher numa cabaça os objetos simbolizando as almas devolvia-os aos respectivos proprietários

380   *Parte V*

fingindo introduzi-los no corpo de cada um deles pela abertura mística da tonsura (Nim., 1942, pp. 93-8). Os Kayapó também veem no sol um antigo perseguidor da humanidade (Banner, 1957, p. 49).

Duas fases do ritual merecem especial atenção. Os penitentes se dividem em dois grandes grupos, awakbonikwa e aimbati, e ainda um pequeno grupo complementar composto de alguns velhos. Estes últimos têm a obrigação de jejuar por apenas cinco dias. Seu principal papel consiste em oferecer, de manhã e à noite, um pequeno gole de água aos penitentes. Ora, este grupo tem o nome de Asaré, que lembra o do herói sedento de M_{124}, e confirmaria, se preciso fosse, que rito e mito estão intimamente ligados. Além disso, após o último Grande Jejum lembrado pelos índios, o papel de arauto do Sol foi desempenhado por *x Orionis*, também chamada Asaré.

Em segundo lugar, faz-se uma distribuição de água aos homens reunidos em torno do mastro, por três oficiantes que representam respectivamente Vênus, Júpiter e Marte. Os dois primeiros oferecem água limpa, um numa cabaça tipo *Lagenaria*, o outro numa tipo *Crescentia*. Mas os bebedores recusam a água turva que Marte oferece, numa taça enfeitada com penas (a de *Lagenaria* é enfeitada com algodão). Vênus e Júpiter pertencem à metade shiptato; Marte, à metade sdakran. Aqui também o ritual remete a uma estrutura social e a mitos já discutidos (M_{93} e $M_{13}{}^{8}$).

Seguindo Nimuendaju, M. I. de Queiroz pensou encontrar nessa cerimônia a prova de que os Xerente viveram antigamente numa região mais ameaçada pelas secas do que seu território atual. Essa interpretação esquece que o tema do sol maléfico, que se aproxima perigosamente da terra e provoca a seca, ou até mesmo um grande incêndio, existe também na Amazônia (Amorim, 1926, pp. 459-60), especialmente entre os Mundurucu (Strömer, 1932, pp. 136-7), e que estava no primeiro plano do pensamento mítico dos índios do leste e do oeste canadenses, Montagnais-Kaskapi e Kwakiutl, assim como das tribos ditas "aldeãs" do Missouri (Pawnee, Mandan), e é difícil acreditar que uns ou outros tenham jamais enfrentado condições climáticas relacionadas a essa ficção.

O Grande Jejum dos Xerente parece respeitar, principalmente, um esquema que o desenrolar do ritual torna manifesto. Esse esquema se baseia numa distinção entre um fogo "bom" e um "mau". Apenas o segundo resulta de uma ação demasiado direta do sol sobre a terra. Portanto, é preciso, antes de mais nada, convencer o sol a se afastar, e, uma vez obtido esse resultado, por meio das mortificações, aproximar-se moderadamente dele (subindo no mastro), para que conceda aos homens os dois elementos complementares, capazes de operar uma mediação entre o céu e a terra: de um lado, o fogo de cozinha, graças à fibra em chamas que serve para reacender as fogueiras, e, do outro, a chuva, prometida pelo sol; ou seja, os mesmos elementos cuja origem o mito bororo, quanto ao segundo, e os mitos jê, quanto ao primeiro, tentam retraçar, e que ambos atribuem a um menino que se aventurou ao topo de um mastro... E, como os trepadores do rito xerente, o desaninhador de pássaros ali encontra uma morte simbólica, antes de ressuscitar e voltar para junto dos seus.

ESSA INTERPRETAÇÃO DO Grande Jejum é confirmada por um grupo de mitos jê que ainda não examinamos, embora também digam respeito à origem do fogo. Mas, aqui, não do benfazejo fogo culinário. O fogo de que tratam é maléfico, já que incendeia a terra. Esses mitos pertencem ao ciclo dos dois heróis Sol e Lua, que, como vimos numa versão krahô (M11), também desempenham um papel na origem do fogo de cozinha, que tiraram dos homens quando resolveram abandoná-los. Existe, pois, uma ligação real entre os dois grupos de mitos. As várias versões jê são tão próximas que podemos, sem inconvenientes, fundi-las num resumo sincrético:

M163 JÊ CENTRAIS E ORIENTAIS: O FOGO DESTRUIDOR

Muito antes de existir a humanidade, Sol e Lua viviam na terra. Um dia, sem que o irmão soubesse, Sol saiu pelo cerrado e chegou "ao pé do céu" [krahô]. Lá ele ouviu o ruído característico dos pica-paus bicando a casca das árvores. Um dos pássaros tinha acabado de fazer um diadema de penas vermelhas, que brilhava como o fogo. Sol pediu o adorno ao pássaro, que concordou, mas avisou Sol que iria jogá-lo do alto da árvore, e que este devia pegá-lo durante a queda, antes que atingisse o solo.

382 *Parte V*

O diadema caiu rodopiando. Brilhava tanto que parecia fogo de verdade. Sol pegou-o, passando-o rapidamente de uma mão para outra, até esfriar...

Pouco depois, Lua descobriu o diadema no esconderijo em que Sol o tinha guardado, e pediu ao irmão que lhe conseguisse um igual. Meio a contragosto, Sol levou o irmão até os pica-paus. Estes concordaram em dar um outro diadema. Sol se dispôs a pegá-lo, mas Lua fez questão de fazê-lo ele mesmo, apesar das advertências do irmão, que temia um desastre. Lua era, na verdade, muito desajeitado. Como Sol tinha previsto, o diadema queimou--lhe as mãos, e ele o deixou cair no chão. Todo o mato pegou fogo e os animais foram queimados (Timbira: Nim., 1946b, pp. 243-4; apinayé: Nim., 1939, pp. 160-1, C. E. de Oliveira, 1930, pp. 82-6; krahô: Schultz, 1950, p. 57-ss, Pompeu Sobrinho, 1935, pp. 204-5).

O motivo do diadema ardente tem uma enorme difusão; encontra-se na cosmogonia dos antigos Tupinambá, assim como na dos antigos mexicanos. O papel de piróforos dos pica-paus reaparece na América do Norte, especialmente em Zuñi, e entre os Caddo, os Wichita, os Apache Jicarilla e Mescalero, sempre no ciclo do imitador desajeitado (*Bungling Host*), de que o mito acima é um bom exemplo sul-americano. O pica-pau é dono do fogo em vários mitos da Colúmbia Britânica (cf., por exemplo, Boas, 1916, pp. 894-6). Sabe-se que quase todas as espécies têm na cabeça penas vermelhas. Já nos referimos à sua função (p. 274), pela qual — e, certamente, enquanto "comedores" de madeira — os pica-paus se opõem aos pássaros aquáticos "bebedores" de água. Em todo caso, é o que sugere um mito bororo já mencionado (M_{120}), que se refere ao afastamento de Sol e Lua (em vez de uma aproximação do fogo celeste), mas também por causa de um gesto desajeitado que consiste, aqui, em derrubar água e não fogo (p. 263).

Por trás das aventuras burlescas, muitas vezes até escatológicas, do companheiro desajeitado, deixam-se entrever proposições metafísicas, as mesmas às quais os Xerente deram uma trágica expressão ritual.[3] O fogo

---

3. Compreende-se, portanto, que certas tribos norte-americanas considerem especialmente sagrados os relatos pertencentes a esse ciclo (que nós tenderíamos a comparar a algum *"Roman de Renard"* rústico, feito apenas para divertir grandes e pequenos — mas o *Roman de Renard** não é exatamente isso?) (Swanton, 1929, p. 2). (*N. T.: Obra anônima do século XII-XIII, cujas narrativas, que contam em tom cômico as desavenças entre Renard, a raposa, e Ysengrin, o lobo, constituem uma crítica virulenta à sociedade feudal.)

Divertimento sobre um tema popular 383

celeste não deve entrar em conjunção com a terra, pois de seu contato resultaria um incêndio generalizado, de que a seca constitui o pródromo modesto, mas empiricamente verificável. Contudo, a condição humana primitiva imitava essa aproximação (se é que não a supunha), antes de o fogo de cozinha, duplamente "domesticado", vir servir de mediador entre o céu do alto e a terra de baixo, manifestando, aqui embaixo, as virtudes do fogo celeste, mas poupando o homem de suas violências e excessos e afastando o sol da terra, já que sua proximidade deixa de ser necessária para aquecer os alimentos.

Mas, enquanto os Xerente temem que entre o sol e a terra venha a se produzir uma aproximação catastrófica, os Krahô parecem especialmente preocupados com o risco inverso, aliás, também presente entre os Xerente (Nim., 1942, pp. 87-8, 93). Eles temem (M_{164}) que cada eclipse solar anuncie a volta da "longa noite" que reinou no passado e durante a qual a humanidade se alimentava apenas de cascas e folhas e estava à mercê de ataques mortais de todos os animais — até mesmo do pernilongo ou do gafanhoto —, a tal ponto que muitos preferiam dar um fim à própria vida a enfrentar os monstros (Schultz, 1950, p. 159).

Entre o sol e a humanidade, a mediação do fogo de cozinha se exerce, portanto, de dois modos. Por sua presença, o fogo de cozinha evita uma disjunção total, ele *une* o céu e a terra e preserva o homem do *mundo podre* que lhe caberia se o sol realmente desaparecesse. Mas essa presença é também *interposta*, o que equivale a dizer que afasta o risco de uma conjunção total, da qual resultaria um *mundo queimado*. As aventuras de Sol e Lua reúnem as duas eventualidades: após a extinção do incêndio universal, Lua se mostra incapaz de cozinhar os alimentos e tem de comer a carne podre e cheia de vermes. Alternadamente cangambá e sariguê (p. 243), ele oscila, portanto, entre os dois extremos da *carne queimada* e da *carne podre*, sem nunca chegar, com o *cozimento* dos alimentos, a um equilíbrio entre o fogo que destrói e a ausência de fogo, que também destrói.

Começamos a entender por que, em todos os nossos mitos, a aquisição do fogo culinário exige uma atitude reservada em relação ao ruído, que é o contrário da que se impõe diante da desordem cósmica do eclipse, ou da desordem social das uniões condenáveis. Quando se trata de obter o fogo de cozinha, o ruído é perigoso (quer seja emitido ou ouvido). Essa incompatibilidade entre a culinária e o ruído é atestada até no Ocidente, por preceitos tradicionais: "A taciturnidade é necessária entre carnes", diz um tratado francês do século xii (Hugues de Saint-Victor, *De Institutione Novitiarum*, citado por Franklin, 1889, p. 154). Para interpretar a equação (lat.) *nausea* > (fr. arcaico) *noise*,* não é, portanto, necessário fazer muitas indagações, como certos linguistas, nem invocar uma complexa evolução semântica (ver, p. ex., Spitzer). O isomorfismo das categorias gustativa e auditiva se expressa aí imediatamente e de modo pouco mais vigoroso do que no uso pejorativo da palavra "gargote" para designar um lugar onde se serve uma comida repugnante, já que essa palavra vem de "gargoter", cujo sentido primitivo é fazer barulho ao ferver.

Mas voltemos da Europa para a América tropical, passando pelo Novo México, apenas para acrescentar um último exemplo. Os índios zuñi cozinham as panquecas de milho, que constituem a base de sua alimentação, em placas de pedra que devem ser aquecidas progressivamente, impregnando-as de óleo e resina. Durante a operação fundamental, "não se deve pronunciar uma palavra, a não ser cochichando... Se a voz de qualquer pessoa presente for ouvida mais alto do que um murmúrio, a pedra racha" (Stevenson, 1905, p. 362).

Se a ação mediadora do fogo culinário entre o sol (céu) e a terra exige o silêncio, é normal que a situação inversa exija o ruído, ao se manifestar no sentido próprio (disjunção do sol e da terra), ou no figurado (disjunção, devida a uma união condenável, de cônjuges virtualmente destinados um ao outro devido à sua posição no seio da rede normal das alianças); num caso, algazarra por ocasião dos eclipses, no outro, charivari. Contudo, não se deve esquecer que a situação "anticulinária" pode, como mostramos, realizar-se de dois modos. Ela é, de fato, ausência de mediação entre céu e terra, mas essa ausência é concebível por falta (disjunção dos polos) ou por excesso (conjunção):

---

* *Noise* = discussão. (N. T.)

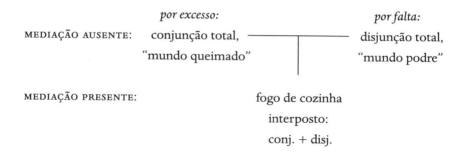

Existem, pois, no total, três possibilidades, das quais uma implica a mediação, ao passo que as duas outras a excluem. Apenas a primeira requer o silêncio.[4] Por outro lado, as páginas precedentes permitiram estabelecer que o ruído se impõe sempre que dois termos em par (o céu e a terra, ou dois cônjuges virtuais) são disjuntos. Vê-se que, contrariamente às racionalizações dos indígenas, e dos etnólogos a exemplo deles, o verdadeiro papel do ruído não é tanto afugentar o captador (o monstro que devora o corpo celeste ou o pretendente abusivo), mas sim preencher simbolicamente o vazio cavado pela captação. Mas o que ocorre no terceiro caso, isto é, naquele em que a ausência de mediação resulta de uma aproximação excessiva dos termos emparelhados?

É nesse ponto que o ritual xerente se mostra especialmente instrutivo. De fato, seu objetivo é pôr um fim numa situação desse tipo ou afastar sua ameaça. Como procedem os oficiantes? De três modos. Eles jejuam (comendo apenas alguns bolos de milho), não bebem (exceto dois goles de água, um de manhã, outro ao anoitecer) e cantam quase sem parar. Os dois primeiros comportamentos não apresentam problemas. Resultam simplesmente das condições em que se supõe que o ritual deva ocorrer e que excluem por hipótese o fogo de cozinha e a chuva, em razão da conjunção iminente entre o sol e a terra. O fogo doméstico e a chuva só serão devolvidos aos homens quando o sol tiver concordado em se afastar.

Quanto ao terceiro comportamento, sua natureza acústica é evidente. E que mais poderão fazer os penitentes, a não ser cantar, já que o silêncio e

---

4. Compare-se com a hipótese de Dumézil sobre a deusa latina do silêncio: "Não seria por meio do silêncio, por uma rigorosa abstenção da palavra, que a Angerona primitiva realizava a obra que se esperava dela no constrangimento do solstício de inverno?" (1956, pp. 50-1).

a algazarra seriam igualmente fora de propósito na terceira situação em que se encontram, por estarem respectivamente ligados a uma das duas outras? Portanto, é preciso recorrer a um comportamento acústico que esteja, de certo modo, a meio caminho entre o silêncio e o ruído. Esse comportamento existe, sob duas formas: a palavra, que constitui sua modalidade profana, e o canto, que constitui sua modalidade sagrada.[5] Em sua versão do mito do desaninhador de pássaros (M_1), os Bororo não explicitam o aspecto culinário. Em compensação, insistem num incesto que os Jê, por sua vez, subentendem, dando-lhe uma expressão atenuada no antagonismo entre cunhados de gerações diferentes, em vez de entre pai e filho, e, portanto, sempre entre dois homens relacionados por intermédio de uma mulher, parente de um e aliada do outro. Mas, neste caso, é a descoberta e a conquista do fogo culinário que os Jê acentuam. Ou seja, num caso, uma situação inicial — o incesto — análoga ao eclipse e inversa da situação pré-culinária, num mito que inverte o tema da origem do fogo (já que pretende explicar a da água);[6] e, no outro caso, uma situação inicial pré-culinária, inversa do eclipse, num mito que aborda declaradamente o problema da origem do fogo. Social entre os Bororo (mãe e filho aproximados), a conjunção inaugural é cósmica entre os Jê. Para eles, consiste na aproximação entre o céu e a terra por exposição direta (= incestuosa) da carne ao calor do sol, antes que existisse o fogo de cozinha.[7] Entretanto, todos os aspectos são tão cuidadosamente articulados nos mitos que, devido a um escrúpulo lógico, dir-se-ia, os Jê tomam o cuidado de mesmo assim fazer o incesto aparecer no mito, mas, como era de esperar,

---

5. Infelizmente, não temos condições de interpretar o episódio das vespas em função unicamente do contexto sintagmático. Contudo, é curioso que elas apareçam inicialmente sob a forma de insetos cantores, cujo zumbido característico, "ken!-ken!-ken-ken-ken-ken!!" (Nim., 1942, p. 95), os informantes insistem em descrever, principalmente se levarmos também em conta que, na Guiana, um outro inseto não identificado, mas que poderia ser um himenóptero ou hemíptero ("Sunbee", "Wamong-bee"), intervém, devido à sua voz poderosa, na iniciação do xamã, para torná-lo um bom cantor (Butt, 1962). Cf. adiante: 408. n. 17.

6. Por um caminho diferente, Huxley chegou à mesma hipótese de uma congruência entre o incesto e a água (loc.cit., p. 145).

7. Não é indiferente à nossa demonstração que também na África o ato de cozinhar seja comparado ao coito entre esposos: "Colocar madeira no fogo é copular. As pedras da fogueira são nádegas, a panela, a vagina, e a colher, o pênis" (Cory, 1948, p. 87). No mesmo sentido, cf. Dieterlen e Calame-Griaule (1960 passim) e, na América do Norte, o simbolismo fálico do atiçador entre os Pueblo.

Divertimento sobre um tema popular

sob uma forma invertida: o assassinato da mulher do jaguar pelo herói, que era seu filho adotivo. Torna-se assim ainda mais interessante o fato de esse episódio, já invertido, reaparecer no mito bororo do desaninhador de pássaros à custa de uma nova torção: o assassinato do pai pelo filho, na forma de uma devoração (real, em vez de ameaça de devoração) por peixes (canibalismo aquático em vez de terrestre). Sob uma forma negativizada, os mitos se recolocam assim sobre seus respectivos eixos: sendo a função canibal inerente ou ao dono do fogo (origem do fogo), ou ao dono da água (origem da água).

TUDO ISSO PODE PARECER conjetural e especulativo. Entretanto, conhece-se um mito cuja difusão é pan-americana, já que se encontra desde o Brasil meridional e a Bolívia até o estreito de Bering (e mais além, na Ásia setentrional, no norte da Rússia e na Malásia), passando pela Amazônia e pela Guiana,[8] e que coloca, de modo direto, o princípio de uma equivalência entre o eclipse e o incesto. É o mito de origem do sol e da lua, do qual eis uma versão esquimó da região do estreito de Bering:

M165 ESQUIMÓ (ESTREITO DE BERING): ORIGEM DO SOL E DA LUA

Antigamente, numa aldeia da costa viviam um homem e sua mulher. Tinham dois filhos, uma menina e um menino. Quando as crianças cresceram, o rapaz se apaixonou pela irmã. Como ele não parava de importuná-la com suas insistências, ela se refugiou no céu, onde se tornou a lua. Desde então, o rapaz não parou de persegui-la, na forma do sol. Às vezes, ele a alcança e consegue abraçá-la, causando então um eclipse lunar.

Depois que os filhos foram embora, o pai ficou melancólico e cheio de ódio da humanidade.[9] Saiu pelo mundo, semeando as doenças e a morte, e as vítimas das doenças lhe serviam de alimento; mas sua voracidade cresceu tanto, que ele já não conseguia se satisfazer. Então, ele começou a matar e comer também aqueles que estavam bem de saúde... (Nelson, 1899, p. 481).

---

8. Brasil meridional: Nim., 1914, p. 331; 1954, p. 148; Borba, 1908, p. 69; Cadogan, 1959, pp. 77-80. Brasil nordeste: Huxley, 1956, pp. 165-6. Guiana: Roth, 1915, p. 256; K.G., 1916, pp. 54-5. Venezuela: Osborn, 1960, pp. 79-80 etc. Bolívia: Cardus, 1886, p. 78.

9. Lembramos que os Kayapó (M7) empregam exatamente os mesmos termos para descrever os sentimentos do jaguar depois que os homens lhe roubaram o fogo.

Numa versão ingalik (M166), é a própria irmã que anuncia o surgimento das doenças (Chapman, 1941, p. 21), enquanto, entre os Mono da Califórnia (M167), é a irmã incestuosa que se torna canibal (Gayton e Newman, 1940, p. 59). Uma versão esquimó (M168) conta que a irmã irritada deixou o irmão sem comida, oferecendo-lhe em seu lugar o seio cortado:

"Você me quis na noite passada, assim eu lhe dou meu seio. Se você me deseja, coma-o!" Mas o rapaz recusa a oferta. A mulher sobe ao céu, onde se torna sol. Ele se transforma em lua e a persegue, sem nunca conseguir alcançá-la. Como Lua não tem comida, ele vai sumindo aos poucos devido à fome, até não poder mais ser visto. Então Sol se aproxima dele e lhe dá de comer no prato em que a irmã havia colocado o próprio seio. Lua recupera progressivamente sua forma redonda; novamente sem comida, ele volta a diminuir. São as fases da lua (Nelson, 1899, p. 482. Cf. Rink, 1875, pp. 236-7 e, para uma versão sul-americana (taulipang) muito enfraquecida, K.G., 1916, p. 55).

Não só esse mito, cujas versões poderíamos multiplicar, relaciona o incesto e o eclipse, como também, à semelhança dos mitos bororo e jê, introduz uma segunda equivalência com o canibalismo, consequência final do aparecimento das doenças.

Juntamente com muitos outros povos, os Jê fazem coincidir os eclipses e as epidemias. A de gripe espanhola, que exterminou muitos indígenas sul-americanos em 1918, foi atribuída pelos Xerente a um eclipse do Sol, cuja baba letal se teria espalhado pela terra (Nim., 1942, p. 93). A mesma crença existe no Chaco: "Um eclipse solar ou lunar anuncia doença. Quando o sol ou a lua se zanga com os homens, o astro se esconde. Para que se descubra, é preciso tocar tambor, gritar, cantar, fazer todo tipo de ruído. Quando o sol se cobre, é sinal de varíola" (Métraux, 1939, p. 97).

Essas observações não invalidam as que fizemos anteriormente, acerca da relação entre o arco-íris e as doenças (p. 367). De fato, mostramos (p. 326) que o arco-íris tem dois aspectos, um diurno e outro noturno, e que o arco-íris noturno ocupa no céu um lugar desenhado, digamos, em negativo: mancha negra no meio da Via Láctea, ou um "eclipse" de estrelas. Tanto de dia quanto à noite, por conseguinte, o arco-íris é expresso pela conjuntura

Divertimento sobre um tema popular

mais fortemente "marcada". Durante o dia, quando a cor enriquece a luz; durante a noite, onde a ausência local de estrelas aumenta ainda mais a escuridão. A congruência entre eclipse e arco-íris se encontra assim confirmada.

Em segundo lugar, a "baba" que acaba de ser mencionada, e de que encontraremos outros exemplos adiante, parece fornecer, em termos de código noturno, uma espécie de equivalente tátil do cromatismo visual que, durante o dia, o arco-íris é encarregado de expressar. Pois passa-se também, por uma gama insensível, do pastoso ao viscoso, ao pegajoso, ao fluido, ao volátil... A escuridão não abole, portanto, o cromatismo; antes, o transpõe de uma categoria sensorial para outra. Quando nós mesmos dizemos que a noite é densa, ou que a cerração é tanta que pode ser cortada com uma faca, reconhecemos que a falta de luz, não menos do que as colorações irisadas, impõem ao homem a noção dos pequenos intervalos. Os antigos não tinham nenhuma dúvida quanto a isso: "... a claridade e luz do dia é uma, e simples: e, diz Píndaro, que se vê o sol através do ar solitário, ao passo que o ar da noite é uma composição e mistura de várias luzes e várias forças..." (Plutarco, § XLII).

Partindo do problema da origem mítica da culinária, fomos levados a verificar nossa interpretação do fogo doméstico como mediador entre o céu e a terra, recorrendo ao mito do incesto entre irmãos, origem do eclipse. A demonstração se fortalece quando se nota que os povos que conhecem o mito concebem uma relação direta entre o eclipse, os utensílios culinários, o alimento e o fogo doméstico. Eis inicialmente alguns exemplos norte-americanos.

As populações do baixo Yukon acreditam que uma essência sutil, uma influência maléfica se espalham pela terra quando ocorre um eclipse lunar e que, se uma parcela dela penetrasse em qualquer utensílio, viria a doença.[10] Assim, desde o início do eclipse, as mulheres rapidamente viram os potes, cântaros e pratos (Nelson, 1899, p. 431). Quando ocorria um eclipse solar ou lunar, os índios alsea, do Oregon, jogavam fora suas reservas de água potável: "Viravam os cântaros, temendo que a água ficasse ensan-

---

10. Como nas ilhas Havaí, onde, quando ocorriam raios durante a tempestade, cobriam-se os recipientes de água (Handy e Pukui, 1958, p. 118, n. 19).

guentada pelo assassinato do sol" (Frachtenberg, 1920, p. 229). Após um eclipse, os Wintu, da Califórnia, jogavam fora toda a comida e a água, temerosos de que ficassem sujas do sangue do sol ou da lua (Du Bois, 1935, p. 77). Entre os Serrano, mais ao sul, "quando se via um eclipse... era proibido ingerir qualquer alimento, pois aquele que comesse estaria ajudando os espíritos" (dos mortos, devorando o corpo celeste; Strong, 1926, p. 35).

Na América do Sul, na Guiana, "os índios Lolaca e Atabaca... acreditavam que, se a lua morresse definitivamente, todos os fogos se apagariam. As mulheres, chorando e berrando — numa explosão de gritos à qual os homens se juntavam —, pegavam cada uma um tição em brasa e escondiam-no na areia ou na terra. Comovida com suas lágrimas e suas súplicas, a lua voltava a ser visível; e os fogos escondidos se apagavam imediatamente. Mas, se a lua morresse realmente, as brasas enterradas teriam continuado acesas" (Gumilla, 1791, v. 2, p. 274). De modo inverso, um mito chiriguano (M_{169}) afirma que um eclipse solar prolongado faz verdejarem e brotarem os tições. Quando chegasse o momento em que, na falta de madeira morta, fosse preciso queimar até as cabaças, a "longa noite" teria chegado (Métraux, 1932, p. 158).[11]

---

11. Parece-nos que essa antipatia entre o eclipse e os utensílios culinários pode ser relacionada, como sua forma fraca, ao tema da revolta dos objetos contra seus donos. Os Esquimós ilustram a transição entre os dois temas; em caso de eclipse, os Ingalik imediatamente juntam todos os seus utensílios, temendo que saiam voando (Osgood, 1958, p. 65). No noroeste dos Estados Unidos, as tribos de língua sahaptin e suas vizinhas situam a revolta dos objetos no período caótico que precedeu o ordenamento do mundo pela lua. Os Tacana da Bolívia situam-na após a morte do astro (Hissink e Hahn, 1961, pp. 84-5). A crença na missão ordenadora da lua se encontra também no Brasil setentrional, entre os Baré do alto do rio Negro (Stradelli, 1929, pp. 753-62). Para a América do Sul, Métraux (1932, p. 128) já havia notado que os Chiriguano, assim como os antigos habitantes de Huarochiri (Davila, 1918, p. 110), relacionam a revolta dos objetos a um eclipse solar. A mesma associação existe entre os Tacana (Hissink e Hahn, op.cit., p. 85). Se nossa hipótese estiver correta, talvez a ausência dessa concepção numa vasta zona intermediária se deva à sua substituição pela forma fraca (antipatia entre eclipse e utensílios culinários) tanto ao sul quanto ao norte e, no centro, pela verdadeira inversão do mito da revolta dos objetos que constitui o dos utensílios agrícolas que trabalham sozinhos para o dono (*self-working agricultural implements*), cuja área principal de difusão, na América, se estende desde o sudoeste dos Estados Unidos (Natchez) até o Chaco (Chané), passando pelo México (Quiché), Guiana (Taulipang), Brasil setentrional e central (Tembé, Timbira, Apinayé). A discussão desse importante problema exigiria um estudo à parte.

2. Concerto de pássaros

COM ESSA ÚLTIMA CITAÇÃO, o círculo se fecha. Um mito de origem da tempestade e da chuva (M_1) levou-nos a mitos de origem do fogo e do cozimento dos alimentos (M_7 a M_{12}). A pertinência de todos esses mitos a um mesmo grupo pode ser estabelecida por considerações diversas, entre as quais mostrou ser a mais significativa o papel atribuído por todas as versões ao ruído ou à ausência de ruído. Colocado desse modo, o problema do ruído evocou o das uniões condenáveis — cuja ocorrência nos mitos bororo M_1, M_2 e M_5 já nos havia intrigado — sancionadas pelo charivari, e o do eclipse, que provoca a algazarra. E eis que o eclipse, após ter-nos remetido ao incesto, em seguida aos utensílios culinários e ao alimento preparado, nos traz ao fogo doméstico.

Resta, no entanto, uma pergunta. Por que a extensão dos dois ritos de ruído é tão desigual? Definido stricto sensu, o charivari pertence à tradição popular europeia. Os esforços empregados por Saintyves para generalizar a instituição parecem pouco convincentes. À medida que a base comparativa se amplia, os costumes perdem sua homogeneidade. No final, não se tem a menor certeza de estar diante de um grupo. A algazarra por ocasião dos eclipses, ao contrário, apresenta uma difusão praticamente universal, e sua área de extensão compreende a do charivari, muito mais restrita.

O problema é difícil, já que sua solução exigiria uma prova negativa. Entretanto, arriscar-nos-emos a sugerir que, nas sociedades sem escrita, a categoria mítica do ruído é investida de uma significação demasiado alta, e que sua densidade simbólica é forte demais para que se possa utilizá-la impunemente no plano modesto da vida aldeã e das intrigas privadas. Agir diferentemente seria, de um certo modo, "fazer muito barulho por nada", ou barulho demais — certamente não por pouca coisa, já que as uniões condenáveis costumam atrair sanções cosmológicas, mas pelo menos em relação ao emprego que os homens podem se permitir fazer de uma força tão considerável quanto a do ruído. Para que esta seja mobilizável em todas as circunstâncias e seja colocada totalmente à disposição dos homens, é preciso que o pensamento mítico já se tenha laicizado profundamente. Um argumento em favor dessa hipótese poderia ser o fato de que, inversamente, mesmo onde a prática do charivari desapareceu, o ruído mantém, até certo ponto, sua função geral. A Europa do século xx está familiarizada demais com o saber científico para que o emprego da algazarra durante os eclipses seja ainda concebível. No entanto, esse recurso subsiste por ocasião de rupturas, ou ameaças de ruptura, da cadeia cosmológica, mas apenas quando essas rupturas são concebidas como eventos mais sociais do que cósmicos. Na Lituânia, onde até este século recomendava-se às crianças bater com bastões em panelas e outros utensílios de metal para espantar os maus espíritos durante os eclipses solares, as festas de primavera ainda apresentam um caráter ruidoso. Na Sexta-Feira Santa, os jovens se dedicam a quebrar ruidosamente móveis, como mesas, camas etc. E, no passado, o mobiliário do defunto era quebrado com muito barulho. Acredita-se que a algazarra, a água e o fogo são eficazes para afastar as forças do mal (Gimutas, 1958, p. 117). Esses usos pertencem a um sistema global que evidentemente sobrevive, mais a oeste, na quebra de louça e nos petardos da noite de 1º de janeiro na Itália e nos concertos de buzinas que saúdam a passagem do ano em Times Square, no Piccadilly Circus e nos Champs-Élysées...

Existe, além disso, um grupo de mitos americanos em que a ligação entre a ordem social e a ordem cósmica está claramente confirmada. Eles geralmente provêm do litoral setentrional do oceano Pacífico:

M170 TSIMSHIAN: HISTÓRIA DE NALQ

Nos tempos antigos, os rapazes costumavam se reunir à noite atrás das casas. Eles se divertiam e faziam muito barulho até altas horas da noite. Irritado com a barulheira, o céu mandou uma pena mágica, que os jovens tentaram pegar no ar. Mas o primeiro que conse-

Concerto de pássaros 393

guiu agarrá-la foi levado pelos ares, assim como todos os outros que, numa longa cadeia, tentavam segurar o predecessor puxando-o pelos pés. Quando a fila humana estava totalmente acima do chão, a pena escapou das mãos e, sem ter em que se segurar, os jovens caíram e se espatifaram no chão. Nenhum deles sobreviveu.

Entretanto, uma moça tinha ficado em casa, pois acabara de dar à luz. Teve uma série de crianças milagrosas. Informada sobre o destino de sua família, elas resolveram vingar-se, provocando novamente o céu, para que lhes mandasse a pena, e conseguiram pegá-la. Com esse talismã, empreenderam um périplo celeste e acabaram se casando com os ventos dos quatro pontos cardeais, fixando os regimes que cada um deles tem atualmente (Boas, 1916, pp. 125-31).

Resumimos consideravelmente esse mito, para que nos fosse perdoada sua proveniência, muito distante da América tropical. Contudo, sem essa ajuda, seria mais difícil situar um mito brasileiro que, apesar da distância, lhe corresponde de perto:

M171 KADIWÉU: A COR DOS PÁSSAROS

Três crianças costumavam brincar até depois da meia-noite em frente à casa. Os pais não se preocupavam com isso. Certa noite, elas estavam brincando, quando — muito tarde — desceu do céu um pote de barro; era todo decorado e cheio de flores...

As crianças viram as flores e tentaram pegá-las, mas sempre que esticavam os braços, elas passavam para o outro lado do pote, de modo que as crianças resolveram entrar nele para pegá-las.

O pote começa a levitar. A mãe percebe, e consegue apenas pegar a perna de uma das crianças, que se quebra. Do ferimento jorra um lago de sangue, onde os pássaros (que, até então, eram todos completamente brancos) vêm se banhar totalmente ou em parte, adquirindo assim as diversas cores de penas que observamos atualmente (Ribeiro, 1950, pp. 140-1).

A aproximação de dois mitos, canadense e brasileiro, permite introduzir um grupo importante de mitos sul-americanos, também referentes à cor dos pássaros, e sugerir sua interpretação. Um desses mitos já nos é co-

394   *Parte V*

nhecido. É o mito arekuna de origem do veneno de pesca (M145), de cujo penúltimo episódio tínhamos adiado a discussão (cf. pp. 345-7). Depois de a cobra arco-íris ter sido morta pelos pássaros, todos os animais se reuniram e repartiram a pele multicolorida. Dependendo da coloração do fragmento que coube a cada um, os animais obtiveram seu grito, seu pelo ou plumagem distintivos.

M145 AREKUNA: ORIGEM DO VENENO DE PESCA (CONTINUAÇÃO)

A garça branca pegou seu pedaço e cantou "ã — ã", como ainda canta hoje em dia. O maguari (*Ciconia maguari*) fez o mesmo e emitiu seu canto feio "á(o)-á(o)". O socó (*Ardea brasiliensis*) colocou seu pedaço sobre a cabeça e as asas (onde tem penas coloridas) e cantou "coró-coró-coró". O martim-pescador (*Alcedo* sp.) colocou seu pedaço sobre a cabeça e o peito, onde as penas ficaram vermelhas, e cantou "sê-txê-txê txê". Depois foi a vez do tucano, que cobriu o peito e o ventre (cujas penas são brancas e vermelhas). E ele disse: "Kión-hé, kion-hé-hé". Um pedaço de pele ficou preso ao seu bico, que se tornou vermelho. Então veio o mutum (*Crax* sp.); ele pôs o seu pedaço sobre a garganta e cantou "hm-hm-hm-hm", e um pedacinho de pele que sobrou tornou sua narina amarela. Em seguida veio o cujubim (*Penelope* sp.), cujo pedaço tornou brancos a cabeça, o peito e as asas, e cantou "krrr", como faz todas as manhãs desde então. Cada um dos pássaros "acha sua flauta bonita, e fica com ela".

As penas supercoloridas da arara provêm do fato de ela ter se apossado de um grande pedaço de pele e ter coberto todo o corpo, no que foi imitada pelos papagaios e periquitos amarelos. O pássaro oazabaka (pássaro do cerrado, não identificado) conseguiu um canto harmonioso, "oazabaká-oazabaká-ku-lu-lu-lu-lu". E todos os pássaros, inclusive o jacu e o rouxinol, obtiveram desse modo suas penas e sua "flautas".

Em seguida, foi a vez dos animais de pelo: tapir, capivara (*Hydrocoerus capibara*), veado. Cada um deles pegou um pedaço de pele. O que coube ao veado gerou os chifres. Na verdade, os da espécie da floresta pertenciam antigamente à espécie do cerrado, e vice-versa; como o tamanho dos chifres atrapalhava o veado da primeira espécie, pois ficava preso nos cipós e nos galhos, eles resolveram trocar.

A cutia (*Dasyprocta aguti*) adquiriu pelos avermelhados e brancos no peito e no ventre, e sua pequena "flauta", "kin-kin"; assim como a paca (*Coelogenys paca*). O tapir

Concerto de pássaros

recebeu seu grito de chamamento, igual a um assobio. O caititu (*Dicotyles torquatus*) colocou a pele sobre os ombros, daí vêm seus pelos longos e pretos; e recebeu também seu grito, "hx-hx", ao passo que o taiaçu (= queixada, *Dicotyles labiatus*) diz "rr-rr". O tamanduá-bandeira (*Myrmecophaga jubata*) cobriu de pele os braços e a espinha, cujos pelos ficaram amarelos, e o grito "rr-rr" (mais claro do que o "rr-rr" gutural e abafado do taiaçu) coube a ele.

Cada espécie de macaco recebeu também seu grito, e foi assim que todos os animais receberam suas cores e suas "flautas" (K.G., 1916, pp. 73-5).

Esse mito — admirável aula de etnozoologia, cuja vivacidade e riqueza Koch-Grünberg, com seu profundo senso da verdade etnográfica, soube preservar — deve ser aproximado, como ele mesmo o fez, a uma outra versão guianense.

M172 ARUAK: A COR DOS PÁSSAROS

Os homens e os pássaros se aliaram para destruir a grande cobra-d'água que atacava todos os seres vivos. Mas os combatentes, cheios de medo, se retiravam um após o outro, dizendo que só sabiam lutar em terra firme. Finalmente, o biguá* ousou mergulhar e feriu mortalmente o monstro, que estava no fundo da água, enrolado nas raízes submersas de uma enorme árvore. Lançando gritos terríveis, os homens conseguiram tirar a cobra da água, acabaram de matá-la e a esfolaram. O biguá reivindicou a pele como prêmio por sua vitória. Os chefes índios disseram-lhe ironicamente; "É mesmo? Então, leve!" "É pra já", respondeu o biguá, que fez um sinal para os outros pássaros. Vieram todos ao mesmo tempo, cada um deles pegou um pedaço da pele com o bico e levantaram voo. Humilhados e furiosos, os homens tornaram-se, a partir de então, inimigos dos pássaros.

Os pássaros foram a um local afastado para dividir a pele. Resolveram que cada um ficaria com o pedaço que carregava no bico. A pele tinha cores maravilhosas, vermelho, amarelo, verde, preto e branco, e possuía desenhos jamais vistos. Assim que cada pássaro pegou o pedaço a que tinha direito, ocorreu um milagre: até então, todos eram escuros, e eis que de repente ficaram brancos, amarelos, azuis... Os papagaios cobriram-se de

---

* *Phlacrocorax brasilianus.* (N. T.)

396   *Parte V*

verde e vermelho, e as araras, de penas de cores até então desconhecidas, rosadas, púrpura e douradas. Ao biguá, que tinha feito tudo, restou apenas a cabeça, que era preta.
Mas ele se declarou satisfeito (K.G., 1916, pp. 292-3; Brett, 1880, pp. 173-5; Im Thurn,
1883, pp. 382-3; Roth, 1915, pp. 225-6).

Os Vilela, do Chaco boliviano (portanto, relativamente próximos dos Kadiwéu), têm um mito do mesmo tipo:

M173 VILELA: A COR DOS PÁSSAROS

Uma viúva tinha um filho único, que gostava de caçar passarinhos, especialmente beija-
-flores. Essa era sua única ocupação, e o absorvia tanto que ele sempre voltava para casa
tarde da noite. Essa obsessão inquietava a mãe, que pressentia um desastre, mas ele não
lhe dava ouvidos.

Um dia, ele encontra à beira da água pedrinhas de várias cores. Recolhe-as com cuidado, para furá-las e fazer um colar. Assim que coloca o colar no pescoço, transforma-se
em cobra. Sob essa forma, ele se refugia no alto de uma árvore. Cresce e engorda, tornando-se um monstro canibal que extermina todas as aldeias, uma após outra.

Um homem resolve acabar com ele. Trava-se o combate. Apesar da ajuda que lhe dá a
pomba, o homem está prestes a morrer, quando todos os pássaros se juntam para socorrê-lo: "Eles se agrupam por famílias, cantando, pois naquela época, dizem, o canto era a
linguagem dos pássaros e todos os pássaros sabiam falar".

A ofensiva dos pássaros fracassa, até que uma família poderosa, a das corujas anãs
(*Glaucidium nannum* King),[12] que não estava envolvida, entra na batalha. Ela ataca o
monstro emitindo seu grito, "not, not, not, pi", e lhe fura os olhos. Os outros pássaros
acabam de matá-lo, abrem-lhe o ventre e liberam as vítimas, das quais muitas ainda vivas.
Depois disso, os pássaros se retiram, indo cada família numa direção.

Pouco depois, choveu, e o cadáver do monstro apareceu nos ares, na forma do arco-íris
que, desde então, sempre existiu e sempre existirá (Lehmann-Nitsche, 1924-25b, pp. 221-6).

---

12. O gênero *Glaucidium* compreende corujas minúsculas; a *Glaucidium brasilianum* não passa
de treze centímetros. Ao contrário das outras corujas, estas sempre são diurnas, e, "apesar de
serem os pigmeus da família, são caçadores valentes" (Ihering, v. 34, pp. 516-7).

Concerto de pássaros

Esses mitos têm proveniências muito diversas, visto que M_{170} pertence ao noroeste canadense, M_{145} e M_{172} à Guiana, M_{171} e M_{173} ao sudoeste da América tropical. Fica claro, no entanto, que constituem variações sobre o mesmo tema, a instauração de uma ordem natural, a um só tempo meteorológica e zoológica. Os heróis do mito tsimshian fixam o regime dos ventos, isto é, a periodicidade das estações; além disso, reconstituem desajeitadamente os esqueletos dos parentes mortos, o que explica a atual diversidade (anatômica) dos tipos humanos. Os dois aspectos aparecem também no mito kadiwéu, que dá conta da diversidade dos pássaros (ordem zoológica), mas no qual o sangue da criança desmembrada é a origem da cor especial do céu quando caem as últimas chuvas antes da chegada da estação seca, segundo uma versão (Ribeiro, 1950, p. 141), ou, em outra versão, a origem do arco-íris (Baldus, 1958, p. 124). Os mitos guianenses também aproximam o arco-íris e a cor dos pássaros, ao passo que o mito vilela, que também se refere ao arco-íris, define a ordem zoológica por um critério acústico, e não visual, a diferenciação dos pássaros pelo canto. As versões jivaro, que não introduzimos para tornar a exposição mais leve, fazem o mesmo (Karsten, 1919, pp. 327-8; Farabee, 1922, p. 123). Vimos que o mito arekuna explica simultaneamente a diferenciação dos pelos ou das penas, e a dos cantos ou gritos dos animais. Uma versão toba (M_{174}), que tem sua contrapartida exata na Amazônia (Amorim, 1926, pp. 277-9) e na Guiana (Ahlbrinck, 1931, art. "nomo"), se aproxima em outros aspectos do mito tsimshian, já que a cólera do arco-íris, ofendido com a poluição de sua água, que uma jovem menstruada foi beber, provoca um dilúvio em que morrem todos os homens: "Os cadáveres ficaram amarelos, verdes ou pretos, e pássaros de todas as cores, negros, brancos verdes, levantaram voo" (Métraux, 1946, p. 29). A ordem zoológica, ligada ao arco-íris, está aí, portanto, duplamente qualificada; quanto aos homens e quanto aos pássaros.

PARA EXPLICAR A ORIGEM da cor dos pássaros, os Toba e os Mataco têm um outro mito, aparentemente sem relação com o precedente. O que levanta um problema, sobre o qual é preciso se debruçar.

398   *Parte V*

M175 MATACO: A COR DOS PÁSSAROS

O demiurgo e enganador Tawkxwax viajava por um rio, em cuja margem passou a noite. Ao acordar, sentiu fome, seguiu viagem, e lá pelo meio-dia chegou a uma cabana cercada de inúmeros jarros cheios de água. Lá morava uma velha. Tawkxwax aproximou-se e pediu bebida. A velha mostrou-lhe os jarros e lhe disse que bebesse à vontade.

Mas Tawkxwax fez a água esquentar e pediu à velha que fosse buscar água fresca no rio. Como ela estava preocupada com a netinha, que estava sob seus cuidados, T. aconselhou-a a deitá-la na rede e murmurou palavras mágicas, para que o jarro da velha só ficasse cheio depois que ele tivesse acabado de comer a criança. No rio, a velha fica tentando encher o jarro, em vão. Enquanto isso, T. pega a criança, assa-a e come-a, e depois coloca uma pedra em seu lugar [versão toba: Raposa coloca a boca no ânus do bebê e aspira toda a sua substância, restando apenas a pele]. Então ele anula o sortilégio, o jarro se enche, a velha retorna.

Ao ver a pedra, ela chora e fica indignada. A velha era uma abelha selvagem, da espécie chamada moro-moro [outra versão: uma vespa operária]. Ela faz com que o enganador caia num sono profundo e, enquanto ele dorme, tapa com cera ou terra seus orifícios corporais, boca, narinas, olhos, axilas, pênis, ânus; e também lambuza todos os vãos entre os dedos.

Quando o demiurgo acorda, constata que está inchando perigosamente. Os pássaros (que então eram homens) vêm socorrê-lo e tentam desentupi-lo a machadadas, isto é, bicadas, mas a cera é dura demais. Apenas um pica-pau pequeno consegue furá-la. O sangue do demiurgo espirra pelo furo e mancha de vermelho todos os pássaros, menos o corvo, que fica coberto da sujeira que escapava pelo ânus (Métraux, 1939, pp. 29-30; 1946, pp. 133-4; Palavecino, 1936-41, pp. 252-3).

A interpretação desse mito enfrenta dois tipos de dificuldades. Se apenas considerarmos a cadeia sintagmática, isto é, o desenrolar do relato, este parece incoerente e construído do modo mais arbitrário. E se tentarmos recolocar o mito no conjunto paradigmático, formado pelos outros mitos relativos à cor dos pássaros, inclusive M174, que, no entanto, também provém dos Toba e dos Mataco, a resistência não é menor, já que a história que ele conta parece ser totalmente diferente.[13]

---

13. Por razões já indicadas (p. 242, n. 18), não procuraremos comparar o mito contemporâneo a antigos mitos peruanos (Davila, 1918) e a uma passagem do Popol-Vuh (Raynaud, 1925, pp. 50-1).

Concerto de pássaros

Examinemos inicialmente este último aspecto. Os mitos sobre a cor dos pássaros referem-se à repartição de restos de um monstro canibal. Ora, no mito aqui considerado, o enganador assume precisamente o papel de monstro canibal, já que devora uma criança viva. Limitando-nos provisoriamente à última parte do mito, obtemos a transformação:

M_{145} etc. { monstro canibal esfolado;	os pássaros hostis repartem sua pele:	(ação centrífuga)	} cor dos pássaros
M_{175} { monstro canibal tapado;	os pássaros prestativos reabrem seus orifícios:	(ação centrípeta)	

Deve-se então admitir que a primeira parte de M_{175}, com sua construção minuciosa, sua riqueza de detalhes aparentemente gratuitos, tem por único objetivo justificar a função do enganador como monstro canibal? A conclusão parece inevitável, se forem consideradas apenas as relações sintagmáticas. Mas nos deteremos sobre esse mito, visando precisamente ilustrar uma regra essencial do método estrutural.

Tomada em estado bruto, toda cadeia sintagmática deve ser considerada desprovida de sentido; ou porque nenhum significado aparece à primeira abordagem, ou porque crê-se perceber um sentido, mas sem saber se é o certo. Para superar essa dificuldade, existem apenas dois procedimentos. Um deles consiste em recortar a cadeia sintagmática em segmentos que podem ser sobrepostos, demonstrando então que constituem variações sobre um mesmo tema (Lévi-Strauss, 1958a, pp. 227-56; 1958b). O outro procedimento, complementar do precedente, consiste em sobrepor uma cadeia sintagmática tomada como um todo, em outras palavras, um mito inteiro, a outros mitos ou segmentos de mitos. Por conseguinte, trata-se de substituir uma cadeia sintagmática por um conjunto paradigmático, com a seguinte diferença: no primeiro caso, esse conjunto é extraído da cadeia, e, no outro, é a cadeia que é nele incorporada. Mas, quer o conjunto seja confeccionado com pedaços da cadeia, ou a própria cadeia seja inserida nele como um pedaço, o princípio é o mesmo. Duas cadeias sintagmáticas ou fragmentos da mesma cadeia que, tomados à parte, não apresentavam nenhum sentido seguro, adquirem um sentido pelo simples fato de se oporem. E se a significação emerge a partir do instante em que se constitui o par, é porque não existia anteriormente, dissimulada mas presente como um resíduo inerte, em cada mito ou fragmento de mito considerado isoladamente. A significação reside na relação dinâmica que funda simultaneamente vários mitos ou partes de um mesmo mito, sob cujo efeito esses mitos, e essas partes, são promovidos à existência racional e se completam juntos como pares oponíveis de um mesmo grupo de transformações. No caso que nos ocupa, a demonstração se tornará mais probante pelo fato de requerer duas etapas, uma repetindo a outra, e contribuindo para esclarecê-la.

Conhecemos, com efeito, um mito cuja cadeia sintagmática "explica", pode-se dizer, a do mito toba-mataco, já que se opõe à primeira ponto por ponto. É o mito karib da Guiana sobre a origem do veneno de pesca e das doenças (M_{162}), resumido anteriormente (p. 367):

M_{175}	um Espírito enganador, masculino, viaja ao longo de um rio, perto do qual há uma cabana;	a dona da cabana é uma avó que cuida de um bebê;	a dona da cabana expõe, e oferece generosamente, suas reservas de água.
M_{162}	um Espírito leal, feminino, visita uma cabana, perto da qual há um rio;	a visitante da cabana é uma mãe que amamenta um bebê;	a dona da cabana esconde, e nega egoistamente, suas reservas de água.

M_{175}	o Espírito pede de beber (embora tenha fome);	o Espírito visitante torna quente demais a bebida que lhe é oferecida;	a anfitriã vai buscar para seu visitante água fresca no rio, abandonando seu bebê.
M_{162}	o Espírito aceita de comer (mas terá sede);	a anfitriã humana torna quente demais o alimento que oferece;	a visitante vai buscar para ela mesma água fresca no rio, abandonando seu bebê.

Concerto de pássaros 401

(*Cf. p. 399*)

M_{175} {	O Espírito come o bebê da anfitriã assado, ou o engole cru;	... M_{175} ...	origem da cor dos pássaros.
M_{162} {	A anfitriã ferve (sem comê-lo) o bebê do Espírito;	...[M_{145}]...	origem do veneno de pesca.

Mais adiante (p. 422) daremos um outro exemplo de transformação por inversão, terminando num caso no veneno e no outro na cor dos pássaros. Por enquanto, o ponto importante é que (M_{175}) seja, em sua primeira parte, isomorfo a M_{162} e, na segunda, isomorfo a M_{145}, que é um mito totalmente diferente. Indagaremos então se existe uma relação entre M_{145} e M_{162}, e, em caso afirmativo, qual.

M_{145} e M_{162} são, ambos, mitos de origem do veneno de pesca, mas cumprem sua missão comum percorrendo caminhos inversos. M_{145} atribui a origem do veneno de pesca ao arco-íris e os outros mitos que passamos em revista descreviam-no como um monstro canibal, que jogava sobre a humanidade sofrimento e morte. Ao contrário, M_{162} evoca, em situação inicial, uma era em que o sofrimento e a morte eram desconhecidos. A um ser sobrenatural, cobra masculina e devoradora, corresponde simetricamente um espírito fêmea, que assume o papel de nutriz. Ele persegue os homens (e os pássaros em M_{172}); ela lhes mostra afeição. Na pessoa de uma criança, os homens são vítimas da maldade do primeiro (M_{145}); na pessoa de uma criança também, a segunda é vítima da maldade dos homens (M_{162}). A cobra arco-íris vive no fundo da água, de que é dona. Ela é privada de água e fica sedenta. Em M_{145}, o antagonismo maior se manifesta entre o arco-íris e os pássaros (seres aéreos), que o exterminam; o Espírito de M_{162}, como todos os seus congêneres, sente uma forte antipatia pela batata-doce (ser subterrâneo?), e desaparece diante de sua mera evocação verbal.[14]

---

14. Reconhecemos que esta última interpretação é frágil. Talvez se pudesse apoiá-la com um outro mito da Guiana (M_{176}), de proveniência aruak. Refere-se a um pescador, que captura e desposa o espírito feminino das águas. Tudo vai bem até que a sogra, embriagada, revela a origem sobrenatural da nora, violando assim o segredo imposto pela sereia. Ofendida, esta resolve deixar os homens e voltar com o marido para a morada aquática, depois de substituir

Vê-se a posição particular de M_{162}: a de uma "crítica" — no sentido kantiano do termo — de M_{145}, já que o problema que nele é colocado e resolvido pode ser formulado do seguinte modo: qual é o conjunto de condições necessárias para que um ser sobrenatural, inverso do arco-íris, seja levado a agir exatamente como ele? Embora situada num nível formal, nossa análise permite, portanto, aventar uma hipótese sobre a idade respectiva dos dois mitos, sua função primária ou derivada; para que as cadeias sintagmáticas se tornem inteligíveis, é preciso que M_{145} seja anterior a M_{162} e que o segundo mito possa aparecer como resultado de uma espécie de reflexão, certamente inconsciente, sobre o primeiro. A hipótese inversa seria desprovida de força explicativa. Do mesmo modo, M_{175} parece derivado em relação a M_{145} e M_{162}, que supõe ambos, já que sua originalidade consiste em justapô-los ao mesmo tempo que os inverte. Mas não os inverte do mesmo modo: M_{175} transmite a mesma mensagem que M_{145} (cor dos pássaros) à custa de uma simples inversão lexical, e transmite a mensagem inversa de M_{162}, por meio de um código preservado. Assumindo pela metade a função do arco-íris (profundamente má) e pela outra metade a do Espírito amigável (profundamente boa), o enganador, que é ao mesmo tempo bom e mau, manifesta num plano formal sua dualidade de vários modos: realização de uma espécie de *crossing over* entre dois mitos, adoção, para um desses mitos, da versão invertida, reviravolta original dessa versão, adoção de uma versão "reta" do outro mito e reviravolta original (mas num outro eixo) desta última.

Apesar dessa conclusão já complexa, o problema está longe de estar esgotado. Existe um mito Karajá (M_{177}) que não analisamos para não alongar

---

o peixe (de que ela abastecia abundantemente sua família humana) por um jarro de caxiri — bebida fermentada de mandioca e "batatas vermelhas" (*Dioscorea?*) — e uma provisão de batata-doce, que ela lhes envia do fundo das águas. Depois de ficarem satisfeitos, os homens jogam novamente na água o jarro vazio e as cascas de batata. A sereia transforma o jarro em bagre grande (*Silurus* sp.) e as cascas em imiri (*Sciadeichthys*), que são peixes rechonchudos. Por esse motivo, os Aruak chamam o bagre de "jarro do pescador" e o imiri, de "batatas do pescador" (Roth, 1915, pp. 246-7). Se admitirmos que os peixes estão para a água assim como os pássaros para o ar, a equivalência entre peixes e batatas, introduzida pelo mito, poderia ser generalizada sob a forma:

(batatas : terra) :: (peixes : água) :: (pássaros : ar).

Concerto de pássaros

demasiadamente a exposição, embora ele se apresente, sob certos aspectos, como uma versão invertida do mito kachúyana de origem do curare (M_{161}). Fala de um herói cujos ferimentos são tratados por uma cobra, que também lhe dá flechas mágicas, graças às quais ele destruirá uma raça de macacos canibais, da espécie guariba. Essas flechas não são envenenadas, bem ao contrário, já que é indispensável enfraquecê-las com um unguento mágico para que elas não se voltem contra aquele que as utiliza (Ehrenreich, 1891, pp. 84-6; Krause, 1911, pp. 347-50). Note-se uma simetria curiosa entre um detalhe desse mito e M_{175}, que, como acabamos de ver, por sua vez também inverte (mas de outro modo) os mitos de origem do veneno. Por outro lado, em M_{177}, o herói recebe a instrução de simular o coito com uma rã, cuja cumplicidade deve obter esfregando o pênis nos vãos dos dedos do batráquio, isto é, tratando os cantos e dobras como se fossem orifícios.[15] Em M_{175}, a abelha ou vespa obtura os orifícios e besunta os vãos das articulações, tratando-os, portanto, também como orifícios.

Por outro lado — agora comparando M_{175} e M_{162} —, vimos que a heroína sobrenatural de M_{162}, inverso do arco-íris, acaba se comportando como ele, tornando-se responsável pela origem da morte, das doenças e do veneno de pesca. Simetricamente, a heroína de M_{175}, côngrua do arco-íris quando ela se apresenta sob forma humana — enquanto dona da água —, acaba se revelando uma vespa ou uma abelha moro-moro, termo de origem quíchua, em que a palavra "muru-muru" significa "multicolorido", o que em si já é instrutivo. Como a rã de M_{177}, a abelha confunde as dobras das articulações com os orifícios, mas obtém o resultado oposto: a rã pensa que as suas próprias articulações podem ser "furadas"; já a abelha é vítima da ilusão oposta, quando insiste em fechar as de outrem. Como o arco-íris, a rã pertence ao elemento úmido; e a heroína de M_{162} é imediatamente qualificada por sua sede em relação à secura, já que é privada de água. Continuando a aplicar as mesmas regras de transformação, pode-se

---

15. Esses detalhes sugerem novamente o cunauaru (cf. p. 350) cujo corpo "é coberto de uma substância viscosa de cheiro desagradável, que é especialmente difícil de tirar dos botões situados na extremidade dos dedos" (Schomburgk, 1922, v. 2, p. 335).

deduzir daí que a abelha ou vespa de M175, cujo comportamento inverte o da rã de M162, possui uma conotação "árida", o que confirma antecipadamente o que diremos, à p. 408, n. 17, sobre a função semântica das vespas no ritual xerente.

VOLTEMOS RAPIDAMENTE à versão tsimshian (M170) que serviu de ponto de partida para essa discussão. Por si só, ela já apresentava um duplo interesse. Antes que os introduzíssemos, os comportamentos de algazarra haviam se apresentado em dois contextos claramente distintos: ordem social (charivari) e ordem cósmica (eclipse). A originalidade de M170 consistia em uni-los. De fato, o mito começava evocando o mau comportamento dos jovens, isto é, uma desordem social, marcando o início de uma longa aventura, que terminava com a instauração de uma ordem meteorológica e cósmica.

Ora, olhando de perto, observa-se que os mitos kadiwéu (M171) e vilela (M173) fazem exatamente a mesma coisa. O primeiro associa o comportamento barulhento das crianças de um lado, a cor do pôr do sol e o arco-íris, do outro. Nas duas versões do mito vilela que possuímos, o erro do herói consiste ou em voltar para casa muito tarde, ou em fugir da companhia dos rapazes e moças de sua idade (Lehmann-Nitsche, 1924-25b, p. 226). Esses comportamentos a-sociais têm por consequência última o nascimento do arco-íris e a divisão dos pássaros em espécies, distintas pela residência e pelo grito.

Em segundo lugar, M170 remete a um grupo de mitos vasto e complexo, cujo estudo não pode ser abordado aqui e cujo tema é o castigo de um comportamento desregrado por parte de jovens. Certos mitos se referem ao ruído — algazarra noturna, insultos às estrelas ou ao céu, porque neva, ou então a excrementos humanos; — outros, mais difundidos na América, sancionam o desprezo ou a desenvoltura em relação aos produtos alimentares. Se admitirmos, a título de hipótese de trabalho, que o alimento é uma modalidade terrestre (compreendendo aqui a terra tanto a terra firme quanto a água, isto é, o baixo em oposição ao alto, cf. Lévi-Strauss, 1958b), o fato — atestado pelos mitos — de que o céu reage ao ruído *como se fosse uma ofensa pessoal* incita a estabelecer uma equivalência à qual deveremos voltar

Concerto de pássaros

alhures. De fato, se o ruído é um abuso do céu e a falta de respeito para com o alimento (ou a bebida, cf. M174), um abuso da terra (ou da água: pensemos no mito toba supracitado e nas pescas mirabolantes com supervenenos encarnados), resulta que:

[ruído (= abuso de x) : céu] :: [abuso de alimento : terra (ou água)]

Sob sua forma ainda problemática, essa equivalência pode ser confirmada de dois modos. Existe pelo menos uma tribo brasileira que percorre, no espaço de um só mito, o itinerário complicado que seguimos, juntando vários mitos, para passar da algazarra ao eclipse, do eclipse ao incesto, do incesto à desordem e da desordem à cor dos pássaros:

M178 SHIPAYA: A COR DOS PÁSSAROS

Dois irmãos viviam com a irmã numa cabana abandonada. Um deles se apaixonou pela moça. Todas as noites ele ia para junto dela, sem lhe dizer quem era. O outro irmão descobriu que a irmã estava grávida e mandou-a marcar o rosto do visitante noturno com jenipapo. Quando o culpado se viu traído pelas manchas, fugiu para o céu com a irmã. Mas, ao chegarem, tiveram uma briga, e ele a empurrou. A mulher caiu como um meteoro e tocou o solo *com muito barulho* (grifo nosso; cf. M172, em que os homens puxam a cobra, para a terra "lançando gritos terríveis", p. 399); ela se transformou em anta, e o irmão, que ficou no céu, tornou-se a lua.

O outro irmão convocou seus guerreiros e mandou-os matar a lua a flechadas. O tatu foi o único que a atingiu. O sangue da lua era de todas as cores, jorrou até a terra e espirrou nos homens e nas mulheres. Elas se enxugaram de baixo para cima, e por isso sofrem a influência da lua. Os homens se enxugaram de cima para baixo. Os pássaros se molharam nas poças de várias cores, e assim cada espécie adquiriu a plumagem que lhe é característica (Nim., 1919-20, p. 1010).

Por outro lado, e considerando nosso procedimento retrospectivamente, podemos dizer que este começa com mitos cujo herói é um desaninhador de pássaros (M1, e em seguida M7, 8, 9, 10, 11, 12) e que, ao menos provisoriamente, desemboca em mitos (M171, 172, 173, 174, 175, 178) relativos à origem da cor dos pássaros. Para justificar esse longo périplo, acabamos de mostrar que, se os mitos de desaninhador de pássaros são mitos de cozinha, esses sobre a cor dos pássaros levantam, em termos sociológicos, zoológicos, meteorológicos ou cosmológicos, um problema formalmente do mesmo tipo que o do surgimento de uma ordem que poderíamos chamar de alimentar. Regressamos, assim, a considerações anteriores (pp. 382-3): o fogo culinário é o mediador entre o alto e o baixo, entre o sol e a terra. Consequentemente, o desaninhador de pássaros, perdido a meio caminho entre o alto e o baixo, e — como cunhado ou filho — mediador entre um homem e uma mulher, entre a aliança e o parentesco, pode ser aquele que introduz (ou o que retira, em todo caso, o dono) o fogo culinário, que, no plano da cultura, instaura uma ordem côngrua a outras ordens, sociológica, cósmica, ou ordens situadas em níveis intermediários.

Uma vez lembrado isso, torna-se ainda mais fascinante constatar que há mitos que justapõem abruptamente o motivo do desaninhador de pássaros e o da cor dos pássaros:

M179 PARINTINTIN: A COR DOS PÁSSAROS

Dois velhos, que eram muito amigos, decidiram ir para a floresta, para desaninhar gaviões-reais (*Thrasaetus harpyia*). Fizeram uma escada improvisada, e um deles subiu na árvore em que estava o ninho que eles já haviam localizado. Vendo que o companheiro tinha encontrado um filhote, o velho que ficou embaixo perguntou: "Como é esse gaviãozinho?". Ao que o outro respondeu: "Peludo como a .... da sua mulher!".[16] Furioso, o velho ofendido, que se chamava Ipanitegue, quebrou a escada e foi embora. Durante cinco dias, seu companheiro, chamado Canaurehu, ficou no alto da árvore, sem água nem comida, sendo atacado por "cabas e carapanãs", que o picavam noite e dia. Finalmente, por volta do meio-dia, ele ouviu ao longe o chamado do gavião, que trazia carne de preguiça para os seus filhotes. Morto de medo, o velho subiu para o topo da árvore e se escondeu, em total silêncio. A águia voou até o ninho e, enquanto o filhote comia, avistou o homem. Assustado, o pássaro foi

---

16. Para uma resposta do mesmo tom, cf. Murphy e Quain, 1955, p. 76.

Concerto de pássaros

para uma árvore próxima e interrogou o homem, que lhe contou sua história; e quando ele repetiu sua resposta brincalhona, o gavião teve um ataque de riso. Aproximou-se do homem para ouvir melhor, exigindo que ele contasse novamente a história. Mas o homem estava com medo de que o gavião o matasse. Tranquilizado, depois de algum tempo, ele recomeçou a história, e o gavião a achava tão engraçada que ria sem parar.

Então o gavião se propõe ajudar Canaurehu a se vingar. Sacode as penas sobre ele até cobri-lo e transformá-lo em gavião. Realizada a metamorfose, o pássaro ensina o homem a voar e a quebrar galhos cada vez mais grossos.

Juntos, e para chamar atenção, eles sobrevoam *gritando muito* [grifo nosso] a praça da aldeia, no meio da qual Ipanitegue estava fabricando uma flecha. Os dois pássaros se lançam sobre ele com bicadas e unhadas e levam-no embora, carregando um pela cabeça, o outro pelas pernas. Os homens da aldeia atiram flechas, que só atingem a vítima. Tentam então segurá-lo pelo fio da flecha que estava pendurado, mas também não conseguem, pois ele rebenta. Na praça, havia uma poça de sangue, cheia de pedaços de tripas e de cérebro.

Os gaviões transportaram sua presa até o ninho e convidaram todos os pássaros para o banquete, com a condição de que todos aceitassem ser "tatuados". A arara foi pintada com o sangue. O bico e a ponta das asas do mutum foram besuntados com cérebro, o bico do tangará-hu, de sangue, as penas do papagaio e do periquito, de bílis, as da garça, também de cérebro. Passaram sangue no peito do surucua-hú e no pescoço do jacu-pemun-hú... E assim todos os pássaros, pequenos e grandes, foram tatuados; uns ficaram com o bico ou as penas vermelhos, os outros, com penas verdes, ou brancas, pois todas as cores estavam no sangue, na bílis e no cérebro do velho assassinado. A carne, os pássaros comeram (Pereira, 1945, pp. 87-92).

Comparando o material de Nunes Pereira ao que ele mesmo havia colhido em outras tribos, Nimuendaju acusa esse autor de fazer transcrições erradas e incompletas (Nim., 1946-59a, v. III, pp. 293-4). A discussão a seguir mostrará, cremos, que nunca se deve criticar levianamente um texto colhido de primeira mão. Em matéria de análise mítica, as divergências entre as versões não podem ser recusadas *a priori*. O que essa versão extravagante do desaninhador de pássaros tem de notável, com efeito, é o fato de inverter ponto por ponto, e com um rigor sistemático, que não poderia ser o resultado de negligência do coletor, ou do capricho do narrador, todos os detalhes, e até a estrutura do mito jê correspondente:

M_{179}	Dois velhos da mesma idade,	ligados pela amizade,	desaninhadores de gaviões (carnívoros);
$M_{7}a$ M_{12}	Dois homens de idade diferente (adulto, criança),	aliados pelo casamento,	desaninhadores de papagaios (frugívoros);

M_{179}	um insulta o outro através de uma relação social ausente (esposa de x ≠ irmã de y);	herói abandonado, perseguido por insetos peçonhentos.[17]
$M_{7}a$ M_{12}	um insulta o outro através de uma relação natural presente (pássaro presente, supostamente ausente; ovo transformado em pedra);	herói abandonado, coberto de excrementos e vermes.

M_{179}	Mediação pelo preguiça, símbolo de uma conjunção cósmica;[18]	o gavião alimenta o filhote, e não adota o herói, mas "se alia" a ele;	herói *faz rir* o gavião a sua custa (objeto de riso, +).
$M_{7}a$ M_{12}	Mediação pelo caititu (M^8), símbolo de uma conjunção social (cf. p. 117)	o jaguar não tem filhos, adota e alimenta o herói;	o herói *evita rir* do jaguar (sujeito de riso, –).

M_{179}	O gavião recobre o herói de uma natureza de pássaro (penas);	o gavião dá ao herói uma força natural (poder de voar, força sobre-humana),	ajuda-o a vingar-se de um amigo (que se manteve humano).
$M_{7}a$ M_{12}	O jaguar livra o herói de uma natureza de pássaro (excrementos e vermes);	o jaguar dá ao herói uma força cultural (armas, fogo de cozinha),	ajuda-o a vingar-se de uma parente (mãe), que se tornou um animal.

M_{179}	Instauração de uma ordem natural e zoológica;	refeição canibal, fora da aldeia;	fazer barulho para ser ouvido.
$M_{7}a$ M_{12}	Instauração de uma ordem cultural e alimentar;	refeição de carne cozida, na aldeia;	não fazer, ou não ouvir, barulho.

---

17. Essa notável oposição confirma a interpretação já esboçada do episódio das vespas, no ritual xerente do Grande Jejum (cf. p. 386, n. 5, e p. 379). Se, de fato, os vermes conotam o "mundo

Perguntemo-nos agora qual pode ser a razão de todas essas reviravoltas. Isolamos anteriormente um grande conjunto de mitos cujo denominador comum é a atribuição de uma mesma função pertinente a comportamentos diversos em relação ao ruído, ou a comportamentos que podem ser reconhecidos como transformações dos primeiros. A função semântica desses mitos é atestar que existe um isomorfismo entre dois tipos de ordens, que podem ser, dependendo do caso, ordem cósmica e ordem cultural, ordem cósmica ou meteorológica e ordem social, ou qualquer uma dessas ordens e a ordem zoológica, que se situa num nível intermediário em relação a elas. No mito bororo do desaninhador de pássaros (M_1), a ordem meteorológica é explícita (origem do vento e da chuva), e a ordem cultural (origem da culinária), implícita. Nos mitos jê do mesmo grupo, é o inverso. Mas nenhum deles se refere à ordem zoológica, que está no primeiro plano dos mitos do Chaco e dos da Guiana (em relação aos quais verificamos, novamente, que estão mais próximos entre si, pela armação, do que mitos do Brasil central e oriental, que se situa, entretanto, a meio caminho entre as duas regiões). Constata-se então que a versão parintintin constitui uma articulação entre as versões do Brasil central e oriental, de um lado, e as do Chaco e da Guiana, do outro. Com o auxílio de um

---

podre", os insetos peçonhentos devem conotar "o mundo queimado" (no sentido que demos a esses termos, pp. 383-5). Ora, o Grande Jejum tem por objetivo afastar do homem a ameaça do mundo queimado, e seu fim é anunciado pelo aparecimento das vespas, portanto, mensageiras desse mundo, mas na dupla condição de "cantoras" (concedida aos homens que cantam) e de doadoras de flechas em miniatura, ou seja, seus ferrões transformados, de sua forma natural hostil à humanidade, numa forma cultural a serviço dessa mesma humanidade. O que bem poderia significar a "domesticação" do mundo queimado. Banner (1961, pp. 20, 27-8) descreveu recentemente, entre os Kayapó, um jogo ritual durante o qual os adolescentes, às vezes imitados pelas crianças, batalham contra os marimbondos, cujo nome indígena significa "inimigos".
18. Para essa função do preguiça, que só nos interessa aqui indiretamente, e que não tivemos a ocasião de estabelecer de modo independente, remetemos principalmente aos mitos dos Tacana da Bolívia, onde o preguiça é dono do fogo destruidor que incendeia a terra, cujos excrementos, quando ele não os pode fazer no chão e é obrigado a defecar do alto de uma árvore, "adquirem a eficácia de um cometa", virando a terra e aniquilando todos os seres vivos (Hissink e Hahn, 1941, pp. 39-40). Encontra-se o eco dessas crenças na Guiana, onde se acredita que a estrela chamada "do preguiça", visível no horizonte no início da estação seca, desce à terra para fazer suas necessidades (Ahlbrinck, art. "kupirisi"). (N. T.: Lévi-Strauss desenvolveria mais tarde o tema do preguiça, em *A oleira ciumenta*.)

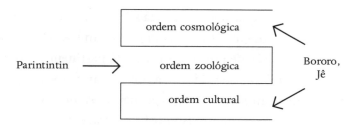

código emprestado ao ciclo do desaninhador de pássaros, ela "transmite" uma mensagem que pertence ao ciclo da cor dos pássaros:

Mas, para realizar essa reviravolta, M_{179} tem de se efetivar como caricatura das outras versões. Já que se trata de dar conta de uma ordem natural, as relações familiares e status sociais (cujo vocabulário é herdado das versões bororo e jê) são negativizadas, ou ridicularizadas. A dois cunhados, um homem jovem e um adolescente, sucedem dois velhos sem elo de parentesco, e simplesmente "amigos" em vez de aliados. Ou seja, o mais fraco dos elos sociais, contra o mais forte. Contudo, injuriando o companheiro na pessoa da esposa deste (que não é uma irmã, já que os dois velhos são apenas amigos), o ridículo herói de M_{179} revela a força lógica do elo ausente. A mesma figura alusiva retorna mais adiante no mito, quando as cores específicas dos pássaros, que pertencem a uma ordem natural, são chamadas de "tatuagens", e assim assimiladas a marcas distintivas da ordem cultural. No meio do díptico formado pelo *homem desaninhador de pássaros* do Brasil central e oriental e o *homem pescador de peixes* da Guiana, o mito parintintin insere o *pássaro pescador de homem*, para formar um terceiro elemento.

Os Mundurucu, que falam um dialeto tupi, constituem uma transição entre as tribos do grupo linguístico jê, a leste, e os Parintintin — de língua tupi, como eles —, a oeste. Essa situação geográfica e linguística talvez explique o fato de, entre eles, o mito da cor dos pássaros excluir cuidadosamente qualquer referência ao do desaninhador. O mito mundurucu é, digamos, totalmente "desumanizado"; situa-se apenas nos planos zoológico (explícito) e cosmológico (implícito):

Concerto de pássaros

M180 MUNDURUCU: A COR DOS PÁSSAROS

Uma fêmea de águia-real criava o filhote num ninho no alto de uma árvore. Um dia, ela mergulhou na água para pegar uma tartaruga que estava na superfície; mas a tartaruga era grande demais, arrastou o pássaro para o fundo, e ele morreu afogado.

O filhote abandonado atrai com seus gritos uma águia preta, que começa a cuidar dele, mas logo se cansa e vai embora. Uma águia "rapina" faz o mesmo e, quando o filhote cresce, seus dois protetores treinam-no a levantar troncos cada vez mais pesados, para que ele possa se vingar da tartaruga pela morte da mãe.

Assim que ele fica preparado, espia a tartaruga, que vem à superfície e o provoca. Ela está toda enfeitada de penas de águia. O pássaro ataca a tartaruga, que tenta arrastá-lo para dentro da água, mas as outras tartarugas empurram-na para a superfície. O pássaro voa para o ninho com a presa.

A águia convida todos os pássaros para comer a tartaruga, cuja carapaça tem de ser, antes de mais nada, quebrada. O tucano tenta e entorta o bico, que ficou com sua forma atual; o pica-pau consegue quebrá-la. Então os pássaros se pintam com o sangue verme-lho, o fluido azul da vesícula e a gordura amarela. O tucano pinta de azul o contorno dos olhos, de amarelo, a base do rabo e uma faixa transversal no peito, e também passa san-gue na cauda. O pica-pau pinta a cabeça de vermelho, o pipira se besunta totalmente de azul. O mutum faz manchas de sangue nas patas e no bico, e, para privar a galsa (garça? — "um pássaro das águas rasas", loc.cit., p. 143) das tinturas animais, propõe a ela que utilize argila branca. A galsa concorda, mas quando chega a vez do mutum, ele foge. O pássaro enganado só conseguiu pegar a ponta do rabo, que, até hoje, é branca.

Para agradecer a águia "rapina" por seus cuidados, a águia-real lhe oferece a cabeça da tartaruga, com a qual ela faz uma corneta que soa "toc, toc, poat, poat". A águia *tawato* [*Astur* sp.? Cf. Ihering 1940, art. "Tauatu pintado"] ficou com ciúme, pois, apesar de ser grande, tinha um grito bastante fraco. Exigiu uma troca. Desde então, a águia *tawato* tem uma voz grave, e a águia "rapina" pia "iii-iii-iii" (Murphy, 1958, pp. 128-9).

É difícil analisar esse mito, devido à incerteza que reina quanto às três espécies de "águias" e sua posição na taxonomia indígena. A águia "ra-pina" seria *Cerchneis sparverios eidos* e a *tawato, Hipomorphnus urubitinga urubitinga*, segundo Murphy (1958, p. 143). Uma outra versão chama-as de ii e uayuptauhu ou puatpuat, respectivamente (Kruse, 1946-49, p. 633). As águias amigáveis não aparecem, aliás, numa versão amazônica sem proveniência definida (Barbosa Rodrigues, 1890, pp. 167-71). Por isso, limitar-nos-emos a salientar que M_{180} e M_{179} são em grande parte isomorfos. O homem de M_{179} e o pássaro de M_{180} treinam para levantar toras de madeira tão pesadas quanto o adversário; o pássaro abandonado faz barulho para chamar a atenção, o homem abandonado não diz uma palavra; o homem coberto de penas de M_{179} corresponde à tartaruga coberta de penas de M_{180}; no primeiro caso, os combatentes, que estão no alto, gritam e insultam o adversário, situado embaixo, e no segundo caso é o inverso, a águia fica em silêncio e espera que a tartaruga a provoque e a insulte; finalmente, os companheiros humanos da vítima tentam segurá-la (M_{179}), ao passo que os companheiros animais a empurram (M_{180}). Um parentesco com as versões guianenses (M_{172}) aparece no episódio da cabeça, entregue ao animal mais merecedor.

E, principalmente, fica claro que, ao contrário do mito parintintin, este transcorre totalmente num mundo animal, embora se refira, como o mito parintintin, a águias predadoras em vez de papagaios desaninhados: pássaros mais belicosos do que pacíficos, carnívoros e não frugívoros, e, no mito mundurucu, ligados à água, ao passo que os papagaios estão ligados à terra, onde estão as árvores em que buscam comida. Esta última oposição está bem atestada entre os Bororo, que acreditam que seus pajés às vezes se transformam em pássaros, para ajudar na busca de alimentos: como araras, eles colhem frutos e, como gaviões, pescam peixes ou matam outros pássaros (Colb. e Albisetti, 1942, p. 131).

3. Bodas

ÍGOR STRAVINSKI, *As bodas*, 4º quadro.

TODOS OS MITOS RELATIVOS ao arco-íris que passamos em revista associam esse fenômeno meteorológico ou à origem do veneno de pesca e das doenças ou à da cor dos pássaros. Mas, de acordo com o tipo de ligação escolhido, o arco-íris não intervém do mesmo modo: ou ele é agente ou objeto passivo de uma ação que se exerce sobre ele.

É em razão, direta ou indireta, de sua maldade que o arco-íris vivo provoca o aparecimento do veneno e das doenças; serve-lhes de causa moral. Da cor dos pássaros, ele é apenas causa física, já que os pássaros só terão suas plumagens distintivas após tê-lo matado e repartido seus restos. Empregando uma outra linguagem, poder-se-ia dizer que o arco-íris significa o veneno e as doenças, mas que, de significante, sua função lógica passa a ser a de significado quando se aplica à cor dos pássaros.

Quando encontramos esse problema pela primeira vez, resolvemo-lo apelando para uma dialética dos pequenos e grandes intervalos. Pareceu-nos que a doença e o veneno apresentavam um duplo caráter. Ambos implicam uma transitividade, entre a vida e a morte, ou entre a natureza e a cultura; em seu seio, a passagem de uma ordem à outra se faz imperceptivelmente e sem que se possam perceber estados intermediários. Além disso, a doença

414 · *Parte V*

e o veneno são, em sua essência, seres "cromáticos", acarretam efeitos que poderíamos chamar de "diatônicos", já que a pesca com veneno, assim como as epidemias, cria enormes lacunas entre as populações afetadas. Os Guarayo da Bolívia tiram dessa semelhança uma conclusão razoável: acreditam que todas as doenças resultam de um envenenamento e que, se não fossem envenenados, os homens não morreriam (Cardus, 1886, p. 172).

Por serem reconhecidos como seres "cromáticos", o veneno e a doença têm uma propriedade em comum com o arco-íris, que torna este último capaz de significá-los. Por outro lado, a observação empírica de seus estragos acarreta a inferência (ou verifica a hipótese) de que o contínuo traz em si o descontínuo, e até o engendra. Mas assim que o arco-íris deixa de ser considerado um agente, e passa a ser visto como objeto da ação, a relação precedente se inverte. Um cromatismo *significante*, forma negativa de ordem diatônica (já que esta ordem não é senão o resíduo de um contínuo devastado), dá lugar a um cromatismo *significado*, matéria positiva a partir da qual se constrói uma ordem, também diatônica, que será atribuída à natureza, como a outra. Com efeito, a dizimação de uma determinada população (sejam os homens, pelas epidemias, ou os peixes, pela pesca) é simétrica à descontinuidade geral das espécies; é-lhes isomorfa no seio de um gênero. Por uma outra via, já tínhamos chegado a essa conclusão (Parte I, 1, d).

Vimos em que condições o herói vilela de M_{173} se transforma em ser cromático de modo que, "apesar da noite fechada, o brilho de suas cores é visto de longe" (Lehmann-Nitsche, 1924-25b, p. 222). Isso acontece depois de ele ter recolhido à beira da água pedras de cores diversas e ter feito delas um colar, ou seja, um ser multicolorido formado de elementos anteriormente dispersos, e entre os quais, a partir do momento em que são aproximados pelo fio, os intervalos se tornaram muito pequenos. O procedimento evocado pelo mito é ainda mais significativo na medida em que seria difícil, cremos, descobrir um colar que corresponda a essa descrição nas coleções etnográficas provenientes da América tropical, cujos colares se caracterizam por suas cores sóbrias e por sua regularidade.[19] São, quase

---

19. Mesmo entre os Chiriguano, pouco afastados dos Vilela, onde viajantes haviam relatado a presença de colares de coral e de malaquita, observação aliás forjada por Bernardino de Nino (1912, p. 197). Não é impossível que a curiosa invenção do mito vilela tenha sido inspirada aos

sempre, feitos de contas brancas e pretas, pequenos discos feitos de conchas de moluscos aquáticos e de cascas de coquinho. A variedade das miçangas ocidentais não é explorada, e o branco e o preto, utilizados em alternância, continuam sendo as cores preferidas. Contas de outras cores, às vezes aceitas, são utilizadas para a confecção de colares monocromáticos, azuis, por exemplo, quando essa cor (que os indígenas raramente distinguem do preto) possui uma conotação religiosa (Huxley, 1956, p. 47; Nino, 1912, p. 197). Nunca vimos os indígenas das sete ou oito tribos com as quais estivemos em contato aproveitar a variedade (totalmente supérflua) das contas que distribuíamos entre eles (Lévi-Strauss, 1955, p. 260) para fazer colares de várias cores como o imprudente vilela...

Entre os Bororo, notou-se a reticência demonstrada pelas mulheres com relação aos tecidos listados ou floridos que lhes eram dados: "Atribuía-se essa atitude ao capricho ou ao gosto. Soubemos depois que também nisso entrava a ideia religiosa [...] Os [xamãs] diziam que os panos riscados de várias cores ou floreados eram coisas próprias das moradas das almas e por isso havia interdição até o ponto de não receber tais tecidos nem de graça; ou, se os aceitassem, usavam-nos somente para enfeitar o [...] representante da alma do defunto nos funerais; ou era oferecido ao [xamã] como recompensa da evocação das almas. Ele podia usar destes panos contanto que avisasse as almas". O mesmo autor acrescenta que os Bororo prescrevem a utilização de tecidos claros e de cor uniforme (Colb. e Albisetti, 1942, p. 131, *EB*, v. 1, p. 174). Em 1935, os indígenas invocavam razões semelhantes para explicar por que sua cerâmica era escura e sem nenhum enfeite.[20] Esse horror à policromia representa certamente, na América

---

indígenas por colares antigos de proveniência andina. Mas, como o motivo das pedras coloridas se encontra também na Guiana, associado ao Espírito do arco-íris (Goeje, 1943, p. 33) — cujo nome karib, como sabemos, designa também o sariguê (cf., supra, p. 331) —, acreditamos que a origem desse motivo se deve mais à especulação do que à experiência.

20. No Egito antigo, a oposição entre o cromatismo e o monocromatismo também parece ter sido utilizada, mas para uma liturgia da vestimenta que é oposta à dos Bororo: "De resto, as roupas de Ísis são de tons e cores diversas, pois toda a sua força jaz e se expande na matéria, a qual assume todas as formas e se transforma em todos os tipos de coisas, luz, trevas, dia, noite, fogo, água, vida, morte, começo, fim. Mas as de Osíris não têm nenhum sombreamento, nem variedade alguma, são de uma só cor simples, a saber, a cor da luz, pois a primeira causa

do Sul, um fenômeno bastante excepcional. Os Bororo, porém, apenas levam ao extremo uma atitude que compartilham com outras populações, em que ela se manifesta de modo mais nuançado. Os Tukuna contam em um de seus mitos (M181) que os instrumentos musicais rituais eram, antigamente, todos pintados de vermelho. Uma divindade mandou o herói civilizador utilizar "a argila de todas as cores" que havia perto de um riacho, mas sem tocá-la com as mãos. Teria de recolhê-la dentro de sua sarabatana, enfiando-a na terra várias vezes seguidas, até conseguir amostras de todas as variedades. Depois, teria de extrair as cores, raspando a sarabatana com uma vareta, e utilizá-las para pintar. Explicam que é o aspecto dessa pintura a causa principal do tabu relativo aos instrumentos, que as mulheres não podem ver. Um outro mito (M182) conta que uma delas se escondeu numa árvore para satisfazer sua curiosidade. Mas, assim que os instrumentos apareceram, ela ficou encantada com sua decoração. Em vez de uma corneta, ela viu um jacaré. "Urinou muito e pá!, caiu." Os músicos se lançaram sobre ela, cortaram-na em pedaços e a moquearam. E obrigaram até a mãe e a irmã dela a participar do banquete (Nim., 1952, pp. 77-8, 132).

Esses relatos requerem várias observações. Antes de mais nada, vimos que, para os Tukuna, um dos dois arco-íris é o dono da argila de cerâmica (p. 327-ss). Em segundo lugar, o método muito especial imposto ao herói para preparar sua paleta aparentemente produz uma mistura parcial, dando à pintura dos instrumentos um aspecto fundido, semelhante às nuanças do arco-íris. Finalmente, a descrição da morte da mulher infratora, fascinada num galho, depois urinando e caindo, corresponde exatamente ao que ocorre com um macaco atingido por uma flecha envenenada com curare, como observamos pessoalmente entre os Nambikwara. O que, aliás,

---

e princípio é simples, sem mistura alguma, espiritual e inteligível. Por isso eles mostram essas roupas apenas uma vez, e o resto do tempo guardam-nas cuidadosamente, sem deixar que sejam vistas ou tocadas, e, ao contrário, usam frequentemente as de Ísis, pois as coisas sensíveis estão em uso, e sempre ao alcance das mãos, e como estão sujeitas a várias alterações, são desdobradas e olhadas muitas vezes. Mas a inteligência do que é espiritual e intelectual, puro e simples, e reluzente como um raio, não pode ser tocada ou vista pela alma senão uma única vez" (Plutarco, § XLI).

Bodas

confirma de modo independente nossa fonte: "A ação [do veneno] sobre o animal atingido se manifesta imediatamente por uma incontinência de fezes e urina; a queda sobrevém após três minutos aproximadamente" (Nim., 1952, p. 30). Assim, encontramos novamente a tripla associação entre o arco-íris, o cromatismo e o veneno; a diferença entre os Bororo e os Tukuna é que estes parecem restringir ao sexo feminino os efeitos deletérios da ornamentação cromática.

A cerâmica tukuna é enfeitada grosseiramente com motivos marrons sobre fundo branco, geométricos ou zoomorfos, e Nimuendaju não acredita que a decoração tenha sido mais refinada antigamente (loc.cit., fig. 6, e pp. 47-8). O mesmo não ocorria nas outras tribos amazônicas, que produziam uma cerâmica policromática de grande beleza e maestria. Ora, essa aptidão técnica e artística é acompanhada de uma inflexão significativa da mitologia do arco-íris:

M183 AMAZÔNICA (LAGO DE TEFÉ): ORIGEM DA CERÂMICA PINTADA

Havia uma moça que não sabia fazer nada com as mãos. Seu trabalho em cerâmica era disforme. Para ridicularizá-la, suas cunhadas moldaram argila em sua cabeça e lhe disseram que fosse assar como um pote.

Um dia, apareceu-lhe uma velha, e ela lhe contou suas desventuras. Era uma fada boa, que lhe ensinou a fazer potes magníficos. Ao ir embora, disse à jovem que apareceria na forma de uma cobra, que ela teria de abraçar sem nojo. A heroína concorda e a cobra se transforma imediatamente em fada, mostrando à sua protegida como pintar os potes: "Ela pegou argila branca e cobriu os potes com uma camada uniforme. Depois, com terra amarela, terra marrom e urucum [*Bixa orellana*], traçou bonitos desenhos, muito variados, e disse à moça: "Existem duas espécies de pintura, a pintura índia e a pintura das flores. Chama-se de pintura índia a que desenha a cabeça do lagarto, o caminho da Cobra Grande, o galho de pimenta, o peito de Boyusu, a cobra arco-íris etc., e a outra é a que consiste em pintar flores".

Em seguida, a fada pegou verniz preto e utilizou-o para decorar e dar brilho a várias cabaças, dentro das quais fez desenhos variados: o casco da tartaruga, os traços da chuva, as curvas do rio, o anzol, muitas figuras bonitas... (Tastevin, 1925, pp 192-8).

418   *Parte V*

Numa cultura que se dedica à cerâmica policromática, consequentemente, o arco-íris adquire um sentido ambíguo e equívoco. Sua força temível pode se tornar protetora e bondosa. Em seu segundo aspecto, o veneno (que ela destilava em seu primeiro aspecto) regride, por assim dizer, ao excremento do qual não se deve sentir nojo: a terra escura, que dá a tintura marrom, chama-se "excremento da Cobra Grande" (loc.cit., p. 198). Se, para encontrar inspiração, as ceramistas invocam o arco-íris na forma de uma velha fada, os homens fazem o mesmo com um objetivo erótico, já que, para eles, o arco-íris aparece como uma amante perturbadora (id. ibid., p. 197).[21] Observa-se, portanto, um movimento inverso ao que nos tinha levado (p. 362-ss) do filtro de amor ao filtro de morte, e do animal sedutor ao veneno. Esse movimento retrógrado é próprio de uma estética que transige com o cromatismo,[22] ao contrário da dos Bororo.

De qualquer modo, existe na América tropical um domínio em que a policromia parece ser universalmente aceita, e sem reservas: os ornamentos plumários, de que os Bororo fornecem suntuosos exemplos.[23] Mas não é sem razão que os mitos dessa parte do mundo colocam o problema da diversidade das espécies referindo-se inicialmente (M145) ou exclusivamente

---

21. É pelo menos curioso que um conto maia, provável vestígio de um velho mito, transforme uma noiva abandonada, cujo nome poderia ter o sentido de "Tia Arco-Íris", após sua morte, numa divindade enganadora que seduz os viajantes, depois se transforma em cobra com a cauda bifurcada, cujas pontas insere nas narinas de sua vítima, esmagando-a então sob seu peso (Cornyn, 1932). Essa copulação invertida é, de fato, simétrica da que é evocada em M95 em relação a um deus sariguê. Reencontraríamos assim, no México, a reunião da serpente, do arco-íris e do sariguê como sedutor (aqui transformado em virgem antisseduzida, depois em cobra fêmea que seduz os homens do mesmo modo que um sarigue faz com as fêmeas). Sabe-se, aliás, que o cangambá tinha um lugar nas representações religiosas dos antigos mexicanos (cf. Seler, 1961, v. 4, p. 506), como uma das formas — juntamente com a doninha e o escaravelho — nas quais os mortos comuns reencarnam.

22. Cabe aqui lembrar uma bonita canção de amor citada por Montaigne (*Ensaios*, L.I. cap. xxx) "Pare, cobra: cobra, pare, para que minha irmã tire, do padrão da tua pintura, o modo e a obra de um belo cordão que eu possa dar à minha amada: assim seja para sempre a tua beleza e a tua disposição preferida à de todas as outras cobras". Cf. também Goeje, 1943 (p. 28, n. 24), a respeito dos Jurimagua, cujas mulheres antigamente invocavam as cobras, para copiar os motivos de sua pele em seus jarros de cerâmica.

23. Reservados, aliás, aos homens, ao contrário da cerâmica policromática nos lugares em que existe, pois é sempre considerada uma obra feminina. Acerca dessa oposição entre os Bororo, cf. p. 85, supra.

(M171, 172, 173 etc.) aos pássaros. A utilização prática das penas certamente levantava uma dificuldade teórica que os mitos ajudam a superar.

Poder-se-ia objetar que, em certos mitos guianenses, do corpo desmembrado e queimado de uma cobra nascem não os pássaros com suas diversas plumagens, mas os talismãs vegetais (Roth, 1915, pp. 283-6; Gillin, 1936, pp. 192-4; Orico, 1937; 227-32). Ora, esses talismãs consistem principalmente em variedades de *Caladium*, cada qual com uma determinada utilização mágica. Portanto, nesse caso também se trata de uma diversidade específica que serve para expressar contrastes significantes. A nomenclatura da botânica científica, que agrupa sob a designação de *Caladium bicolor* as inúmeras variedades de aráceas com folhas brilhantes e diversamente pintadas, salienta a seu modo a característica mais notável dessas folhas, que convida a ver nelas verdadeiros equivalentes vegetais das penas. Apesar dessa aparente exceção, portanto, é sempre sobre o caso das penas que convém raciocinar.

A escolha das penas que servem para confeccionar adereços parece ser inspirada por um verdadeiro delírio cromático. Neles o verde passa para o amarelo, depois para o alaranjado e o vermelho, que chega ao azul através de um brusco retorno ao verde, ou por meio do púrpura; ou então o azul se funde num amarelo que, alhures, vai esmaecendo por trás do cinzento. As transições mais implausíveis ocorrem: do azul ao alaranjado, do vermelho ao verde, do amarelo ao violeta... Quando a cor das penas é uniforme, uma arte refinada remedia esse fato com colagens astuciosas ou justapondo penas de tons diferentes (D. e B. Ribeiro, 1957). E, no entanto, os mitos estão aí, afirmando a prioridade da descontinuidade universal das espécies sobre a continuidade interna do cromatismo particular de cada uma delas. À diferença do apreciador de arte, o índio não olha uma pena como um objeto estético cujas nuanças cumpre destacar e analisar. Cada tipo de pena é, ao contrário, apreendido em sua totalidade, onde se enuncia em termos sensíveis a fórmula distintiva de uma espécie, por isso mesmo impossível de confundir com uma outra espécie, já que, após o despedaçamento do corpo do arco-íris, cada espécie ficou para sempre definida em função do recorte do qual participou.

420   *Parte V*

Consequentemente, sempre que se trata de cores nos mitos, devemos nos perguntar sobre o tipo de policromia em causa. Ou as cores se fundem umas nas outras, e as transições se tornam indiscerníveis, ou, ao contrário, cores puras, ou ainda grupos de cores misturadas, formam conjuntos contrastantes. Um mito amazônico (M_{184}) ilustra de modo impressionante o primeiro caso, com a descrição dos signos precursores do dilúvio que vitimou a humanidade: "o sol e a lua ficaram vermelhos, azues e amarellos. A caça misturou-se com a gente, sem ter medo, isto é, as onças e todos os animaes ferozes" (Barbosa Rodrigues, 1890, p. 214). Os Mundurucu evocam o mesmo reino dos pequenos intervalos em termos gráficos e acústicos, quando contam que a cobra Muyusu, isto é, o arco-íris, disposta a ensinar a escrita aos homens, os atraiu imitando a voz de todos os tipos de animais (Kruse, 1946-49, p. 623). É notável, de fato, que os indígenas tentando imitar a escrita façam-no traçando linhas onduladas, como se ela consistisse, não em caracteres opostos pela forma, mas numa série de fluxões (fig. 19). Um mito mundurucu (M_{185}) por sua vez, escolhe ostensivamente um código visual, para ilustrar o outro tipo de policromia, exprimindo-se por meio de grandes intervalos; foi pintando os homens de várias cores — verde, vermelho, preto, amarelo — que o demiurgo os repartiu em tribos e transformou alguns em animais (Barbosa Rodrigues, 1890, pp. 245-51). Segundo uma de suas tradições, os Bororo descendem de uma larva de lepidóptero que chamam de aoróro ou aróro. E como essa larva tem três faixas de cores vivas — vermelho, amarelo e preto —, eles as adotaram como emblema distintivo (Colb., 1919, p. 51; *EB*, v. 1, p. 175). A cada tipo de policromia corresponde ou a confusão ou a discriminação.

Como prova suplementar da realidade dessa dialética dos grandes e pequenos intervalos, poderíamos citar um mito guianense sobre a origem da cor dos pássaros (M_{186}: Brett, 1880, pp. 29-30; Roth, 1915, p. 212). Infelizmente, seria impossível, como bem viu Koch-Grünberg (1905, p. 278-ss), analisar esse mito sem situá-lo no enorme grupo pan-americano chamado de "a visita ao céu". Esse empreendimento exigiria um volume à parte, e sem dúvida permitiria concluir que o casamento de um mortal com uma mulher-urubu "coberta de piolhos" (Coll, 1907-08, p. 482) ou que suja de dejetos

Bodas

19. Uma "página de escrita" de um índio nambikwara (cf. Lévi-Strauss, 1955, pp. 314-5)

o chão da cabana (Wirth, in Baldus, 1946, p. 23) pode ser interpretado como transformação do casamento de um mortal com uma estrela-sarigueia, sendo que as duas esposas apresentam o mesmo caráter celeste e a mesma ambiguidade. A aproximação, aliás, parece ser espontaneamente feita por um mito amazônico de proveniência incerta (M_{187}). Trata de uma mulher que afasta um pretendente inconveniente: chamando-o de "sariguê". Mas, quando, depois de muito insistir, ele consegue seduzi-la, revela ser um urubu cujo mau cheiro impregna a amante. Segundo esse mesmo mito, os urubus praticam a pesca com veneno e se alimentam de carniça cheia de vermes (Amorim, 1926, pp. 435-40).

Sem examinarmos os mitos da visita ao céu, limitar-nos-emos a confrontar M_{186} e M_{161}, para mostrar que o primeiro, relativo à cor dos pássaros, é completamente simétrico ao segundo, mito de origem do veneno de caça (e também, certamente, de guerra; cf. pp. 360-1, supra). A comparação verifica, portanto, que, em conformidade com o que a "dialética dos intervalos" teria permitido concluir a priori, um mito de origem da cor dos pássaros restitui, quando se inverte, um mito de origem do veneno; e assim, que, de um ponto de vista dialético, os reinos dos pequenos e dos grandes intervalos são mutuamente convertíveis:

M₁₆₁	O herói se casa com uma mulher-macaca;	visita seus parentes (humanos);	é abandonado no alto de uma árvore, por ocasião de uma visita aos sogros (animais).
M₁₈₆	O herói se casa com uma mulher-urubu;	visita seus sogros (animais);	é abandonado no alto de uma árvore, por ocasião de uma visita projetada aos parentes (humanos).

M₁₆₁	Ele desce graças a cipós pegajosos,	auxiliado por aves de rapina (≡ urubus);	torna-se protegido dos pássaros.
M₁₈₆	Ele desce apesar de um tronco espinhoso,	auxiliado por aranhas e aves (≠ urubus);	torna-se chefe dos pássaros.

M₁₆₁	Sua mulher o abandona definitivamente;		ele destrói os macacos com veneno;	poupa um filho dos macacos.
M₁₈₆	Ele quer reencontrar a mulher;	é morto por seu filho-urubu;	destrói os urubus com fogo;	

M₁₆₁	Ao concordar em caçar junto com o gavião, o homem obtém o curare:	origem do veneno de caça
M₁₈₆	Ao brigarem pela divisão da presa, os pássaros obtêm sua plumagem:	origem da cor dos pássaros

No INÍCIO DESTA PARTE V, perguntávamo-nos qual o sentido da oposição entre o silêncio e o ruído. O problema do ruído assim colocado nos havia levado a refletir sobre as circunstâncias nas quais a algazarra é prescrita pelo costume. Constatamos então que essas circunstâncias diziam respeito à ordem social ou à ordem cósmica. Entre esses dois tipos de ordens, logo surgira uma terceira, como um termo mediador, a ordem zoológica. Mostramos que esta, também mediadora num outro plano, não diferia dessas criaturas da desordem que são o arco-íris, as epidemias, os venenos de

Bodas

pesca ou de caça, a não ser pelo aumento dos intervalos entre seus termos constitutivos. A descontinuidade biológica se manifesta, pois, nos mitos, sob dois aspectos, um positivo e outro negativo. Como descontinuidade zoológica, fornece uma transição entre a ordem cósmica e a ordem social e, como descontinuidade demográfica, desempenha o mesmo papel entre a ordem e a desordem. Ao mesmo tempo que, nesses dois novos eixos, percebíamos novas ligações entre mitos que, por considerações muito diferentes, já tínhamos aproximado, descobríamos atalhos imprevistos que nos levaram de volta ao nosso ponto de partida, ou seja, os mitos cujo herói é um desaninhador de pássaros. Assim se revelava a existência objetiva, no pensamento mítico, de esquemas que, tínhamos tido de reconstituir laboriosamente, considerando-o de fora.

Em relação ao silêncio e ao ruído, porém, havíamos deparado com uma dificuldade, ligada à extensão muito desigual dos comportamentos de algazarra, nas sociedades sem escrita e na tradição popular ocidental. Enquanto esta aplica-os indiferentemente a conjunturas cosmológicas ou sociológicas, aquelas parecem reservá-las apenas para as conjunturas cosmológicas. Sugerimos então (p. 391-ss) que a ausência de charivari para sancionar as uniões condenáveis se explicava, nas sociedades sem escrita, pela indisponibilidade da categoria do ruído para fins tão modestos. Nelas, é como se se temesse que tal utilização moralizante constituísse um abuso do ruído por parte dos humanos.

Entretanto, há casos em que a oposição entre o silêncio e o ruído é claramente marcada. Entre os Warramunga da Austrália, quando um doente entrava em agonia, o tumulto era prescrito antes da morte, e o silêncio após (Spencer e Gillen, 1904, pp. 516-7; 525-6). De modo simétrico, o grande rito bororo da visita das almas (que é uma espécie de ressurreição simbólica e temporária dos ancestrais) começa à noite, na escuridão e silêncio totais, e depois de terem sido apagados todos os fogos. As almas temem o ruído; mas, assim que chegam, começa o barulho. O mesmo ocorre quando um animal morto na caça é introduzido na aldeia, e quando o feiticeiro invoca os espíritos para que se apoderem dele (Colb. e Albisetti, 1942, pp. 93, 100-2).

424   *Parte V*

Por outro lado, o ruído tem um contrário, o silêncio, a que recorrem não só a tradição popular ocidental como também um número considerável de sociedades sem escrita, para sancionar certos tipos de relações sociais. Temos em vista um conjunto de costumes pelos quais Frazer (1908, passim; 1910, v. IV, pp. 233-7) interessou-se em duas ocasiões e que consistem na imposição de um período de mutismo à mulher (às vezes também ao homem) quando da viuvez, e ainda com mais frequência no início do casamento.

Em várias regiões da Austrália, da Oceania e da África, os recém-casados eram condenados ao silêncio durante um lapso de tempo variável, de dois meses a um ano, dependendo do lugar. Um costume análogo foi observado na Armênia, no Cáucaso e na Sardenha. Geralmente, a obrigação do silêncio cessava ao nascer o primeiro filho. Indagando-se sobre o significado desse costume, Frazer conclui: "É provável que o silêncio da mulher até o nascimento do primeiro filho se explique por alguma crença supersticiosa relativa à primeira gravidez, que ainda não nos foi possível elucidar" (1908, v. IV, pp. 236-7).

Não é a gravidez que está em jogo, mas o nascimento. Se, como tentamos mostrar alhures (Lévi-Strauss, 1949, 1956; passim), todo casamento compromete o equilíbrio do grupo social enquanto a família conjugal não se tiver tornado família doméstica (pois o casamento, pertencendo ao grande jogo das alianças, retira dele alguns peões provisoriamente, antes de devolvê-los na forma de descendentes), decorre daí que a conjunção de um homem e uma mulher representa, em miniatura e num outro plano, um acontecimento que lembra, simbolicamente falando, a tão temida união entre o céu e a terra. O nascimento de uma criança, cônjuge disponível em potencial para um futuro cônjuge procriado numa família diferente, não atesta apenas a reinserção, no ciclo das trocas matrimoniais, de uma família que dele se tinha retirado durante sua esterilidade. Constitui o surgimento de um terceiro termo que serve de mediador entre os dois polos, mas que também estabelece entre eles uma *distância*, da qual resulta para o grupo uma dupla segurança, ao mesmo tempo social e psicológica. Entre o marido e a mulher, a criança (sobretudo a primogênita) desempenha, portanto, um papel análogo ao do fogo culinário entre o céu e a

Bodas

terra. O casal não mediatizado é algazarra, e atrai a algazarra; o barulho da noite de núpcias bem o comprova. É, portanto, preciso que o próprio casal faça silêncio, antes que a oposição entre o silêncio e o ruído possa ser transcendida pelo nascimento do primeiro filho, no diálogo recuperado. Assim se explica, pelo menos em parte, que a execução do charivari coubesse aos jovens, e que o Abade da Juventude fosse encarregado de receber a multa que permitia ser dispensado dele.

Vários fatos confirmam o isomorfismo do casamento ainda estéril e também do primeiro (ou recente) nascimento com conjunturas astronômicas. Ao silêncio que precede o primeiro nascimento, poderia corresponder a crença dos antigos lapões de que a lua nova e a aurora boreal não podem ser incomodadas com nenhum ruído (Hastings, 1928, v. VII, p. 799a). Inversamente, em várias populações americanas, o eclipse, que requer a algazarra, afetava especialmente as mulheres grávidas e as jovens mães. Os Micmac do Canadá então obrigavam as mulheres a saírem das casas e cuidar dos filhos (W. D. e R. S. Wallis, 1955, p. 98). Em Jemez, pueblo do Novo México, acreditava-se que os eclipses provocavam abortos. As mulheres grávidas deviam ficar fechadas nas casas ou, se precisassem sair de qualquer modo, precisavam colocar no cinto uma chave ou uma ponta de flecha, para impedir a lua de devorar o feto ou a criança de nascer com o lábio leporino, crença de origem espanhola segundo Parsons, se bem que na época pré-colombiana também se temesse que a mulher grávida que se aventurasse para fora durante um eclipse tivesse um bebê monstruoso (Parsons, 1939, v. I, p. 181, n. 1). Ainda hoje, os Pocomchi de língua maia possuem as seguintes regras em caso de eclipse: "Primeiro, cobre-se a cabeça [...] E as mulheres grávidas, e os homens recém-casados, têm de ficar em casa [...] Não é bom olhar para a lua quando ela luta". À guisa de comentário, o informante acrescenta que "a lua nova é desfavorável para plantar o que quer que seja [...] O tempo da lua cheia é melhor [...] quando a lua começa a minguar, as condições ficam desfavoráveis, pois então a lua fica bichada (*"wormy"*)" (Mayers, 1958, pp. 38-9).

São, portanto, conhecidos casos em que as sociedades sem escrita sancionam determinadas situações sociológicas com o silêncio, ou, ao contrá-

426   *Parte V*

rio, relacionam certas situações sociológicas a conjunturas cosmológicas que requerem o ruído. As sociedades tradicionais da Europa, por sua vez, não são indiferentes à projeção metafísica e cosmológica de seus costumes sociais. É notável que os cantos do charivari às vezes utilizem metáforas próximas às utilizadas pelos supostos primitivos para explicar os eclipses. Antigamente, na Bretanha, gritava-se: *"Charivari, un vieux chat et une jeune souris!"* [Charivari, um gato velho e uma ratinha nova!] (Van Gennep, loc.cit., p. 626). Numa ordem de ideias totalmente diversa, sabe-se que, antigamente, se acreditava que o dobrar dos sinos afastava as calamidades atmosféricas.

Sem dar origem a charivari, o casamento de um irmão ou irmã mais novo, antes do dos mais velhos, era visto com maus olhos. Em compensação, o casamento do caçula era marcado por celebrações especiais. Uma delas poderia ser interpretada à luz das considerações acima, embora não deixemos de notar que a base documental é frágil: "Nos bosques da Vendeia e nas regiões situadas mais ao norte, quando se casa o último filho, na manhã das bodas os amigos e parentes plantam um amieiro no caminho que o cortejo nupcial toma para ir à igreja. Ele é cercado de feixes de lenha, depois de ser enfeitado com uma coroa de plantas e flores naturais. Coloca-se uma bexiga cheia de água no topo da árvore. Na volta da cerimônia religiosa, a noiva deve acender a fogueira e o noivo, com um tiro de fuzil, deve estourar a bexiga. Se ele conseguir fazê-lo na primeira ou na segunda tentativa, abre o baile com sua jovem esposa; senão, a honra da primeira dança cabe ao padrinho" (Van Gennep, loc.cit. pp. 639-40, que menciona esse costume no Anjou, na Vendeia e no Poitou, mas, talvez, observado em todos os casamentos, cf. pp. 484-5).

Ao contrário das uniões condenáveis sancionadas pelo charivari, o casamento do caçula é eminentemente desejável, já que marca o fechamento de um ciclo. É o oposto do segundo casamento, que retira um parceiro do ciclo normal das trocas, em vez de arrematá-lo. O último casamento conjuga aquele ou aquela que deve sê-lo, principalmente porque foi, depois dos irmãos e irmãs, o único a restar disjunto. Ora, o rito descrito por Van Gennep assimila essa desejável conjunção social a uma conjunção de elementos, água e fogo, aos quais é bem tentador atribuir um valor cosmológico. De fato, no costume da Vendeia, a água está no alto e o fogo, embaixo. Mas a sociedade francesa é francamente patrilinear, o que não acontece com os Jê, excetuando-se apenas os Xerente, embora não se possa dizer que seu sistema patrilinear seja tão evidente quanto o nosso. Isso explicaria o fato de o homem, no costume que estamos considerando, se encarregar do odre cheio de água, que está em posição celeste no alto da árvore, onde representa o céu atmosférico, e a mulher, do fogo — terrestre também entre os Jê —, mas aqui um degrau abaixo, tornando-se subterrânea, já que a fogueira é colocada abaixo de uma coroa de folhas com flores naturais, evocando a terra e sua cobertura vegetal.

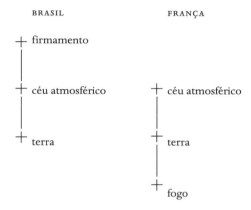

Objetar-se-á, com razão, que esse é um modo muito simplista de formular relações que são muito mais complexas. Basta remeter-se ao mito da mulher-estrela casada com um mortal (M_{87} a M_{93}), para verificar que entre os Jê, matrilineares ou patrilineares, a mulher está na posição céu e o homem, na posição terra. A inversão imposta pela infraestrutura se realiza alhures: antes benfeitora da humanidade, introdutora das plantas cultivadas, a heroína xerente se transforma em princesa canibal. Enquanto nas outras versões ela fica enojada com o alimento podre de uma humanidade pré-horticultora, é a vez de o homem, chegando ao céu, ficar enojado ao ver os cadáveres assados e defumados. Assim, pudemos mostrar que os Xerente consagram à origem das plantas cultivadas um outro mito

(M108), em que o leite materno aparece como termo correlativo no seio de um par de oposições implícito do qual, entre os Krahô (M89), o sangue da defloração representa o outro termo (p. 246-ss).

Reciprocamente, se compararmos duas tribos matrilineares como os Iroqueses e os Mandan da América do Norte, cujo gênero de vida conjuga a agricultura e a caça, surpreendemo-nos inicialmente ao constatar que, apesar dessas características comuns, seus respectivos sistemas míticos associam o alto e o baixo a polos sexuais opostos:

	CÉU	TERRA
Iroqueses	○	△
Mandan	△	○

Mas o sentido do movimento original, que deu origem à humanidade, é igualmente invertido em cada sistema. Para os Iroqueses, é uma descida ou uma queda, e para os Mandan, uma ascensão ou uma emergência. Integrando-se os dois esquemas, verifica-se, portanto, que a aparente contradição se resolve na identidade de uma fórmula única: $\bigcirc > \triangle$.

Seria, portanto, ingênuo de nossa parte imaginar que existe sempre e por toda parte uma correlação simples entre representações míticas e estruturas sociais, expressa por meio das mesmas oposições; por exemplo, que mitos dioscúricos são o acompanhamento normal de organizações dualistas, ou que, nas sociedades patrilineares, o céu deve ser masculino e a terra feminina, ao passo que a relação inversa prevaleceria automaticamente nas sociedades matrilineares.

Tal raciocínio significaria negligenciar, antes de mais nada, um fato: o número de oposições utilizadas pelo pensamento mítico varia segundo os grupos. Certos grupos se contentam em opor o céu e a terra, o alto e o baixo. Outros subdividem essas categorias unitárias em subcategorias, que utilizam para exprimir oposições não menos fundamentais do que as primeiras. Assim, a oposição macho/fêmea pode pertencer inteiramente à categoria do alto, em que dois princípios coexistirão (ou entrarão em choque), na forma da lua e do sol, se esses corpos celestes forem dotados de sexos diferentes, ou da estrela vespertina e da estrela matutina, do céu atmosférico e do firmamento etc.

A oposição dos sexos pode também se deslocar inteiramente para baixo: terra e água, capa vegetal e mundo subterrâneo etc. Em tais sistemas, a oposição entre alto e baixo, essencial alhures, pode deixar de ser pertinente, ou funcionar apenas como uma transformação entre outras, situando-se então a pertinência no nível do grupo ou do "pacote" de oposições, em vez de no nível de cada uma delas considerada isoladamente.

É frequente também não se levar suficientemente em conta que o sistema mitológico possui uma relativa autonomia em relação às outras manifestações da vida e do pensamento do grupo. Todas são solidárias até certo ponto, mas essa solidariedade não produz relações rígidas, que imponham ajustes automáticos entre os níveis. Trata-se, antes, de constrangimentos a longo prazo, dentro de cujos limites o sistema mitológico pode, de certo modo, dialogar consigo mesmo e se aprofundar dialeticamente, isto é, comentar sempre, mas às vezes sob a forma de discurso de defesa ou de denegação, suas modalidades mais diretas de inserção no real. Assim, é muito raro que um sistema mitológico razoavelmente rico não consiga esgotar todas as codificações de uma única mensagem, ainda que à custa da aparente inversão de certos signos.

A mesma população, ou populações de territórios, línguas ou culturas próximas, às vezes elabora mitos que se dedicam sistematicamente a um determinado problema, considerando, em cada variante, vários modos concebíveis de resolvê-lo. Por exemplo, o problema da mediação, desde o messias até o par maniqueísta, passando pelo andrógino, o enganador e os dióscuros; ou o problema do dioscurismo, tentando sucessivamente todas as fórmulas; herói divisível, gêmeos idênticos, irmãos inimigos, avó e neto, velha feiticeira e jovem herói. Ou ainda o problema da dualidade dos sexos, permutando os princípios macho e fêmea sob os aspectos de céu e terra, ascensão e queda, atividade e passividade, benevolência e malevolência, vegetal e animal etc.

Dir-se-á que, nessas condições, não há estudo estrutural possível? Pois, se os mitos de uma sociedade autorizam todas as combinações, seu conjunto torna-se uma linguagem desprovida de redundância; já que toda combinação tem tanta vocação significante quanto qualquer outra, afinal pode-se fazer com que qualquer uma delas diga qualquer coisa. Nesse caso, a mitografia estaria reduzida a uma glossolalia.

Para se convencer de que esta é uma dificuldade real, basta ler algumas obras supostamente dedicadas ao estudo dos mitos. Mas isso ocorre também porque a maior parte dos autores tem ignorado as três regras de método que permitem encontrar a indispensável redundância, sem a qual não há nem gramática, nem sintaxe, mas que é preciso saber descobrir no lugar em que ela se encontra.

Em primeiro lugar, essas versões tão diferentes — a ponto de às vezes parecerem contraditórias — não se situam todas no mesmo nível do pensamento mítico. Devem ser classificadas numa ordem que também é variável, dependendo dos casos que se apresentem, mas que constitui uma propriedade "natural" de cada sociedade. Entre os Pueblo, é fácil perceber três níveis. Primeiramente o dos mitos de emergência e origem, teoricamente comuns a toda uma população, embora cada confraria religiosa os matize em função de suas atribuições e de suas prerrogativas, e também apesar da existência de variantes esotéricas ou exotéricas. Em seguida, os mitos de migração, que têm um caráter mais lendário e que se utilizam de temas e motivos idênticos, mas habilmente manipulados, para dar conta dos privilégios e obrigações de cada clã. Finalmente, os contos aldeães, que são um patrimônio comum, como os mitos do primeiro grupo, mas em que as grandes oposições lógicas e cosmológicas são amenizadas, reduzidas à escala das relações sociais. Ora, constata-se frequentemente que, passando do primeiro para o segundo grupo e do segundo para o terceiro, o eixo do alto e do baixo torna-se permutável com outros eixos, primeiramente norte-sul e em seguida leste-oeste. Do mesmo modo, entre os Bororo e entre os Jê, o ciclo da lua e do sol se mantém distinto do dos outros grandes heróis culturais, e o sistema de permutações não é exatamente o mesmo para cada um.

Em segundo lugar, a análise formal de cada versão permite determinar o número das variáveis com que ela opera e seu grau de complexidade relativa. De um ponto de vista lógico, todas as versões podem, portanto, ser ordenadas.

Finalmente, cada versão fornece uma imagem particular da realidade — relações sociais e econômicas, atividade técnica, relação com o mundo etc. —, e a observação etnográfica deve dizer se essa imagem corresponde ou não aos fatos. A crítica externa permite, assim, ao menos a título de hipótese de trabalho, substituir as ordens relacionais já obtidas por uma ordem absoluta, construída segundo a regra de que os mitos cujo conteúdo exprime diretamente a realidade observada são mitos do primeiro nível, os outros, mitos do segundo, terceiro ou quarto nível etc. E estarão tanto mais afastados do tipo logicamente mais simples (pois não se trata aqui de prioridade histórica) quanto mais numerosas forem as transformações necessárias — torções, por assim dizer — para reencontrá-lo. Assim, a redundância, longe de ser dada no conteúdo do mito, como se costuma crer, manifesta-se ao termo de uma redução ou de uma crítica, às quais a estrutura formal de cada versão serve de matéria-prima, lavrada pelo confronto metódico do conteúdo e do contexto.

APÓS ESSAS OBSERVAÇÕES METODOLÓGICAS, podemos retomar, com mais segurança, a comparação de costumes chamados respectivamente de primitivos e tradicionais. Em diversos pontos da França, foram assinaladas as mesmas práticas destinadas a apressar o casamento de homens ou mulheres que se mantêm celibatários por muito tempo — "Baitogogos", no sentido que demos a esse apelido, p. 97 —, práticas cuja interpretação exigiu muito trabalho de Van Gennep. No início do século xix, na região de Saint-Omer: "Se uma caçula era a primeira a se casar, a mais velha que tomasse cuidado, pois, já cansada, era preciso que em algum momento da festa ela fosse agarrada e levada para cima do forno, para que se esquentasse, diziam, já que parecia que, por causa de sua posição, ela tinha ficado insensível ao amor. Um costume semelhante existia sob Napoleão iii em Wavrin, na região de Lille…". Na Somme, no Pas-de-Calais, no Nord, no Hainaut, no Brabant valão, Ardenne e Luxemburgo belgas, "resta apenas uma expressão, com uma ligeira variação segundo as localidades: diz-se que a mais velha deve '*danser sur le cul du four*' [literalmente, 'dançar sobre

432   *Parte V*

o traseiro (abóbada) do forno'], ou ser *'portée sur la voûte'* [literalmente, 'colocada sobre a abóbada do forno'], ou sobre *'la culotte du four'* [literalmente, 'sobre o traseiro do forno']. Essa expressão continua existindo em quase todo o Pas-de-Calais e no Nord, sem que se possa atualmente explicá-la". Com razão, Van Gennep afasta a interpretação erótica sugerida por Saintyves [1935]. Estaria disposto a aceitar uma outra, baseada na utilização da parte inferior do forno para colocar objetos postos de lado (loc.cit., t. i, v. ii, pp. 631-3). Em várias regiões da Inglaterra, a sanção era diferente, e consistia na obrigação da mais velha de dançar sem sapatos (Frazer, 1919, v. ii, p. 288; Westermarck, 1922, v. i, pp. 373-4), ao passo que na França, no Haut-Forez, Isère, Ardèche e Gard, era servida ao irmão ou irmã mais velha solteiros uma salada de cebolas, de urtigas, de raízes, ou ainda trevo e aveia; isso se chamava "fazer comer salada" ou "fazer comer rábano" (Van Gennep, loc.cit., pp. 630-2; Fortier-Beaulieu, 1937, pp. 296-7).

Em vez de interpretar esses usos separadamente, é comparando-os e opondo-os que se consegue extrair o que eles têm em comum e que se pode esperar entendê-los. Mais ou menos explicitamente, todos se baseiam, aparentemente, na oposição entre o cozido (o forno) e o cru (a salada), ou entre a natureza e a cultura, que a língua assimila facilmente à outra: no século xvii, em vez de dizer "dançar sem sapatos" podia-se dizer "dançar no cru", cf. "calçar botas no cru", "montar ao cru"; como, em inglês, dormir sem camisola é, ainda hoje, *"to sleep raw"*.

Por outro lado, o "assamento" simbólico da solteira mais velha talvez devesse ser aproximado de outras crenças e outros usos, por muito tempo em vigor nas sociedades exóticas. No Cambodja (como também na Malásia, no Sião, atual Tailândia, e em várias regiões da Indonésia), após o parto, a mãe se deitava sobre uma cama ou estrado alto, acima de um fogo fraco. Mas, no momento de sua primeira menstruação, a jovem "entrava na sombra" e devia ficar ao abrigo do sol (Porée-Maspero, 1958, pp. 31-9). Na América, as mães pueblo davam à luz sobre um monte de areia quente, que talvez tivesse por função transformar a criança em "pessoa cozida" (por oposição aos seres naturais e objetos, naturais ou manufaturados, que são "pessoas cruas", cf. Bunzel, 1932, p. 483). Entre vários povos da Califórnia, as partu-

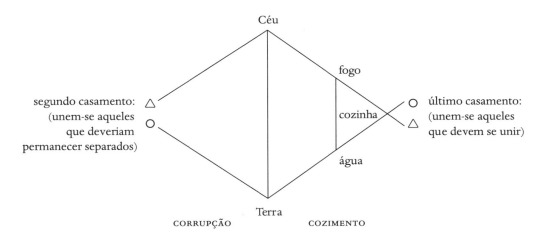

20. Conotação cosmológica e sociológica dos estados de corrupção e de cozimento

rientes e as meninas púberes eram instaladas em fornos cavados no chão. Após serem recobertas de esteiras, e depois de pedras quentes, eram cuidadosamente "cozidas"; os Yurok designavam todos os ritos curativos com a mesma locução, "cozinhar o mal" (Elmendorf, 1960, p. 154). Essa prática era acompanhada de outras, cuja difusão é ainda maior, tal como a utilização obrigatória, principalmente por parte das moças púberes, de pentes e coçadores de cabeça que lhes evitassem colocar a mão no cabelo ou no rosto, e também de canudos para beber, e pinças para pegar os alimentos.

Essa rápida evocação de usos que deveriam ser metodicamente inventariados e classificados permite ao menos sugerir-lhes uma definição provisória: "cozinham-se" indivíduos intensamente engajados num processo biológico — recém-nascido, parturiente, menina púbere. A conjunção de um membro do grupo social com a natureza deve ser mediatizada pela intervenção do fogo de cozinha, normalmente encarregado de mediatizar a conjunção do produto cru com o consumidor humano, e por cuja operação um ser natural é, ao mesmo tempo, *cozido e socializado*. "À diferença do veado, o Tarahumara não come grama, mas interpõe entre a grama e seu apetite animal um ciclo cultural complicado que exige a utilização e o cuidado de animais domésticos... E o Tarahumara também não é como o coiote, que se contenta em arrancar uma lasca de carne de um animal ainda palpitante e a come crua. Entre a carne e a fome que sente, o Tarahumara insere todo o sistema cultural da culinária" (Zingg, 1942, p. 82). Essa penetrante análise, inspirada pela observação de uma tribo mexicana, poderia se aplicar a muitas outras populações, como sugerem as concepções quase idênticas de uma tribo nas Filipinas, formuladas numa linguagem muito semelhante: "O Hanunóo só considera comida 'verdadeira' aquela que o cozimento tornou própria para o consumo humano. Assim, as bananas maduras, que devem ser consumidas cruas, são consideradas como um simples 'lanche' (*snack food*). Os verdadeiros alimentos, como bananas verdes, tubérculos, cereais, pepinos, tomates e cebolas, nunca são servidos crus. A 'refeição' sempre deve ter alimentos cozidos. De fato, frequentemente se referem às refeições pela locução *pag? apuy*, 'acender o fogo'" (Conklin, 1954, p. 185).

À função mediadora do cozimento simbólico une-se a dos utensílios: o coçador de cabeça, o canudo para beber, o garfo são intermediários entre o sujeito e seu corpo, presentemente "naturalizado", ou entre o sujeito e o mundo físico. Seu emprego, normalmente supérfluo, torna-se indispensável quando o potencial que carrega os polos, ou um deles, aumenta tanto que é preciso interpor isolantes, para evitar um curto-circuito. Função que a culinária também desempenha, a seu modo: o cozimento dos alimentos evita a exposição direta da carne ao sol. A exposição ao sol geralmente é evitada pelas jovens mães e pelas meninas no momento da puberdade.

Entre os índios pueblo, o tratamento administrado a um indivíduo atingido por um raio (= que entrou em conjunção com o fogo celeste) consistia em comida crua. É também frequente que o estado de conjunção se manifeste na forma de uma saturação do indivíduo por ele mesmo; fica repleto de humores que ameaçam corrompê-lo. Daí as práticas que se impõem — como o jejum, as escarificações e a absorção de eméticos — na puberdade ou no nascimento do primeiro filho. Em língua karib das Antilhas, a locução que designava o primogênito significava literalmente "aquele pelo qual se jejua". Nos dias atuais, os Karib "negros" de Honduras ainda proíbem as mulheres grávidas de tomarem banho de mar, temendo

Bodas

que desencadeiem uma tempestade. Os antigos Karib das Antilhas chamavam os períodos de jejum e isolamento (prescritos na puberdade e no nascimento do primeiro filho e também em caso de perda de um parente próximo ou de assassinato de um inimigo) de *iuenemali*, "recuo de uma posição exposta"; exposta, porque o excesso de "calor" corporal coloca o indivíduo em contato demasiadamente próximo e intenso com os outros e com o mundo exterior (Taylor, 1950, pp. 343-9). Nesse sentido, trata-se de prevenir um abuso de comunicação.

Os costumes tradicionais parecem menos lógicos do que os primitivos. Estes sempre agem no mesmo sentido, o "cozimento" das mães e das adolescentes responde à exigência de uma mediação de suas relações com elas mesmas e com o mundo, por meio da utilização de utensílios "hiperculturais". Ao passo que na Europa a apresentação da irmã solteira mais velha ao forno, por um lado, a retirada dos sapatos e o oferecimento de alimento cru, por outro, deveriam receber, segundo nossa interpretação, significações opostas.

Notemos antes de mais nada que a irmã solteira mais velha está numa situação simétrica, mas inversa, à da jovem mãe ou da menina púbere. A primeira requer a mediação devido à carência que a marca, e não devido a uma superabundância da qual ela seria a fonte momentânea. Para retomar uma fórmula que já aplicamos à solução de uma dificuldade do mesmo tipo (p. 385), a solteira mais velha pertence ao "mundo podre", ao passo que a jovem mãe e a moça púbere pertencem ao "mundo queimado". À primeira, o cozimento e a crueza acrescentam algo que estava faltando, fazem-na subir, por assim dizer, um ou dois degraus. Sobre as outras, o cozimento e a crueza exercem uma ação em sentido inverso; regulando ou extinguindo seu ardor, corrigem-lhe o excesso.

Essa explicação nos parece aceitável, mas incompleta; de fato, refere-se ao conteúdo, mas deixa de lado a forma. Ora, quanto a este último aspecto, os ritos aparecem como uma "paralinguagem" que pode ser utilizada de dois modos. Simultânea ou alternadamente, os ritos oferecem ao homem o meio, ou de modificar uma situação prática, ou de designá-la e descrevê-la. Geralmente, as duas funções se sobrepõem ou traduzem dois aspectos complementares de um mesmo processo. Mas, onde o império do pensamento mágico tende a enfraquecer, e quando os ritos assumem o caráter de vestígio, apenas a segunda função sobrevive à primeira. Voltando ao charivari, seria temerário acreditar que mesmo no mais profundo do inconsciente popular, a algazarra cumprisse a mesma função que lhe atribuem os primitivos por ocasião dos eclipses, isto é, de espantar e afugentar um monstro devorador, quer este se manifeste sobre o plano social ou cósmico. Em nossas aldeias, a algazarra do charivari não *servia* mais (a não ser de modo secundário, humilhando o infrator), mas é óbvio que continuava a *significar*. Mas o quê? O rompimento de uma cadeia, o aparecimento de uma descontinuidade social à qual a continuidade compensadora do ruído certamente não poderia remediar, já que se situa num outro plano e pertence a um código diferente, mas que ele assinala objetivamente e que, metaforicamente, parece ao menos poder contrabalançar.

O mesmo ocorre com os usos que acabamos de discutir. A apresentação ao forno pode ser, como o cozimento das parturientes e das meninas púberes, um gesto simbólico, destinado a mediatizar uma personagem que, na sua condição celibatária, ficou prisioneira da natureza e da crueza, ou até condenada ao apodrecimento. Mas a dança descalça, o oferecimento de salada contribuem menos para mudar essa condição do que servem para significá-la, em relação ao baixo e à terra. Do mesmo modo, a desmediatização simbólica da noiva, antecipando a noite de núpcias, consiste em tirar-lhe a liga, que pertence ao mundo intermediário.

Pode-se obter um certo reconforto ou concluir pela futilidade de tantos cuidados, pelo fato de interpretações elaboradas com tanto trabalho, a partir de mitos longínquos e à primeira vista incompreensíveis, desembocarem em analogias universais e, qualquer que seja a nossa língua materna, imediatamente perceptíveis no uso que fazemos das palavras. Lembrávamos há pouco que em francês, e certamente em outras línguas, a equivalência implícita das duas oposições, entre natureza e cultura e entre cru e cozido, se revela claramente no uso figurado da palavra "cru" para marcar a ausência, entre o corpo e as coisas, do intermediário cultural normal: sela, meia, roupa etc. E, além disso, não se diz que aqueles cujo comportamento teria antigamente atraído um charivari, porque desvia o casamento para outros fins que não os desejados pela cultura, são "corrompidos"? Ao fazê-lo, não se pensa no sentido próprio do termo. Talvez esse sentido esteja mais presente na consciência dos que chamam, *in petto*, as solteironas de "sexo mofado". De qualquer modo, não pensaríamos em interverter os epítetos, recuperando assim, no seio da categoria do podre, a oposição fundamental entre destruição rápida e destruição lenta, por meio da qual os mitos distinguem as categorias do podre e do queimado:

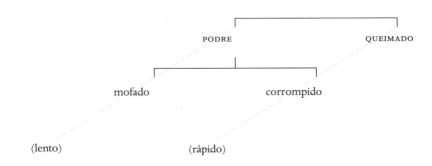

Quando esses mitos, que serviam de ponto de partida para a nossa reflexão, descrevem um herói coberto de excrementos e vermes ou transformado em carniça fedorenta, não bordam "cruamente" sobre metáforas que — como comprova esse advérbio, que nos ocorreu espontaneamente — continuam em uso, mesmo entre nós. O inverso é que é verdadeiro: graças aos mitos, descobre-se que a metáfora se baseia na intuição de relações lógicas entre um domínio e outros domínios, no conjunto dos quais ela reintegra apenas o primeiro, não obstante o pensamento reflexivo, que insiste em separá-los. Longe de se juntar à linguagem como um embelezamento, cada metáfora purifica e devolve à sua natureza primeira, apagando, por um instante, uma das inumeráveis sinédoques de que é feito o discurso.

Se, portanto, os mitos e os ritos manifestam uma predileção pela hipérbole, não se trata de um artifício retórico. A ênfase lhes é natural, exprime diretamente suas propriedades, é a sombra visível de uma estrutura lógica que se mantém oculta. Inscrevendo o sistema das relações humanas num contexto cosmológico que parece transbordá-las de todos os lados — mas que, tomado em sua totalidade, lhes é, como mostramos, isomorfo, e a seu modo, pode ao mesmo tempo incluí-las e imitá-las —, o pensamento mítico repete um procedimento linguístico sobre cuja importância não é preciso insistir.

Trata-se da reduplicação, conhecida por todas as línguas, embora desigualmente praticada. Se esta pode ser observada com mais frequência na linguagem infantil (Jakobson, 1962, pp. 541-2), certamente não é devido a um caráter primitivo e ilusório, mas porque, tratando-se de um procedimento fundamental, é um daqueles de que a criança não se pode privar, a partir do momento em que fala. Nenhum outro procedimento, aliás, contribui mais do que esse para a aquisição de um comportamento linguístico.

Já no estágio do balbucio, o grupo de fonemas /pa/ se faz ouvir. Mas a diferença entre /pa/ e /papa/ não está apenas na repetição, /pa/ é um ruído, /papa/ é uma palavra. A repetição atesta a intenção do sujeito falante; confere à segunda sílaba uma função diferente daquela que a primeira, isolada, teria, ou, em seu conjunto, da série virtualmente ilimitada de sons idênticos /papapapapa.../ gerada pelo balbucio. O segundo /pa/ não repete nem significa o primeiro. Ele é o signo de que, como ele, o primeiro /pa/ já era um signo e que seu par se situa do lado do significante, não do significado.

Isso posto, parece ainda mais notável que a duplicação, triplicação, às vezes até a quadruplicação do radical, sejam principalmente observadas nas palavras formadas à base de onomatopeias. É porque, de fato, nos outros casos, o caráter arbitrário das palavras, em relação às coisas que denotam, basta para revelar sua natureza de signos. Os termos onomatopeicos, em compensação, sempre encerram um equívoco, já que, baseados na semelhança, não indicam claramente se o sujeito falante se propõe, ao pronunciá-los, a reproduzir um ruído ou expressar um sentido. Pela reduplicação, o segundo membro sublinha enfaticamente a intenção significante, que não poderia ter sido percebida no primeiro, se este tivesse permanecido isolado. /Ti!/, pronunciada isoladamente, é uma palavra que suspende o sentido; mas na expressão /foi um tititi/, "tititi" designa uma

Bodas

série de ações que, provavelmente, nunca serão acompanhadas pelo ruído anunciado. Aqui também, consequentemente, o segundo e o terceiro termos desempenham o papel de signo de que o primeiro já era um signo, e não um ruído emitido gratuitamente, ou simplesmente imitado. A outras formas de ênfase cabe a mesma interpretação. Para darmos apenas um exemplo, a arte da caricatura consiste na exploração enfática de uma aparência sensível, inspirada pelo desejo, não de reproduzir o modelo, mas de significar uma de suas funções ou aspectos.

Compreende-se assim qual foi o erro dos mitólogos que supunham que os fenômenos naturais, tão presentes nos mitos, formavam, por essa razão, o essencial do que os mitos procuram explicar. A esse erro corresponde um outro, cometido por aqueles que, em reação a seus predecessores — os quais, por sua vez, também reagiam ao outro tipo de interpretação —, tentaram reduzir o sentido dos mitos a uma glosa moralizante da condição humana: explicação do amor e da morte, do prazer e do sofrimento, em vez de explicação das fases da lua e da mudança das estações. Tanto num caso quanto no outro, deixava-se escapar o caráter distintivo dos mitos, que é precisamente a ênfase, resultante da multiplicação de um nível por um ou vários outros, e que, como na língua, tem por função significar a significação.

A estrutura em camadas do mito, para a qual chamamos a atenção há tempos (Lévi-Strauss, 1958a, cap. XI), permite ver nele uma matriz de significações ordenadas em linhas e colunas, mas na qual, de qualquer modo que se leia, cada plano sempre remete a um outro plano. Do mesmo modo, cada matriz de significações remete a uma outra matriz, cada mito, a outros mitos. E se perguntarmos a qual significado último remetem essas significações que se significam entre si, as quais, no final das contas, devem referir-se a alguma coisa, a única resposta que este livro sugere é a de que os mitos significam o espírito, que os elabora por meio do mundo do qual ele mesmo faz parte. Assim podem ser simultaneamente engendrados os próprios mitos pelo espírito que os causa, e, pelos mitos, uma imagem do mundo já inscrita na arquitetura do espírito.

Colhendo sua matéria na natureza, o pensamento mítico procede como a linguagem, que escolhe os fonemas entre os sons naturais, de que o balbucio lhe fornece uma gama praticamente ilimitada. Pois, assim como a linguagem, ele não poderia indistintamente admitir em sua profusão esses materiais empíricos, utilizá-los todos e colocá-los no mesmo nível. Aqui também aceitamos o fato de que a matéria é o instrumento, não o objeto da significação. Para que ela se preste a esse papel, é preciso antes de mais nada empobrecê-la, mantendo apenas um pequeno número de seus elementos, próprios para exprimir contrastes e formar pares de oposições.

Mas, como na linguagem, os elementos rejeitados não deixam por isso de existir. Eles vêm se abrigar por trás daqueles promovidos ao grau de chefes de fila, que os escondem com seus corpos, que estão sempre prontos para responder por toda a coluna e, se for o caso, a chamar tal ou tal soldado fora da fila. Dito de outro modo, a totalidade virtualmente ilimitada dos elementos permanece sempre disponível. A ordem interna de cada coluna pode modificar-se, seu número pode variar por fusão ou fissão de algumas delas. Tudo isso é possível, sob duas condições: que uma mudança interna, afetando a organização de uma das colunas, se acompanhe de uma mudança do mesmo tipo nas outras, e que o princípio da formação em colunas continue a ser respeitado. Com efeito, é indispensável que os termos separados pelos intervalos menores sejam agrupados e reduzidos ao estado de variantes recíprocas, para que cada batalhão possa se colocar em campo e manter uma distância suficientemente grande entre ele e os outros batalhões.

A pluralidade dos níveis aparece, portanto, como o preço pago pelo pensamento mítico para passar do contínuo ao discreto. É preciso que ele simplifique e ordene a diversidade empírica, segundo o princípio de que nenhum fator de diversidade pode ser admitido trabalhando por conta própria na empreitada coletiva de significação, mas apenas na condição de substituto, frequente ou ocasional, dos outros elementos classificados no mesmo pacote. O pensamento mítico só aceita a natureza com a condição de poder repeti-la. Ao mesmo tempo, ele se restringe a conservar dela apenas as propriedades formais graças às quais a natureza pode significar a si mesma e que, por conseguinte, têm vocação de metáfora. Por isso é inútil procurar isolar nos mitos níveis semânticos privilegiados. Pois ou os mitos assim tratados serão reduzidos a banalidades, ou o nível que pensávamos ter isolado desaparecerá, para retomar automaticamente o seu lugar num sistema que sempre comporta vários níveis. Somente então a parte se mostrará passível de uma interpretação figurada, por meio de um todo apto a desempenhar tal papel, pois uma sinédoque tácita havia anteriormente extraído dele essa parte, que as metáforas mais eloquentes do mito encarregam o todo de significar.

Junho de 1962 – julho de 1963

Nota da tradutora
Traduzir as *Mitológicas*

Traduzir Lévi-Strauss é um grande desafio. Autor de uma obra cuja importância transborda o campo da antropologia, Lévi-Strauss é também reconhecido como escritor. Membro da Academia Francesa, afirmou, em diversos momentos, sua preocupação com a boa utilização da língua francesa. "A língua é o instrumento de trabalho dos que escrevem — declarou certa vez — um instrumento complicado e de manejo difícil. Convém conhecer seus recursos e seus limites, algo interminável".[1] E ainda: "Sempre lamentei, ao me d,rigir a artesãos, ter de usar perífrases pesadas e desajeitadas quando eles dispõem de termos precisos para cada ferramenta, cada material, cada gesto". Criador de ideias, processos e ferramentas analíticas, Lévi-Strauss é um mestre artesão da língua francesa que trabalha cuidadosamente o texto. O estilo próprio, refinado e preciso, só faz tornar mais difícil, em seu caso, o desafio inerente a qualquer tradução.

Vejo-me diante desse considerável desafio desde 1985, quando fiz minha primeira tradução de uma obra de Lévi-Strauss[2] consagrada à análise estrutural de mitos ameríndios. A presente tradução do primeiro volume das *Mitológicas* integra o projeto, acalentado há anos, de oferecer aos leitores brasileiros a íntegra da tetralogia, que constitui um marco na antropologia.

---

1. Lévi-Strauss e ERIBON, *De perto e de longe*, p. 123 (do original).

2. Tratava-se de *A oleira ciumenta* (São Paulo: Brasiliense, 1986). Em seguida, vieram a primeira tradução de *O cru e o cozido* (São Paulo: Brasiliense, 1991), *História de Lince* (São Paulo: Companhia das Letras, 1993) e o último livro de Lévi-Strauss, este não dedicado à mitologia, embora volte a ela, *Olhar, escutar, ler* (São Paulo: Companhia das Letras, 1996).

444   *O cru e o cozido*

Pareceu-me ser este um momento propício para apresentar algumas reflexões geradas, ao longo de quase duas décadas, pela empreitada de tradução de análises mitológicas deste autor.[3]

A própria antropologia é frequentemente comparada à tradução: trata-se de transportar sentidos entre culturas, com todas as transformações que isso exige. E a língua tem, aí, um papel fundamental. Pois embora nem tudo o que a antropologia traduz seja texto, quase tudo o que ela produz o é. E porque ainda que não haja, como aponta Lévi-Strauss, "correlação total em todos os níveis" entre língua e cultura, ambas remetem a princípios estruturantes comuns.[4] Ou seja, aquilo que só é dizível numa língua muitas vezes parece corresponder a algo que só é pensável na cultura a que está ligada. Todo tradutor, como todo antropólogo, em algum momento se vê diante de ideias que só parecem existir na língua em que foram pensadas. Pensando em/como francês, o antropólogo Lévi-Strauss pensaria "coisas" não pensadas ou não pensáveis em português?[5]

Como se não bastassem esses, as *Mitológicas* colocam problemas específicos. Já de saída, o tradutor se vê diante de uma enorme profusão de termos técnicos que pertencem a outras disciplinas, como a zoologia, a botânica, a astronomia. Além de, evidentemente, um vocabulário próprio à etnologia, que inclui cultura material, organização social, cosmologia. Estas referências contínuas ao ambiente e costumes dos povos que contam

---

3. Em relação à tradução publicada em 1991, mencionada acima, esta contém modificações consideráveis, entre revisões, correções e melhorias. Algumas dessas modificações decorrem da verificação, ao longo dos anos, de falhas na versão anterior. Outras resultam da reflexão a que se referem estas notas de tradução.

4. Cf. Lévi-Strauss, *Antropologia estrutural*, caps. 3, 4 e 5.

5. Tratar-se-ia de pensar Lévi-Strauss como nativo, nesse sentido que é raramente considerado quando se trata de antropólogos, que se supõe exprimam "sua cultura culturalmente, isto é, reflexiva, condicional e conscientemente" (E. Viveiros de Castro, "O nativo relativo". *Mana*, v. 8, n. 1, abril de 2002, p. 114). Sempre me pareceu, aliás, que nada havia de fortuito em um "nativo" francês como Lévi-Strauss chamar a atenção para o fato de que cozinhar e vestir podem ser pensados como processos congruentes de passagem da natureza à cultura (ou cru : cozido :: nu : vestido :: natureza : cultura), nem tampouco na presença constante de análises relativas aos bons modos (discrição × excesso, medida × desmedida, respeito × desrespeito etc.). Acompanhando os títulos da tetralogia, percebe-se um périplo pela mitologia ameríndia que se inicia pela culinária, para terminar na "alta costura", passando pela etiqueta...

os mitos fornecem uma primeira lição: a análise estrutural do mito, contrariamente ao que às vezes se afirma, não pode ser feita sem referências precisas e detalhadas aos contextos específicos de produção dos mitos.

As *Mitológicas* são, além disso, frequentemente formuladas em termos matemáticos e musicais cuja presença remete a um aspecto central da análise. É que a matemática e a música são, aqui, muito mais do que fontes de analogias: ao lado do mito e da linguagem, constituem o conjunto dos "seres estruturais"[6] e, em relação a estes últimos, são as expressões mais próximas do "espírito humano" em estado "puro", por assim dizer. Natural, portanto, que a análise estrutural dos mitos tão frequentemente adote seus códigos. Essa presença central corresponde à maior dificuldade de tradução: a solidariedade entre forma e conteúdo. Nas *Mitológicas*, a forma, moldada em francês por um grande artesão de sua língua, não se distingue da análise. É, antes, a própria análise, que se apresenta como uma garrafa de Klein, para utilizar uma referência do autor: objeto cujo interior e exterior não são "faces", mas aspectos de um plano contínuo. Como conseguir, então, manter o objeto apesar de sua transformação pela tradução? Como configurar de outra forma o texto, sem lhe afetar a mensagem?

Sabe-se que uma das críticas feitas à análise proposta por Lévi-Strauss reside justamente no fato de apoiar-se não em textos de mitos na sua versão original, mas em traduções. No fechamento das *Mitológicas,* Lévi-Strauss considera, uma a uma, as críticas e objeções feitas à sua análise dos mitos ameríndios. A objeção de certos linguistas e filólogos, quanto à utilização de traduções e ausência de análise linguística dos textos é, por ele, considerada a "mais séria e digna de atenção"; merece, por isso, duas páginas de esclarecimentos e várias outras menções. Toda a empreitada das *Mitológicas*, diz Lévi-Strauss, teria sido impossível a partir de um ponto de vista filológico. E sua justificativa é sua capacidade de indicar caminhos de interpretação, de produzir conhecimento. Outras considerações esclarecem a questão da tradução, como esta, em que emerge com clareza:

---

6. Lévi-Strauss, *O homem nu*, pp. 623-29.

todo mito é por natureza uma tradução. Origina-se de outro mito, proveniente de uma população vizinha mas estrangeira, ou de um mito anterior da mesma população, ou ainda contemporâneo, mas pertencente a outra subdivisão social [...] que o ouvinte busca demarcar, traduzindo-o a seu modo, em sua linguagem pessoal ou tribal, ora para apropriar-se dele ora para desmenti-lo, e deformando-o sempre, portanto. [quem conta um conto aumenta um ponto... mas retornemos a Lévi-Strauss]. Se o estudo filológico dos mitos não constitui uma precondição absoluta, isso se deve ao que se poderia chamar sua natureza diacrítica. Cada uma de suas transformações resulta de uma oposição dialética a uma outra transformação, e sua essência reside no fato irredutível da tradução *pela* e *para* a oposição. Encarado do ponto de vista empírico, todo mito é a um tempo primitivo em relação a si mesmo e derivado em relação a outros mitos; não se situa *em* uma língua e *em* uma cultura ou subcultura, mas no ponto de articulação destas com outras línguas e outras culturas. De modo que o mito nunca é *de sua língua*, é perspectiva sobre uma *língua outra*, e o mitólogo que o apreende por intermédio de uma tradução não se sente numa situação essencialmente diferente da de seu narrador ou ouvinte na terra natal.[7]

Por isso, na análise proposta, podem retirar-se dos mitos as amarras linguísticas, e mantêm-se as estruturas, ou princípios estruturantes. "Pura realidade semântica", diz mais adiante, o mito como veículo de significação, ainda que necessite da língua (de alguma língua) para expressar-se, pode "descolar de seu suporte linguístico, ao qual a história que narra está menos atrelada do que mensagens corriqueiras".[8] Finalmente, é dispensável, afirma Lévi-Strauss, que se conheça, e consequentemente, que se analise a língua em que um determinado mito era contado no momento em que, registrado, passou a constituir matéria de referência para a análise.

---

7. Lévi-Strauss, "Final", in *O homem nu*, pp. 621-22.
8. Id., ibid., p. 624. Noto que, apesar de não ser de uso corrente no Brasil, em português, como em francês, aviões também "descolam"... e faço-o porque esse tipo de "eco", ou "sombra", das palavras empregadas tece redes de significações e imagens como aquelas que Lévi-Strauss recupera nos mitos, e que sua análise nos faz acompanhar, e perceber.

"A língua portadora do mito perde muito de sua pertinência específica em relação a um sentido que é preservado quando confiado a suportes linguísticos diferentes".[9]

Já nas últimas páginas de *O cru e o cozido*, Lévi-Strauss aponta para analogias universais que, independentes da língua materna de cada um, podem ser familiares a todos nós.[10] Por outro lado, a língua em que os mitos foram narrados no momento em que foram registrados não desaparece completamente da análise, que incorpora, constantemente, informações acerca das etimologias e usos de palavras, expressões e nomes próprios.[11] De qualquer modo, é próprio da análise estrutural dos mitos lançar mão de dados de diversos planos: a língua dos povos que narram os mitos, se não é a base da análise, nem por isso deixaria de fornecer-lhe indícios preciosos.

Lévi-Strauss afirma que sua obra é, ela mesma, um mito. Vamos levar adiante a comparação, "para ver no que dá", como ele diz em várias passagens de suas análises, como se nos convidasse a acompanhá-lo numa expedição arriscada, cujo ponto de chegada não se pode ainda prever. Mas qual o sentido dessa afirmação? Tratar-se-ia da atualização, em língua francesa, da grande sintaxe do espírito que opera também, e com excepcional transparência, nos mitos, de modo que, entre a língua francesa e a grande sintaxe do espírito, sua obra estaria num entredois, como o mito, segundo ele, entre a fala e a língua? Ancorada na língua francesa em que se expressa (porque nalguma língua tem de expressar-se) e ao mesmo tempo descolada dessa língua em que é narrada. Ainda mais neste caso, de uma análise cujo ponto de vista é declaradamente relativo, que oferece uma perspectiva sobre essas línguas *outras* que são complexos míticos dos povos ameríndios.

---

9. Id., ibid., p. 625.

10. Ver pp. 372-73, *infra*. No mesmo sentido, Lévi-Strauss elenca uma série de expressões, em várias línguas, que permitem pensar o mel e o tabaco como um par, no início de *Do mel às cinzas*.

11. Alguns exemplos, pinçados ao acaso: sentidos e ecos do nome do herói bororo, Baitogogo, em *O cru e o cozido* (cf. p. 79-ss, *infra*); os nomes de Vênus e Júpiter em xerente em *Do mel às cinzas* (p. 427); consideração detalhada do nome de um ritual mandan em *A origem dos modos à mesa* (p. 264). E inclusive uma pergunta lançada aos filólogos, quanto à aparente semelhança entre os nomes de personagens míticos arapaho e cowlitz, em *O homem nu* (p. 486, n. 16).

448   *O cru e o cozido*

Lévi-Strauss mostra que os mitos, ao passarem de um povo para outro, sofrem modificações. A passagem de um mito de um povo para outro implica tradução; ancoragens diversas (e não exclusivamente linguísticas) obrigam os mitos a rearranjos, para que sua estrutura se mantenha. Uma das propriedades fundamentais do pensamento mítico, afirma Lévi-Strauss, é a seguinte:

> quando um esquema mítico passa de uma população para outra, e entre elas há diferenças de língua, organização social ou modo de vida que o tornam difícil de comunicar, o mito começa por empobrecer-se e embaralhar-se. Mas pode-se perceber uma passagem limítrofe na qual, em vez de se abolir definitivamente, perdendo todos os seus contornos, o mito se inverte e re-cupera parte de sua precisão.[12]

Nas quatro obras que traduzi, uma só passagem obrigou-me a incluir uma nota de tradução relativamente longa; trata-se de um exemplo eloquente do ancoramento linguístico da análise de Lévi-Strauss, difi-culdade especialmente "boa para pensar", para usar aquela que talvez seja a expressão mais utilizada (e desgastada) produzida por nosso au-tor. Ocorre em *A oleira ciumenta*, e gira em torno do campo semântico recoberto, em francês, pelos termos *éclat/éclatement/éclater*. Lévi-Strauss nos leva a percorrer trilhas de significação que ligam dezenas de mitos de dezenas de povos do sul ao norte das Américas, e no processo de reconstituição dos campos semânticos desses mitos, sua análise avança com naturalidade e elegância, em francês. Em português, contudo, o leitor pode sentir-se sem apoio, quando segue seus percursos, pois o campo semântico da família dos *éclats* tem de ser desdobrado, em por-tuguês, em "brilhos", "lascas", "estilhaços", "gargalhadas", "explosões", e outros termos. Ou seja, o campo, em português, é estilhaçado, e com ele, parte considerável da análise. Se essa passagem me persegue como

---

12. Lévi-Strauss, *Antropologia estrutural dois*, p. 213.

Traduzir as Mitológicas

um fantasma há quase duas décadas, e me faz refletir acerca da tradução, é porque se trata de um considerável "vazamento" de sentido.[13]

O sentido da palavra latina que se encontra na raiz da palavra "tradução" é transferência. Quando Lévi-Strauss fala das versões de um mito como traduções, remete, mais do que a uma língua ou uma cultura outras, a uma relação de transposição, que se pode entender, do mesmo modo que à noção de transformação estrutural, em termos geométricos. O tradutor operaria, assim, como um "transferidor". Entre o francês e o português, o mito circula entre "próximos", o que em princípio indicaria que não se exigiriam tantas modificações para a transferência: nessas "culturas-línguas" próximas, os obstáculos tenderiam a ser aplainados, enquanto se multiplicariam os pontos comuns.[14] Por outro lado, no trecho que citei acima, em que Lévi-Strauss falava da passagem de mitos entre populações diversas, o empobrecimento e o embaralhamento ocorriam, justamente, entre "próximos", sendo a inversão que recupera parte da clareza característica das passagens "nos limites", isto é, nas fronteiras externas, entre troncos linguísticos diferentes, por exemplo. Nesse caso, pode ser mais difícil traduzir as mitológicas lévi-straussianas para o português do que para uma língua totalmente alheia à família latina... Trechos de mitos aparentemente desconexos, como demonstra Lévi-Strauss, adquirem sentido quando remetidos a outras versões, variantes ou mitos de outros povos, que pertencem ao mesmo complexo grupo de transformações, esse conceito original e essencial da análise estrutural do mito. Se a obra é, ela mesma, um mito, sempre se pode esperar que passagens que pareçam esdrúxulas ou incompletas em cada versão/tradução possam ser esclarecidas graças à consideração da versão francesa que é nosso "mito

---

13. Não por acaso, trata-se de um livro que versa sobre cerâmica, cuja fabricação exige o fogo (que tem *éclat*, que aparece no *éclat* de riso de pássaros, originário de *éclats* de pedras etc.), fogo esse que também pode fazê-la rachar, ou... *éclater*. Tampouco é fortuito que este livro desenvolva a questão da "garrafa de Klein", mencionada no início: sua forma linguística é, mais do que em outras obras, o seu conteúdo. Sob formas enfraquecidas e, portanto, de modo menos torturante para o tradutor, a questão permanece nas demais *Mitológicas*.

14. Cf. Mário Laranjeira, *A poética da tradução* (São Paulo: Edusp/Fapesp, 1993), p. 19. A expressão "cultura-língua" é de Henri Meschonnic.

de referência". Não é, afinal, essa a razão de ser e intuito das notas de tradução, e inclusive desta?

Contudo, nas *Mitológicas*, a formulação integra a significação. Trata-se de um tipo de texto que os especialistas definem como literário,[15] que apresenta à tradução o obstáculo do que a moderna semiótica chama "significância", um processo de geração de sentido situado no próprio texto, na cadeia de significantes. O que afastaria consideravelmente este "mito da mitologia" dos mitos ameríndios aqui analisados...

A análise de Lévi-Strauss não pode ser infirmada por seu ancoramento evidente na língua francesa. Se a própria nota de tradução permite tornar compreensível ao leitor não-francófono a lógica do texto, ainda que à custa de sua elegância e fluência, podemos crer que sobrevive, nessas versões que são as traduções, a grande sintaxe do espírito que Lévi-Strauss nos quer mostrar nos mitos: ao mesmo tempo descolada das várias línguas humanas e apenas perceptível quando conformada, encarnada, numa delas. Se as línguas são formas atualizadas, corporificadas, vividas, constituídas a partir de regras estruturantes que estão aquém e além delas, e essas regras ("as estruturas do espírito") só podem ser percebidas em suas atualizações, a língua em que Lévi-Strauss pensa e escreve não poderia deixar de infletir sua atualização do pensamento acerca do pensar humano. Línguas diferentes são recortes semânticos diferentes, são relações sintáticas e semânticas diferentes. Permanecem as regras que presidem aos recortes de todas as línguas, e a todas as possibilidades de relações e encaixes, as estruturas do espírito que Lévi-Strauss com tanto brilho (*éclat*, em francês) e elegância nos convida a surpreender em ação no pensamento mítico ameríndio. E se as *Mitológicas* são mitos da mitologia, estas versões brasileiras, apesar de afastadas de suas belíssimas amarras linguísticas originais, se bem "transferidas", serão capazes de manter a grandeza de seus mitos de referência. Essa é a aposta.

---

15. Há textos, esclarece Laranjeira, em que "a língua, o código, deixa de ser apenas um suporte, um veículo, para fazer parte integrante da própria mensagem. [...] Estamos então diante de textos tradicionalmente ditos literários, diante da escritura, do texto em sua acepção moderna, com tendência para o apagamento das fronteiras entre prosa e poesia". Id. ibid., p. 22.

Traduzir as Mitológicas

Sobre algumas escolhas nesta tradução das mitológicas

Armação (do mito) — _armature_, em francês, é o encaixe de peças de madeira ou metal que mantém, sustenta, as diversas partes de uma obra; é a carpintaria; outras palavras, como "arcabouço", poderiam ter sido utilizadas para traduzir este conceito central na análise estrutural do mito. Teriam a vantagem de afastar o aspecto "malandro" que o termo armação pode evocar; mas entre a rigidez de carcaça e confinamento que a palavra "arcabouço" evoca e a esperteza de uma armação, preferi manter a segunda, mesmo porque me parece que é de esperteza, no melhor sentido da palavra, que se trata aqui. Ainda que a armação dos mitos, do ponto de vista lógico, seja sólida e rigorosa, revela-se flexível, transformável, criativa, capaz de suportar e permitir as mais diversas "construções". As armações dos mitos, obras do engenho humano são, efetivamente, espertas.

Bestiário — Grande parte dos nomes de animais sul-americanos, em francês, tem origem tupi. Este fato, de que os franceses raramente se dão conta, não surpreende quando se considera que seus antepassados conheceram estes animais no século XVI, através dos seus aliados Tupinambá na costa do Brasil, e levaram para casa, junto com os desenhos e espécimes, junto com as descrições que incorporavam o conhecimento indígena, seus nomes: _jaguar, tapir, sarigue, agouti, tamanoir, tatou, urubu, toucan, ara_... Os nomes de origem tupi também permaneceram em português: jaguar, tapir, sariguê, cutia, tamanduá, tatu, urubu, tucano, arara... Por alguma razão, os três primeiros animais são mais conhecidos, no Brasil, por nomes de origem não-tupi: onça, anta e gambá. Privilegiando o uso corrente, optei, em traduções anteriores, por estes últimos. Opto, nesta tradução, por manter os nomes de origem tupi, e neles toda uma realidade sensível e inteligível indígena, além de traços da história das relações entre europeus e grupos tupi. "Jaguar" é a raiz tupi-guarani para o nome de uma variedade de felinos americanos, de onde jaguatirica, jaguarundi etc. A onça pintada era chamada de "jaguaretê", "jaguar propriamente dito".

Nesta tradução, consoante ao que se encontra registrado nos dicionários, "jaguar" é (sinônimo de) "onça pintada", "tapir" é "anta" e "sariguê" é "gambá". Este último é mais conhecido, em vastas regiões do Brasil, como mucura, outra palavra de origem tupi. O termo "sariguê" foi escolhido por apresentar a possibilidade de flexão de gênero (sariguê/sarigueia), que também busquei aproveitar, em algumas passagens, em relação aos pares jaguar-onça e tapir-anta: "seu" jaguar e "dona" onça são onças pintadas, *Panthera onca*, "seu" tapir e "dona" anta são *Tapirus terrestris*. Como as citações de obras escritas em português foram recuperadas dos originais, algumas passagens da análise, que falam em jaguares, são entremeadas por citações que falam em onças. Em tempo. Além dos mencionados, são também nomes de origem tupi: capivara, irara, jabuti, jacaré, jacu, mutum, paca, preá, quati. A lista poderia alongar-se. E nós, em geral, não temos mais consciência do tupi que falamos — ou de quanto aprendemos com os Tupi — do que os franceses.

Donos, senhores, mestres — Os primeiros mitos das *Mitológicas* narram a história da perda do fogo pelo jaguar, que era o "dono do fogo". Outros mitos apresentarão personagens que são controladores, geradores, representantes de coisas e seres, sob várias formas. A noção que Lévi-Strauss unifica sob a expressão *"maître de"* é complexa e variável. Há casos em que essas figuras não são entendidas como "possuidoras" de coisas ou seres, mas apenas como representantes, intermediários obrigatórios entre os humanos e as tais coisas ou seres. Noutros casos, são "senhores" no sentido de possuírem liderança sobre as tais coisas ou seres, nas quais "mandam", mas que nem por isso invariavelmente "possuem". Noutros ainda, trata-se de figuras que produzem, geram, coisas ou seres, em que podem ou não mandar, cuja manutenção, distribuição e reprodução podem ou não controlar... Em cada complexo mitológico, a melhor tradução será a que mais de perto remeter a essas distinções. Aqui, por se tratar de um esforço comparativo, era necessário utilizar um único termo. O jaguar é, de fato, "dono" do fogo: era ele que possuía o fogo, antes de os humanos o despossuírem, tornando-se então os donos do fogo. Porque começamos por ele, mantive, ao longo da tradução, a expressão "dono de" para traduzir *"maître de"*.

Enganador — este personagem mitológico, conhecido na literatura antropológica de língua inglesa como *trickster*, figura na obra de Lévi-Strauss como *décepteur*. Em traduções anteriores e na primeira tradução de *O cru e o cozido*, optei por fabricar a palavra "deceptor", a partir da mesma origem latina. Proponho aqui a tradução "enganador", visto que o engano, ao contrário da decepção, não remete obrigatoriamente a uma frustração. Noto que, em francês, a *déception* também é entendida como frustração de expectativa inicial positiva, o que fortalecia a opção anterior. Creio, contudo, que raros leitores associavam o "deceptor" ao *trickster*, e que a ressonância negativa da palavra acabava por obscurecer aspectos fundamentais da noção. Pois os enganadores dos mitos podem surpreender positivamente, ou seja, podem revelar-se "positivos" quando se desconfiava de que fossem "negativos"; frustram expectativas tanto positivas como negativas. Caracterizados pela ambiguidade, nunca se pode prever se são sinceros ou mentirosos, se seus gestos correspondem a suas intenções, se essas intenções são boas ou más... o que eles operam, é justamente a coexistência de sinais contraditórios, o embaralhamento de distinções, posto que são mediadores, por excelência, entre opostos lógicos. Diante deles, uma única certeza: eles zombam de todos, confundem a todos, enganam sempre. Enganadores são gozadores, malandros, imprevisíveis, e espertos. Entre nós, o mais conhecido desses enganadores é, sem dúvida, Macunaíma.

EMBARQUEMOS, POIS, nessa viagem que nos leva pela "terra redonda da mitologia",[16] do "cru" ao "nu", de reflexões acerca da matéria do mundo em que vivem os humanos — nas categorias empíricas que abrem *O cru e o cozido* —, ao "nada", poeira silenciosa de estrelas a que somos lançados no "Final" de *O homem nu*. Da natureza às elaborações da cultura que constitui a condição humana, e de volta à natureza. Ao mesmo tempo

---

16. Lévi-Strauss, "Preâmbulo", in *Do mel às cinzas*, p. 9.

grandioso e ínfimo no curso do universo, o espírito humano expõe, através de Lévi-Strauss, esses imponentes monumentos do engenho que são os complexos míticos dos povos indígenas das Américas, não menos refinados ou surpreendentes do que outras obras a que se costuma associar privilegiadamente a capacidade criativa humana.

BEATRIZ PERRONE-MOISÉS

Adendo: Ao longo dos anos, várias foram as pessoas que se dispuseram a ajudar-me a pensar soluções para traduzir as *Mitológicas*. Registro aqui meu agradecimento a todas, em especial a Eduardo Viveiros de Castro e a meus pais.

Bibliografia

Abreviaturas

ARBAE	*Annual Report of the Bureau of American Ethnology*
BBAE	*Bulletin of the Bureau of American Ethnology*
Colb.	Colbacchini, A.
EB	ALBISETTI, C.; VENTURELLI, A. J. *Enciclopédia Bororo*, v. I. Campo Grande: Museu Regional Dom Bosco, 1962.
HSAI	*Handbook of South American Indians*
JAFL	*Journal of American Folklore*
K.G.	Koch-Grünberg, Theodor
Nim.	Nimuendaju, Curt
RIHGB	*Revista do Instituto Histórico e Geográfico Brasileiro*
RMDLP	*Revista del Museo de la Plata*
RMP	*Revista do Museu Paulista*
UCPAAE	University of California Publications in American Archaeology and Ethnology

ABBEVILLE, Claude d'. *Histoire de la mission des pères Capucins en l'isle de Maragnan et terres circonvoisines*. Paris: François Huby, 1614.

ABREU, João Capistrano de. *Rã-txa hu-ni-ku-i: A língua dos caxinauas*. Rio de Janeiro: Typographia Leuzinger, 1914.

AHLBRINCK, W. "Encyclopaedie der Karaiben". In: *Verhandelingen der Koninklijke Akademie van Wetenschappen te Amsterdam, afdeeling Letterkunde Nieuwe Reeks Deel*. Trad. francesa de Doude van Herwijnen. Paris: [s.n.], 1956 [1931] (mimeografado).

ALBISETTI, César. "Contribuições missionárias". *Publicações da Sociedade Brasileira de Antropologia e Etnologia*, n. 2-3, Rio de Janeiro, 1948. Cf. também: COLBACCHINI 1925, e EB (*Enciclopédia Bororo*).

ALBISETTI, César; VENTURELLI, Ângelo J. *Enciclopédia Bororo*, v. 1. Campo Grande: Museu Regional Dom Bosco, 1962.

AMORIM, Antonio Brandão de. "Lendas em nheêgatu e em português". *RIHGB*, t. 100, v. 154 (2. ed.: 1928). Rio de Janeiro, 1926.

ANDERSEN, Johannes C. *Myths and Legends of the Polynesians*. Londres: G. G. Harrap, 1928.

AUGUSTINOS. "Relación de idolatria en Huamachuco por los primeros —", *Informaciones acerca de la religión y gobierno de los Incas* (Colección de libros y documentos referentes a la Historia del Peru, t. II). Lima: [s.n.], 1918.

BALDUS, Herbert. *Ensaios de etnologia brasileira*. São Paulo: Companhia Editora Nacional, 1937.

_____. *Lendas dos Índios do Brasil*. São Paulo: Brasiliense, 1946.

_____. "Lendas dos índios Tereno". *RMP*, Nova Série, n. 4, 1950.

_____. (Org.). *Die Jaguarzwillinge. Mythen und Heilbringersgeschichten Ursprungssagen und Märchen brasilianischer Indianer*. Kassel: [s.n.], 1958.

BANNER, Horace. "Mitos dos índios Kayapo". *Revista de Antropologia*, v. 5, n. 1, 1957.

_____. "O índio Kayapo em seu acampamento". *Boletim do Museu Paraense Emilio Goeldi*, Nova Série, n. 13. Belém, 1961.

BARBEAU, Marius. "Huron-Wyandot Traditional Narratives". *Bull. of the National Museum of Canada*, n. 165, Anthrop. Series n. 47. Ottawa, 1960.

BASTIDE, Roger. "La Nature humaine: le point de vue du sociologue et de l'ethnologue". *La Nature humaine, actes du XI Congrès des Sociétés de Philosophie de langue française* (Montpellier, 4-6 set. 1961). Paris, 1961.

BATES, Henry Walter. *The Naturalist on the River Amazon*. Londres: John Murray, 1892.

BAUDELAIRE, Charles. "Richard Wagner et *Tannhäuser* à Paris". In: *Oeuvres complètes*. Paris: Pléiade, [1861] 1961.

BEAGLEHOLE, Ernest; BEAGLEHOLE, Pearl. "Ethnology of Puka-Puka". *B. P. Bishop Museum*, boletim n. 150. Honolulu, 1938.

BECHER, Hans. "Algumas notas sobre a religião e a mitologia dos Surará". *RMP*, Nova Série, v. II. São Paulo, 1959.

BECKWITH, Martha Warren. "Mandan-Hidatsa Myths and Ceremonies". *Memoirs of the American Folk-Lore Society*, v. 32. Nova York, 1938.

BENVENISTE, Émile. "Communication animale et langage humain". *Diogène*, I. Paris, 1952.

BOAS, Franz. "The Central Eskimo".*6th ARBAE (1884-85)*. Washington, DC., 1888.

_____. "Tsimshian Mythology". *31st ARBAE (1909-10)*. Washington, DC, 1936.

BORBA, Telêmaco M. *Actualidade Indígena*. Curitiba: Impressora Paranaense, 1908.

BOULEZ, Pierre. "Série". In *Encyclopédie de la musique*, 3 v. Paris: 1958-61.

BRETT, William Henry. *Legends and Myths of the Aboriginal Indians of British Guiana*. Londres: W.W. Gardner, 1880.

BUNZEL, Ruth Leah. "Introduction to Zuñi Ceremonialism". *47th ARBAE (1929-30)*. Washington, DC, 1932.

BUTT, Audrey. "Réalité et idéal dans la pratique chamanique". *L'Homme — Revue française d'anthropologie*, v. 2, n. 3, 1962.

CADOGAN, León. "Ayvu Rapita. Textos míticos de los Mbyá-Guarani del Guairá". *Antropologia*, n. 5, boletim n. 227. São Paulo: Universidade de São Paulo, 1959.

Bibliografia 457

CAMPANA, Domenico del. "Contributo all'Etnografia dei Matacco". *Archivio per l'Antropologia e l'Etnologia*, v. 43, fasc. 1-2. Florença, 1913.

CARDUS, José. *Las misiones Franciscanas entre los infieles de Bolivia*. Barcelona: Librería de la Inmaculada concepcion, 1886.

CARTER, T. D. "The Opossum: Our only Pouched Mammal". *Natural History*, v. 56, n. 4. Nova York, 1957.

CASPAR, Franz. "Some Sex Beliefs and Practices of the Tupari Indians (Western Brazil)". *RMP*, Nova Série, v. 7. São Paulo, 1953.

_____. "Puberty Rites among the Tupari Indians". *RMP*, Nova Série, v. 10. São Paulo: 1956-58.

CAVALCANTI, Amaro. *The Brazilian Language and its Agglutination*. Rio de Janeiro: Imprensa Nacional, 1883.

CHAPMAN, John Wight. "Ten'a Texts and Tales from Anvik, Alaska". *Publications of the American Ethnol. Society*, v. 6. Leyden, 1941.

CHRISTIAN, Frederick William. *The Caroline Islands*. Londres: Methuen & Co, 1899.

COLBACCHINI, Antonio. *A tribo dos Bororós*. Rio de Janeiro: Papelaria Americana, 1919.

_____. *I Bororós Orientali "Orarimugudoge" del Matto Grosso, Brasile*, Contributi Scientifici delle Missioni Salesiane del Venerabile Don Bosco, v. 1. Torino, [1925].

COLBACCHINI, Antonio; ALBISETTI, César. *Os Bororos orientais*. São Paulo/ Rio de Janeiro: Editora Nacional, 1942.

COLL, P. C. van. "Contes et légendes des Indiens de Surinam". *Anthropos*, v. 2 e 3, 1907-8.

CONKLIN, Harold C. *The Relation of Hanunóo Culture to the Plant World*. New Haven: Yale University (microfilme), 1954. Dissertação de doutorado.

CORNYN, John Hubert. "Ixcit Cheel". *The Maya Society Quarterly*, v. 1, n. 2. Baltimore, 1932.

CORY, Hans. "Jando, II". *Journal of the Royal Anthropological Institute*, v. 78, n. 1-2. Londres, [1948] 1951.

COUDREAU, Henri. *Voyage au Tapajoz (1895-1896)*. Paris: A. Lahure, 1897.

CREVAUX, Jules. *Voyages dans l'Amérique du Sud*. Paris: Librairie Hachette et Cie, 1883.

CROCKER, William H. "The Canela since Nimuendaju: A Preliminary Report on Cultural Change". *Anthropological Quarterly*, v. 34, n. 2. Washington, DC, 1961.

CRUZ, M. "Dos nomes entre os Bororos". *RIHGB*, v. 175. Rio de Janeiro, 1940 [1941].

_____. "Mitologia bororo". *Revista do Arquivo Municipal*, v. 91. São Paulo, 1943.

DAVILA, Francisco. "Relación de idolatrias en Huarochiri". In: *Informaciones acerca de la Religión y Gobierno de los Incas* (Colección de Libros y documentos referentes a la Historia del Peru, t. II). Lima: [s.n], 1918.

DIETERLEN, Germain; CALAME-GRIAULE, Genevièv. "L'Alimentation dogon". *Cahiers d'Études Africaines*, n. 3. Paris, 1960.

DIETSCHY, Hans. "Das Häuptlingswesen bei den Karaja". In: *Mitteilungen aus dem Museum für Völkerkunde in Hamburg*, v. XXV. Hamburgo, 1959.

DORSEY, George Amos. "Traditions of the Skidi Pawnee". *Memoirs of the American Folklore Society*. Boston/ Nova York, 1904.

DREYFUS, Simone. *Les Kayapo du Nord: Contribution à l'étude des Indiens Gé*. Paris-la Haye: Mouton, 1963.

DU BOIS, Cora. "Wintu Ethnography". *UCPAAE*, v. 36, n. 1. Berkeley, 1935.

DUMÉZIL, Georges. "Déesses latines et mythes védiques". In *Collection Latomus*, v. XXV. Bruxelas: Latomus, 1956.

DURKHEIM, Émile. *Les Formes élémentaires de la vie religieuse*, 2. ed. Paris: F. Alcan, 1925.

EHRENREICH, Paul. "Beiträge zur Völkerkunde Brasiliens". In: *Veröffentlichungen aus dem Kgl. Museum für Völkerkunde*, t. II. Trad. portuguesa de E. Schaden, In: RMP, Nova Série., v. 2. Berlim, [1891] 1948.

ELMENDORF, William W. "The Structure of Twana Culture". *Research Studies, Monographic Supplement*, n. 2. Pullman: Washington State University, 1960.

FARABEE, William C. "The Central Aruak". *Anthropological Publications of the University Museum*, v. 9. Filadélfia: University of Pennsylvania, 1918.

_____. "Indian Tribes of Eastern Peru". *Papers of the Peabody Museum*, v. 10. Cambridge, Mass.: Harvard University, 1922.

_____. "The Central Caribs". *Anthropological Publications of the University Museum*, v. 10. Filadélfia: University of Pennsylvania, 1924.

FENTON, William N. "The Iroquois Eagle Dance". *BBAE*, N. 156. Washington, DC, 1953.

FIRTH, Raymond. *We, The Tikopia*. Nova York/ Chicago: Allen & Unwin, 1936.

FOCK, Niels. *Wawai, Religion and Society of an Amazonian Tribe*. Copenhague: National Museum, 1963.

FORTIER-BEAULIEU, Paul. *Mariages et noces campagnardes*. Paris: Maisonneuve, 1937.

_____. *Enquête sur le charivari*, ms. déposé au Musée National des Arts et Traditions Populaires.

FRACHTENBERG, Leo J. "Alsea Texts and Myths". *BBAE*, N. 67. WASHINGTON, DC, 1920.

FRANKLIN, Alfred. *La Vie privée d'autrefois. Les Repas*. Paris: Plon, 1889.

FRAZER, James G. "The Silent Widow". In: *Transactions of the Third International Congress for the History of Religions*. Oxford: Clarendon Press, 1908.

_____. *Totemism and Exogamy*, 4 v. Londres: Macmillan and Company, 1910.

_____. *Folk-Lore in the Old Testament*, 3 v. Londres: Macmillan and Company, 1919.

FREISE, Frederico W. "Plantas Medicinaes Brasileiras". *Boletim de Agricultura*, v. 34. São Paulo, 1933.

FRIGOUT, A. Comunicação pessoal, dez. 1962.

FRIKEL, Protásio. "Kamani. Costumes e Preceitos dos Índios Kachúyana a respeito do curare". *RMP*, Nova Série, v. 7. São Paulo, 1953.

FRIKEL, Protásio. "Agricultura dos Índios Mundurukú". *Boletim do Museu Paraense Emilio Goeldi*, Nova Série, *Antropologia*, n. 4. Belém, 1959.

GAYTON, Anna Hadwick; NEWMAN, Stanley S. "Yokuts and Western Mono Myths". *Anthropological Records*, v. 5, n. 1. Berkeley, 1950.

GILLIN, John. "The Barama River Caribs of British Guiana". *Papers of the Peabody Museum*, v. 14, n. 2. Cambridge, Mass., 1936.

GILMORE, Raymond M. "Fauna and Ethnozoology of South America". In: *HSAI*, v. 6, *BBAE, N.* 143. Washington, DC, 1950.

GIMBUTAS, Marija. "Ancient Symbolism in Lithuanian Folk Art". *Memoirs of the American Folklore Society*, v. 49. Nova York, 1958.

GOEJE, Claudius Henricus de. "Philosophy, Initiation and Myths of the Indian of Guiana and Adjacent Countries". *Internationales Archiv für Ethnographie*, v. 44. Leiden, 1943.

GRUBB, W. Barbrooke. *An Unknown People in an Unknown Land*. Londres: [s.n.], 1911.

GUALLART, José Maria. "Mitos y leyendas de los Aguarunas del alto Marañon". *Perú Indigena*, v. 7, n. 16-7. Lima, 1958.

GUBERNATIS, Angelo de. *Zoological Mythology or the Legends of Animals*, 2 v. Londres: [s.n.], 1872.

GUMILLA, José. *Historia natural... del Rio Orinoco*, 2 v. Barcelona: [s.n.], 1791.

GUSINDE, Martin. *Die Feuerland-Indianer*, 3 v., Mödling bei Wien: [s.n.], 1931-39.

_____. "Mundurucu Religion". *Anthropos*, v. 55, fasc. 1-2, 1960. Resenha de Murphy, R. F.

HAILE, Father Berard; WHEELWRIGHT, Mary Cabot. "Emergence Myth according to the Hanelthnayhe Upward-Reaching Rite". *Navajo Religion Series*, v. 3. Santa Fé, NOVO MÉXICO, 1949.

HAMILTON JR., W. J. "Success Story of the Opossum". *Natural History*, v. 72, n. 2. Nova York, 1962.

HANDY, Edward Smith Craighill. "The Native Culture in the Marquesas". *B. P. Bishop Museum*, boletim n. 9. Honolulu, 1923.

HANDY, Edward Smith Craighill; PUKUI, Mary Kawena. "The Polynesian Family System in Ka-'u, Hawai'i". *The Polynesian Society*, Wellington, N. Z: [s.n.], 1958.

HARRINGTON, John Peabody. "The Ethnogeography of the Tewa Indians". *29th ARBAE (1907-1908)*. Washington, DC, 1916.

HARTMANN, C. "Traditional Belief concerning the Generation of the Opossum". *JAFL*, v. 34, n. 133, 1921.

HARTT, Charles Frederik. *Os mitos amazônicos da tartaruga*. Trad. e notas de L. da Câmara Cascudo. Recife: [s.n.], 1952.

HASTINGS, J. (Org.). *Enciclopaedia of Religion and Ethics*, 13 v. Nova York: [s.n.], 1928.

HEIZER, R. F. "Domestic Fuel in Primitive Society". *Journal of the Royal Anthropol. Inst.*, v. 93, pt. 2, 1963.

HENRY, Jules. *Jungle People. A Kaingáng tribe of the Highlands of Brazil*. Nova York: [s.n.], 1941.

HISSINK, Karin; HAHN, Albert. *Die Tacana*, I. *Erzählungsgut*. Stuttgart: [s.n.], 1961.

HOEHNE, F. C. *Botânica e agricultura no Brasil no século XVI*. São Paulo: Companhia Editora Nacional, 1937.

HOFFMANN-KRAYER, Eduard. *Handwörterbuch des deutschen Aberglaubens*, v. 9. Berlim: [s.n.], 1941.

HOHENTHAL JR., William. "Notes on the Shucurú Indians of serra Ararobá, Pernambuco, Brazil". RMP, Nova Série, v. 8. São Paulo, 1954.

HOLMER, Nils. M.; WASSEN, Henry. *Muu-Igala or the Ways of Muu. A Medicine Song from the Cunas of Panama*. Gotemburgo: [s.n.], 1947.

HURAULT, Jean. "Les Indiens de la Guyane française". *Nieuwe West-Indische Gids 42*. Haia, 1963.

HUXLEY, Francis. *Affable Savages*. Londres: [s.n.], 1956.

IHERING, Rodolpho von. *Dicionário dos animais do Brasil*. São Paulo: [s.n.], 1940. (OBS: Às vezes, citamos a primeira versão dessa obra, publicada com o mesmo título, em *Boletim de Agricultura*, São Paulo, 1931-38.)

IM THURN, Everard F. *Among the Indians of Guiana*. Londres: [s.n.], 1883.

JAKOBSON, Roman. *Selected Writings, I. Phonological Studies*. Haia: Mouton, 1962.

_____. *Essais de Linguistique générale*. Paris: Les Editions de Minuit, 1963.

KARSTEN, Rafael. "Mitos de los Indios Jibaros (Shuara) del Oriente del Ecuador". *Boletin de la Sociedad ecuatoriana de estudios historicos americanos*, n. 6. Quito, 1919.

_____. "The Head-Hunters of Western Amazonas". *Societas Scientiarum Fennica. Commentationes Humanarum Litterarum*, t. 7, n. 1. Helsinque, 1935.

KEMPF, F. V. "Estudo sobre a Mitologia dos Índios Mundurucus". *Arquivos do Museu Paranaense*, v. 4. Curitiba, 1944-5.

KOCH-GRÜNBERG, Theodor. *Anfänge der Kunst im Urwald*. Berlim: [s.n.], 1905.

_____. *Von Roroima zum Orinoco. Zweites Band. Mythen und Legenden der Taulipang und Arekuna Indianer*. Berlim: [s.n.], 1916.

_____. *Indianermärchen aus Südamerika*. Iena: [s.n.], 1921a.

_____. *Zwei Jahre bei den Indianern Nordwest-Brasiliens*, n. ed. Stuttgart: [s.n.], 1921b.

KOZAK, Vladimir. "Ritual of a Bororo Funeral". *Natural History*, v. 72, n. 1. Nova York, 1963.

KRAUSE, Fritz. *In den Wildnissen Brasiliens*. Leipzig: [s.n.], 1911.

KRUSE, A. "Mundurucú Moieties". *Primitive Man*, v. 8, 1934.

_____. "Erzählungen der Tapajaz-Mundurukú". *Anthropos*, t. 41-4, 1946-9.

_____. "Karusakaybë, der Vater der Mundurukú". *Anthropos*, t. 46-7, 1951-2.

_____. "Pura, das Höchste Wesen der Arikéna". *Anthropos*, v. 50, fasc. 1-3, 1955.

LEHMANN-NITSCHE, Robert. "La astronomia de los Matacos". RMDLP, t. 27 (3ª série, t. 3). Buenos Aires, 1923a.

LEHMANN-NITSCHE, Robert. "La astronomia de los Tobas". RMDLP, t. 27 (3ª série, t. 3). Buenos Aires, 1923b.

_____. "La astronomia de los Tobas (segunda parte)". RMDLP, t. 28 (3ª série, t. 4). Buenos Aires, 1924-5a.

_____. "La astronomia de los Vilelas".-RMDLP, t. 28 (3ª série, t. 4). Buenos Aires, 1924-5b.

_____. "La constelación de la Osa Mayor".-RMDLP, t. 28 (3ª série, t. 4). Buenos Aires, 1924-5c.

LÉRY, Jean de. *Histoire d'un voyage faict en la terre du Brésil*, 2 v. Paris: Gaffarel, 1880.

LÉVI-STRAUSS, Claude. "Contribution à l'étude de l'organisation sociale des Indiens Bororo". *Journal de la Société des Américanistes*, Nova Série, t. XVIII, fasc. 2. Paris, 1936.

_____. "Tribes of the right bank of the Guaporé River". *HSAI, BBAE 143*, 7 v. Washington, DC, 1946-59.

_____. *Les Structures élémentaires de la parenté*. Paris: PUF, 1949.

_____. *Tristes tropiques*. Paris: Plon, 1955.

_____. "The Family". In SHAPIRO, H. L. (ORG.). *Man, Culture and Society*. Nova York: Oxford University Press, [1956] 1958.

_____. *Anthropologie structurale*. Paris: Plon, 1958a.

_____. "La Geste d'Asdiwal". In: *École Pratique des Hautes Études, Section des Sciences religieuses*, Annuaire (1958-59). Paris. 1958b [*Anthropologie structurale deux*, 1973].

_____. *Leçon inaugurale*, dada a 5 de janeiro de 1960, terça-feira (Collège de France, Cadeira de Antropologia Social). Paris, 1960.

_____. *La Pensée sauvage*. Paris: Plon, 1962a.

_____. *Le Totémisme aujourd'hui*. Paris: puf, 1962b.

LIMBER, D. Nelson. "The Pleiades". *Scientific American*, v. 207, n. 5, 1962.

LIPKIND, William. "Caraja Cosmography". *JAFL*, v. 53, 1940.

_____. "The Caraja". *HSAI, BBAE 143*, 7 v. Washington, DC, 1946-59.

LUKESCH, Anton. "Über das Sterben bei den nördlichen Kayapó-Indianern". *Anthropos*, v. 51, fasc. 5-6, 1956.

_____. "Bepkororôti, eine mythologische Gestalt der Gorotire-Indianer". *Wiener Völkerkundliche Mitteilungen*, v. 7, Band 2, n. 1-4. Viena, 1959.

MACIEL, Maximino. *Elementos de Zoologia geral e descriptiva de accordo com a fauna brasileira*. Rio de Janeiro / Paris: [s.n.], 1923.

MAGALHÃES, Amilcar A. Botelho de. *Impressões da Comissão Rondon*. Rio de Janeiro: Companhia Editora Nacional, 1921.

_____. *Impressões da Comissão Rondon*, 5. ed. São Paulo: Companhia Editora Nacional, 1942.

MAGALHÃES, Basílio de. "Vocabulário da língua dos Bororos-Coroados do Estado de Mato Grosso". *RIHGB*, t. 83. Rio de Janeiro, [1918] 1919.

MAGALHÃES, José Vieira Couto de. *O selvagem*. Rio de Janeiro: Tipografia da Reforma, 1876.

MAHR, A. C. "Delaware Terms for Plants and Animals in the Eastern Ohio Country: A Study in Semantics". *Anthropological Linguistics*, v. 4, n. 5. Bloomington, 1962.

MAYERS, Marvin. *Pocomchi Texts*. Norman: University of Oklahoma, 1958.

MÉTRAUX, Alfred. *La Religion des Tupinamba*. Paris: [s.n.], 1928.

_____. "Mitos y cuentos de los Indios Chiriguano". *RMDLP*, t. 23. Buenos Aires, 1932.

_____. "Myths and Tales of the Matako Indians". *Ethnological Studies*, v. 9. Gutemburgo, 1939.

MÉTRAUX, Alfred. "A Myth of the Chamacoco Indians and its Social Significance". *JAFL*, v. 56, 1943.

_____. "Myths of the Toba and Pilagá Indians of the Gran Chaco". *Memoirs of the American Folklore Society*, v. 40. Filadélfia, 1946.

_____. "The Botocudo". *HSAI, BBAE 143*, 7 v. Washington, DC, 1946-59.

_____. "Ensayos de Mitologia comparada sudamericana". *America Indigena*, v. 8, n. 1. Mexico, 1948.

_____. "Mythes et Contes des Indiens Cayapo (Groupe Kuben-Kran-Kegn)". *RMP*, Nova Série, v. 12. São Paulo, 1960.

MIRANDA, Vicente Chermont de. "Estudos sobre o nheêngatú". *Anais da Biblioteca Nacional*, v. 54. Rio de Janeiro: [1942] 1944.

MONTOYA, Antonio Ruiz de. *Arte, vocabulario, tesoro y catacismo de la lengua Guarani* (1640). Leipzig: [s.n.], 1876.

MOONEY, James. "Myths of the Cherokee". *19th ARBAE*. Washington, DC, 1898.

MURPHY, Robert F. "Mundurucú Religion". *UCPAAE*, v. 49, n. 1. Berkeley/ Los Angeles, 1958.

_____. *Headhunter's Heritage*. Berkeley/ Los Angeles: [s.n.], 1960.

MURPHY, Robert F.; QUAIN, Buell. "The Trumaí Indians of Central Brazil". *Monographs of the American Ethnological Society*, v. 24. Nova York, 1955.

NANTES, Martin de. *Relation Succinte et Sincere*, etc. Quimper: [s.n.], 1706.

NELSON, Edward William. "The Eskimo about Bering Strait". *18th ARBAE*. Washington, DC, 1899.

NIMUENDAJU, Curt. "Die Sagen von der Erschaffung und Vernichtung der Welt als Grundlagen der Religion der Apapocúva-Guarani". *Zeitschrift für Ethnologie*, v. 46, 1914.

_____. "Sagen der Tembé-Indianer". *Zeitschrift für Ethnologie*, v. 47, 1915.

_____. "Bruchstücke aus Religion und Uberlieferung der Sipaia-Indianer". *Anthropos*, v. 14-17, 1919-22.

_____. "Os Índios Parintintin do rio Madeira". *Journal de la Société des Américanistes*, v. 16. Paris, 1924.

_____. "Die Palikur-Indianer und ihre Nachbarn". *Göteborgs Kungl. Vetenskapsoch Vitterhets-Samhalles Handligar*. Fjarde Foljden, Band 31, n. 2, 1926.

_____. "The Apinayé". *The Catholic University of America, Anthropological Series*, n. 8. Washington, DC, 1939.

_____. "The Šerente". *Publ. of the Frederick WEBb Hodge Anniversary Publication Fund*, v. 4. Los Angeles, 1942.

_____. "Šerenté Tales". *JAFL*, v. 57, 1944.

_____. "Social Organization and Beliefs of the Botocudo of Eastern Brazil". *Southwestern Journal of Anthropology*, v. 2, n. 1, 1946a.

_____. "The Eastern Timbira". *UCPAAE*, v. 41. Berkeley/ Los Angeles, 1946b.

NIMUENDAJU, Curt. "The Cawahib, Parintintin, and their Neighbors". HSAI, BBAE 143, 7 v. Washington, DC, 1946-59a.

_____. "The Mura and Pirahá". HSAI, BBAE 143, 7 v. Washington, DC, 1946-59b.

_____. "The Tucuna". HSAI, BBAE 143, 7 v. Washington, DC, 1946-59c.

_____. "The Tukuna". UCPAAE, v. 45. Berkeley/ Los Angeles, 1952.

_____. "Apontamentos sobre os Guarani". Trad. e notas de Egon Schaden. RMP, Nova Série, v. 8. São Paulo, 1954.

NINO, Bernardino de. Etnografia chiriguana. La Paz: [s.n.], 1912.

NORDENSKIÖLD, Erland. IndianerlEBen, El Gran Chaco. Leipzig: [s.n.], 1912.

_____. Indianer und Weisse in Nordostbolivien. Stuttgart: [s.n.], 1922.

OGILVIE, J. "Creation Myths of the Wapisiana and Taruma, British Guiana". Folk-Lore, v. 51. Londres, 1940.

OLIVEIRA, Carlos Esteban de. "Os Apinagé de Alto Tocantins". Boletim do Museu Nacional, v. 6, n. 2. Rio de Janeiro, 1930.

OLIVEIRA, José Coutinho de. Lendas amazônicas. Pará: Livraria Clássica, 1916.

OLIVEIRA, José Feliciano de. "The Cherente of Central Brazil". Proceedings of the 18th Congress of Americanists. Londres, [1912] 1913.

_____. "Os Cherentes". Revista do Instituto Histórico e Geográfico de São Paulo. São Paulo, 1918.

ORICO, Osvaldo. Mitos ameríndios. 2. ed. São Paulo: [s.n.], 1930.

_____. Vocabulário de crendices amazônicas. São Paulo/ Rio de Janeiro: [s.n.], 1997.

OSBORN, Henry. "Textos Folkloricos Guarao II". Antropologica, v. 10. Caracas, 1960.

OSGOOD, Cornelius. "Ingalik Social Culture". Yale University Publ. in Anthropology, v. 53. New Haven, 1958.

OVÍDIO. As metamorfoses.

PALAVECINO, Enrique. "Takjuaj. Un personaje mitológico de los Mataco". RMDLP, Nova Série., n. 7 (Antropologia, t. I). Buenos Aires, 1936-41.

PARSONS, Elsie C. "Zuni Tales". JAFL, v. 43, 1930.

_____. PuEBlo Indian Religion, 2 v. Chicago: [s.n.], 1939.

PEREIRA, Nunes. Bahira e suas experiências (ed. popular). Manaus: [s.n.], 1945.

PIERINI, F. "Mitología de los Guarayos de Bolivia". Anthropos, v. 5, 1910.

PISO, G.; MARCGRAVE DE LIEBSTAD, G. Historia naturalis Brasiliae etc. Lugd. Bat./ Amsterdam: [s.n.], 1648.

PITOU, Louis-Ange. Voyage à Cayenne, dans les deux Amériques et chez les anthropophages, 2 v., 2. ed. Paris: [s.n.], 1807.

PLUTARCO. "De Ísis e Osíris" In: Les Oeuvres morales et Meslées. Trad. de Amyot, 2 v. Paris: [s.n.], 1584.

POMPEU SOBRINHO, Thomaz. "Lendas Mehim". Revista do Instituto do Ceará, v. 49. Fortaleza, 1935.

PORÉE-MASPERO, Eveline. Cérémonies privées des Cambodgiens. Phnom-Penh: [s.n.], 1958.

PREUSS, Konrad Theodor. *Die Nayarit-Expedition. Textaufnahmen mit Beobachtungen unter mexikanischen Indianern*, 3 v. Leipzig: [s.n.], 1912.

_____. *Religion und Mythologie der Uitoto*, 2 v. Göttingen: [s.n.], 1921-3.

QUICHERAT, Louis. *Thesaurus Poeticus Linguae Latinae*. Paris: [s.n.], 1881.

RAYNAUD, Georges. *Les Dieux, les héros et les hommes de l'ancien Guatemala*. Paris: [s.n.], 1925.

REICHEL-DOLMATOFF, Gerardo. *Los Kogi*, 2 v. Bogotá: [s.n.], 1949-51.

RHODE, R. "Einige Notizen übem dem Indianerstamm der Terenos". *Zeit. D. Gesell. F. Erdkunde zu Berlim*, v. 20, 1885, pp. 404-10.

RIBEIRO, Darcy. "Religião e Mitologia Kadiuéu". *Serviço de Proteção aos Índios*, n. 106. Rio de Janeiro, 1950.

_____. "Notícia dos Ofaié-Chavante". *RMP*, Nova Série, v. 5. São Paulo, 1951.

RIBEIRO, Darcy; RIBEIRO, Berta. *Arte plumária dos índios Kaapor*. Rio de Janeiro: [s.n.], 1957.

RINK, Henry. *Tales and Traditions of the Eskimo*. Edimburgo/ Londres: [s.n.], 1875.

RIVET, Paul; ROCHEREAU, Henri J. "Nociones sobre creencias usos y costumbres de los Catios del Occidente de Antioquia". *Journal de la Société des Américanistes*, v. 21. Paris, 1929.

ROCHEREAU, Henri J. "Los Tunebos. Grupo Unkasia". *Revista Colombiana de Antropologia*, v. 10. Bogotá, 1961.

RODRIGUES, João Barbosa. "Poranduba Amazonense". *Anais da Biblioteca Nacional de Rio de Janeiro (1886-1887)*, v. 14, fasc. 2. Rio de Janeiro, 1890.

RONDON, Cândido Mariano da Silva. "Esboço gramatical e vocabulário da língua dos Índios Borôro". *Publ. n. 77 da Comissão Rondon. Anexo 5, etnografia*. Rio de Janeiro, 1948.

ROTH, Walter Edmund. "An Inquiry into the Animism and Folklore of the Guiana Indians". *30th ARBAE (1908-1909)*. Washington, DC, 1915.

_____. "An Introductory Study of the Arts, Crafts, and Customs of the Guiana Indians". *38th ARBAE (1916-1917)*. Washington, DC, 1924.

ROUGET, Gilbert. "Un Chromatisme africain". *L'Homme. Revue française d'Anthropologie*, t. 1, n. 3. Paris, 1961.

ROUSSEAU, Jean-Jacques. *Dictionnaire de Musique*. Paris: Duchesne, 1768.

RUSSELL, Frank. "The Pima Indians". *26th ARBAE (1904-1905)*. Washington, DC, 1908.

RYDEN, Stig. "Brazilian Anchor Axes". *Etnologiska Studier*, v. 4. GötEBorg: [s.n.], 1937.

SAHAGUN, Bernardino de. *Florentine Codex. General History of the Things of New Spain*, 13 v. Trad. de A. J. O. Anderson e Ch. E. Dibble. Santa Fé, Novo México: [s.n.], 1950-63.

SAINTYVES, Pierre. "Le Charivari de l'adultère et les courses à corps nus". *L'Ethnographie*. Paris, 1935.

SAMPAIO, Theodoro. "Os Kraôs do Rio Preto no Estado da Bahia". *RIHGB*, v. 75. Rio de Janeiro, [1912] 1913.

SANTA-ANNA NERY, Federico José Baron de. *Folk-lore brésilien*. Paris: [s.n.], 1889.

SCHADEN, Egon. "Fragmentos de mitologia Kayuá". *RMP*, Nova Série, v. 1. São Paulo, 1947.

_____. "A origem e a posse do fogo na mitologia Guarani". *Anais do 31º Congresso Internacional de Americanistas*. São Paulo, 1955.

_____. *A mitologia heroica de tribos indígenas do Brasil*. Rio de Janeiro: [s.n.], 1959.

SCHOMBURGK, Robert. *Travels in British Guiana (1840-1844)*. Trad. e org. de W. E. Roth, 2 v. Georgetown: [s.n.], 1922.

SCHULTZ, Harald. "Lendas dos índios Krahó". *RMP*, Nova Série, v. 4. São Paulo, 1950.

SELER, Eduard. *Gesammelte Abhandlungen zur Amerikanischen Sprach und Altertumskunde*, 5 v., n. ed. Graz: A. Asher & Co, 1961.

SIMPSON, George G. "A Carib (Kamarakoto) Myth from Venezuela". *JAFL*, v. 57, 1944.

SPECK, Frank G. "Catawba Texts". *Columbia University Contributions to Anthropology*, v. 24. Nova York, 1934.

SPENCER, Robert F. "The North Alaskan Eskimo". *BBAE 171*. Washington, DC, 1959.

SPENCER, Baldwin; GILLEN, Francis J. *The Northern Tribes of Central Australia*. Londres: [s.n.], 1904.

SPITZER, L. "Patterns of Thought and of Etymology, I. Nausea> of (> Eng.) Noise", in *Word, Journal of the Linguistic Circle of Nova York*, v. 1, n. 3. Nova York, 1945.

STEINEN, Karl von den. *Entre os aborígenes do Brasil Central*. São Paulo: [s.n.], 1940.

_____. "'Plejaden' und 'Jahr' bei Indianern des nordöstlischen Südamerikas". *Globus*, v. 65, 1894.

STEVENSON, Matilda Coxe. "The Zuñi Indians". *23rd ARBAE*. Washington, DC, 1905.

STONE, Doris. "The Talamancan Tribes of Costa Rica". *Papers of the Peabody Museum of Archaeol. and Ethnol.*, v. 43, n. 2. Cambridge, Mass.: Harvard University, 1962.

STRADELLI, Ermano. "Vocabulário da língua geral portuguez-nheêngatu e nheêngatu-portuguez etc.". *RIHGB*, t. 104, v. 158. Rio de Janeiro, 1929.

STRÖMER, C. von. "Die Sprache der Mundurukú". *Anthropos: Collection Internationale de Monographies Linguistiques*, 2. Viena, 1932.

STRONG, William Duncan. "Aboriginal Society in Southern California". *UCPAAE*, v. 26, 1926.

SWANTON, John R. "Myths and Tales of the Southeastern Indians". *BBAE 88*. Washington, DC, 1929.

TASTEVIN, Constant. *La Langue Tapïhïya dite Tupï ou N'êngatu* etc. (Schriften der Sprachenkommission, Kaiserliche Akademie der Wissenschaften, Band II). Viena, 1910.

_____. "Nomes de plantas e animaes em lingua tupy". *RMP*, t. 13. São Paulo, 1922.

_____. "La légende de Bóyusú en Amazonie". *Revue d'Ethnographie et des Traditions Populaires*, ano 6, n. 22. Paris, 1925.

TAYLOR, Douglas. "The Meaning of Dietary and Occupational Restrictions among the Island Carib". *American Anthropologist*, v. 52, n. 3, 1950.

TESCHAUER, P. C. "Mythen und alte Volkssagen aus Brasilien". *Anthropos*, v. 1, 1906.

THEVET, André. *La Cosmographie Universelle*, 2 v. Paris: [s.n.], 1575.

TOCANTINS, Antonio Manoel Gonçalves. "Estudos sobre a tribo Munduruku". *Revista Trimensal do Instituto Histórico, Geographico e Ethnographico do Brasil*, t. 40, parte primeira. Rio de Janeiro, 1877.

VALDEZ, João Fernandez. *Novo Diccionario Portuguez-Francez e Francez-Portuguez*, 8. ed. Rio de Janeiro / Paris: [s.n.], 1928.

VAN GENNEP, Arnold. *Manuel de Folklore français contemporain*, 9 v. Paris: A. Picard, 1946-58.

VANZOLINI, P. E. "Notas sobre a zoologia dos índios Canela". RMP, Nova Série, v. 10. São Paulo, 1956-58.

WAGLEY, Charles. "World View of the Tapirapé Indians". JAFL, v. 53, 1940.

WAGLEY, Charles; GALVÃO, Eduardo. "The Tenetehara Indians of Brazil". *Columbia Univ. Contributions to Anthropology*, n. 35. Nova York, 1949.

WALLIS, Wilson D.; WALLIS, R. S. *The Micmac Indians of Canada*. Minneapolis: [s.n.], 1955.

WASSEN, Henry. "Cuentos de los Indios Chocós". *Journal de la Société des Américanistes*, v. 25. Paris, 1933.

_____. "Mitos y Cuentos de los Indios Cunas". *Journal de la Société des Américanistes*, v. 26. Paris, 1934.

_____. "Some Cuna Indian Animal Stories, with Original Texts". *Etnologiska Studier*, v. 4. Göteborg, 1937.

_____. "De la identificación de los Indios Paparos del Darien". *Hombre y Cultura*, t. 1, n. 1. Panamá, 1962.

WATSON, J. B. "Cayuá Culture Change: A Study in Acculturation and Methodology". *Memoir n. 73 of the American Anthropological Association*, 1952.

WESTERMARCK, Edward. *The History of Human Marriage*, 3 v. Nova York: [s.n.], 1922.

WILBERT, Johannes. "A Preliminary Glotto-chronology of Gé". *Anthropological Linguistics*, v. 4, n. 2. Bloomington, 1962.

_____. *Indios de la región Orinoco-Ventuari*. Caracas: [s.n.], 1963.

_____. *Warao Oral Literature*. Caracas: Editorial Sucre, 1964.

WIRTH, D. Mauro. "A mitologia dos Vapidiana do Brasil". *Sociologia*, v. 5, n. 3. São Paulo, 1943.

_____. "Lendas dos Índios Vapidiana". RMP, Nova Série, v. 4. São Paulo, 1950.

WISSLER, Clark; DUVALL, D. C. "Mythology of the Blackfoot Indians". *Anthropol. Papers of the Amer. Mus. of Nat. Hist.*, v. 11. Nova York, 1908.

ZINGG, Robert M. "The Genuine and Spurious Values in Tarahumara Culture". *American Anthropologist*, Nova Série, v. 44, n. 1, 1942.

Tabela de símbolos

△	homem
○	mulher
△ = ○	casamento (disjunção: #)
△⌐○	irmão e irmã (disjunção: ⌐//⌐)
△↑ ○↓	pai e filho, mãe e filha etc.
T	transformação
→	se transforma em...
:	está para...
: :	assim como...
/	oposição
≡	congruência, homologia, correspondência
≢	não congruência, não homologia, não correspondência
=	identidade
≠	diferença
≈	isomorfismo
∪	união, reunião, conjunção
//	desunião, disjunção
⟶	se junta a...
⊬⟶	se separa de...
f	função
$x^{(-1)}$	x invertido
+ , −	estes sinais são utilizados com conotações variáveis em função do contexto: mais, menos; presença, ausência; primeiro, segundo termo de um par de oposições.

Bestiário

1. Jaguar/Onça

2. Suçuarana

Fontes
IHERING, R. von. *Dicionário dos animais do Brasil*. São Paulo, 1940: figuras 1, 2, 4 a 7, 11 a 13, 15, 17, 21 a 23, 25 a 40
VOGT, Carl. *Les Mammifères*. Paris, 1884: figuras 3, 8 a 10, 14, 16, 18 a 20, 24

4. Porco-do-mato (queixada)

3. Porco-do-mato (caititu)

5. Paca

6. Cutia

7. Rato

8. Capivara

9. Irara

10. Tamanduá

11. Quati

12. Tapir/Anta

13. Ratão-do-banhado

14. Preá

15. Tatu (tatu peludo)

16. Tatu

17. Tatu (tatuetê)

18. Tatu-canastra

19.Ariguê

20. Cangambá

21. Macaco-prego

22. Guariba (bugio)

23. Macaco-aranha

24. Preguiça

25. Garça

26. Tucano

27. Arara

28. Urubu

29. Pica-pau

30. Gavião-real (harpia)

31. Papagaio

32. Jaó

33. Ema

34. Mutum

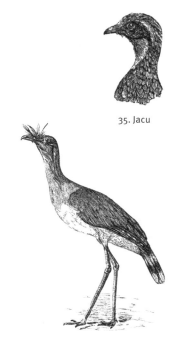

35. Jacu

36. Inhambu

37. Seriema

38. Veados

39. Jabuti

40. Piranha

Índice de mitos

Nas páginas indicadas em negrito encontra-se a descrição dos mitos; nas demais, referências a eles.

M1   Bororo: o xibae e iari, "as araras e seu ninho", 42, **71-3**, 91n, 95-6, 103, 106-7, 118, 140, 157, 159, 174, 185, 191, 193-5, 202, 208, 257, 260-1, 263n, 267, 269-71, 274, 276-7, 281-3, 286-7, 305, 309, 314, 322, 323n, 349, 357, 373, 386, 391, 405, 409

M2   Bororo: origem da água, dos ornamentos e dos ritos funerários, 81, **87-9**, 92, 95, 97, 99, 101, 103-7, 155, 170, 202, 279-83, 285, 359-60, 368, 391

M3   Bororo: após o dilúvio, **90**, 91-2, 368

M4   Mundurucu: o rapaz enclausurado, **98**, 153

M5   Bororo: origem das doenças, **101**, 103-7, 162, 170, 183, 191-3, 202, 248n, 326-7, 333, 339-40, 344, 351n, 357, 367-8, 373, 391

M6   Bororo: guerra contra os Kaiamodogue, **102n**

M7   Kayapó-Gorotire: origem do fogo, 42, **109-10**, 118, 121-3, 129, 157-8, 187, 189-92, 194-5, 241, 256, 259, 335, 373, 387n, 391, 405, 408

M8   Kayapó-Kubenkranken: origem do fogo, **111**, 113, 118-9, 121-3, 130-1, 135, 140, 146, 187, 192, 231, 240n, 255, 273, 408

M9   Apinayé: origem do fogo, **112-3**, 114, 118-9, 122-3, 163, 167, 191-3, 207-9, 211, 219, 222-3, 228, 233, 245, 255, 273, 276, 287, 350, 373

M9A   Apinayé: origem do fogo, **113**, 114-5, 122, 131

M10   Timbira orientais: origem do fogo, **115**, 118-20, 122-3, 191-4, 207-8, 223, 373

M11   Timbira orientais (grupo krahô): origem do fogo, **116**, 118-20, 122-3, 127, 196, 381

M12   Xerente: origem do fogo, **116**, 118-9, 121-4, 140, 157-8, 174, 187, 189-92, 194-5, 240-1, 256-7, 260-1, 267, 271-3, 281-2, 289, 335, 373, 391, 408

M13   Guarani-Mbyá: o ogro Charia, **119**, 163

M14   Ofaié: a esposa do jaguar, **128-9**, 130, 135, 139, 146, 180, 273

M15   Tenetehara: origem dos porcos-do-mato, **131**, 135, 143, 151, 154

M16   Mundurucu: origem dos porcos-do-mato, 98, **131-2**, 135, 142-6, 151-4, 170, 185, 273, 344

M17   Warrau: origem dos porcos-do-mato, **132n**, 152

M18   Kayapó-Kubenkranken: origem dos porcos-do-mato, **133**, 135, 137, 141, 143, 151-2, 154, 170, 185

M19   Cashinaua: origem dos porcos-do-mato, **139n**, 153

M20	Bororo: origem dos bens culturais, **141-2**, 143-6, 188, 262
M21	Bororo: origem dos porcos-do-mato, 139n, **143-4**, 145-6, 156n, 159-60
M22	Mataco: origem da onça, **149**, 157
M23	Toba-Pilaga: origem do tabaco, **149-50**, 155, 157
M24	Terena: origem do tabaco, **150**, 155, 157
M25	Kariri: origem dos porcos-do-mato e do tabaco, **151-2**, 154, 169
M26	Bororo: origem do tabaco (1), **155**, 156n, 159, 179
M27	Bororo: origem do tabaco (2), **156**, 156n, 157, 159, 214n, 262
M28	Warrau: origem das estrelas, **161-2**, 169-71, 173-4, 183, 188, 191, 273, 298n, 300, 340
M29	Xerente: origem das mulheres, 95n, **164**, 170-1, 192, 210, 222, 335-6
M30	Chamacoco: origem das mulheres, **165**, 170-1, 173, 192, 335-6
M31	Toba-Pilaga: origem das mulheres, **165**, 169-70, 183, 188, 192, 336
M32	Mataco: origem das mulheres, 95n, **167-8**, 169-70, 173, 183, 188, 192, 336
M33	Kadiwéu: origem da humanidade, **168**
M34	Bororo: origem das estrelas, 154, **168**, 169, 171, 173, 320-1, 324-5
M35	Bororo: a criança transformada em papagaio, **173**, 192
M36	Toba-Pilaga: origem dos animais, **174**, 180
M37	Mundurucu: o genro do jaguar, **174**, 180-1, 191, 198
M38	Mundurucu: o genro dos macacos, **175**, 188, 191
M39	Aruak da Guiana: o riso proibido, **175**
M40	Kayapó-Gorotire: origem do riso, **176**, 180, 188-9, 191
M41	Guarayo: o riso proibido, **176**, 180
M42	Tacana: o riso proibido, **177**
M43	Apinayé: a guerra contra os morcegos, **177**, 188
M44	Apinayé: a aldeia das mulheres, **177**
M45	Terena: origem da linguagem, **178**, 188-9, 192
M46	Bororo: a esposa do jaguar, 89n, **178**, 191, 193, 236
M47	Kalapalo: a esposa do jaguar, **178**, 236
M48	Guiana: o riso proibido, **178**, 191
M49	Mundurucu: a esposa da cobra, **179**, 191, 193
M50	Toba-Pilaga: a esposa da cobra, **179**, 191
M51	Tenetehara: a esposa da cobra, **179**
M52	Warrau: a esposa da cobra, **179**
M53	Tukuna: o genro do jaguar, 130, **180**, 181, 191, 193-4
M54	Tukuna: origem do fogo e das plantas cultivadas, **181**, 188, 237, 258
M55	Bororo: origem do fogo, 42, **182-3**, 185, 187n, 189-90, 192, 194, 202, 240n, 274, 323n
M56	Ofaié: origem do fogo, **184**, 185, 187n, 263n
M57	Kayapó: as duas irmãs, **185**
M58	Mundurucu: como as mulheres adquiriram uma vagina, 186, **356**
M59	Mataco: origem do fogo, **187n**

Índice de mitos

M60 Tukuna: visita aos macacos, **188**

M61 Cuna: origem do fogo, **196n**, 263n

M62 Kayuá: os donos do fogo, **197**, 257

M63 Tukuna: transformação do veado, **198**

M64 Apapocuva: origem do fogo, **198**

M65 Guarani-Mbyá: origem do fogo, 42, **198-9**, 298n

M66 Tembé: origem do fogo, **199**

M67 Shipaya: origem do fogo, **200**

M68 Guarayo: origem do fogo, **200**

M69 Taulipang: o chamado do espectro, **207n**

M70 Karajá: a vida breve (1), **208**, 209, 222, 224-5, 250n

M71 Timbira: o roceiro ferido, **211**, 280

M72 Krahô: a vida breve, **214**, 214n, 223, 241

M73 Timbira: os espíritos das águas, **214**, 245

M74 Jivaro:origem do mau cheiro, **214**

M75 Ofaié: origem da morte, **214**, 214n, 223, 357

M76 Shipaya: a vida breve, **215**, 223, 225

M77 Tenetehara: a vida breve (1), **215**, 216-7, 225

M78 Kadiwéu: a vida breve, **216**

M79 Tenetehara: a vida breve (2), **216**, 218-20, 223, 225

M80 Urubu: a vida breve, **217**

M81 Tukuna: a vida breve, **218**, 222-3

M82 Tukuna: a vida longa, **219**, 220-1, 225, 241, 297

M83 Bororo: a vida breve, **220n**

M84 Tukuna: a bebida da imortalidade, **220-1**

M85 Karajá: a vida breve (2), **222**, 224-5

M86 Amazônia: a vida breve, **223**, 225

M86A Amazônia: a vida breve, **223**

M86B Cashinaua: a vida breve, **223**

M87 Apinayé: origem das plantas cultivadas, **228**, 236, 245, 250n, 253, 333-4, 336, 378, 427

M87A Apinayé: origem das plantas cultivadas, **229**, 245

M88 Timbira: origem das plantas cultivadas, **229**, 245

M89 Krahô: origem das plantas cultivadas, **230**, 236, 245, 253, 258, 357n, 370, 428

M90 Kayapó-Gorotire: origem das plantas cultivadas, **231**, 245, 250n, 253, 255

M91 Kayapó-Kubenkranken: origem das plantas cultivadas (1), **231**, 253, 278, 283

M92 Kayapó-Kubenkranken: origem das plantas cultivadas (milho), **231**, 233, 235, 242, 245, 333-4, 336

M93 Xerente: o planeta Júpiter, 223, **232**, 233, 236, 247, 277, 332, 378, 380, 427

M93A Xerente: o marido da estrela, **232**

M94	Xerente: origem do milho, **232**, 253
M95	Xukuna: a filha da árvore umari, 193n, **236**, 238, 246, 253, 336, 418n
M95A	Urubu: a filha da árvore apuí, **246**, 336
M96	Tupinambá: a origem do sariguê, 201, **237**, 244
M97	Mundurucu: o sariguê e seus genros, **237**, 238, 274
M98	Tenetehara: o sariguê e seus genros, **237**, 274
M99	Vapidiana: o sariguê e seus genros, **237**
M100	Kayapó-Gorotire: o jaguar e a tartaruga, **239**, 242
M101	Mundurucu: o jaguar, o jacaré e a tartaruga, **240**, 241-3
M102	Tenetehara: a tartaruga e o sariguê, **241**
M103	Amazônia: o sariguê apaixonado, **243**
M104	Amazônia: as velhas transformadas em sariguês, **243-4**
M105	Tacana: origem do sariguê, **244**
M106	Aguaruna: a esposa celeste, **245**
M107	Choco: a esposa da lua, **247**, 339
M108	Xerente: a origem das plantas cultivadas, 233, **247**, 263n, 428
M109	Apapocuva: origem do sariguê, **248**
M109A	Guarani-Mbyá: origem da paca, **248n**
M109B	Guarani do Paraná: o filhote impaciente, **248n**
M109C	Mundurucu: infância de Karusakaibe, 153, **249**, 358n
M110	Karajá: origem das plantas cultivadas, **249**, 253, 290n, 378
M111	Mataco: a árvore dos alimentos, **251**
M112	Toba-Chamacoco: a esposa celeste, **251**
M113	Guiana: a vista do céu, **251**
M114	Guiana: a árvore da vida, **252**, 254, 353
M115	Vapidiana-Tarumá: a árvore da vida, **252**, 254
M116	Karib: origem das plantas cultivadas, **252**, 254, 353, 361
M117	Tukuna: origem dos cipós, 253, **361**
M118	Tupinambá: origem das plantas cultivadas **256**
M119	Kaiowá: os olhos do jaguar, 196n, **259**, 273
M120	Bororo: o fogo destruidor, **262**, 283, 334, 382
M120A	Bororo: o fogo destruidor, **262**
M121	Bororo: o fogo afogado (1), **263**
M122	Bororo: o fogo afogado (2), **263**
M123	Cora: origem do fogo, **263n**
M124	Xerente: história de Asaré, **268**, 269-72, 274, 276-7, 281-2, 286-7, 289, 290n, 292, 305, 314-5, 320, 334-7, 357, 380
M124A	Kaingang: origem do fogo, **276n**
M125	Kayapó: origem da chuva e da tempestade, **278**, 279-83, 285, 330, 359-60
M125A,B	Gorotire: origem da chuva e da tempestade, **278**, 279-80, 281n, 283, 285, 307

Índice de mitos

M126 Arekuna: gesta de Macunaíma, 193n, **279n**

M127 Bororo: origem da chuva leve, **283**, 284-6

M128 Bororo: origem dos peixes, **286**

M129A Tukuna: Orion (1), **297**

M129B Tukuna: Orion (2), **298**

M130 Kalina: a Cabeleira de Berenice, **308**, 309

M131A Mataco: origem das Plêiades, **320**

M131B Macuxi: origem das Plêiades, **321**

M132 Wyandot: origem das Plêiades, **322**

M133 Esquimó: as vísceras flutuantes, **322**

M134 Akawai (?): origem das Plêiades, 185, 309, **323**

M135 Taulipang: origem das Plêiades, 309, **324**

M136 Arekuna: Jilijoaibu (as Plêiades) mata a sogra, **324**

M137 Toba: origem das doenças, **330**

M138 Xerente: o planeta Vênus, 274, **332**, 333, 380

M139 Krahô: história da Autxepirire, 95n, **334-5**, 336

M140 Kayapó-Gorotire: origem das doenças, **341**, 342-3, 368

M141 Iroquês: a dança da águia, **342**, 343

M142 Apinayé: o pássaro assassino, **343**, 347n

M143 Mundurucu: origem do veneno de pesca, 132n, 273, **344**, 348-52, 355, 362, 363n, 365-7

M144 Vapidiana: origem do veneno de pesca, 249, **345**, 348, 350, 353, 355, 358n, 360, 362

M145 Arekuna: origem dos venenos de pesca Aza e Ineg, **345**, 347n, 348, 355, 358n, 359-60, 362, 364-8, 394, 397, 399, 401-2, 418

M146 Aruak: origem do veneno de pesca, **347**, 348

M146A Tukuna: o filho do timbó, **347**

M147 Amazônia: história de Amao, **348**

M148 Amazônia: o "sapo" de resina (1), **349**

M149 Amazônia: o "sapo" de resina (2), **349**

M149A Arekuna: o desaninhador de rãs, **349**

M150 Mundurucu: o tapir sedutor, 98, 145, **351**, 352, 355

M151 Tenetehara: o tapir sedutor, **352**

M152 Krahô: o tapir sedutor, **352**

M153 Kayapó-Kubenkranken: o tapir sedutor, **352**

M154 Kayapó-Gorotire: o tapir sedutor, **352**

M155 Tupari: o tapir sedutor, **352**

M156 Apinayé: o jacaré sedutor, **352**

M157 Mundurucu: origem da agricultura, **353**

M158 Ofaié: a anta sedutora, **353**, 355

M159 Ofaié: o tapir sedutor, **354**

M160	Cashibo: criação do homem, **355**
M161	Kachúyana: origem do curare, 253, **360-1**, 362-3, 403, 421
M162	Karib: origem das doenças e do veneno de pesca, **367**, 400-3
M163	Jê centrais e orientais: o fogo destruidor, 274, **381-2**
M164	Krahô: a longa noite, **383**
M165	Esquimó (Estreito de Bering): origem do sol e da lua, **387**
M166	Ingalik: origem do sol e da lua, **388**
M167	Mono: origem do sol e da lua, **388**
M168	Esquimó: origem do sol e da lua, **388**
M169	Chiriguano: a longa noite, **390**
M170	Tsimshian: história de Nalq, **392-3**, 397, 404
M171	Kadiwéu : a cor dos pássaros, 290n, **393**, 397, 404, 406, 419
M172	Aruak: a cor dos pássaros, **395**, 397, 401, 405-6, 412
M173	Vilela: a cor dos pássaros, 327, **396**, 404, 406, 414
M174	Toba: a cor dos pássaros, **397**, 398, 405-6
M175	Mataco: a cor dos pássaros, **398**, 399-403, 406
M176	Aruak da Guiana: o espírito das águas, **401n**
M177	Karajá: as flechas mágicas, **402**
M178	Shipaya: a cor dos pássaros, **405**, 406
M179	Parintintin: a cor dos pássaros, **406-7**, 408, 410, 412
M180	Mundurucu: a cor dos pássaros, **411**
M181	Tukuna: origem da pintura policromática, **416**
M182	Tukuna: origem da proibição relativa a instrumentos musicais, **416**
M183	Amazônia (lago de Tefé): origem da cerâmica pintada, **417**
M184	Amazônia: os sinais do dilúvio, **420**
M185	Munducuru: a organização por cores, **420**
M186	Guiana: a cor dos pássaros, **420**
M187	Amazônia: vista do céu, **421**

Por tribo

Aguaruna M106
Akawai (?) M134
Amazônia (tribos da –, não identificadas) M86, 86A, 103, 104, 147, 148, 149, 183, 184, 187
Apapocuva M64, 109
Apinayé M9, 9A, 43, 87, 87A, 142, 156, 163
Arekuna M126, 136, 145, 149A
Aruak, Aruak (Guiana) M39, 146, 172, 176
Ashluslay M111

Índice de mitos

Bakairi M120A

Bororo M1, 2, 3, 5, 6, 20, 21, 26, 27, 34, 35, 46, 55, 83, 120, 121, 122, 128

Cashibo M160

Cashinaua M19, 86B

Chamacoco M30, 112

Chiriguano M169

Choco M107

Cora M123

Cuna M61

Esquimó (América do Norte) M133, 165, 168

Gorotire *ver* Kayapó

Guarani (do Paraná) M109B *ver* Mbyá

Guarayo M41, 68

Guiana (tribos da –, não identificadas) M48, 113, 114, 186

Ingalik (América do Norte) M166

Iroquês (América do Norte) M141

Jê *ver* Apinayé, Kayapó, Krahô, Xerente, Timbira

Jivaro M74

Kachúyana M161

Kadiwéu M33, 78, 171

Kaingang M124A

Kalapalo M47

Kalina M130 *ver* Karib

Karajá M70, 85, 110, 177

Karib (Guiana) M116, 162 *ver* Kalina

Kariri M25

Kaiowá M62, 119

Kayapó M7, 8, 18, 40, 57, 90, 91, 92, 100, 125, 125A, 125B, 140, 153, 154

Krahô M11, 72, 89, 139, 152, 163, 164 *ver* Timbira

Kubenkranken *ver* Kayapó

Macuxi M131B

Mataco M22, 32, 59, 111, 131A, 174, 175

Mbyá-Guarani M13, 65, 109A

Mono (América do Norte) M167

Mundurucu M4, 16, 37, 38, 49, 58, 97, 101, 109C, 143, 150, 157, 180, 185

Ofaié M14, 56, 75, 158, 159

Parintintin M179

Pilaga *ver* Toba-Pilaga

Shipaya M67, 76, 178

Tacana M42, 105

Tarumá M115
Taulipang M69, 135
Tembé M66
Tenetehara M15, 51, 77, 79, 98, 102, 151
Terena M24, 45
Timbira M10, 71, 73, 88, 163 *ver* Krahô
Toba-Pilaga M23, 31, 36, 50, 112, 137, 174, 175
Tsimshian (América do Norte) M170
Tukuna M53, 54, 60, 63, 81, 82, 84, 95, 117, 129A, 129B, 146A, 181, 182
Tupari M155
Tupinambá M96, 118
Urubu M80, 95A
Vapidiana M99, 115, 144
Vilela M173
Wapixana *ver* Vapidiana
Warrau M17, 28, 52
Wyandot (América do Norte) M132
Xerente M12, 29, 93, 93A, 94, 108, 124, 138

Índice de figuras

pp. 74-5 Localização das principais tribos citadas [1]

p. 77 Esquema teórico da aldeia bororo (cf. Albisetti, 1948) [2]

p. 78 Esquema teórico da aldeia bororo (esquema modificado a partir de *EB*, v. 1, p. 436) [3]

p. 95 Três exemplos de passagem mítica da quantidade contínua à quantidade discreta [4]

p. 138 Relação entre mitos kayapó e mitos mundurucu [5]

p. 148 Mitos de culinária (alimento cozido) e mitos de carne (alimento cru) [6]

p. 158 Mitos de carne, de fogo e de tabaco [7]

p. 264 Integração dos mitos bororo e dos mitos jê relativos à origem do fogo ou das plantas cultivadas [8]

p. 293 Regime pluvial na América tropical (cf. P. Gourou, *Atlas classique*, v. ii. Paris: Hachette, 1956) [9]

p. 294 A constelação das Plêiades [10]

p. 295 A constelação de Orion [11]

p. 299 Jogo de barbante dos índios Toba, representando a constelação das Plêiades (cf. Lehmann-Nitsche, 1924-5a, p. 183) [12]

p. 299 A constelação de Orion, segundo os índios Toba (segundo Lehmann-Nitsche 1923b, p. 278) [13]

p. 300 Pintura australiana sobre casca dos indígenas de Groote Eylandt, representando as Plêiades (no alto) e Órion (embaixo) (cf. *Australia. Aboriginal Paintings-Arnhem Land*. New York Graphic Society-Unesco, 1954). [14]

pp. 310-1 O céu equatorial (segundo K. G., 1905) [15]

p. 313 O movimento de Orion no Velho Mundo comparado ao do Corvo no Novo Mundo [16]

p. 316 Posição respectiva de Orion e do Corvo nos mitos do Velho e do Novo Mundo [17]

p. 337 Sistema dos mitos relativos à encarnação de uma estrela [18]

p. 421 Uma "página de escrita" de um índio nambikwara (cf. Lévi-Strauss 1955, pp. 314-5) [19]

p. 433 Conotação cosmológica e sociológica dos estados de corrupção e de cozimento [20]

Salvo indicação em contrário, todas as ilustrações foram executadas no Laboratório de Cartografia da École Pratique des Hautes Études (Sciences Économiques et Sociales), sob a direção de Jacques Bertin.

Para esta edição, as figuras foram redesenhadas por Anna Ferrari.

Índice remissivo

Para as tribos citadas com mais frequência, veja-se o índice de mitos, segunda parte ("Por tribo"). Os nomes de pessoas no índice abaixo remetem aos autores citados ou discutidos no texto, excetuando-se as referências etnográficas, que, sendo tantas vezes repetidas, julgamos iriam alongar inutilmente o índice, complicando a consulta em vez de simplificá-la.

abelha, 175, 208, 296-7, 398, 403

abóbora, 230

abotoado (peixe), 156

Acridium cristatum ver gafanhoto

acuri (palmeira), 76, 160

águas (classificação), 283, 285, 301-17

águia, 89n, 173, 200, 341-2, 361n, 406, 412; águia "rapina", 411; águia *tawato*, 411; águia-real, 411

Alabama, 275

Alasca, 297n, 322, 326

Alcedo sp ver martim-pescador

Aldebarã (constelação), 296, 300

Alembert, J. D', 244, 375

algodão, 85, 111, 119, 120n, 131, 142, 155, 189, 231, 255, 380

aliança, 83, 100, 113-4, 128, 135, 138, 140, 143, 147-8, 152, 154, 163, 222, 246, 377, 384, 406, 424

Alouatta sp ver guariba

ameixeira selvagem (*prunier sauvage*), 254

amendoim (*Arachys hypogea*), 230

América do Norte, 28, 37, 86, 119, 198-9, 212n, 214n, 236, 243, 269n, 271, 297n, 298, 322n, 327, 331n, 336n, 378, 382, 386n, 428

amieiro (árvore), 426

Amuesha, índios, 271

análise estrutural *ver* estruturalismo

anonácea, 156n

anta, 76, 111, 113, 118, 219, 297, 345, 348, 353, 359-60, 362, 405; *ver também* tapir

Antilhas, 434

aoróro, aróro (larva de lepidóptero), 420

Apache, índios, *ver* Jicarilla, Mescalero

api, appi (árvore), 73, 86

apiaká, 132n

apuí, apoi (planta parasita, *Ficus gen.*), 246n

Aquila ver águia

aranha, 217-8, 344, 371

arão aquático, 244

arara, 71-2, 85, 109, 111-2, 115-6, 121, 141-2, 231, 349-50, 394, 396, 407, 412

arco-íris, 223, 326, 328-31, 341, 346, 367-8, 370, 388, 396, 401-4, 413-4, 416-7, 419, 422

Ardea brasiliensis ver socó

argila (de cerâmica), 328-9, 411, 416-7

Argo (constelação), 304

Arikena, índios, 221

ariranha, 143, 146, 156n, 160

Aristóteles, 369

armação, 282

aroeira (árvore), 113, 119, 212

aróro *ver* aoróro

arroz, 230

Arua, índios, 94n

Ashluslay, índios, 157, 199, 251

Ásia, 387

Astecas, 296

Astrocaryum tucuma ver tucum

astronomia, 305, 314

Astur sp ver águia "tawato"

Atabaca, índios, 390

Atenas, 313

Attalea speciosa ver acuri

Austrália, 323n, 423

babaçu (palmeira), 81, 84

bacaba (palmeira), 230, 232

baixo, alto (oposição), 163, 169-70, 172, 178, 193, 231, 272, 314, 404, 406, 428, 430, 436, 438-40

Bakairi, índios, 199, 210n, 262, 294

488 *O cru e o cozido*

bambu, 168, 220n

banana, bananeira, 231, 324, 353, 355, 434

Baré, índios, 390n

barro *ver* argila

Bastide, Roger, 40n

batata, 86, 230, 298n, 368, 401n; batata vermelha, 401n

batata-doce, 228, 401

Baudelaire, Charles, 59

bebidas fermentadas, 120n, 220, 221, 401n

Benveniste, Émile, 51

Berenice (Cabeleira de), 308-9

Berg, A., 64

Berlioz, J., 284

bicho-do-pé (parasita), 193n

biguá, 395

bioquímica, 319

Bixa orellana ver urucum

bobotóri *ver* pogodóri

Bororo, índios (organização social), 73-87, 136, 139n, 140

Botocudo, índios, 199, 275

Boulez, Pierre, 56

Bowdichia virgilioides ver api

Brett, William H. (discutido), 252n

breu-branco (árvore), 349

bugio, 76, 184, 362; *ver também* guariba

bunia (pássaro), 252-3, 275, 356n

cabaças, 76, 334, 368, 390, 417

cabrito, 200

caçula (casamento do), 426, 431

Caddo, índios, 382

cágado *ver* jabuti

Caiman niger ver jacaré

caititu, 72, 111, 113, 119, 123, 129-31, 133, 135, 145-6, 180, 185-7, 273, 395, 408

caju, 286, 353

Caladium bicolor (arácea), 419

Caluromys philander ver sariguê

cana-de-açúcar, 353

cancã (pássaro), 284

cangambá (mustelídeo), 214n, 239, 243, 244n, 269, 277, 331n, 357, 358n, 383, 418n

cão/ cachorro, 120n, 244, 339, 345, 363

capivara, 186n, 214n, 394

Caprimulgus sp ver curiango

cará (tubérculo), 86, 353

caraguatá (bromeliácea), 150

caranguejo, 160, 334

Cariama cristata ver seriema

Carolinas (ilhas), 306

carrapato, 237, 244-5, 345, 363

Caryocar sp ver pequi

Cassicus cela ver japim

Catawba, índios, 243, 245

Cathartes urubu ver urubu

catita (sariguê pequeno), 235

Cavia aperea ver preá

cavídeos ver preá

cebola, 432, 434

Cebus sp ver macaco-prego

cegonha, 296, 299

cerâmica, 118, 328-9, 415-6

Cerchneis sparverios eidos ver águia "rapina"

Cercomys ver rato

cereais, 434

cerrado, 250n, 258

cervídeo *ver* veado

Chané, índios, 390n

charivari, 375-7, 384, 391-2, 404, 423, 425-6, 436-7

Chayma, índios, 296

Cherokee, índios, 239, 243, 275

chinesa (caligrafia), 52-3

Chorisia insignis (árvore), 150

Choroti, índios, 199

chuca, 315

chuvas, 89, 195, 197, 231, 263n, 269-70, 277, 283-92, 296, 301, 303, 305-8, 309-16, 322, 324, 326, 373, 379, 381, 385, 391, 397, 409

Cichla ocellaris ver tucunaré

Ciconia maguari ver cegonha

cigarra, 259, 286

cinadatáo *ver* cancã

cipó, 72, 89, 99, 101n, 106, 168, 219, 240, 253, 275, 339, 344, 347, 361-2, 394, 422; cipó ambé, cipó guembé, 253n

Claucidium ver coruja

Clusia grandifolia ver kofa

cobaia, 185, 187n

cobra, 150, 155, 159, 179, 214n, 216-7, 219, 223, 235, 245, 299, 311, 316, 327, 328n, 331, 344-6, 348, 363, 394-5, 401, 403, 405, 417, 418n, 420; cobra-d'água, 217, 315, 395

código (definição), 267, 282, 319, 324, 326, 410

códigos (sensíveis), 213-26, 227-8, 319, 355, 369, 389, 420

Índice remissivo

coelho, 165, 239, 259, 271n
Coelogenys paca ver paca
coiote, 434
colares, 86, 141, 150, 396, 414-5
coleóptero aquático, 214n
colibri, 71, 86, 168, 237, 263n, 272-6
Colômbia, 147n, 252, 339
Colymbus sp ver mergulhão
comadreja *ver* sariguê
concreta (música), 54-6
Conepatus chilensis ver cangambá
constelações, 80, 164, 169, 171, 273, 289-90,
    293-314, 315, 320, 322, 324
contínuo, descontínuo, 62, 92, 94, 221, 298,
    300
convulsões, 342
Coos, índios, 86
Coragyps atratus foetens ver urubu
cores *ver* policromia
coruja, 147n, 396
Corvo (constelação), 80, 303-5, 307-11, 322,
    324
Costa Rica, 250n
Couma utilis ver sorveira
cracídeo *ver* galináceo
Crax sp ver mutum
Creek, índios, 239, 243, 275
crescentia *ver* cabaça
cromatismo, 331n, 369-70, 389, 414, 415n,
    417-9
cru/ cozido (categorias), 27, 139, 148, 202, 221,
    234, 242, 258, 271, 329, 432, 436
Crypturus strigulosus ver inhambu-relógio,
    jaó
cujubim (pássaro), 274n, 394n
culinária (lugar no pensamento indígena),
    107-8, 227, 378, 434
cultura e sociedade, 41, 233
cultura, natureza (oposição), 47, 51-3, 58, 62,
    143, 183, 188-9, 202, 212, 228, 233, 255, 263,
    330, 355-6, 362-4, 366, 368, 370, 413, 432, 436
cunauaru, 349-50, 403n; *ver também* sapo; rã
cunhado, 84, 109, 111-6, 121-3, 129, 132n, 135,
    139, 141-3, 145, 147-8, 152, 161, 230, 233, 236,
    238, 245, 247, 289, 357n, 374, 386, 406, 410
cupiúba (árvore), 175
curare, 360, 403, 416, 422
curiango, 181
curto, longo (oposição), 133, 184

curupira, 349
cutia, 73, 86, 184-5, 186n, 252, 254, 323, 394

Dahlstedtia (planta tóxica), 339
Dasyprocta ver cutia
Dasypus tricinctus ver tatu-bola
Debussy, C., 64
decorativa (arte), 58
Delaware, índios, 331n
diacronia, sincronia, 46, 134, 254, 300
diatônico, 369
Dicotyles labiatus ver queixada
Dicotyles torquatus ver caititu
Didelphys (gen.) *ver* sariguê
Diderot, D., 244, 375
Dionísio, 315
dioscoreáceas *ver* batata vermelha, cará,
    pogodóri
discreta (quantidade) *ver* contínuo, descon-
    tínuo; intervalos
doença *ver* epidemia
doninha, 236n, 418n
Dumézil, Georges, 45n, 385n
Durkheim, Émile, 32

Eciton sp ver formiga
eclipse, 375-7, 383, 386-90, 404-5, 425
Egito, 415n
Eliano, 315
ema, 177n, 334
enganador, 132, 137, 141, 152, 184, 236, 246n,
    257, 398-400, 402, 418n, 429
enguia, 326
epidemia, 101, 103-5, 192, 202, 248n, 326, 328-
    30, 333, 341-2, 367, 388-9, 413-4
equinócios (precessão dos), 302, 310
escaravelho, 299, 418n
Escorpião (constelação), 307, 311, 322
escrita, 52, 65, 391, 420, 423, 425
esquilo, 252
Esquimós, 297n, 300n, 322-3, 326, 387-8, 390n
estojo peniano, 68, 81, 83-5, 97, 352
estruturalismo, 36-7, 45, 53, 60, 65, 147, 205,
    255, 298n, 399
etimologia e sentido, 134, 255, 271
Europa, 384, 392, 426, 435

falcão, 142, 219, 221
febre, 103, 341

490   *O cru e o cozido*

feijão, 353
Felis concolor ver suçuarana
Felis onça ver jaguar
filiação, 80, 93, 114, 117, 128, 140, 152, 154-5, 197, 374
Filipinas, 434
filosofia, 37, 89, 127, 216, 228, 244, 364
Firth, Raymond, 95
Florian, J. P. Claris de, 227
formiga, 91n, 151, 162, 181, 219, 237, 258-9, 344
Franklin, Alfred, 384
fresco (categoria), 27, 202, 221, 264, 270, 298n

gafanhoto, 72, 86, 239, 272, 274, 276, 383
galináceo *ver* cujubim, galinha-d'água, inhambu, jacu, jaó, macuco, mutum, perdiz
galinha-d'água, 117-8, 121
galinha-do-bugre *ver* cancã
garça, 85, 87, 142, 296, 306, 341-3, 394, 407, 411; garça-real *ver* socó
Garça Voadora (constelação), 306, 311
gavião, 85, 142, 166-7, 335, 406, 408, 422; gavião pega-macaco/ gavião-real, 361, 406
genro, 113-4, 162, 175, 180, 237, 242n, 274, 308, 324
geométricas (formas), 51
Goeje, C. H. de (discutido), 350n
Goupia glabra ver cupiúba
gralha, 315; azul, 76
Granet, Marcel, 45n
Grécia, 315
Grégoire, Henri, 45n
grou, 275
Grypturus, crypturus ver jaó
Guarayo, índios, 176, 199
guariba, 175, 360-1, 403

Hanunóo, índios, 434
Havaí (ilhas), 389n
hemíptero *ver* "sunbee"
Hervey (ilhas), 322
Híadas, 162, 171, 299-300, 311, 321n
Hidatsa, índios, 298
Hidra (constelação), 315
himenóptero *ver* vespa;"sunbee"
história, 27, 36, 39, 42, 205, 298
Hitchiti, índios, 243, 275
Honduras, 434

Hopi, índios, 296
Hoplias malabarikus ver pataka
Huxley, Francis (discutido), 192, 216, 238, 386n
Hydrocherus capibara ver capivara
Hyla venulosa ver cunauaru
Hymenea courbaril ver jatobá
Hypomorphnus urubitinga ver águia *tawato*

icterídeo *ver* bunia, japim
iguana, 166-7, 173, 179, 196n, 263n
imiri (peixe), 401n
imortalidade, 215, 218-2, 224
inajá (palmeira), 356n
incesto, 87, 96-7, 104-6, 127, 194, 271, 374, 386, 388-9, 391, 405
infraestrutura, 325, 427
ingá (árvore), 353
Ingalik, índios, 388, 390n
inhambu, 129, 132, 259, 269, 273-4, 344; inhambu-relógio, 274n
inhame, 228, 230
intervalos, 47, 58, 61, 94, 368-70, 389, 413-4, 420, 423, 440
inumação, 97, 121, 261
Ipurina índios, 298
irara, 236n
Iriartella setigera ver paxiubinha
Iroquês, índios, 96, 341-3, 428
iwapui *ver* apuí

jabiru *ver* tuyuyu
jabuti, 80, 303-4, 452
jacamim (pássaro), 284
jacaré, 117, 124, 177, 239-41, 257, 268-71, 273, 275-6, 316, 334-5, 351, 357, 416
jacu, 113, 117-9, 394, 407
jaguar/ onça, 42, 80, 86, 109-24, 127, 129-30, 135, 139, 143, 147-8, 152, 157-60, 163, 174-5, 177, 180-90, 194-202, 207, 222-3, 231, 239-40, 242-3, 255, 257-8, 260, 271, 273, 276n, 303, 311, 335-6, 365n, 373, 387, 408, 420
Jakobson, Roman, 63, 438
jaó, 113, 118-9, 129
japim, 253n
japu *ver* bunia
japuíra, 87
jaratataca *ver* cangambá
jatobá, 80, 88, 99, 106, 110, 112, 182, 269

Índice remissivo

Jemez, índios, 425
jenipapo, 278, 281, 405
Jicarilla, índios, 271, 382
Jivaro, índios, 214, 378n, 397
junguismo, 96
Júpiter, 232, 332, 380
Jurimagua, índios, 418n
juriti, 72

Kaingang, índios, 201n, 207n, 256n, 275, 355
Kaiowá, índios, 196n, 197, 244, 253n, 257, 259, 341
Kalapuya, índios, 86
kantismo, 39-40, 402
Kathlamet, índios, 86
Klamath, índios, 96
Koasati, índios, 238-9, 275
kofa (planta), 253
Kumanagoto, índios, 296
Kwakiutl, índios, 380

lagarto/ lagartixa, 72-3, 86, 106, 167, 196n, 200, 222n, 223, 257, 268, 270-1, 417
lagenaria ver cabaças
lapões, 425
larva, 76, 78, 115, 178, 209n, 420
leite, 248, 263n, 356, 428
Leptoptila sp ver juriti; pomba
léxico, 80, 282, 305, 319, 326
liana ver cipó
lied, 58
linguagem, linguístico, 35, 40-1, 45, 49-65, 129, 178, 188-9, 192, 206, 209n, 221, 238, 319, 369, 396, 413, 430, 434-5, 437, 439-40
Lipkind, William (discutido), 96
lírio-d'água, 120, 323n
Littré, E., 370
lobo, 178, 243, 376, 382n
Lolaca, índios, 390
lontra, 156n, 160, 214n, 237, 263, 311; ver também ariranha
Lucrécio, 50n
Lythraea sp ver aroeira

macaco, 86, 175, 180, 182-90, 194, 202, 231, 240, 269, 272, 274, 276, 344, 351-2, 360-1, 363n, 395, 403, 416, 422; macaco- prego, 352
macaxeira ver mandioca
macuco, 129, 259

madeira viva, madeira morta, 209-10
mãe-de-lua ver curiango
maguari ver cegonha
Maias, 418n, 425
Malinowski, Bronislaw, 63
Mallarmé, S., 48n
mammori ver gafanhoto
Mandan, índios, 298, 380, 428
mandioca, 120, 181, 215, 230, 247, 249, 256, 263n, 290n, 292, 296, 330, 353, 363, 401n
maritataca ver cangambá
Marmosa pusilla ver catita
Marquesas (ilhas), 306
Marsupialia ver sariguê
Marte, 380
martim-pescador, 394
matemática, 65
Maximiliana regia ver inajá
mel, 141-2, 150, 208, 224, 320
Menomini, índios, 198
mensagem (definição), 267, 269, 282, 402, 429
Mephitis mephitica, suffocans ver cangambá
mergulhão, 334, 346
Mescalero, índios, 382
metáfora, 54, 250, 426, 437, 440
metodologia, 27-66, 90, 96, 98, 133, 146-8, 159, 163-4, 171, 205-6, 234, 251, 255, 267, 282-3, 297, 305, 319-20, 335, 399-403, 434-41
México, 242n, 375, 390n, 418n
Micmac, índios, 425
Microdactylus cristatus ver seriema
milho, 155, 168, 182, 228-32, 245, 249, 250n, 253, 256n, 290n, 353, 355, 384-5
mocho, 157
Modoc, índios, 96
Mojos, índios, 296
Montagnais-Naskapi, índios, 380
Montaigne, M., 418n
morcego, 147n, 176-7, 188
moro-moro ver abelha
Morphnus guianensis ver gavião-real
mosca, 240, 242, 332
mosquito/ pernilongo, 383
mucura ver sariguê
Mura, índios, 132n, 328
mureru brava (planta aquática), 324
música, 44-66, 369
mutismo e surdez, 168, 170, 173, 373-4, 424

mutum, 117-9, 121, 129, 274n, 394, 407, 411
Mycteria mycteria ver tuyuyu
Mymecophaga jubata ver tamanduá
Myopsitta monachus ver periquito

Nasua socialis ver quati
Natchez, índios, 239, 275, 390n
náusea, 384
Navaho, índios, 323
nhambu ver inhambu
Nicotiana ver tabaco
Nimuendaju, Curt (discutido), 114, 119-20, 277, 289, 380, 407, 417
noite, 217, 327, 383, 388, 390

Oayana, índios, 340n
oazabaka (pássaro), 394
Oceania, 424
Oenocarpus bacaba ver bacaba
Ojibwa, índios, 41n, 92-4
onça ver jaguar
onomatopeia, 284, 438
opossum ver sariguê
Orbignia sp ver babaçu
Orion, 162, 171, 289-90, 293-307, 311-7, 380
Ormosia ver api
Ostinops sp ver bunia
Ovídio, 236n

paca, 129, 185-6, 248n, 394
Pacífico (oceano), 306, 392
pacu, 311
Palikur, índios, 292, 306
Panamá, 196n, 252n, 263n
papagaio, 149, 150, 157, 166-8, 172-3, 296, 394-5, 407-8, 412
Pareci, índios, 256n
pássaros (canto dos), 50n, 54
pataka (peixe), 308
Paullinia (planta), 339
Pavão (constelação), 304
Pawnee, índios, 331n, 380
paxiubinha (palmeira), 247
Pecker, J. C., 307n, 312
Penelope sp ver cujubim
pênis (longo), 165, 215, 217, 234, 236, 238, 334, 350-6, 386n, 398, 403
pensamento mítico, 32-3, 40, 163, 174, 224, 256, 320, 325, 380, 392, 423, 428, 438-40

pensamento objetivado, 37-43
pequi, 144
Peramis domestica ver catita
percevejo, 237; percevejo-d'água, 214
perdiz, 268, 272, 274, 276; ver também inhambu
periodicidade, 46-7, 218, 220n, 250, 254, 319, 397
periquito, 407
Peru, 271, 339, 375
pesca com veneno ver veneno
Phalacrocorax brasilianus ver biguá
Philodendron sp ver cipó ambé
pica-pau, 268, 272, 274, 276n, 381-2, 398, 411
pikia ver pequi
Pima, índios, 275n
pimenta, comida apimentada, 181, 193
pintura, 45, 49-51, 53-4, 57, 369, 416-7, 418n
pinturas rupestres, 177, 189
pipira (pássaro), 411
piranha, 86, 286, 311, 322, 324, 374
píton (cobra), 179
Platão, 369
Plêiades, 162, 171, 219-20, 269, 289-93, 292n, 296-8, 297n, 300-1, 306, 309, 311, 319-25, 322n
Plínio, 303
Plutarco, 236n, 371, 389, 416n
Pocomchi, índios, 425
podre (categoria), 27, 202, 209-10, 215, 221, 232, 234, 241, 243, 258, 264, 331, 336, 383, 385, 409n, 435-6
poesia, 49, 52
pogodóri (tubérculo), 86
policromia, 86, 393-419
Polinésia, 306, 322
Polyburus plancus ver falcão
pomba, 86, 166, 311, 332, 396; ver também juriti
Popol-Vuh, 242n, 398n
Poraqueiba sericea ver umari
porco-do-mato, 98, 119, 131, 132n, 133, 137, 139-40, 142-4, 146, 148, 151-4, 158-60, 169, 186-7, 222, 246, 278, 280, 284-5, 348; ver também caititu, queixada
preá (roedor), 182-9, 235
preguiça, 286, 406, 408, 409n
primogênito, 434
Priodontes giganteus ver tatu-canastra

Índice remissivo 493

Protium heptaphyllum ver breu-branco
prova (do sariguê), 250, 358
Psophia crepitans ver jacamim
Pteroneura brasiliensis ver ariranha
Pukapuka, ilha no Pacífico, 306

quati, 113
queimado (categoria), 27, 243, 264, 298n, 383, 385, 409n, 435, 437
Queiroz, M. I. (discutida), 380
queixada, 113, 119, 128, 130, 133, 135, 139, 146, 147n, 160, 185-7, 395; *ver também* porco-do-mato
Quiché, índios, 390n

rã, 228, 237, 344, 349-50, 362, 403
rábano, 432
rabo, 186, 242, 245, 259, 344, 411
raia, 347
Rameau, J., 53
rapaz enclausurado, 102, 105, 273
raposa, 235, 236n, 237, 330, 345, 358n, 382n, 398
rato, 186, 231-2, 235, 252, 271n
Ravel, M., 64
reduplicação, 438
Ricoeur, P., 40
Rigel, 299, 304, 311
rir, riso, 141, 146, 161, 164, 170, 174-81, 188-9, 191, 193, 236, 275, 407-8
rito (e mito), 98, 217, 380-1, 423, 426
Rivière, G. H., 377
roedor *ver* coelho, capivara, cutia, paca, preá, rato
"Roman de Renard", 382n
Rousseau, J.-J., 289, 369
rouxinol, 394
ruído, 71, 193, 208-9, 213, 222, 278, 321, 348, 373, 375-7, 381, 383-4, 386, 388, 391-2, 404, 409, 422, 424-6, 436, 438

Sahaptin, índios, 390n
Saint-Victor, H. de, 384
salesianos (padres), 34, 77, 82, 87, 303
sangue, 104, 150, 155, 179, 211, 230, 278, 280, 347, 390, 393, 397-8, 405, 407, 411, 428
sapo, 115, 118-9, 132, 151, 177n, 178, 186n, 199-200, 222, 259, 349
sariguê /sarigueia, 33n, 227-9, 231, 233, 235-9, 241, 242n, 243-8, 250, 252-5, 258, 263n, 274, 292n, 330-1, 333, 356-8, 362, 370, 383, 415n, 418n, 421

Schinus molle, terebenthifolius ver aroeira
Schoenberg, A., 53, 64
Sciadeichtys ver imiri
seca, 103n, 131, 210, 251, 257, 261-2, 277, 285-6, 289-92, 301, 307-9, 312, 314-5, 324-5, 378, 380, 383, 397, 409n
serial (música), 55-8, 60
seriema, 164, 208-9, 222, 250n
serjania (planta tóxica), 339
Serrano, índios, 390
Serrasalmus gen ver piranha
Shipaya, índios, 132n, 199, 215, 223, 237, 326n, 405
Shucuru, índios, 209
silêncio *ver* mutismo e surdez
sinédoque, 437
sintaxe, 35, 55, 58, 142, 325, 430
socó (garça-real), 394
Sol e Lua, 258, 262-3, 381-3
sons musicais, 47, 50-1, 53, 55, 61
sorveira (planta), 179
Spitzaetus ver gavião
Spitzer, L. (discutido), 384
Stravinski, I., 64, 413
suçuarana, 164, 222
sucupira (leguminosa), 86
sucuri, sucuriú, 155, 326
sujeira, 102n, 104, 106, 112, 245, 247, 275, 280, 333, 344, 347, 350-1, 354, 356, 362, 398
"sunbee", 386n
Surara, índios, 275
surucua-hú (pássaro), 407

tabaco, 86, 132, 149-60, 214n, 216, 275, 342n
taça, 315, 380
Tacana, índios, 177-8, 244-8, 350, 353, 356, 390n, 409n
Tácito, 375
taiaçu *ver* queixada
Talamanca, índios, 250n
Tamanako, índios, 296
tamanduá, 132, 258, 260, 395
tangará-hu (pássaro), 407
tapieté, 199
tapir, 118, 184, 199, 220, 244, 252, 254, 278-80, 298n, 300, 321, 350-2, 354-5, 358-60, 364, 365n, 394; *ver também* anta
Tarahumara, índios, 433-4
taro, 306

tartaruga, 219, 221, 239-41, 243, 297, 304, 306, 411
tatu, 88, 101, 107, 129, 137, 166, 170, 184, 242n,
    311, 356, 405; tatu-bola, 88; tatu-bola-do-
    -campo, 88; tatu-canastra, 76, 88, 90;
    tatu-liso, 88; tatu-peba, 88
Tayassu pecari ver queixada
Tayassu tacaju ver caititu
Tayra sp ver irara
Te Manu (pássaro), 306
Telescópio (constelação), 297n, 304
Tembé, 199, 237, 336n, 390n
tephrosia (planta tóxica), 339
Terena, índios, 150, 155, 158, 178, 192, 199
Tewa, índios, 296
Thrasaetus harpya ver gavião-real
Tikopia, 92-4
timbó *ver* veneno de pesca
timbu *ver* sariguê
tinamídeo *ver* galináceo
Tinamus sp., 162, 269
tingui *ver* veneno de pesca
Tito Lívio, 375
tomate, 434
trevo, 432
Tristão e Isolda, 370
tubarão, 162
tubérculos, 72, 298n, 434
tucano, 85, 394, 411
tucum (palmeira), 141, 268, 290
tucunaré, 242
Tunebo, índios, 186n
Tupari, 350-1, 355
tuyuyu (pássaro), 346, 366
Tylor, E. B., 39n

umari (árvore), 247
Umotina, índios, 290n
ungulados *ver* caititu, javali, porco-do-mato,
    queixada
urina, 111, 196n, 216, 241, 244-5, 253, 263, 416
Uroleca cristatella ver gralha-azul
Ursa Maior, 299, 304, 307
urso, 323

urtiga, 432
urubu, 42, 72, 86, 117, 165, 173, 198-202, 244-5,
    251, 255, 270-1, 273, 298n, 306, 334-5, 349,
    356, 361n, 374, 421-2; urubu-rei, 87, 199, 222,
    334, 361
Urubu, índios, 216-7, 237, 241, 246, 250n, 299
urucum, 81, 85, 102n, 142, 278, 417
urutau *ver* curiango

vagina dentada, 166-7
veado, 73, 86, 87, 111, 118, 147n, 165, 174, 181,
    197, 243, 322, 334, 394, 433
vegetais (classificação), 99, 106
veneno (de caça e de pesca), 344-5, 347, 350,
    353, 356, 360-4, 367-8, 370, 394, 400-1, 403,
    413, 421-3
Vênus, 307n, 332n, 333, 349, 380
vermes, 116, 199, 201, 219, 221, 234, 251, 322,
    347, 355, 383, 408, 421, 437
Vernant, J.-P., 314-5
vespa, 175, 311, 379, 386n, 398, 403, 408n
Via-Láctea, 311, 327, 331n, 388
Virgílio, 293
vísceras, 309, 322-4, 326
vômito, 192, 321

Wagner, Richard, 45, 48n, 64
"wamong-bee" *ver* "sunbee"
Warramunga, 423
Webern, A., 64
Wichita, índios, 382
Wintu, índios, 390

Xavante, índios, 109, 128
xinadatau *ver* cancã

Yamana, índios, 358n
yaó *ver* jaó
Yurok, índios, 210, 433
Yurukaré, índios, 186n
yurutahy *ver* curiango

Zuñi, 297n, 323, 382, 384

Sobre o autor

CLAUDE LÉVI-STRAUSS nasceu em Bruxelas em 28 de novembro de 1908, durante uma estada de seus pais, pintores franceses, na cidade. Nos anos de guerra, entre 1914 e 1918, sua família viu-se obrigada a mudar para Versalhes, onde o avô materno era rabino. Completou os anos escolares em Paris, ingressando em 1927 na faculdade de Direito (Place du Panthéon) e, ao mesmo tempo, no curso de Filosofia da Sorbonne. Formado em ambas, logo assumiu seu primeiro cargo de professor no liceu de Mont-de-Marsan (sudoeste da França), em 1932.

Dois anos depois, recebia o convite para participar da missão francesa ao Brasil para a criação da Universidade de São Paulo: aos 26 anos seria professor na Faculdade de Filosofia, Ciências e Letras junto com Georges Dumas, Roger Bastide, Fernand Braudel, entre outros, ocupando a cadeira de sociologia. Seus cursos incluíam um amplo leque de temas, de sociologia primitiva a antropologia urbana, passando por linguística e antropologia física. Durante sua permanência no país, fez expedições ao interior, entre os Bororo, os Kadiwéu (1935) e os Nambikwara (1938), recontadas anos mais tarde em *Tristes trópicos*, seu livro mais difundido. Delas extraiu também o material para o seu primeiro artigo de peso, sobre os Bororo, publicado pela Société des Américanistes em 1936, considerado seu cartão de entrada para o círculo dos americanistas, entre os quais estavam Robert Lowie e Alfred Métraux. Foi durante a estada brasileira, e sobretudo devido à experiência de campo que o legitimou, que o professor de filosofia de liceu se tornou um etnólogo.

No retorno à Europa em 1939, Lévi-Strauss encontrou-se com o ambiente hostil que antecedeu a Segunda Guerra e, em pouco tempo, teve que se exilar nos Estados Unidos:

Métraux e Lowie o convidaram — dentro do programa da Fundação Rockefeller que ajudava intelectuais europeus ameaçados pelo nazismo — a assumir o posto de professor na New School for Social Research de Nova York, no curso de sociologia contemporânea da América do Sul. Essa viagem teve implicações fundamentais em sua obra. Na New York Public Library, onde passava as manhãs, descobriu a etnologia americana de Boas, Kroeber, Mead, Linton etc., a muitos dos quais teve acesso pessoal, graças ao seu reconhecimento como etnólogo americanista. A estada nova-iorquina rendeu-lhe ainda a convivência com alguns dos surrealistas históricos também exilados — como André Breton, Marcel Duchamp, André Masson e Max Ernst.

Mas foi a oportunidade de conhecer Roman Jakobson, e assistir a suas conferências sobre linguística estrutural, o ponto-chave para todo o desenvolvimento futuro de sua obra. Jakobson tornou-se para ele uma espécie de tutor, incentivador e comentador das provas d'*As estruturas elementares do parentesco*, que começava a escrever em 1943 em forma de comunicações, e que defenderia como tese de doutorado na França, quando retornou em 1948. Ali se encontravam as origens do estruturalismo, pensamento que dominaria a cena francesa nos anos 1960, ao qual Lévi-Strauss seria para sempre associado.

As *Mitológicas* — sua obra maior, em quatro volumes, na qual põe em prática seus preceitos teóricos — foram escritas entre as décadas de 1950 e 60. Já com vários livros publicados — entre eles *O pensamento selvagem* e *Antropologia estrutural* —, Lévi-Strauss absorveu-se então nessa imensa empreitada: "A série mobilizou meu espírito, meu tempo, minhas forças durante mais de vinte anos. Eu acordava todo dia às cinco ou seis da manhã [...] Eu realmente vivi em um outro mundo".

Sua trajetória profissional foi pontuada a partir de então pelos mais prestigiosos cargos concedidos a um intelectual francês: foi Maître de pesquisa no Centre National de Recherche Scientifique (CNRS), subdiretor do Musée de l'Homme, um dos fundadores da renomada revista de antropologia *L'Homme* (1961), secretário-geral do Conselho Internacional de Ciências Sociais; em 1959, foi eleito, com apoio de Merleau-Ponty, para a cadeira de Antropologia Social do Collège de France; em 1973, sua eleição para a Academia Francesa terminou de consagrá-lo. Em 1960, fundou o Laboratoire d'Anthropologie Sociale, onde trabalharia o resto de sua vida.

Em 2008, ano de seu centenário, Lévi-Strauss viu parte de sua obra incluída na prestigiosa coleção Pléiade da editora Gallimard. Ele faleceu em 31 de outubro de 2009, pouco antes de completar 101 anos.

Livros

La Vie familiale et sociale des indiens Nambikwara. Paris: Société des Américanistes, 1948.
Les Structures élémentaires de la parenté. Paris: PUF, 1949; nova edição revista La Haye/
    Paris: Mouton, 1967.

Sobre o autor 497

Race et Histoire. Paris: UNESCO, 1952.

Tristes tropiques. Paris: Plon, 1955; nova edição revista e corrigida, 1973.

Anthropologie structurale. Paris: Plon, 1958; nova edição revista, 1974.

Entretiens avec Claude Lévi-Strauss (com Georges Charbonnier). Paris: Plon, 1961.

Le Totémisme aujourd'hui. Paris: PUF, 1962.

La Pensée sauvage. Paris: Plon, 1962.

Mythologiques I: Le Cru et le cuit. Paris: Plon, 1964.

Mythologiques II: Du miel aux cendres. Paris: Plon, 1967.

Mythologiques III: L'Origine des manières de table. Paris: Plon, 1968.

Mythologiques IV: L'Homme nu. Paris: Plon, 1971.

Anthropologie structurale deux. Paris: Plon, 1973; nova edição, 1996.

La Voie des masques. Genève: Skira, 1975; edição revista e aumentada: Plon, 1979.

L'Identité. Paris: Grasset, 1977.

Myth and Meaning: Five Talks for Radio. Toronto: Univesity of Toronto, 1978.

Le Regard éloigné. Paris: Plon, 1983.

Paroles données. Paris: Plon, 1984.

La Potière jalouse. Paris: Plon, 1985.

De près et de loin (com Didier Eribon). Paris: Odile Jacob, 1988.

Des symboles et leurs doubles. Paris: Plon, 1989.

Histoire de Lynx. Paris: Plon, 1991.

Regarder, écouter, lire. Paris: Plon, 1993.

Saudades do Brasil. Paris: Plon, 1994.

Saudades de São Paulo. São Paulo: Companhia das Letras, 1996.

Loin du Brésil: entretien avec Véronique Mortaigne. Paris: Chandeigne, 2005.

Claude Lévi-Strauss – Œuvres. Paris: Gallimard Bibliothèque de la Pléiade, 2008.

Ensaios não reunidos em livro

"Contribution à l'étude de l'organisation sociale des indiens Bororo". *Journal de la Société des Américanistes*, 1936.

"Guerre et commerce chez les Indiens de l'Amérique du Sud". Nova York: *Rennaissance*, v. 1, fasc. 1, 1943.

"Introduction à l'oeuvre de Marcel Mauss", in Marcel Mauss, *Sociologie et anthropologie*. Paris: PUF, 1950.

"Le Père Noël supplicié". *Les Temps Modernes*, n. 77, 1952.

"Diogène couché". *Les Temps Modernes*, n. 110, 1955.

"'Les Chats' de Charles Baudelaire" [com Roman Jakobson]. *L'Homme – Revue française d'Anthropologie*, v. 11, n. 1, 1962.

"Le Triangle culinaire". *L'Arc*, n. 26. Aix-en-Provence: 1965.

"Retours en arrière". *Les Temps Modernes*, n. 598, 1988.

No Brasil

Totemismo hoje. São Paulo: Abril, Os Pensadores, 1976.

Antropologia estrutural dois, trad. Maria do Carmo Pandolfo. Rio de Janeiro: Tempo Brasileiro, 1976; nova edição: trad. Beatriz Perrone-Moisés. São Paulo: Ubu, 2017.

As estruturas elementares do parentesco, trad. Mariano Ferreira. Petrópolis: Vozes, 1982.

Minhas palavras, trad. Carlos Nelson Coutinho. São Paulo: Brasiliense, 1986.

A oleira ciumenta, trad. Beatriz Perrone-Moisés. São Paulo: Brasiliense, 1986.

Entrevistas com Claude Lévi-Strauss (a Georges Charbonnier), trad. Nícia Adam Bonatti. Papirus, 1989.

História de Lince, trad. Beatriz Perrone-Moisés. São Paulo: Companhia das Letras, 1993.

Saudades do Brasil. São Paulo: Companhia das Letras, 1994.

Saudades de São Paulo. São Paulo: Companhia das Letras, 1996.

Tristes trópicos, trad. Rosa Freire D'Aguiar. São Paulo: Companhia das Letras, 1996.

Olhar, escutar, ler, trad. Beatriz Perrone-Moisés. São Paulo: Companhia das Letras, 1996.

O pensamento selvagem, trad. Tânia Pellegrini. Campinas: Papirus, 1997.

Mitológicas 1: O cru e o cozido, trad. Beatriz Perrone-Moisés. São Paulo: Cosac Naify, 2004; nova edição: Rio de Janeiro: Zahar, 2021.

Mitológicas 2: Do mel às cinzas, trad. Carlos Eugênio Marcondes de Moura e Beatriz Perrone-Moisés. São Paulo: Cosac Naify, 2005.

De perto e de longe (entrevistas a Didier Eribon), trad. Lea Mello. São Paulo: Cosac Naify, 2005.

Mitológicas 3: A origem dos modos à mesa, trad. Beatriz Perrone-Moisés. São Paulo: Cosac Naify, 2006.

Antropologia estrutural, trad. Beatriz Perrone-Moisés. São Paulo: Cosac Naify, 2008; nova edição: São Paulo: Ubu, 2017.

O suplício do Papai Noel. São Paulo: CosacNaify, 2008.

Mitológicas 4: O homem nu, trad. Beatriz Perrone-Moisés. São Paulo: Cosac Naify, 2011.

Longe do Brasil, trad. Jorge Villela. São Paulo: Unesp, 2011.

A antropologia diante dos problemas do mundo moderno, trad. Rosa Freire d'Aguiar. São Paulo: Companhia das Letras, 2012.

A outra face da lua, trad. Rosa Freire d'Aguiar. São Paulo: Companhia das Letras, 2012.

"O triângulo culinário", in *Lévi-Strauss.* São Paulo: L'Arc Documentos, 1968.

"Sempre haverá o inacessível" [Entrevista a Manuela Carneiro da Cunha]. *Folha de S.Paulo,* Caderno Mais!, 16 nov. 1991.

"Lévi-Strauss nos 90: voltas ao passado". *Mana,* v. 4, n. 2, 1998.

"Lévi-Strauss nos 90, a antropologia de cabeça para baixo" [Entrevista a Eduardo Viveiros de Castro]. *Mana,* v. 4, n. 2, 1998.

"Claude Lévi-Strauss aos 90" [Entrevista a Beatriz Perrone-Moisés]. *Revista de Antropologia,* v. 42, n. 1-2, 1999.

"Introdução à obra de Marcel Mauss", in Marcel Mauss, *Sociologia e antropologia.* São Paulo: Cosac Naify, 2003; nova edição: São Paulo: Ubu, 2017.

Sobre a obra de Claude Lévi-Strauss (seleção)

ALMEIDA, Mauro W. "Simmetry and entropy: mathematical metaphors in the work of Lévi-Strauss". *Current Anthropology*, n. 31, 1990.

ARAGÃO, Luiz T. "O inconsciente em Claude Lévi-Strauss, ou a dimensão inconsciente nos fenômenos culturais". *Unb – Trabalhos em Ciências Sociais, Série Antropologia*, n. 91, 1990.

AUGÉ, Marcel. *The anthropological circle. Symbol, function, history.* Paris: Cambridge University Press / Maison des Sciences de l'Homme, [1979] 1982.

BADCOCK, C. R. *Lévi-Strauss: Structuralism and Sociological Theory.* Londres: Hutchinson, 1975.

BELLOUR, Raymond; CLÉMENT, Catherine (orgs.). *Lévi-Strauss* [textos de B. Pignaud, J. Pouillon, P. Clastres, R. Barthes, J. Lyotard, C. Lévi-Strauss, L. de Heusch, A. Glucksmann, C. Ramnoux, J. le Goff, P. Vidal-Naquet, B. Bucher, M. Zéraffa, C. Clément]. Paris: Gallimard, 1979.

BERTHOLET, Denis. *Claude Lévi-Strauss* [biografia]. Paris: Plon, 2003.

BERTING, J; PHILIPSEN H. "Solidarity, stratification, and sentiments: the theory of unilateral cross-cousin marriage according to the theories of Lévi-Strauss, Leach, and Homans & Schneider". *Bijdragen tot de Taal-, Land- en Volkenkunde*, n. 116, 1960.

BONTE, Pièrre. L'Échange est-il un universel? *L'Homme*, n.154-55, 2000.

BOON, James A. *From Symbolism to Structuralism: Lévi-Strauss in a Literary Tradition.* Oxford: Basil Blackwell, 1971/ Nova York: Harper & Row, 1973.

_____. *Other Tribes, Other Scribes: Symbolic Anthropology in the Comparative Study of Cultures, Histories, Religions, and Texts.* Cambridge: Cambridge University Press, 1982.

_____. "Review article: structuralism routinized, structuralism fractured". *American Ethnologist*, n. 11, 1984.

_____. "Lévi-Strauss, Wagner, romanticism: a reading back", in *Romantic motives: essays on anthropological sensibility* (org.) G.S. Jr. History of Anthropology. Madison: University of Wisconsin Press, 1989.

BOON, J; SCHNEIDER, D. "Kinship vis-à-vis myth: contrasts in Lévi-Strauss' approaches to cross-cultural comparison". *American Anthropologist*, n. 76, 1974.

BOURDIEU, Pierre. "Esquisse d'une théorie de la pratique", in *Esquisse d'une théorie de la pratique (précédé de trois études d'ethnologie kabyle)*. Genebra: Librairie Dorz, 1972.

BRETON, Stéphane. "De l'illusion totémique à la fiction sociale". *L'Homme*, n. 151, 1999.

CAIXETA DE QUEIROZ, Ruben & FREIRE NOBRE, Renarde (orgs.). *Lévi-Strauss: leituras brasileiras*. Belo Horizonte: Editora UFMG, 2008.

CARNEIRO DA CUNHA, Manuela. "Um difusionismo estruturalista existe? Lévi-Strauss e a interface", in *Cultura com aspas*. São Paulo: Cosac Naify, 2009.

CAZIER, Jean-Philippe. *Abécédaire de Claude Lévi-Strauss* (org. Jean-Philippe Cazier). Paris: Sils Maria, 2008.

CLÉMENT, Catherine. *Lévi-Strauss ou la structure et le malheur.* Paris: Seghers, 1970.

_____. *Claude Lévi-Strauss.* Paris: PUF, 2002.

COLLARD, Chantal. "Femmes échangées, femmes échangistes: à propos de la théorie de l'alliance de Claude Lévi-Strauss". *L'Homme*, n. 154-55, 2000.

COSTA LIMA, Luiz. *O estruturalismo de Lévi-Strauss* [textos de L. Costa Lima, E. Paci, E. Renzi, P. Ricoeur, N. Ruwet]. Petrópolis: Vozes, 1968.

COURTÈS, Jean. *Claude Lévi-Strauss et les contraintes de la pensée mythique. Une lecture sémiotique des "Mythologiques"*. Tours: Mame, 1973.

DEBAENE, Vincent. "Preface" a *Claude Lévi-Strauss – Œuvres*. Paris: Bibliothèque de la Pléiade, Gallimard, 2008.

DELEUZE, Gilles. *Logique du sens*. Paris: Minuit, 1969. *Différence et répétition*. Paris: PUF, [1968] 1981.

DELRIEU, Alain. *Lévi-Strauss lecteur de Freud (le droit, l'inceste, le père, et l'échange des femmes)*. Paris: Point Hors Ligne, 1993.

DELRUELLE, Edouard. *Lévi-Strauss et la philosophie*. Bruxelas: Éditions Universitaires, 1989.

DESCOMBES, Vincent. *La Denrée mentale*. Paris: Minuit, 1995. *Les institutions du sens*. Paris: Minuit, 1996.

DÉSVEAUX, Emmanuel. "Du dénicheur à la potière", in *Anthropologie: état des lieux (L'Homme 97-98)*. Paris: Navarin / Le Livre de Poche, 1986.

_____. *Quadratura americana, essai d'anthropologie lévi-straussienne*. Genève: Georg, 2001.

DUARTE, Luiz F. D. "Classificação e valor na reflexão sobre identidade social", in *A aventura antropológica: teoria e pesquisa* (org.) R.C.L. Cardoso. Rio de Janeiro: Paz e Terra, 1986.

DUCHET, Michèle. *Le Partage des savoirs: discours historique, discours ethnologique*. Paris: Editions La Découverte, 1984.

FLEISCHMANN, E. "L'Esprit humain selon Claude Lévi-Strauss". *Archives Européennes de Sociologie*, n. VII, 1966.

GEORGIN, Robert. *De Lévi-Strauss à Lacan*. Petit Roeulx: Écrits/Cistre 1983.

GEERTZ, Clifford. *A interpretação das culturas*. Rio: Guanabara, [1967] 1989.

_____. *Obras e vidas: o antropólogo como autor*. Rio de Janeiro, UFRJ, [1988] 2003.

GODELIER, Maurice. *L'Énigme du don*. Paris: Fayard, 1996.

GOLDMAN, Marcio. *Alguma antropologia*. Rio de Janeiro: Relume-Dumará, 1999.

HAWKES, Terence. *Structuralism and Semiotics*. Londres: Methuen, 1977.

HAYES, Nelson; HAYES, Tanya (orgs.). *Claude Lévi-Strauss: The Anthropologist as Hero* [textos de S. de Gramont, H.S. Hughes, E. Leach, F. Huxley, H. Nutini, B. Scholte, D. Maybury-Lewis, C.M. Turnbull, R.F. Murphy, G. Steiner, S. Sontag, P. Caws, R.L. Zimmerman, L. Abel]. Cambridge, Mass.: MIT PRESS, 1970.

HÉNAFF, Marcel. *Claude Lévi-Strauss*. Paris: Belfond, 1991.

HÉRITIER, Françoise. *L'Exercice de la parenté*. Paris: Gallimard/Le Seuil, 1981.

HERZFELD, Michael. "Lévi-Strauss in the Nation-State". *Journal of American Folklore*, v. 98, 1985.

IZARD, Michel; SMITH, Pierre (orgs.). *La Fonction symbolique*. Paris: Gallimard, 1979.

JOSSELIN DE JONG, J. P. B. *Lévi-Strauss's Theory on Kinship and Marriage*. Leiden, Brill, 1952.

KORN, Francis; NEEDHAM, Rodney. *Lévi-Strauss on the Elementary Structures of Kinship: a Concordance to Pagination*. Londres: RAI, 1969.

KORN, Francis. *Elementary Structures Reconsidered. Lévi-Strauss on Kinship*. Berkeley: University of California Press, 1973.

LEACH, Edmund (org.). *The Structural Study of Myth and Totemism*. Londres: Tavistock Publications, 1967.

_____. *Lévi-Strauss*. Chicago: University of Chicago Press, 1970.

_____. *Ideias de Lévi-Strauss*. São Paulo: Cultrix, 1973.

LÉPINE, Claude. *O inconsciente na antropologia de Lévi-Strauss*. São Paulo: Editora Ática, 1979.

LOYER, Emmanuelle. *Lévi-Strauss*, trad. André Telles. São Paulo: Sesc, 2018.

MACKSEY, Richard; DONATO, Eugenio (orgs.). *The Structuralist Controversy: The Languages of Criticism and the Sciences of Man*, 1970.

MAKARIUS, Raoul; MAKARIUS, Laura. *Structuralisme ou ethnologie; pour une critique radicale de l'anthropologie de Lévi-Strauss*. Paris: Éditions Anthropos.

MARANDA, Pierre (org.). *The Double Twist: From Ethnography to Morphodynamics*. Toronto: University of Toronto Press, 2002.

MANIGLIER, Patrice. "L'Humanisme interminable de Claude Lévi-Strauss". *Les Temps Modernes*, n. 609, juin-août 2000.

_____. *Le Vocabulaire de Lévi-Strauss*. Paris: Ellipses, 2002.

_____. "Des us et des signes. Lévi-Strauss : philosophie prat que". *Revue de Métaphysique et de Morale*, 2005/1, n. 45.

_____. *La Vie énigmatique des signes: Saussure et la naissance du structuralisme*. Paris: Scheer, 2006.

MARC-LIPIANSKY, Mireille. *Le Structuralisme de Lévi-Strauss*. Paris: Payot, 1973.

MARQUEZ, Luis V. Abad. *La Mirada distante sobre Lévi-Strauss*. Madri: Siglo XXI, 1995.

MERLEAU-PONTY, Maurice. "De Mauss a Claude Lévi-Strauss", in *Merleau-Ponty*. São Paulo: Abril Cultural, Os Pensadores, 1980.

MERQUIOR, José Guilherme. *A estética de Lévi-Strauss*, trad. de Juvenal Hahne Jr. Rio de Janeiro: Tempo Brasileiro, 1975.

_____. *De Praga a Paris: o surgimento, a mudança e a dissolução da idéia estruturalista*. Rio de Janeiro: Nova Fronteira, 1991.

MOORE, Tim. *Lévi-Strauss and the Cultural Sciences*. Birmingham: University Centre for Contemporary Cultural Studies. Occasional studies, n. 4, 1971.

MOSKO, Mark. "The canonic formula of myth and nonmyth". *American Ethnologist*, 1990.

MURPHY, Robert. *The dialectics of social life: alarms and excursions in anthropological theory*. Nova York: Columbia University Press, [1971] 1980.

PACE, David. *Claude Lévi-Strauss, o guardião das cinzas*, trad. Maria Clara Fernandes. Rio de Janeiro: Bertrand Brasil, 1992.

PANNOF, Michel. *Les Frères ennemis: Roger Caillois et Claude Lévi-Strauss*. Paris: Payot, 1993.

PANDOLFO, Maria do Carmo Peixoto; MELLO, Celina Maria Moreira de. *Estrutura e mito: introdução a posições de Lévi-Strauss*. Rio de Janeiro: Tempo Brasileiro, 1983.

PAZ, Octavio. *Deux transparents. Marcel Duchamp et Claude Lévi-Strauss*. Paris: Gallimard, 1970.

_____. *Claude Lévi-Strauss ou o festim de Esopo*, trad. Sebastião Uchoa Leite. São Paulo: Perspectiva, 1997.

PEIXOTO, Fernanda. "Lévi-Strauss no Brasil: a formação do etnólogo". *Mana*, n. 4, v. 1, 1998.

_____. "O nativo e o narrativo – os trópicos de Lévi-Strauss e a África de Michel Leiris", in *Antropologia francesa no século XX*. Motta, Antonio; Cavignac, Julie A.; Grossi, Miriam P. (orgs.). Recife: Fundação Joaquim Nabuco/Editora Massangana, 2006.

PINGAUD, Bernard. *Claude Lévi-Strauss*. Paris: Gallimard, 1979.

PONTES, Heloisa. "Os mistérios do número 8 e a aula inaugural de Lévi-Strauss no Collège de France", in Catani, A.; Martinez, P. (orgs.), *Sete ensaios sobre o Collège de France*. São Paulo: Cortez, 1999.

POUILLON, Jean; MARANDA, Pierre (orgs.). *Échange et communications: mélanges offerts à Claude Lévi-Strauss à l'occasion de son 60ᵉ anniversaire* [coletânea de textos]. La Haye: Mouton: 1970.

PRADO JÚNIOR, Caio. *O estruturalismo de Lévi-Strauss [e] o marxismo de Louis Althusser*. São Paulo: Brasiliense, 1971.

ROSSI, Ino. *The Logic of Culture: Advances in Structural Theory and Methods*, 1982.

ROSSI, Ino (org.). *The Unconscious in Culture. The Structuralism of Claude Lévi-Strauss in perspective* [coletânea de textos]. Nova York: E.P. Dutton & Co., 1974.

_____. *Structural Sociology*. Nova York: Columbia University Press, 1982.

SCHEFFLER, Harold. "The Elementary Structures of Kinship by Claude Lévi-Strauss: a Review Article". *American Anthropologis*, n. 72, 1970.

SCHOLTE, Bob. "The Structural Anthropology of Claude Lévi-Strauss", in J. Honigmann (org.) *Handbook of Social and Cultural Anthropology*. Chicago: Rand McNally, 1973.

SCHWARCZ, Lilia K. Moritz. "História e etnologia. Lévi-Strauss e os embates em região de fronteira". *Revista de Antropologia*, v. 42, 1999.

SCUBLA, Lucien. *Lire Lévi-Strauss: le déploiement d'une intuition*. Paris: Odile Jacob, 1998.

SHANKMAN, Paul. "Le Rôti et le bouilli: Lévi-Strauss' Theory of Cannibalism". *American Anthropologist*, n. 71, 1969.

SIMONIS, Yvan. *Claude Lévi-Strauss, ou la passion de l'inceste – introduction au structuralisme*. Paris: Aubier-Montaigne, 1968; nova edição: Champs-Flammarion, 1980.

SPERBER, Dan. *Le Structuralisme en anthropologie*. Paris: Seuil, 1968.

_____. *Le Savoir des anthropologues: trois essais*. Paris: Hermann, 1982.

_____. *Le Symbolisme en general*. Paris: Hermann, 1974.

STEINMETZ, R. "Le Matérialisme biologique de Lévi-Strauss". *Revue Philosophique*, n. 4, 1984.

SZTUTMAN, Renato. "Lévi-Strauss e o desafio americanista". *Novos Estudos Cebrap*, n. 61, 2001.

VIVEIROS DE CASTRO, Eduardo. "As categorias de sintagma e paradigma nas análises míticas de Claude Lévi-Strauss". *Revista Tempo Brasileiro*, n. 32, 1973.

_____. "Une mauvaise querelle". *L'Homme*, n. 129, 1994.

WILCKEN, Patrick. *Claude Lévi-Strauss, o poeta no laboratório*, trad. Denise Bottman. Rio de Janeiro: Objetiva, 2011.

Publicações dedicadas a Lévi-Strauss e sua obra (seleção)

Annales Économies, sociétés, civilisations, n. 6, 1964.

L'Arc. "Claude Lévi-Strauss" [textos de P. Clastres e outros], n. 26, 1965.

Bastidiana. "Roger Bastide: Claude Lévi-Strauss – du principe de coupure aux courts--circuits de la pensée", n. 7-8, juil.-déc 1994.

Cahiers de l'Herne: Claude Lévi-Strauss. Paris: Éditions de l'Herne, n. 82, 2004.

Critique. "Claude Lévi-Strauss" [textos de M. Abeles, A. Cohen-Solal, M. Deguy, F. Héritier, J. Jamin, F. Mâche, J. Petitot, E. Roudinesco, E. Terray, N. Watchtel], t. LV, n. 620-21, 1999.

Esprit: "La Pensée sauvage et le structuralisme", n. 322, 1963; "Structuralisme: idéologie et méthode", n. 360, 1967; "Le Mythe aujourd'hui", n. 402, 1971; "Claude Lévi--Strauss: une anthropologie bonne à penser", n. 301, 2004.

Magazine Littéraire: "Claude Lévi-Strauss", n. 58, 1971; "Claude Lévi-Strauss", n. 223, 1985; "Claude Lévi-Strauss: esthétique et structuralisme", n. 311, 1993; "Lévi--Strauss – l'ethnologue ou la passion des autres", hors-série, 2003. "Claude Lévi--Strauss, le penseur du siècle", n. 475, 2008.

Le Nouvel Observateur. "Lévi-Strauss et la pensée sauvage", (hors-série) 2003. "Lévi-Strauss – le dernier des géants", mai. 2008.

Revue Internationale de Philosophie. "La Notion de structure", n. 73-74, 1965.

Revista de Antropologia, número dedicado aos 90 anos de Lévi-Strauss, v. 42. São Paulo: FFLCH-USP, 1999.

Le Siècle de Lévi-Strauss. Paris: Le Nouvel Observateur/CNRS Éditions/Saint-Simon, 2008. (Introdução de Jean Daniel e textos de P. Maniglier, E. Viveiros de Castro e outros)

Les Temps Modernes. "Problèmes du structuralisme", n. 246, 1966; "Claude Lévi--Strauss", n. 628, 2004.

Yale French Studies. "Structuralism", n. 36-37, 1966.

ESTA OBRA FOI COMPOSTA POR MARI TABOADA EM DANTE PRO E IMPRESSA EM OFSETE PELA GEOGRÁFICA SOBRE PAPEL PÓLEN SOFT DA SUZANO S.A. PARA A EDITORA SCHWARCZ EM MARÇO DE 2021

A marca FSC® é a garantia de que a madeira utilizada na fabricação do papel deste livro provém de florestas que foram gerenciadas de maneira ambientalmente correta, socialmente justa e economicamente viável, além de outras fontes de origem controlada.